国家卫生和计划生育委员会"十三五"规划教材

全国高等中医药教育教材

供中医学、针灸推拿学、中西医临床医学、康复治疗学等专业用

# 中医养生康复学

## 第2版

主　编　章文春　郭海英

副主编　林　殷　史丽萍　刘晓艳　朱天民

编　委（按姓氏笔画为序）

王　健（山西中医学院）　　　　　钱凤娥（云南中医学院）

史丽萍（天津中医药大学）　　　　郭海英（南京中医药大学）

朱天民（成都中医药大学）　　　　曹永芬（贵阳中医学院）

刘晓艳（长春中医药大学）　　　　章　莹（江西中医药大学）

张　红（大连医科大学）　　　　　章文春（江西中医药大学）

张晓天（上海中医药大学）　　　　雷龙鸣（广西中医药大学）

林　殷（北京中医药大学）　　　　熊常初（湖北中医药大学）

耿元卿（南京中医药大学）

秘　书　章　莹（兼）

人民卫生出版社

**图书在版编目（CIP）数据**

中医养生康复学/章文春,郭海英主编. —2 版. —北京：人民卫生出版社,2016

ISBN 978-7-117-22492-5

Ⅰ.①中…　Ⅱ.①章…②郭…　Ⅲ.①养生（中医）-康复医学-高等学校-教材　Ⅳ.①R247.9

中国版本图书馆 CIP 数据核字（2016）第 140225 号

| | | |
|---|---|---|
| 人卫智网　www.ipmph.com | 医学教育、学术、考试、健康，购书智慧智能综合服务平台 | |
| 人卫官网　www.pmph.com | 人卫官方资讯发布平台 | |

## 中医养生康复学
### 第 2 版

主　　编：章文春　郭海英

出版发行：人民卫生出版社（中继线 010-59780011）

地　　址：北京市朝阳区潘家园南里 19 号

邮　　编：100021

E - mail：pmph @ pmph. com

购书热线：010-59787592　010-59787584　010-65264830

印　　刷：三河市国英印务有限公司

经　　销：新华书店

开　　本：787×1092　1/16　　印张：16

字　　数：369 千字

版　　次：2012 年 7 月第 1 版　　2016 年 7 月第 2 版
　　　　　2021 年 1 月第 2 版第 8 次印刷（总第13次印刷）

标准书号：ISBN 978-7-117-22492-5/R · 22493

定　　价：43.00 元

打击盗版举报电话：010-59787491　E-mail：WQ @ pmph. com
（凡属印装质量问题请与本社市场营销中心联系退换）

# 修订说明

　　为了更好地贯彻落实《国家中长期教育改革和发展规划纲要(2010-2020)》《医药卫生中长期人才发展规划(2011-2020)》《中医药发展战略规划纲要(2016-2030年)》和《国务院办公厅关于深化高等学校创新创业教育改革的实施意见》精神,做好新一轮全国高等中医药教育教材建设工作,全国高等医药教材建设研究会、人民卫生出版社在教育部、国家卫生和计划生育委员会、国家中医药管理局的领导下,在上一轮教材建设的基础上,组织和规划了全国高等中医药教育本科国家卫生和计划生育委员会"十三五"规划教材的编写和修订工作。

　　本轮教材修订之时,正值我国高等中医药教育制度迎来60周年之际,为做好新一轮教材的出版工作,全国高等医药教材建设研究会、人民卫生出版社在教育部高等中医学本科教学指导委员会和第二届全国高等中医药教育教材建设指导委员会的大力支持下,先后成立了第三届全国高等中医药教育教材建设指导委员会、首届全国高等中医药教育数字教材建设指导委员会和相应的教材评审委员会,以指导和组织教材的遴选、评审和修订工作,确保教材编写质量。

　　根据"十三五"期间高等中医药教育教学改革和高等中医药人才培养目标,在上述工作的基础上,全国高等医药教材建设研究会和人民卫生出版社规划、确定了首批中医学(含骨伤方向)、针灸推拿学、中药学、护理学4个专业(方向)89种国家卫生和计划生育委员会"十三五"规划教材。教材主编、副主编和编委的遴选按照公开、公平、公正的原则,在全国50所高等院校2400余位专家和学者申报的基础上,2200位申报者经教材建设指导委员会、教材评审委员会审定和全国高等医药教材建设研究会批准,聘任为主审、主编、副主编、编委。

　　本套教材主要特色包括以下九个方面:

　　**1. 定位准确,面向实际**　教材的深度和广度符合各专业教学大纲的要求和特定学制、特定对象、特定层次的培养目标,紧扣教学活动和知识结构,以解决目前各院校教材使用中的突出问题为出发点和落脚点,对人才培养体系、课程体系、教材体系进行充分调研和论证,使之更加符合教改实际、适应中医药人才培养要求和市场需求。

　　**2. 夯实基础,整体优化**　以培养高素质、复合型、创新型中医药人才为宗旨,以体现中医药基本理论、基本知识、基本思维、基本技能为指导,对课程体系进行充分调研和认真分析,以科学严谨的治学态度,对教材体系进行科学设计、整体优化,教材编写综合考虑学科的分化、交叉,既要充分体现不同学科自身特点,又应当注意各学科之间有机衔接;确保理论体系完善,知识点结合完备,内容精练、完整,概念准确,切合教学实际。

　　**3. 注重衔接,详略得当**　严格界定本科教材与职业教育教材、研究生教材、毕业后教育教材的知识范畴,认真总结、详细讨论现阶段中医药本科各课程的知识和理论框架,使其在教材中得以凸显,既要相互联系,又要在编写思路、框架设计、内容取舍等方面有一定的区分度。

**4. 注重传承, 突出特色**　本套教材是培养复合型、创新型中医药人才的重要工具, 是中医药文明传承的重要载体, 传统的中医药文化是国家软实力的重要体现。因此, 教材既要反映原汁原味的中医药知识, 培养学生的中医思维, 又要使学生中西医学融会贯通, 既要传承经典, 又要创新发挥, 体现本版教材"重传承、厚基础、强人文、宽应用"的特点。

**5. 纸质数字, 融合发展**　教材编写充分体现与时代融合、与现代科技融合、与现代医学融合的特色和理念, 适度增加新进展、新技术、新方法, 充分培养学生的探索精神、创新精神; 同时, 将移动互联、网络增值、慕课、翻转课堂等新的教学理念和教学技术、学习方式融入教材建设之中, 开发多媒体教材、数字教材等新媒体形式教材。

**6. 创新形式, 提高效用**　教材仍将传承上版模块化编写的设计思路, 同时图文并茂、版式精美; 内容方面注重提高效用, 将大量应用问题导入、案例教学、探究教学等教材编写理念, 以提高学生的学习兴趣和学习效果。

**7. 突出实用, 注重技能**　增设技能教材、实验实训内容及相关栏目, 适当增加实践教学学时数, 增强学生综合运用所学知识的能力和动手能力, 体现医学生早临床、多临床、反复临床的特点, 使教师好教、学生好学、临床好用。

**8. 立足精品, 树立标准**　始终坚持中国特色的教材建设的机制和模式; 编委会精心编写, 出版社精心审校, 全程全员坚持质量控制体系, 把打造精品教材作为崇高的历史使命, 严把各个环节质量关, 力保教材的精品属性, 通过教材建设推动和深化高等中医药教育教学改革, 力争打造国内外高等中医药教育标准化教材。

**9. 三点兼顾, 有机结合**　以基本知识点作为主体内容, 适度增加新进展、新技术、新方法, 并与劳动部门颁发的职业资格证书或技能鉴定标准和国家医师资格考试有效衔接, 使知识点、创新点、执业点三点结合; 紧密联系临床和科研实际情况, 避免理论与实践脱节、教学与临床脱节。

本轮教材的修订编写, 教育部、国家卫生和计划生育委员会、国家中医药管理局有关领导和教育部全国高等学校本科中医学教学指导委员会、中药学教学指导委员会等相关专家给予了大力支持和指导, 得到了全国50所院校和部分医院、科研机构领导、专家和教师的积极支持和参与, 在此, 对有关单位和个人表示衷心的感谢! 希望各院校在教学使用中以及在探索课程体系、课程标准和教材建设与改革的进程中, 及时提出宝贵意见或建议, 以便不断修订和完善, 为下一轮教材的修订工作奠定坚实的基础。

全国高等医药教材建设研究会

人民卫生出版社有限公司

2016 年 3 月

# 全国高等中医药教育本科
## 国家卫生和计划生育委员会"十三五"规划教材
## 教材目录

注:①本套教材均配网络增值服务;②教材名称左上角标有"*"者为"十二五"普通高等教育本科国家级规划教材。

# 第三届全国高等中医药教育教材建设指导委员会名单

| 顾　　问 | 王永炎 | 陈可冀 | 石学敏 | 沈自尹 | 陈凯先 | 石鹏建 | 王启明 |
| --- | --- | --- | --- | --- | --- | --- | --- |
| | 秦怀金 | 王志勇 | 卢国慧 | 邓铁涛 | 张灿玾 | 张学文 | 张　琪 |
| | 周仲瑛 | 路志正 | 颜德馨 | 颜正华 | 严世芸 | 李今庸 | 施　杞 |
| | 晁恩祥 | 张炳厚 | 栗德林 | 高学敏 | 鲁兆麟 | 王　琦 | 孙树椿 |
| | 王和鸣 | 韩丽沙 | | | | | |

**主 任 委 员**　张伯礼

| 副主任委员 | 徐安龙 | 徐建光 | 胡　刚 | 王省良 | 梁繁荣 | 匡海学 | 武继彪 |
| --- | --- | --- | --- | --- | --- | --- | --- |
| | 王　键 | | | | | | |

**常 务 委 员**（按姓氏笔画为序）

| | 马存根 | 方剑乔 | 孔祥骊 | 吕文亮 | 刘旭光 | 许能贵 | 孙秋华 |
| --- | --- | --- | --- | --- | --- | --- | --- |
| | 李金田 | 杨　柱 | 杨关林 | 谷晓红 | 宋柏林 | 陈立典 | 陈明人 |
| | 周永学 | 周桂桐 | 郑玉玲 | 胡鸿毅 | 高树中 | 郭　娇 | 唐　农 |
| | 黄桂成 | 廖端芳 | 熊　磊 | | | | |

**委　　员**（按姓氏笔画为序）

| | 王彦晖 | 车念聪 | 牛　阳 | 文绍敦 | 孔令义 | 田宜春 | 吕志平 |
| --- | --- | --- | --- | --- | --- | --- | --- |
| | 安冬青 | 李永民 | 杨世忠 | 杨光华 | 杨思进 | 吴范武 | 陈利国 |
| | 陈锦秀 | 徐桂华 | 殷　军 | 曹文富 | 董秋红 | | |

**秘 书 长**　周桂桐（兼）　王　飞

| 秘　　书 | 唐德才 | 梁沛华 | 闫永红 | 何文忠 | 储全根 |
| --- | --- | --- | --- | --- | --- |

# 前　言

中医养生康复学是中医学的重要组成部分，它涵盖了养生学、康复学两方面的内容。养生旨在强身健体、促进健康、预防疾病、延缓衰老，属于"治未病"的范畴；康复旨在最大限度促进病残、伤残、慢性疾病患者身心功能的恢复、回归健康。在中医学中，养生与康复在基础理论、方法技术上有诸多相通之处。将养生与康复统一在一个学科范畴，有机地融于一体，是中医学的一大特色。

2012 年出版的《中医养生康复学》注重教材的科学性与公认性，突出基本知识、基本技能、基本理论，同时注重中医养生康复学的临床实用性。面对新时期中医药人才培养，我们在上一版的基础上，从以下三个方面进行修订：其一，调整部分章节的结构，修正知识内容阐释不完善的地方；其二，更新部分新知识，把中医养生康复相关的现代研究进展和成果融入教材中，做到既保持中医特色，又能顺应时代发展；其三，与本书纸质教材相配合，利用人民卫生出版社的网络数字平台，开启《中医养生康复学》教材网络增值服务，编写数字化教材，利用现代信息技术和手段，建立教材、教辅、多媒体、网络立体化教材体系，以顺应现代教育发展的需要。

本教材按照中医养生康复学的知识构架的模式和规律，分为逻辑性强、层次分明的三大部分。第一部分为中医养生康复学基础理论，介绍中医养生康复学的概念、发展概况，中医养生康复学基础理论；第二部分为中医养生康复的方法，介绍具有鲜明中医特色的养生康复方法和手段；第三部分为常见病的临床康复，介绍中医养生康复的方法在临床上的运用。本教材不仅适用于医学院校学生学习养生康复之用，也可供养生保健、康复中心的技师及工作人员学习和参考使用。

本教材编写分工如下：第一、二章，章文春、章莹；第三章，史丽萍、熊常初、章文春、章莹、朱天民、雷龙鸣；第四章，王健；第五章，曹永芬、钱凤娥、刘晓艳；第六章，张红、曹永芬、熊常初、张晓天、郭海英、王健、耿元卿、林殷。第一章由朱天民、林殷审稿，第二章由郭海英审稿，第三章由刘晓艳审稿，第四、五章由章文春审稿，第六章由史丽萍审稿，第七章由章文春、郭海英、林殷共同审稿。

在本教材的编写过程中，得到参加编写人员所在单位的大力支持，在此深表感谢；研究生肖微、任建坤、赵吉超、赵怀洋等参加了大量的校对及资料收集工作，也一并表示感谢。

由于时间仓促，加之水平所限，书中可能会有一些欠妥之处，敬请广大师生和读者在使用过程中不吝指教，提出宝贵意见，以便不断修订完善。

编　者
2016 年 3 月

# 目　录

# 第一章

## 绪　论

📖 **学习目的**

　　本章旨在明确中医养生康复的基本概念;通过对养生康复学历史渊源及其发展历程的回顾,明确中医养生康复发展的内在规律;阐明中医养生康复学的特点,为进一步学习中医养生康复学奠定基础。

**学习要点**

1. 掌握养生及中医养生学、康复及中医康复学、中医养生康复学的概念。
2. 熟悉中医养生康复学发展历史,把握其发展的内在规律。
3. 熟悉中医养生康复学的基本特点。

　　中医养生康复学既是中医学的重要组成部分,又是中华民族优秀文化的重要组成部分。它将中医的预防医学和康复医学有机地结合在一起,既有系统的理论,又有行之有效的实践经验以及丰富多彩的方法和手段。中医养生康复学源远流长,数千年来为中华民族乃至世界人民的保健事业和繁衍昌盛作出了巨大贡献。

## 第一节　中医养生康复学的基本概念

　　中医养生康复学的概念内涵丰富,它包括中医养生学和中医康复学两大学科范畴,这两者既有区别又有联系。中医养生康复学涉及养生及中医养生学、康复及中医康复学的概念,也包括中医养生学与中医康复学的关系等问题。

### 一、养生及中医养生学的概念

　　养生,又称为摄生、道生。老年人之养生,又称为寿老、寿亲、养老、寿世等。养生一词,最早见于《庄子·养生主》一篇,专论养生。《老子》中有"善摄生者"之说。养生之养,有保养、护养、调养、补养之意;生,即指人体生命。养生就是保养人体生命,是人有意识地通过各种方法和手段对人体生命进行调护、保养的行为活动。这种行为活动,是人类为了自身的生存和发展,遵循人体生命活动规律,对人的身心进行保养,以期达到强壮身体、促进健康、延年益寿的目的。

　　中医养生学,是在中医理论的指导下,探索人类生命活动规律,研究养生理论和养生技术,以实现人类强健体质、预防疾病、延年益寿为目的的实用科学。中医养生学属于第一医学范畴,因此它不能简单地等同于预防医学。其研究领域除了预防疾病之外,还包含了延缓衰老、增强智力、调适心理、美容养颜、提高性生活质量、促进人类与自然及社会的协调能力等功能,比之现代的预防医学,其内容更加广泛,技术更加多样,动机更为积极。它不仅仅适用所有健康人群,也适用于处于亚健康状态的人群。

## 二、康复及中医康复学的概念

康复,《尔雅》解释为:"康,安也","复,返也",故"康复"有恢复健康、平安之义。在《素问·五常政大论》中有:"其久病者,有气从不康,病去而瘠……血气以从,复其不足,与众齐同。养之和之,静以待时……其形乃彰"、"必养必和,待其来复"。古籍中类似康复的词汇还有平复、复旧、康健、康宁、再造等。可见,传统的康复是泛指疾病的恢复,即通过行气、静养而达到形体的安康。这与现代意义上的康复概念有本质区别,因为它基本没有脱离临床医学的范畴。

中医康复学是在中医学理论指导下,研究康复医学基本理论、方法及其应用的一门学科。具体而言,中医康复学以中医基础理论为指导,采用精神调节、合理饮食、体育锻炼、针灸推拿、服用药物以及沐浴、娱乐等各种手段和方法,针对病残、伤残、老年病症、慢性疾病及手术后患者等病理特点,进行辨证康复,使患者机体生理功能上的缺陷得以改善或恢复正常,帮助他们最大限度地恢复生活和劳动能力,使他们同健康人一样充分参与社会生活,享受人生幸福。

中医康复学和现代康复医学,在研究对象及康复原则和手段上有共同之处,但也存在着较大的差异,二者各具特色。现代康复医学以现代科学为基础,在矫形、人工装置补偿患者形体与功能残缺方面显示出相当的优势。它不断地吸收现代科学成果,使其康复手段得到日益的创新。而中医康复学以其独特的康复理论和丰富多彩、简便廉验的康复手段,尤其是辨证康复和整体康复的观念,在康复领域占有不可替代的重要作用。并且随着中医学的深入研究、借鉴和运用现代科学技术对传统的康复理论和方法进行研究提高,中医康复学内容将得到不断丰富和发展。

## 三、中医养生康复学的学科范畴

从现代医学角度而言,康复医学与预防医学属于不同的学科领域,但在中医学中,中医养生学与中医康复学确实存在天然、有机的联系。

中医养生学和中医康复学,两者在研究对象、适用范围及其学科名称等方面有所不同,但在中医这一大学科里,它们的学术渊源、理论基础、基本原则、方法技能等有着极为密切的内在联系。尤其是在方法和手段上有诸多的共通互用之处。如中医的益智技术,既可以促进健康儿童的智力发育,也能用于智力衰退的老人;中医延缓衰老的理论和技术,不仅有助于正常人延长寿命,也能帮助年老体弱者改善机体功能衰退所造成的生活障碍。其他如针灸、导引等方法为养生和康复所共用。因此,将养生与康复统一在一个学科范畴内,这是中医学的一大特色,体现了防治结合、治养结合的整体观念。

## 第二节　中医养生康复学的发展概况

中医养生康复学源远流长,经历代医家的不断充实、完善和发展,形成了一套较为完整的理论体系,并逐渐发展成为一门具有丰富内容的学科。在历代文献典籍中,关于中医养生的专著或内容较多,甚至在古代诸子百家的文献中也往往可以见到诸多关于养生保健的论述。而中医康复学的专著则相对较少,其内容大都散见于各类医学古籍当中。本书对中医养生康复学做了系统阐述,首先了解一下其发展概况。中医养生康复学的发展按照历史顺序大致可以分为以下几个阶段。

### 一、远古时期

从人类诞生的原始群居,到母系社会、父系社会,直至公元前 21 世纪的夏朝,经历了漫长的历史岁月。在这一时期,人类为了自身的生存和发展,通过自己的劳动,不断地认识自然、适应自然、改造自然。在生活劳动实践中,人类产生了对人体生命的认识,而随之也就开始了养生与康复知识的积累,开始有了原始的医疗实践活动。人类在觅食的过程中,发现某些可增强体力、减少疾病的食物,逐渐催生了食物养生的萌芽,故有"医食同源"之说。燧人氏钻木取火,将生食化为熟食,既促进了食物的消化、营养的吸收,又减少了疾病的发生;由火可驱寒暖身的常识,衍生出某些简便易行、除病养生的方法,如灸、熨等。古人发现模仿动物跳跃和飞翔的姿态可以使身体轻盈强健,故逐渐将其转化为以舒筋活络为目的的舞蹈动作,又进而演变为运动导引的保健活动;在劳作后的养息时,或闭目静养徐徐吐气、或伸展肢体、或施以按摩,顿感神清气爽,由此萌生出导引、吐纳,又被后人发展成为"气功"等。诸如此类的劳动生活实践均与养生康复有着密切的渊源关系。

早在殷商时代,就已经有一些关于养生保健以及康复内容的记载。例如,我国最早的文字殷墟甲骨文中就有"沐"、"浴"、"寇帚"等字,说明当时人们已经开始注重身体的保养。在社会人群当中,还有"小疾臣"这种从事医疗管理、疾病治疗的专门职业,以保障人们的身体健康。《山海经》中也记载了某些疾病的康复治疗措施以及有关养生保健的内容,如:"有草焉,其状如韭而青华,其名曰祝余,食之不饥"、"爰有嘉果,其实如桃……食之不劳"、"其中有箴鱼……食之无疫疾",这其实就是关于食疗养生的方法。此外,据《周礼》记载,当时的医政制度不仅有明确区分,而且还设置了"食医中士",专门负责王公诸侯的饮食保健。

由此说明,早在纪元时期我们的祖先即已积累了相当程度的养生与康复知识。

### 二、先秦时期

中华民族从夏王朝的建立,经历殷、商、周至春秋战国,到公元前 221 年秦始皇统一中国,这一历史时期统称为先秦时期。这一时期,由于生产力的发展,科学文化事业也得到相应的发展。学术界出现了"诸子蜂起,百家争鸣"的局面,各种思想水平已达到了一定的高度。诸子百家在探讨自然规律与生命奥秘的过程中,中医养生康复学的思想也应运而生,其内容散见于各家的著作中。

道家主张人与自然都必须遵循"道"的规律,所谓"人法地、地法天、天法道、道法自然"(《道德经》)。人的生命活动只有符合自然规律,才能达到"深根固柢,长生久视"的目的,其实就是为了健康长寿。道家思想中的"清静无为"、"返朴归真"、"顺应自然"等主张对中医养生康复有很大的影响和促进。

《管子》强调"精"对人体生命活动的重要意义,主张存精以养生。他指出:"精也者,气之精者也"、"精存自生,其外安荣,内脏以为源泉"(《管子·内业》),由此提出了存精养生的具体方法,并强调饮食起居、精神调养对人体生命的养护作用。

儒家经典《尚书·洪范》所载:"五福":"一曰寿,二曰福,三曰康宁,四曰攸好德,五曰考终命",这是要求达到身体、精神和社会意义上的完满状态,此与现代整体健康和全面康复的概念是相通的。儒家也认为"修身"首先在于"正心"、"诚意",而"正心"、"诚意"之要在于"执中",就是时刻使自己的心情处于中和的状态。《大学》提出:"身有所忿懥,则不得其正;有所恐惧,则不得其正;有所好乐,则不得其正;有所忧患,则不得其正"。所以,儒家养生十分强调精神的调摄,强调日常生活行为的合度,包括饮食卫生、起居安排等。

先秦诸子百家提出的养生思想、原则和方法,渗透到医学领域,充实和丰富了中医养生康复学的内容,为养生康复学理论的形成和发展创造了有利的条件。我国现存的第一部医学理论著作《黄帝内经》对人体生、长、壮、老、已的生命规律作了科学的概括。《黄帝内经》认为"人以天地之气生,四时之法成",提出了著名的"春夏养阳,秋冬养阴"的四时顺养原则,并且明确提出养生的原则和方法,如调情志、慎起居、适寒温等,创立了经络学说,为针灸、按摩、导引养生的发展奠定基础。此外,《黄帝内经》中还记载了一些康复原则与多种老年病、慢性病的康复医疗方法,如《素问·异法方宜论》:"其病挛痹,其治宜微针……病多痿厥寒热,其治宜导引按跷。"这些原则和方法至今仍在指导中医养生康复的临床实践。

### 三、汉晋时期

汉晋六朝时期,既经历了汉代封建社会经济的高度繁荣,也经历了魏晋南北朝的社会动荡。这一时期出现了不少承先启后的著名医家和养生家,他们的学术思想在中医养生康复学发展史中占有重要的地位。

"医圣"张仲景创制了六经辨证体系,其著述的《伤寒杂病论》奠定了辨证论治的基础,此书在临床医学方面贡献卓著。不仅如此,张仲景在养生康复方面也有杰出的成就,提出了合和五味、顺天避邪、清静调神等养生康复原则。对于病后康复护理,强调饮食调理防止"食复",力倡导引按摩、动形以防病治病或促进身体康复。张仲景被后人誉为中医方剂学的鼻祖,其所创的很多方剂具备有病可治、无病则养的双重作用。此类方剂的特点:一是药性平和,兼具药食之美;二是具扶助正气、调理脏腑之功;三是宜于久服而有益无害。诸如黄芪建中汤、甘麦大枣汤、当归生姜羊肉汤、薯蓣丸之类,可谓开以方养生之先河。

东汉末年著名医家华佗在养生与康复中十分重视体育锻炼,他教导弟子吴普:"人欲得劳动,但不当使极耳。动摇则谷气得消,血脉流通,病不得生,譬犹户枢不朽是也"(《三国志·华佗》)。并根据《庄子》"吐故纳新、熊经鸟申"之法,在继承古代导引、行气吐纳等功法的基础上,编创了动形养生的"五禽戏",既能防病健身,又能促使患者身心康复。

东汉思想家王充在养生方面提出禀气的厚薄决定寿命长短的观点。他在《论衡》中强调:"夫禀气渥则其体强,体强则其寿命长;气薄则其体弱,体弱则命短,命短则多病寿短。"所谓禀气即是强调先天对人体的影响,因此他认为保健当从胎产开始。当然,人之所以长寿除了先天禀气渥厚之外,还与后天养护有关。他指出人的寿域有一定限度,多以"百岁"为寿限。

成书于汉代的《神农本草经》是我国第一部药物学专著,载药 365 种,分上中下三品。书中将补身养命、养性补虚之药列为上中之品。在多种药的功效的解释中,多有"耐老"、"增年"、"长年"、"不老"、"不夭"的字样,以示其补益强身、防衰延年之功,如人参、白术、黄芪、地黄、枸杞子等。《神农本草经》确实为药物养生的开端。

晋代葛洪在《抱朴子·内篇》中指出若要延年益寿,必须注重服食养生药物和导引方法。同时他在《释滞篇》中倡导房室养生,指出:"人欲不可都绝,阴阳不交,则坐至壅遏之疾,故幽闭怨旷,多病而不寿也。任情肆意,又损年命。唯有得其节宣之和,可以不损。"说明房事适度有助于健康长寿,不可过度亦不可抑制。他还认为养生的功法,应以轻便易行、有益身心为原则,不必有所拘执。南朝陶弘景在总结梁代以前各类书籍中养生法的基础上,编撰了《养性延命录》,专列"服气疗病篇"和"导引按摩篇",认为气功、导引按摩不仅是很好的养生手段,也是康复医疗的常用方法。

## 四、隋唐时期

随着中医学的发展,到了隋唐时期,养生保健、康复医疗也在实践中有了长足的进步。隋·巢元方《诸病源候论》把 1700 多条疾病证候分成 67 门叙述,包括内、外、妇产、小儿、五官诸证。书中论述了各科众多疾病的病因病机,但未载一方,而是辑录了"养生导引法"289 条,除去其重复的 76 条,共计 213 种导引功法,用来针对治疗 110 种病候。其功法之丰富,治疗疾病范围之广泛,都是其他医籍中所未见的。而且不同疾病选用不同功法,一种疾病亦可采用多种功法,这充分体现了中医养生康复学辨证施养(施治)的特点。

唐代医家孙思邈,对养生学的贡献颇为卓著。他不仅在《备急千金要方》中有大量养生论述,还著有保健专篇——《摄养枕中方》,其中内容丰富、功法众多。孙思邈在养生康复学的思想可以归纳为以下几个方面:其一,重视养性。孙思邈在继承和发展《黄帝内经》"治未病"的基础上,提出"养性"之说。他在《备急千金要方·养性序》中写道:"善养性者,则治未病之病"、"是以圣人消未起之患,治未病之疾,医之于无事之前,不迫于既逝之后",通过养性、治未病而达到祛病延年的目的。其二,重视食疗。孙思邈曰:"安身之本,必资于食",认为饮食是养生防病的重要手段。他在《备急千金要方》中列食养、食疗食物 154 种,并分别论述其性味功能、适用范围、服食禁忌等,这为后世饮食养生奠定了基础。其三,强调房中补益的重要性。孙思邈在《备急千金要方》设有专章讨论房中补益,认为对已婚男女来说,掌握房中之术是养生防病的需要。其四,重视导引吐纳之术。孙思邈很推崇彭祖的服气吐纳之术,对导引、吐纳、服气、调息等有较深刻论述。

除《备急千金要方》、《千金翼方》外,唐·王焘《外台秘要》、孟诜《食疗本草》以及昝殷的《食医心鉴》等多部医学著作,亦对中医养生康复学的发展作出了积极的贡献。

## 五、宋金元时期

宋金元时期,中医学进入一个新的发展时期,出现了流派争鸣的局面。学术争鸣既活跃了学术空气,又促进了中医药学进步,同时还丰富了养生康复学的内容。这一时期出现了不少著作专论养生,如《三元延寿参赞书》《寿亲养老新书》《泰定养生主论》等。另外其他一些医学著作中亦有较丰富的养生康复学的内容。

宋代官方编著的《圣济总录》与《太平圣惠方》两部医学巨著,工程浩大,集各种疾病的治疗于一体,均有关于养生康复的内容。《圣济总录》中辑录了许多养生康复的手段与方法,诸如神仙导引、神仙炼丹、服气辟谷、服饵药膳等。尽管有的内容带有神秘色彩,但其中的方式值得借鉴,如其中所载治虚劳、治脾胃弱、治产后诸症综合运用了中药、针灸、按摩、导引等康复方法。

"金元四大家"不仅是临床家、理论家,同时也是养生家。他们精于养生,重视康复,并且将临床医疗的观点和理念融入到养生、康复实践中,对于养生、康复学理论的创新与发展起了很大的作用。寒凉派的刘完素强调"气"是生命活动中最根本的物质,阐述了气、神、形三者的关系:"气耗形病,神依气立,气合神存"。刘完素注重气、精的保养,尤其重视养气;主张养气可采用吐纳术,以吹气、嘘气、呼气、吸气以吐故纳新。他在方药方面创制了何首乌丸、大补丸等以补气固精。攻邪派的张子和以攻邪见著,并在其著述的《儒门事亲》中提出"养生当论食补,治病当论药攻"的观点,尤其重视患者病后胃气的恢复,故而提倡进食米粥等,助胃气恢复以祛除余邪。在养生康复中,张子和还特别重视机体与情志的关系,强调人与社会环境和谐统一,从而丰富了中医学有关心身医学、社会医学的内容。补土派的李东垣重视脾胃的功能,提出"内伤脾胃,百病由生"的观点。他认为人身之元气资生于脾胃,"元气之充足,皆由脾胃之气无所伤,而后能滋养元气"(《脾胃论·脾胃虚实传变论》)。李东垣认为"调养脾胃之气,顾护后天之本"是防病抗病、延缓衰老的重要原则。论养生重"脾胃将理法",应做到三个方面:一是调节饮食护养脾胃,二是调摄情志保护脾胃,三是防病治病顾护脾胃。滋阴派的朱震亨在其"阳常有余,阴常不足"的思想指导下,非常重视护阴养精,强调养生重在护养阴气,力倡节制色欲、私欲与食欲。他在《格致余论》中指出:节色欲以保阴精不妄泄而精充神旺;节私欲要正心、收心、养心使心静而精气内守;节食欲防过食辛温燥热之品以免耗伤阴精。朱震亨在理论上阐明了阴虚与衰老及老年病的关系,提出了有效的滋阴养生、康复的方法。

宋金元众多著名医家与养生家,善于总结前人经验、勇于提出新见解,产生了不同的医学流派,形成了百家争鸣的学术风气,体现了以医学促养生学、以养生学补充医学的理论特色,使中医养生康复学在理论与实践上都有重大的创新与突破。

## 六、明清时期

明清时期,养生保健和康复医疗都有了很大的发展,特别是中医养生的专论和专著大量涌现。

明代医家赵献可、张介宾特别重视"命门真火"。在此思想指导下,张介宾提出"阳强则寿,阳衰则夭"(《景岳全书·传忠录》),重用温补真元的方法来养生防病治病。赵献可则强调命门与脏腑相关,为十二官"真君真主",十二官的功能活动皆以命门之火为原动力,其《医贯·内经十二官论》主张养生治病,均以保养真火为要。

高濂的《遵生八笺》提出了养心坐功法、养肝坐功法、养脾坐功法、养肺坐功法、养肾坐功法等,丰富了调养五脏说。明末医家汪绮石在《理虚元鉴》一书中,阐述了虚劳的病机、治疗法则及预防措施。李中梓的《寿世青编》强调用"调神"、"节食"、"保精"来调养五脏。

至于养生保健的专书,则有冷谦的《修龄要旨》,其中详细论述了四时起居调摄、四季却病、延年益寿、八段锦导引法等,其以歌诀形式介绍,易于传诵实施。万密斋的《养生四要》提出"寡欲、慎动、法时、却病"的养生原则,对于违反此原则而产生的疾病,列有药物治疗方法。

明清时期,众多医家对老年人的养生保健给予了较大的关注。如明代嘉靖年间,新安徐春甫的《老老余编》,将养生与"忠孝"相联系,把养老尊老上升到伦理道德的更高层面。御医龚廷贤在《衰老论》和《寿世保元》中对衰老的原因作了深入探讨,并辑入前人的养生理论和方法,搜集了大量延年益寿的秘方。最具代表的是清代著名养生家曹庭栋,据自己的长寿经验,参阅三百余家养生论述,从日常琐事、衣食住行等方面,总结了一整套简便易行的方法,著成《老老恒言》,特别是他根据老年人脾胃虚弱特点编制的粥谱,为食疗养生增添了色彩。温病大家叶天士的《临证指南医案》载300余例老年病的治验,并指出中年以"阳明脉衰"为主,60岁后则以"肾虚"为主,创"久病入络"的新理论,将疏通脉络、活血化瘀的治疗法则运用于老年疾病治疗与康复过程当中,为老年病的防治开拓了新的思路。

这一时期,药物养生及饮食养生的理论日渐完善,方法也日趋丰富。明代朱橚等编著的《普济方》不仅收入大量养生名方,还详细地记录了膏、丹、丸、散、酒等剂型的制作方法,使养生药物在剂型上更加丰富,便于实际应用。明代的药学巨著《本草纲目》收录了许多饮食养生方面内容,包括食养物品、饮食禁忌、服药食忌等。此外,汪颖的《食物本草》、钟惺的《饮馔服食谱》、袁子才《随园食单》、章杏云《调疾饮食辨录》、陈修园《食物秘书》、黄鹄《粥谱·附广粥谱》等均涉及诸多饮食养生的内容。

康复医疗发展至明代,除内、外、妇、儿科外,还涉及眼科、口腔科等,且康复医疗的手段亦日趋增多。如薛己《口齿类要》中记载关于口腔护理的内容,傅仁宇《审视瑶函》中的"动功六字诀"等。《古今图书集成·医部全录》对瘫痪、消渴、积聚、虚劳等病证,分别采用针灸、按摩或气功等方法,均有一定效果。沈金鳌《杂病源流犀烛》在其卷首,列有"运动规法",认为每种疾病的病后皆可用导引运动之法。在道光年间日本人丹波元坚编撰的《杂病广要》中列有"调摄法"一节,其中"调理"、"善后"等论述都属于康复医疗的范畴。

## 七、近代及现代

自1840年鸦片战争至中华人民共和国成立之前,由于帝国主义的侵入,社会的动

笔记

荡不安,不仅谈不上科学文化的发展,中医学等传统文化还屡遭摧残,中医养生康复学更是几近夭折。

中华人民共和国成立后,中医药获得了新生,中医养生康复学也开始复苏。特别是自20世纪80年代,大批古代养生文献整理出版,现代医家的养生专著不断问世,尤其是1987年国家教委决定在中医院校开设中医养生康复专业,并把《中医养生学》和《中医康复学》列为中医高校的课程,均推动了中医养生康复学的发展。自此以后,全国各中医院校先后开设了中医养生文化研究生课程,博士、硕士学位论文中以养生康复作为专题研究的不断增多,各级科研课题中养生康复研究立项比重也在逐年增大。

近几十年来,中医养生康复学科学研究得到了长足的发展。有关高等院校及科研机构,利用现代科学技术,对中医养生康复学理论和方法从多角度、多层面进行了深入的探索,取得了许多令人瞩目的研究成果:如从脑科学、免疫学、基因组学和蛋白组学等层面研究探讨中医养生保健的机理;用信息技术、生物工程技术等现代物理学及系统科学等方法武装、改造传统的养生康复形式和手段。

进入21世纪以来,随着科学的进步、社会经济的不断发展和人民生活水平的提高,中医养生康复学更加得到重视。国际社会"回归自然"的趋势不断加强,各国对天然药物、食物的研究日趋活跃,为中医养生康复学的发展创造了新的契机。中医养生康复学在理论研究上将不断创新、突破,在实践运用上将向"生物—心理—社会医学模式"演进,普及于民众、服务于社会。在人才培养上以多层次、多渠道、多形式的方法,向社会输送人才,构建养生康复体系。同时,中医养生康复学通过学术交流以及其他方式,向世界各国传播。有理由相信,中医养生康复学将为整个人类的健康长寿、医疗保健作出更大的贡献。

## 第三节  中医养生康复学的特点

中医养生康复学是中医学在发展过程中,不断分化和完善起来的古老而新兴的学科。中医养生康复学作为中医学的重要组成部分,其理论和方法都深深印记着中医学的基本特点,如天人合一的整体观念、灵活生动的辨证观念、注重正气的预防观念等。从学科分化而言,中医养生康复学有着其自身的独特性。

### 一、突出整体观及辨证观

在中医理论体系的大框架下,中医理论的特点充分地体现于养生康复学之中,并决定着养生康复具体方法的运用和实施。中医理论体系以整体观念作为指导思想。基于此,中医养生康复学同样把人与自然、人与社会以及人体自身皆视为一个整体。若想健康长寿,就必须顺应自然、支配自然和改造自然,也必须认识社会、适应社会和改造社会,同时还要高度重视人体自身的完整统一性。

辨证观是中医认识人体的基本观念,是指导疾病诊治的基本原则。因此,中医养生康复也以此为指导,强调辨体施养、辨证施治。在将各种养生和康复手段运用于实践的过程中,必须针对不同的人、不同的地区以及不同的时令来选择适宜的方法,主张

8

因人、因地、因时制宜的养生康复原则,充分体现了养生康复实践时的原则性和灵活性。

## 二、重视机体的平衡和谐

世界上一切事物都有个适度的问题,超过了一定的"度",就会走向反面。人的生命活动及脏腑器官等,也都有其恒定的承受能力与度数,在此范围内为常态。所以,调平衡、促和谐,也同样为中医养生康复的宗旨。要使机体从功能到物质的各项指标无太过、无不及,具体方法体现在情志活动、饮食五味、体力房事等方面的适度。倘若失度,使机体固有的功能超常度使用,皆会破坏其生理稳态,影响其生存状况。故《素问·经脉别论》说:"生病,起于过用。"

## 三、强调未病先防、既病康复

中医养生康复的重要意义即是预防疾病、恢复健康。尽管影响人类健康长寿的原因诸多,但疾病是最为重要的因素。因此,防止疾病的发生、演变以及复发,促进机体功能的恢复,是中医养生康复的核心内容。要长寿就必须做到未病先防、已病防变和病愈防复,将预防疾病与健康长寿统一起来。中医创立了养生学说中"治未病"的预防学思想,在这一核心思想指导下,古往今来的医学家、养生家创制了种种措施与手段,构建出中医防病、治病,促进身心康复的实践体系。其目的固然是着眼于增强体质,但以中医发病学"正邪相搏"的观点来看,它们既有防病和康复作用,也是延缓衰老进程的重要举措。中医养生康复学,创造性地将预防疾病与延缓衰老二者相统一,使之具有双重作用。

## 四、方法手段丰富多彩

数千年来,在中医理论的指导下,中医养生康复学提出了"顺应自然","形神共养","养护正气","避免邪气","综合调养","随因施之"等原则。中医养生康复所采取的手段与方法更是丰富多彩,诸如精神调摄法、起居调摄法、饮食调摄法、药物调摄法、运动调摄法、针灸调摄法、推拿按摩调摄法、房事调摄法、娱乐调摄法、沐浴调摄法、色彩调摄法、香薰调摄法等,将养生康复深入到生活工作的方方面面,而且其方法具有简、便、廉、验的特点。由于人们企求健康长寿绝非一朝一夕、一法一式所能奏效,所以,必须在上述众法中各取所需,实施综合调摄,并且持之以恒,方能内养外调、扶正祛邪、补偏救弊、导气归经,以取得养生保健的最佳效果。

## 五、适应面广泛

中医养生康复的目的不是治病而是预防疾病发生和恢复机体功能,其适应的对象是所有未病之人、患病之人或病愈之人。目前没有任何一个学科能像中医养生康复具有如此广泛的适应群体。随着社会的发展、生活水平的提高和人们对长寿期盼值的攀升,养生保健正在成为大众自觉与自发的行为。当今,健身活动的群众性、普及性与推广性,使古老的中医养生康复思想与方法显示出前所未有的社会价值。因此,我们可以断言,中医养生康复学对人类发挥的作用将会越来越大。

## 学习小结

### 1. 学习内容

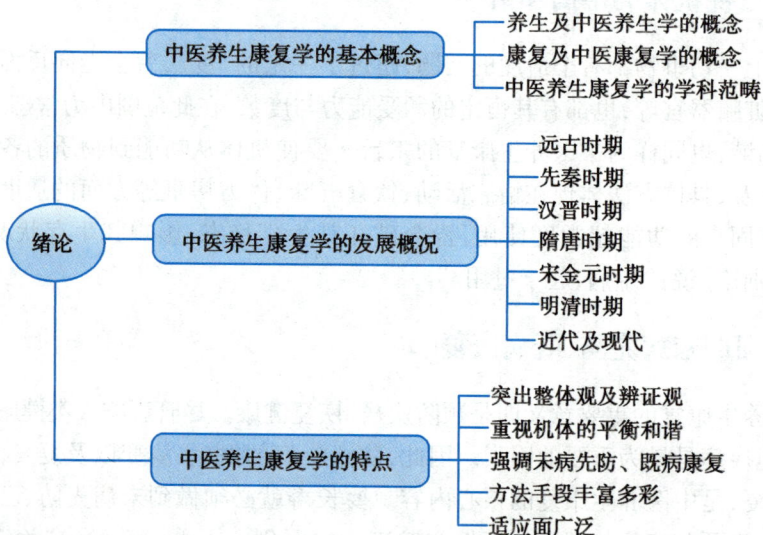

### 2. 学习方法

(1)在理解的基础上,掌握养生及养生学、康复及康复学和养生康复学概念。

(2)结合阅读中医学发展简史理解养生康复学发展特点。

(3)联系中医学的基础理论,理解中医养生康复学的特点。

(章文春　章　莹)

## 复习思考题

1. 试述中医养生康复学概念的内涵。

2. 中医养生康复学的历史发展与中医学的整体发展有何相关性?

3. 试述中医养生康复学的特点。

# 第二章

# 中医养生康复学的理论基础

中医养生康复学作为中医学的重要组成部分,其理论基础自然离不开中医学理论的指导。对中医养生康复学的研究和探讨,首先就必须了解正常的人体生命活动,了解人类生命的自然规律及中医学特有的人体生命观,并由此明析中医养生康复的要旨及其基本原则。

## 第一节　人类生命的自然规律

人作为自然界的一部分,也必然要遵循自然的规律。从人类生命的自然规律而言,都要经历胚胎、诞生、生长发育、成熟及衰老等过程,最终生命完结走向死亡。人类寿命有相对固定的期限,这种相对固定的期限是人的自然寿命,《黄帝内经》谓之"天年"。"尽终天年"是人类的理想,也是人们孜孜以求的梦想。人类能否享尽天年是由其健康状况所决定的,而影响健康的主要因素是衰老和疾病,维护健康、恢复健康是长寿的必要条件。

### 一、人类生命的自然过程

就个体而言,人的生命直接来源于父母的先天之精,又经后天精气的滋养而发育成人。女子十四岁左右,任脉通畅,太冲脉盛,月事以时下,而具有生殖功能。男子十六岁左右,肾气盛,精气充沛,开始排精,而具有生殖功能。成熟男女相媾合,两精相搏即可结胎。结胎之后,胚胎受父母先天之精气充养发育。母体以其精血滋养胚胎造就了胎儿的形;父亲以其精子肇建了胎儿元精,即《灵枢·天年》之所谓:"以母为基,以父为楯。"然而,母之精血有充盈不足之分,父之精子

笔记

11

亦有强勇怯弱之别,因此人体生命有先天禀赋的差异,这些差异对日后人体生命过程将产生一定影响。

人体生命形成后,生、长、壮、老、已是有机体生命过程的自然规律,是人体生长发育中一系列不可逆转的量变和质变过程。《灵枢·天年》对人体的这一生命发展过程作了较为全面的论述:"人生十岁,五脏始定,血气已通,其气在下,故好走;二十岁,血气始盛,肌肉方长,故好趋;三十岁,五脏大定,肌肉坚固,血脉盛满,故好步;四十岁,五脏六腑十二经脉,皆大盛以平定,腠理始疏,荣华颓落,发颇斑白,平盛不摇,故好坐;五十岁,肝气始衰,肝叶始薄,胆汁始灭,目始不明;六十岁,心气始衰,苦忧悲,血气懈惰,故好卧;七十岁,脾气虚,皮肤枯;八十岁,肺气衰,魄离,故言善误;九十岁,肾气焦,四脏经脉空虚;百岁,五脏皆虚,神气皆去,形骸独居而终矣"。可见,三十岁以前是生长发育期,气血日渐充实,脏腑及各组织器官逐渐强健,生理功能亦日益完善。三十岁至五十岁是人体生命的成熟期,气血充沛,肌肉骨骼坚固,脏腑及各组织器官均已发育成熟。然盛极必衰,五十岁至九十岁是衰老期,五脏器官逐渐发生衰老变化,机体生命活动开始出现较为明显的退行性变化,气血精神日渐虚衰。九十岁以后,经脉不充,五脏皆虚,神气皆去,生命亦将就此而终结。

古人把人类自然寿命称之为"天年",意指先天赋予的"寿限",或"寿数"。古人认为"上寿百二十年,中寿百岁,下寿八十",就是说,人的自然寿命可以活到一百至一百二十岁。《素问·上古天真论》强调,人们只要注重养生,皆可"形与神具,而终其天年,度百岁乃去"。能享尽"天年",自然衰老而死的称为"寿";不及"天年",早衰而死的称为"夭"。但在当今现实生活中,能享受"天年"的人很少,人之寿命长短不一。因此,探索寿夭的原因、过程与机理是中医养生康复学的主要研究课题。中医养生康复学的宗旨,不是追求"长生不老"、"返老还童",而是却病益寿、"尽终天年"。

### 知识拓展

#### 人类最高寿限的现代研究

按照生物学的原理,哺乳动物的寿命是其生长期的 5～7 倍,人的生长期是以最后一颗牙齿长出来的时间(20～25 岁)来计算,因此人的寿命应该是 120 岁。性成熟期理论则认为,生物的最高寿命约为性成熟期的 8～10 倍,人类的性成熟期为 14～15 岁,按此推算,则人类的最高自然寿命应是 112～150 岁。根据细胞传代次数来推算,人体细胞体外分裂传代 50 次左右,按平均每次分裂周期 2.4 年推算,人类的平均寿命应是 120 岁。

### 二、健康的生命特征

健康人的生命状态体现在生理和心理两个方面。

1. 健康的生理特征

(1)形体壮实,比例恰当:体格壮实,不肥胖,不消瘦,皮肤润泽,肌腠致密,是脏腑气血功能旺盛的表现。

(2)面色红润,须发润泽:面色是脏腑气血之外荣,面色红润是五脏气血旺盛的表现。发为血之余,又赖肾精充养,须发润泽反映了肝血肾精的充足。

(3)牙齿坚固,腰腿灵便:齿为骨之余,骨为肾所主,牙齿坚固是肾精充盈的表现。肝主筋、肾主骨,腰为肾之府,肾精充足则腰强膝健,肝血充盈、筋脉通利则腿脚轻便。

(4)双耳聪敏,眼睛有神:肾开窍于耳,手足少阳经脉分布于耳,耳为宗脉所聚,故耳之聪敏反映肝、胆、肾、三焦等脏腑功能的正常。《灵枢·大惑论》说:"五脏六腑之精气皆上注于目而为之精",两目神光充沛,精彩内含是五脏精气充足之象。

(5)呼吸从容,声音洪亮:呼吸既关乎肺亦关乎肾。呼吸从容不迫,和缓均匀,既反映肺主气、司呼吸功能的正常;亦反映肾气充足,纳气归元的功能正常。声音洪亮是宗气充足的外在表现。

(6)食欲正常,二便通利:食欲的正常与否直接关系到脾胃功能的盛衰,脾胃乃后天之本,气血生化之源,食欲正常是身体功能健康的反映。二便通畅是人体新陈代谢功能正常表现,反映脏腑功能的调畅。

(7)舌态正常,脉象匀缓:从中医特有的舌象和脉象来考察,正常健康人的舌象为:舌体柔软灵活,舌色淡红明润,舌苔薄白均匀,苔质干湿适中。正常的脉象为:从容和缓、节律一致、力度适中,它反映出机体的气血充盈,功能健旺,阴阳平衡。

2. 健康的心理特征

(1)精神愉悦,情绪稳定:精神愉快,七情和调,反映了脏腑功能的良好状态,是健康的重要标志,《素问·举痛论》说:"喜则气和志达,营卫通利。"

(2)思维清晰,记忆良好:肾藏精,精生髓,而"脑为髓海",思维清晰,记忆力强是髓海充盈的表现。

(3)人际和谐,适应社会:保持正常的人际关系,能适应复杂的社会环境变化,为他人所理解,为大家所接受,这是人类心智完善的表现。

### 🌐 知识链接

**健康的标志**

WHO 提出"健康是身体上、精神上和社会适应上的完好状态,而不仅仅是没有疾病和虚弱",其具体标志为:①精力充沛,能从容不迫地应付日常生活和工作;②处事乐观,态度积极,乐于承担任务不挑剔;③善于休息,睡眠良好;④应变能力强,能适应各种环境的变化;⑤对一般感冒和传染病有一定抵抗力;⑥体重适当,体态匀称,头、臂、臀比例协调;⑦眼睛明亮,反应敏锐,眼睑不发炎;⑧牙齿清洁,无缺损,无疼痛,牙龈颜色正常,无出血;⑨头发光洁,无头屑;⑩肌肉、皮肤富弹性,走路轻松。

上述 10 条包括生理健康和心理健康两部分,同时也是快乐感和幸福感的表现,体现出个体和社会有着较高的融合度,表现出良好的形体和精神风貌,所以也是心理健康和社会健康的标志。

## 三、影响人类寿命的因素

影响人类健康长寿的因素无外乎疾病和衰老,而疾病和衰老的原因可概括为先天因素和后天因素。

### (一)先天因素

1. 先天禀赋的强与弱　先天禀赋强弱,是人体寿夭衰老的决定性因素。人体寿命之长短依赖于形体之强弱。只有五脏坚固，形神相合，体质壮实，血脉和畅，各脏腑组织器官配合协调，才能健康长寿；反之则体质羸弱，阴阳失调，气血失和，脏腑功能障碍，多病夭亡。而形体之强弱坚脆又取决于父母先天之禀赋。先天禀赋强则身体壮盛，精力充沛，不易衰老；反之，先天禀赋弱则身体憔悴，精神萎靡，而加速衰老。

明代医家万全在《幼科发挥》中写道："子之赢弱，皆父母精血之弱也，所谓父强母弱，生女必赢；父弱母强，生男必弱者是也。"先天禀赋好则体质壮实少病，先天禀赋差则体质羸弱多病。清代医家陈复正在其《幼幼集成》中更是进一步指出："胎弱者，禀受于气之不足也。子于父母，一体而分，而禀受不可不察。如禀肺气为皮毛，肺气不足，则皮薄怯寒，毛发不生；禀心气为血脉，心气不足，则血不华色，面无光彩；禀脾气为肉，脾气不足，则肌肉不生，手足如削；禀肝气为筋，肝气不足，则筋不束骨，机关不利；禀肾气为骨，肾气不足，则骨节软弱，久不能行。此皆胎禀之病，随其胎气而求之。"五脏若先天禀赋不足，则人体容易出现相应的脏腑组织功能病变。

先天禀赋不足往往影响后天疾病的演变、预后及其寿命。《医宗金鉴》云："人感受邪气虽一，因其形藏不同，或从寒化，或从热化，或从虚化，或从实化。"由于受先天所禀赋之体质所决定，人体感受邪气的从化则各有差异。至于疾病之预后，有的容易复发，有的不复发；则如张子和所说："人之所禀，有强有弱。强而病，病而愈，愈而后必能复其旧矣；弱而病，病而愈，愈而后不必复其旧矣。"

2. 先天禀赋的全与缺　先天禀赋全面，则体质平和，身体健康。先天禀赋缺陷，一方面表现各类遗传性疾病，如血友病、糖尿病、原发性癫痫、聋哑、白化病、并趾（指）多趾（指）症等。《圣济经·气质生成章》中记载："附赘垂疣，骈拇枝指，侏儒跛躄，形气所赋有如此者。"另一方面，由于胎育时受药物、辐射等不良因素影响而导致先天残缺，从而表现为某些先天性心脏病、产伤后遗症等。这些先天禀赋残缺，致令后天无法正常发育，五行之序不能顺行，阴阳二气不相调和。目前治疗上还难有根除之法，因而严重影响其生存质量及寿命。

3. 先天禀赋的纯与浊　先天禀赋纯者，为真精气血，而无杂质，冲和以生身，体质平和。先天禀赋不纯者，轻则浊，重则为毒，体质失和。章虚谷言："灵明，则禀气清；灵昏，则禀气浊；灵强，则禀气厚；灵弱，则禀气薄，此贤愚寿夭所由分。"凡禀赋不纯之病，皆由父母所致。即于男女交合之时，浊气遗于子体，潜伏于体内无显现，等到后天气血不调时，即易触发，如肝炎、梅毒、艾滋病等。

### 🔲 知识拓展

#### 关于遗传病

遗传性疾病，是指因受精卵中的遗传物质（染色体，DNA）异常或生殖细胞所携带的遗传信息异常所引起的子代的性状异常。通俗的情况是精子和卵子里携带有病基因，然后传给子女并引起发病，而且这些子女结婚后还会把病传给下一代。这种代代相传的疾病，医学上称之为遗传病。

预防遗传病儿的发生：一就是要做基因检查，二是要注意生育保健，特别是在孕期，应尽量避免接触致畸、致突变的有害因素。

### （二）后天因素

《素问·上古天真论》明确指出人不能尽终其天年的原因为："以酒为浆，以妄为常，醉以入房，以欲竭其精，以耗散其真，不知持满，不时御神，务快其心，逆于生乐，起居无节，故半百而衰也"。故影响人体寿命的后天因素主要有饮食失宜、劳逸失度、嗜欲无度、妄而作劳、疾病损伤等。

1. **饮食失宜**　饮食是人体后天生命活动所需精微物质的重要来源，是人体生命赖以生存和维持健康的基本条件。因此，饮食安排必须合理，做到五味调和、食饮有节，并注意饮食宜忌。否则不当的饮食习惯会影响人体的生理功能，导致脏腑功能失调或正气受伤而发生疾病。脾胃是受纳、消化和吸收饮食物的主要脏器，故饮食失宜主要损伤脾胃。脾胃为后天之本，脾胃一旦损伤，又可累及其他脏腑引发疾病。因此，饮食失宜有损于身体健康，是导致内伤疾病的主要原因之一。

饮食失宜包括饥饱失常、饮食不洁和饮食偏嗜等。过饥，长期摄食不足，气血生化乏源，无以荣养脏腑，导致人体功能活动衰退。而正气不足，抗病力弱，又易招致外邪入侵，继发其他疾病。过饱，饮食超量，或暴饮暴食，或中气虚弱而强食，以致脾胃难以消化转输而致病，正所谓"饮食自倍，肠胃乃伤"。日久可致聚湿、化热、生痰，而变生疾病，如消渴、肥胖、痔疮、心脉痹阻等病证。饮食偏嗜，因喜好某种食味或专食某些食物，导致相应的脏腑组织功能受到影响。如《内经》所载："阴之所生，本在五味，阴之五宫，伤在五味。是故味过于酸，肝气以津，脾气乃绝；味过于咸，大骨气劳，短肌，心气抑；味过于甘，心气喘满，色黑，肾气不衡；味过于苦，脾气不濡，胃气乃厚；味过于辛，筋脉沮弛，精神乃殃。"再如，过食久食膏粱厚味，不但损伤脾胃，还易致痰（湿）热内生，引发疮疡，也易产生肥胖、眩晕、中风、胸痹、消渴等病证。

2. **劳逸失度**　劳逸结合是保证人体健康的必要条件。如果劳逸失度，或长时间过于劳累，或久于安逸静养，都不利于健康长寿。

过劳包括劳力过度、劳神过度和房劳过度三个方面。由于过劳，超出了人体所能承受的限度，可损伤身体，消耗脏腑精气，损伤脏腑功能，导致脏气虚少，功能减退。在过劳的三个因素中，养生学家尤其强调房劳过度的危害。房劳过度直接损耗肾精，它是导致早衰的重要原因。

过度安逸，主要包括体力过逸和脑力过逸两个方面。长时间少动安闲，或者卧床过久，或者长期用脑过少，均可使人体脏腑、经络及精气血神失调而引发各种疾病。因此人体每天需要适当的活动，气血才能流畅，阳气才得以振奋，脏腑功能活动才能正常进行。随着社会的发展和科技的进步，人们的生活方式发生了根本的变化，过度安逸已经成为肥胖、高血压、冠心病等疾病的主要病因之一。

3. **情志失和**　情志活动是人体对客观事物的正常反应，不仅与脏腑功能活动有关，而且与外界环境变化有关。情绪保持中和，则脏腑气机平和。但当突然的、强烈的或持久的情志刺激，超越了人体的生理和心理适应能力；或人体正气虚弱，脏腑精气虚衰，对情志刺激的适应调节能力低下时，就会导致人体气机紊乱、脏腑阴阳失调，从而引起疾病的发生，加速衰老甚至死亡。《吕氏春秋》明确指出："年寿得长者，非短而缓之也，毕其数也。毕数在乎去害。何谓去害？……大喜、大恐、大忧、大怒、大哀，五者损神则生害矣。"可见，避免情志失和是颐养天年的重要措施之一。

4. **疾病损伤**　疾病损伤与寿夭相互关联，相互影响。一方面，疾病促进衰老，折损寿命；另一方面，衰老诱发疾病，影响疾病的康复。在古代，引起人体夭亡的疾病以伤寒、瘟疫为主。随着时代的进步，科学的发展，现在对人类生命危害最大的疾患包括心脑血管疾病、恶性肿瘤、艾滋病等。现代化的生活方式，也使得意外伤害的事件急剧增加，如车祸、空难、辐射等。这些疾病和伤害，对人类的健康和生命构成了很大的威胁。

## 第二节　中医学生命观

中医学对人体生命的看法，即人体生命的观念，涉及人体生命多方面的内容。从中医学生理而言，藏象学说、经络学说以及气血津液精等，都是关于人体生命的基本理论，这些已在《中医基础理论》课程中有较为详细论述，本书不再做讨论。本节主要从人体生命构成的唯物观及人体生命活动的整体观两个方面进行简要阐述。

### 一、人体生命构成的唯物观

从人体生命的构成而言，人是由形、气、神三个要素构成的，并且这三个要素是相互关联、相互影响的一个整体。《淮南子·原道训》中指出："形者，生之舍也；气者，生之充也；神者，生之制也"，即认为形是人体生命的房舍，气是生命活动的动力，神是生命的主宰。

#### （一）生命活动的房舍——形

"形"作为人体生命构成的一个要素，是指人体的有形实体。它包括组织结构、脏腑形体官窍，以及人体生命活性物质等。

中医对"形"的认识很粗糙，但作为人体构成的一部分，也给予了充分的关注，并从整体的角度对形有了深入的探究。从生命起源来看，先有形体结构，然后才有生命功能活动。如《灵枢·天年》中说："血气已和，荣卫已通，五脏已成，神气舍心，魂魄毕具。"明·张景岳在《类经·针刺类》中进一步阐述："形者神之体，神者形之用；无神则形不可活，无形则神无以生。"可见人的生成，既要"五脏已成"，又要"魂魄毕具"，即形神皆备，"乃成为人"。《淮南子》将形类比为生命活动的房舍，是生命活动的依附，是生命寄存和施展功能的场所。没有"形"的生命体是不可想象的，也是不可能的，正所谓："皮之不存，毛将焉附？"因此，形体的强壮是人体健康长寿的必要条件；没有房舍，就谈不上人体生命的健康。

#### （二）生命活动的动力——气

气，是指充斥在人体生命之中的无形非实体物质。它充斥在人体组织结构之中，弥散在有形实体的周围。

人体无形之气多集中与依附于有形实体及其周围，人体之气的分布与人体的形态结构是一致的，即形态的任何部分都充斥着无形的气，在形体周围也有弥散存在着人体之气。人体之气的分布与人体形态结构是相一致的。如脏腑之气中的心气、肝气、肺气、脾气、肾气等，四肢之气，躯体之气等。按照古代养生家的观点，认为人体气的中心在丹田，即在脐下小腹部关元、气海等穴位处。

人体之气运动的基本形式可概括归纳为升、降、出、入四种。其中升降，是指气在人体内上行或下行的运行；出入，是指气在体内外或组织器官内外开合出入聚散

笔记

过程。而气的升降与出入之间是相互协调，密切联系的。《素问·六微旨大论》云："出入废，则神机化灭；升降息，则气立孤危。故非出入，则无以生长壮老已；非升降，则无以生长化收藏。"因此，主导和把握人体气机升降出入，是促进人体生命健康的重要环节。

### （三）生命活动的主宰——神

神的概念在中国传统文化中极为广泛，它是作为人体生命的构成要素。神是指主宰人体生命的意识活动，包括人对外界的感知、反映和思维。在人体形气神三个生命要素当中，神是人生命活动的主宰，它对人体生命起主导作用。故《淮南子·原道训》说："神者，生之制也。"

现代医学及心理学都认为意识活动对人体生命具有主导作用。人体通过感觉器官接收外界信息，并据此发放出相应的信息，通过相关组织器官的活动，调节人体生命活动与周围环境的平衡。这个过程对人来说，都是在高级神经中枢指挥下完成的。

人的意识活动对全身的生命活动起着统率和调节的作用，此即"神为主宰"。在人的整体生命活动领域中，人的意识活动是生命活动的先导，肉体的生命活动是实现意识活动要求的手段。在人的生理活动领域中，不仅意识可以改变人的力量的强度，也可以改变人体感觉的灵敏度。对此，《灵枢·本藏》是这样描述的："志意者，所以御精神，收魂魄，适寒温，和喜怒者也。……志意和则精神专直，魂魄不散，悔怒不起，五脏不受邪矣。"这里明确指出人的意识可以统御精神活动，收摄魂魄、调节人体对冷热刺激的适应能力和情志变化。如果意识稳定，就会精神集中、思维敏捷、魂魄安定，也就不会产生懊悔愤怒等过度的情绪，五脏也就不会受到外邪的干扰。可见，精神意识在人体生命活动中占有极为重要的地位。

### （四）形气神三位一体的生命自组织

形气神作为构成人体的三个要素，它们不是孤立的，而是相互关联的一个整体。形气神在生理上相互联系，在病理上相互影响，它们相互协调共同构成人体生命活动。《淮南子·原道训》指出："一失位则三者伤矣，是故圣人使人各处其位，守其职而不得相干也。故夫形者，非其所安也而处之则废。气不当其所充而用之则泄，神非其所宜而行之则昧。此三者，不可不慎守也。"葛洪将人体的形气神比喻为国土、百姓和国君，指出只有三者相和谐才能国泰民安。他在《抱朴子·内篇》中写到："故一人之身，一国之象也。胸腹之位，犹宫室也。四肢之列，犹郊境也。骨节之分，犹百官也。神犹君也，血犹臣也，气犹民也。故知治身，则能治国也。夫爱其民所以安其国，养其气所以全其身。民散则国亡，气竭则身死，死者不可生也，亡者不可存也。"可见，形气神三者是相互依存、相互关联的整体。没有形则神气无所依附，人的生命也就无从谈起；没有气则无生命的有机活动，气失于升降出入而"神机化灭"、"气立孤危"；生命活动没有神的调控则"气乱、精离"、"形乃大伤"。

人体生命是个自组织的稳态系统，在这一系统中有"形"、"气"、"神"三个相关的子系统的序参量，它们之间相互作用，通过合作协调维持人体整体生命的稳态。在人体生命系统中，形气神各守其位并相互协调，保持生命活动的有序平衡稳定的状态。当外界干扰因素侵害人体生命时，机体即在形气神相互协调的调控下，保持自组织的稳态平衡，维持正常的人体生命活动。

### 生命稳态与健康

人体生命就是一种典型的、天然的自组织系统。它能利用从外界摄取的物质和能量组成自身的具有复杂功能的有机体,并且在一定程度上能自动修复缺损和排除故障,以恢复正常的结构和功能。最近诸多学者用复杂性科学的研究方法,来研究人体生命,认为人体生命具有自我调节达到内外环境相适宜的最佳状态,即生命的稳态。在这种生命的稳态中,结构有序与功能有序相统一。

## 二、人体生命活动的整体观

人生活在自然界中,其生命活动并非孤立,是与自然、社会构成一个系统的整体。中医学的整体观念包括人自身一体、人与自然一体、人与社会一体三个方面。

### (一)自身一体

1. 形气神三位一体　如前所述,人体生命由形、气、神三个要素构成,它们是相互关联的一个整体,其相互协调共同构成人体生命活动,其主要表现在:

(1)形气相关:形为气之舍,气为形之充。形作为生命的房舍,它是人体之气存在、运行、变化的具体场所。气不可能离开形而独立存在,正所谓:"皮之不存,毛将焉附?"以此言之,形气关系从根本上来说就是形体强弱与正气盛衰的关系。形体强壮者,其内在气血也应当充盈;形体瘦弱者,其内在气血则相应不足。故《素问·刺志论》曰:"气实形实,气虚形虚,此其常也,反此者病。"《灵枢·寿夭刚柔》也讲道:"形与气相任则寿,不相任则夭……血气经络胜形则寿,不胜形则夭。"此则强调形与气相互协调适应的重要性。张介宾则指出:"盖形以寓气,气以充形。有是形当有是气,有是气当有是形"(《类经·寿夭》)。形与气交互作用,无气固然无形,无形则气无以聚、无以化、无所寓。

(2)形神相关:此主要表现在神依附于形,神为形之主。神不能离开形体而独立存在,其功能也必须要在形体健康的情况下才能正常行使。故《素问·上古天真论》云:"形体不敝,精神不散。"张景岳也强调"神依形生"、"无形则神无以生"。五脏均藏神,正如《素问·宣明五气论》中写到:"心藏神,肺藏魄,肝藏魂,脾藏意,肾藏志。"神、魂、魄、意、志名虽不同,但皆属于人身之神的范畴。因此,五脏皆可称为神之宅,为藏神之处。另一方面,神具有调控主导形的功能作用,人的精神意识对人体生命活动具有主导和调控作用。若神不能主导人体生命活动,生命也就完结,诚如《灵枢·天年》所说:"神气皆去,形骸独居而终矣。"

总之,形为神之宅,神乃形之主;无神则形不可活,无形则神无以附。两者相辅相成,不可分离,离则为死,偕则为生。故形壮则神旺,形为精所成,积精可以全神;神旺则形壮,神能驭形。《素问·上古天真论》所说:"其知道者,法于阴阳,和于术数……能形与神俱,而尽终其天年",明确说明了"形与神俱"的重要意义。

(3)神气相关:主要表现在神为气之主,气为神之充,说明神气变化密切相关。神作为人体生命的主宰,首先表现在对人体气机的影响。具体而言,又包括"气一而动志"和"志一而动气"两个方面。

所谓"气一而动志"是指当人体之气受到外界因素的影响而失去自身原有平衡状

态时,就呈现出特殊变态运动。这种运动状态反映在大脑意识当中,而产生不同的内在感受。一般来说,气向上向外的急骤运动可引发愤怒;向内向下的急骤变化可引发恐惧;气向一处凝集可引发沉思;气散乱可引发惊恐;气流行和畅可引发喜悦;气流行蹇涩可引发悲哀等。

所谓"志一而动气"是指人的精神意识活动可以引起人体之气的变化,正如《素问·举痛论》所说的"怒则气上"、"喜则气缓"、"思则气结"、"悲则气消"、"恐则气下"、"惊则气乱"。

2. 五脏系统协调统一　中医学认为五脏是人体生命活动的中心。《素问·六节藏象论》也曾指出人体生命活动以五脏为"本"。五脏之所以成为生命活动的根本,是因为它们贮藏了人体赖以维持生命活动的精、神、气、血、水谷精微等重要物质,其功能不仅关乎人体生理物质的新陈代谢,亦与精神情志活动密切相关。五脏系统与外环境保持协调统一,系统内部各脏腑组织、形体器官按五行规律相互联系,构成一个有机的统一整体,共同维持生命活动的正常运行。其主要表现在:

(1)五脏与六腑,通过经络的联系构成互为阴阳表里的联系,即肝与胆互为表里,心与小肠互为表里,脾与胃互为表里,肺与大肠互为表里,肾与膀胱互为表里。

(2)五脏与形体官窍四肢百骸构成统一的整体,即五脏与五体(筋、脉、肉、皮、骨)、五窍(目、舌、口、鼻、耳及二阴)相关联在一起。

(3)五脏与神意情志密切相关,即五脏与五脏神(魂、神、意、魄、志)、情志(怒、喜、思、悲、恐、惊)相关联。

(4)五脏与天地自然构成相类相通的整体,即五脏与自然界五时、五方、五气、五化等相互关联。

### (二)人与自然一体

人禀天地之气而生,自然界存在着许多人类赖以生存的必要条件,如阳光、空气、水、土壤等。当自然环境发生变化,如昼夜交接、寒暑更替时,人体受其影响也会相应的发生生理或病理上的改变。宇宙之中,天地之间,人的一切生命活动都与自然息息相关,即《内经》所谓"生气通天"。

1. 时序气候与人体相关　自然界四时气候的变化有一定规律性,所谓春温、夏热、秋凉、冬寒,万物顺应这一自然规律而有春生、夏长、秋收、冬藏的生长变化过程。生活在大自然当中的人体生命,也会因于自然界的这一变化规律,进行适应性调节。例如盛夏天气炎热,人体气血运行流畅,阳气旺盛,脉象多浮大,皮肤腠理开张,津液外出而多汗;隆冬天气严寒,人体气血运行稍缓,阳气偏衰,脉象多沉小,皮肤腠理致密,津液趋下而多尿。这种适应性的生理变化,反映了冬夏不同季节与人体气血运行和津液代谢的密切关系。由于人类适应自然的能力是有限的,所以当气候的剧烈变化超过了人体的适应和调节能力,就会发生疾病。不同的季节有不同的多发病,如春季多风病,夏季多暑病,秋季多燥病,冬季多寒病等。还有些年老体弱或慢性病患者,因适应能力差,往往在气候剧变或季节交替之际而导致旧病复发或病情加重。因此,人必须依据自然时序气候的变化来调整自身的生活行为,以保养人体生命,所谓"顺四时而适寒暑"。

昼夜晨昏的变化对人体的生理也产生不同的作用。《灵枢·顺气一日分为四时》说:"朝则为春,日中为夏,日入为秋,夜半为冬。"白天人体的阳气多趋于表,脏腑的功

能活动比较活跃;夜晚人体的阳气多趋于里,人就需要休息和睡眠。因此,我们应当依据外在自然的变化来安排作息生活,以合于自然的变化。另外,昼夜晨昏的变化对疾病也有一定影响。如《灵枢·顺气一日分为四时》云:"夫百病者,多以旦慧、昼安、夕加、夜甚……"究其缘由乃是因昼夜阴阳二气的改变所致:白天阳气旺盛,人身之气随自然界之气的阳生而渐旺,故病情稳定或转轻;夜晚阴气为主,人身之气又随自然界之气的阳消而渐衰,故病情加重或恶变。

2. 地理环境与人体相关　不同的地理环境,可导致人的体质差异,如东南地势平坦,气候温暖潮湿,人体腠理较疏松,体格多瘦弱;西北海拔较高,气候寒冷干燥,人体腠理较致密,体格多壮实。一旦易地而居,许多人初期都会有水土不服的感觉。由于长期的环境作用和饮食的偏嗜,造成了各地区的人有不同的体质和特殊的地方病与多发病。人欲得健康长寿,就必须因地制宜,施以符合自己居处环境的养生方法。

### (三)人与社会一体

人既是自然的人也是社会的人。人不仅生活在自然环境中,也必定生活在社会环境中,人与社会是密不可分的整体。所谓社会环境,包括社会政治、社会经济、工作环境、卫生条件、生活方式以及文化教育、家庭组成等各种社会联系。社会环境一方面提供给人们所需的物质生活资料,以满足人们的生理需要;另一方面又形成和制约人的心理活动,影响着人们生理和心理上的动态平衡。如果人体和社会稳态失调,就可以导致疾病。一般而言,良好的社会环境,会使人精神振奋,勇于进取,有利于身心健康。不良的社会环境,如工业发展带来的环境污染、生态环境的破坏、日益激烈的社会竞争、过度紧张的生活节奏等,都会使人长期处于紧张、焦虑、忧郁、烦恼、气愤、恐惧等心境之中,势必会危害身心健康。研究社会因素对人体健康和疾病的影响,寻求行之有效的养生保健方法,是中医养生康复学的重要研究内容。

**知识链接**

#### 长寿村——广西巴马

巴马,是一个令人神往、神奇而美丽的地方,人称长寿之乡。甲篆乡平安村巴盘屯是巴马的长寿村。全屯515人,百岁老人多达7人,是国际上"世界长寿之乡"标准的近200倍。广西巴马空气中的负离子含量每立方厘米在2000～5000个,被称为"天然氧吧"。负离子不仅能起到净化空气作用,而且使人精神振奋,增强机体抵抗力,促进新陈代谢过程,消除呼吸道炎症,缓解支气管哮喘,稳定血压。现代医学研究表明只有压电陶瓷负离子发生器生成高活性的生态级小粒径负离子才容易透过人体的血脑屏障,发挥负离子对人体的医疗保健作用。大自然的生态负离子由于粒径小、活性高才创造出众多的长寿村。

## 第三节　中医养生康复的基本原则

基于中医学对人体生命的认识,在人类进行养生保健以及促进疾病康复的过程中,应当遵循以下基本原则。

### 一、天人合一,顺应自然

在中医学生命观中,强调人与自然的整体相合,即人的一切生命活动都与大自然息息相关,必须随时随地与其保持和谐一致。无论是养生保健,还是疾病康复,都必须遵循顺应自然的基本法则。《黄帝内经》中反复强调生命的保养在于"因时之序":"苍天之气,清净则志意治,顺之则阳气固,虽有贼邪,弗能害也,此因时之序。……清静则肉腠闭拒,虽有大风苛毒,弗之能害,此因时之序也"(《素问·生气通天论》)。此"因时之序"本指顺应四时气候变化的规律而养生康复,还包括顺应月相盈亏变化、顺应昼夜时辰变化以及适应地理环境差异而养生康复。

### (一)顺应四时气候变化

一年四季,自然界的气候有着春温、夏热、秋凉、冬寒的变化,自然界和人体生命活动亦随之产生春生、夏长、秋收、冬藏的气机变化。春夏阳气发泄,气血易趋向于表,故皮肤松弛、多汗少溺;秋冬阳气收藏,气血易趋向于里,表现为皮肤致密、少汗多溺。因此,中医养生康复非常强调因四时之不同而分别有不同的应对方法。例如《素问·四气调神论》中提出"春夏养阳,秋冬养阴"的补养理论;以及春三月"使志生"、夏三月"使志无怒"、秋三月"使志安宁"、冬三月"使志若伏若匿"的情志养生理论。

季节对五脏六腑、经络腧穴有直接的影响。不同的脏腑经络,于不同的季节会出现气血偏旺的情况,如"肝旺于春"、"心旺于夏"、"脾旺于长夏"、"肺旺于秋"、"肾旺于冬";"春气在经脉,夏气在孙络,秋气在皮肤,冬气在骨髓"等。针灸、推拿康复治疗时的辨证选穴,则体现了这一原理。合理运用这些规律来进行养生保健和康复治疗,可收到事半功倍的效果。

### (二)顺应月相盈亏变化

所谓月相,是指人在地球上看到月亮明亮部分的各种不同形状,如新月、上弦月、满月、残月等。早在 2000 多年前,古人就发现月亮的盈亏可影响人体的生物节律。《灵枢·岁露》中写道:"月满则海水西盛"、"至其月郭空,则海水东盛",指出海潮潮位的高低变化,与月相的变化节律一致。血液是人体内流动的液体,其运行依赖于气的推动和统摄。人生活在地球上,因而气血的运行,也同涨潮落潮一般,必然随月相盈亏而发生改变。正如《素问·八正神明论》所云:"月始生,则血气始精,卫气始行;月郭满,则血气实,肌肉坚,月郭空,则肌肉减,经络虚,卫气去,形独居。"月的始生、廓满、廓空表示月相节律的改变,与人体相对应则表现为机体血气的"始精"、"实"、"虚"的变化。正是由于月球对人体的影响,古往今来的养生家们就十分重视联系月相进行养生康复,或在不同月相时采用不同的养生康复方法,或在月圆日进行调息服气、冥想等修炼。

### (三)顺应昼夜时辰变化

中医发现人体生命活动变化与昼夜时间节律有着极高的相关性。一日之中,昼夜的改变对人体阴阳盛衰、气血运行、脏腑生理功能及病理变化均有一定的影响。

自然界昼夜阴阳的变化,可以影响人体阳气的表里趋向。《素问·生气通天论》曰:"故阳气者,一日而主外,平旦人气生,日中而阳气隆,日西而阳气已虚,气门乃闭。"说明人体阳气白天多趋向于表,夜晚多趋向于里。正是由于人体阳气具有昼夜周期变化的规律,故人体病理变化也与之相应。《灵枢·顺气一日分为四时》指出:"夫百病者,多以旦慧、昼安、夕加、夜甚……朝则人气始生,病气衰,故旦慧;日中人气长,长则胜邪,故安;夕则人气始衰,邪气始生,故加;夜半人气入脏,邪气独居于身,故甚也。"白昼阳气旺盛,人体阳气趋表抗邪,故疾病多有缓解;而夜晚阴气旺盛,人体阳气趋里抗邪无力,故疾病多有加重甚则恶化。

人体的阳气天亮时开始活跃于体表,正午阳气最盛,故白天应从事各种劳作及户外活动;傍晚时分体表的阳气开始衰少,应减少户外体力活动并按时睡眠,避免阴气的侵袭;根据人体阳气的昼夜节律进行作息,才能保证人体生命的健康。诚如《素问·生气通天论》所强调:"是故暮而收拒,无扰筋骨,无见雾露,反此三时,形乃困薄。"因此,根据昼夜时辰对人体生理的影响,利用阳气的昼夜变化节律,来妥善安排工作、学习和休息,顺应人体昼夜生理变化规律,从而达到良好的养生康复效果。

### 知识拓展

#### 科学睡眠能够调节免疫功能

现代研究表明,按时睡眠可帮助机体恢复体力和脑力,对机体的免疫功能具有保护作用。睡眠缺失可能损伤机体的免疫功能,导致机体感染的机会增加。早期流行病学调查显示,昼夜轮班作业的工人,由于睡眠紊乱,呼吸道感染的发病率明显增加。这从现代医学角度提示,顺应阳气消长昼夜节律作息,对于养生保健具有重要意义。

#### (四)适应地域环境差异

地域环境是人类赖以生存和发展的物质基础和条件之一,与人类的健康息息相关。不同地域方位的环境不同,其气候、湿度、温差、水质、土壤中所含元素等也不尽相同。因而,地域的差异也可对人的生理及病理产生不同的影响。

如我国东南方多雨高温,人体腠理多疏松,病多湿热;西北方多燥寒冷,人体腠理多致密,病多寒痹。若长期居住某地后一旦易居他地,身体则可能出现所谓"水土不服"的症状,甚至生病,需要相当一段时间的重新适应。正如《素问·异法方宜论》描述的:"东方之域,天地之所始生也,鱼盐之地,海滨傍水,其民食鱼而嗜咸。……鱼者使人热中,盐者胜血,故其民皆黑色疏理,其病皆为痈疡,其治宜砭石。……西方者,金玉之域,沙石之处,天地之所收引也,其民陵居而多风,水土刚强,其民不衣而褐荐,其民华食而脂肥,故邪不能伤其形体,其病生于内,其治宜毒药。……北方者,天地所闭藏之域也,其地高陵居,风寒冰冽,其民乐野处而乳食,脏寒生满病,其治宜灸焫。……南方者,天地所长养,阳之所盛处也,其地下,水土弱,雾露之所聚也,其民嗜酸而食胕,故其民皆致理而赤色,其病挛痹,其治宜微针。……中央者,其地平以湿,天地所以生万物也众,其民食杂而不劳,故其病多痿厥寒热,其治宜导引按跷。"

因此,要注重地域环境对人体生命的影响。需根据不同的情况,采取不同的保健和预防措施,使人体与所在的地域环境相适应。随着社会的发展,人们旅行移居的情况越来越普遍,从养生保健的角度而言,每到一个陌生的地区或国家,都要根据当地的气候特点和环境状况调适自己的生活方式,以达到保养人体生命的目的。

## 二、养神为先,固护形气

人体生命是由形气神三个要素构成,而这三个要素是相互关联、不可分割的整体。健康的形体、充足的气机是精力充沛、思维灵敏的物质保证;而充沛的精神和乐观的情绪又是形体健康的重要条件。因此,保障人体生命健康长寿的同时,必须注意形、气、神的养护,并且使这三者相互协调,优化人体生命的自组织状态。

### (一)调神安命

在形神关系中,"神"起着主导作用,中医认为神明则形安。《素问·灵兰秘典》云:"主明则下安,以此养生则寿……主不明则十二官危……以此养生则殃。"说明神对形起主宰作用。因此,我国历代养生家十分重视神与生命的关系,并把"调神"作为养生康复第一要务及立身安命的重要手段。他们总结出丰富多彩的调养心神的方法,如:清静养神,即保持精神情志淡泊宁静的状态,减少名利和物质欲望,和情畅志,使之平和无过极;四气调神,即顺应一年四季阴阳之变调节精神,使精神活动与五脏四时阴阳关系相协调;气功练神,即通过积极主动地内向性运用意识,将意识活动指向机体自身,保持形气神合一,以达到形神相合、气清神宁的状态;修性怡神,即通过多种有意义的活动,如绘画、书法、音乐、下棋、种花、旅游等,培养自己的情趣爱好,使精神有所寄托,并能陶冶情操,从而起到怡情养性、调神健身的作用。总之,从"调神"入手,保护和增强心理健康、形体健康,达到调神和强身的统一。

### (二)保形全真

在形气神生命三要素中,"形"作为人体生命活动的房舍,对人体生命起着至关重要的作用。唐代吴筠《元气论》认为:"真精、元神、元气不离身形,谓为生命。"张景岳云:"形伤则神气为之消","善养生者,可不先养此形以为神明之宅;善治病者,可不先治此形以为兴复之基乎?"从生命活动而言,只有形体强健正常,其所依附的气与神方能安然无恙。形盛则神旺;形败则神衰;形体衰亡,生命便告终结;因此保形全神是养生的重要法则。"保形"的主要方法是通过饮食不断补充人体所需的生命营养物质。因此养生康复要注重膳食营养的合理搭配及有效吸收,以满足生命活动的需要。此外,通过形体导引可使气血畅通、精气流行,以增强抗御病邪的能力,提高生命活力。《吕氏春秋·尽数》说:"形不动则精不流,精不流则气郁。"静而乏动可致精气郁滞、血脉凝结,久即损寿。《修真秘要·真人养生铭》则指出:"人欲劳于形,百病不能成",适当运动不仅能锻炼肌肉、四肢等形体组织,还通过肌肉、肌腱的牵拉引动经络筋经,进而调整脏腑功能。正如华佗所谓:"动摇则谷气得消,血脉流通,病不得生。"炼形的方法包括太极、导引、按摩等。

### (三)养护元气

元气是人体生命的原动力,也是人体功能生生不息的物质基础。张景岳曾云:"人之所赖者,唯有此气耳,气聚则生,气散则死"。若元气充足,则机体气化活动正常,脏腑经络等组织功能健旺。若元气亏耗,则机体气血运行紊乱,脏腑经络等组织功能失调。清代名医徐灵胎在《医学源流》中指出:"若元气不伤,虽病甚不死,元气或伤,虽病轻亦死",若"有先伤元气而病者,此不可活者也"。强调元气在生命活动的重要作用。因此养护元气,是养生保健和疾病康复过程中不可忽略的重要环节。

对生命之气的养护包括保养元气和调畅气机两个方面:元气充足,则生命力旺盛;气机通畅,则机体健康。养护元气,一是养,二是护;所谓养,多以饮食营养培补后天,用水谷精微充养人体生命;所谓护,即节欲固精,不妄作劳,避免消耗,以固护先天元气。若元气养护得当,则人体健康无病而益寿延年。

### 三、养护正气,避免邪气

从发病学的角度出发,中医认为"正气存内,邪不可干",正气在人体生命活动起主导作用。只有人体正气旺盛,才能做到"辟邪不至"和"长生久视"。故各种养生康复方法都应以保护和强壮正气为基本原则。养护正气,一方面要合理补养;另一方面要减少消耗,并且避免邪气的干扰。

#### (一)合理补养

一般而言,对人体生命营养物质和能量的补充有饮食补养和药物补养两种方式。

1. 饮食补养　饮食是提供机体营养物质的源泉,是维持人体生长发育、保证人类生存的不可或缺的条件。北宋陈直所撰《寿亲养老书》中说:"生身者神,养气者精,益精者气,资气者食。食者生民之天,活人之本也",其明确指出饮食是人体生命精、气、神的营养基础。机体营养充盈,则精气充足,神自健旺。中医认为,精生于先天而养于后天,精藏于肾而养于五脏,精气充足则肾气盛,肾气盛则神旺体壮。因此,有目的地选择具有补精益气、滋肾强精作用的食品,并注意合理搭配,对养生保健、延缓衰老、促进康复有着积极的意义。

2. 药物补养　千百年来,历代医家发现了许多具有推迟衰老、延年益寿的保健药物。《神农本草经》将药物分为上中下三品,上品者养命以应天,其中就有许多"补五脏,安精神"、"补中益气力"、"久服轻身益气"等功效的药物。养生保健方药的使用,当然必须遵循中医学辨证施治的原则:气虚者补气,血虚者补血,阴虚者补阴,阳虚者补阳。补其不足而使其充盈,则虚者不虚,身体可以强健而延年益寿。

#### (二)减少消耗

所谓减少消耗,即防止或减少过度的消耗。具体而言,就是要避免劳力过度、劳神过度及房劳过度。

1. 避免劳力过度　在平时生活中,必须有劳有逸,既不能过劳,也不能过逸。孙思邈在《备急千金要方·道林养性》中说:"养生之道,常欲小劳,但莫疲及强所不能堪耳。"在现实工作中,体力劳动者长期重体力劳动、运动员等特色行业超强度运动训练、上班族不断超负荷加班工作等诸如此类,都是违反人体生理规律,最终导致积劳成疾,伤身折寿。所以生活工作中当以小劳,而勿过级,此乃养生之要。

2. 避免劳神过度　长期过度的脑力劳动,使精神长期处于紧张状态,思虑过度,可耗伤气血,损及心神。《素问病机气宜保命集》指出:"神太用则劳,其藏在心,静以养之。"所谓"静而养之",一是要保持心境清静,无忧无虑,恬恢虚无;二是要保持乐观的心态,以愉悦为务。

3. 避免房劳过度　房事过度多因色欲太重,纵情放肆,不知自控,而耗伤肾中精气,导致精去神离形坏。男女之欲是正常的生理,欲不可绝,亦不可禁,但必须要有所节度。要提高生命的自主、自控的能力,遵循古人"志闲而少欲,心安而不惧,形劳而不倦"的教诲,以避免精气的耗伤,而长生久视。

#### (三)避免邪气

人生活在自然界之中,其季节气候及环境对人体均产生一定的影响。对于外界各种有害因素,人们应当力求避免,以防止其对人体的侵害。《吕氏春秋·尽数》曰:"天生阴阳、寒暑、燥湿,四时之化,万物之交,莫不为利,莫不为害。圣人察阴阳之宜,辨万物之利以便生,故精神安乎形,而长寿焉",说明阴阳、寒暑、燥湿的变化均会对人体产生影响,能避免其变化不利作用则能长寿。因此《素问·上古天真论》强调"虚邪贼风,避之有时"。具体言之,则是要避免四时不正之气,避雾露、山岚瘴气。值得注意的是,随着化工业、交通运输等行业的发展,人类生存的空间不再是纯自然环境,尤其是城市生活的空间存在着较为严重的空气污染,对人体生命健康产生越来越大的危害。怎样避免环境污染对人体造成的损害,是当今中医养生康复所面临的新情况、新问题。

### 四、综合调养,随因施之

人体是个有机的整体,其衰老、疾病演化往往呈现多因素致病、多病理改变、多层次受累、多功能改变。因此,中医养生康复也必须着眼于整体,对人体生命进行综合调养。

#### (一)多法并举

中医养生康复方法丰富多彩、形式多样,大致可概括为:顺四时、慎起居、调饮食、节房事、畅情志、运形体,以及针灸、推拿按摩、药物养生等。避风寒就是顺应四时以养生,使机体内外功能协调;慎起居就是不妄作劳,防劳伤以护正气,使脏腑气血不伤;调饮食、节房事,正思虑而薄滋味,以保养精气神;运形体则是通过各类运动以促进气血运行;针灸、推拿按摩则是通过相应工具以畅通经络、调节脏腑;药物养生则是以药物对人体功能的补益及调整作用,以调节功能、强壮身体。在具体运用中,要充分注意养生者、病残者的整体状态,综合运用多种养生方法和康复手段,以达到形神兼顾,标本同调的作用。

#### (二)适度勿偏

养生康复能使人增进健康,延年益寿。但在实际调养过程,应做到养康适度,不可拘泥。过分在意保养,则会瞻前顾后,举足不前,使生活行为不知所措。如稍有劳则怕耗气伤神;稍有寒暑之变,便闭门不出;以为饮食可补养,则刻意精挑细选,反而造成营养的偏颇。康复功能的锻炼更应该循序渐进,不可一蹴而就。因此,养生康复应该遵循生命活动规律,做到合其常度,不偏执一法,才能真正达到提高生存质量,"人尽天年"的目的。

#### (三)审因施养

辨证施治、审因施养是中医养生康复重要原则之一。无论是养生保健,还是疾病康复都要根据机体的实际情况,具体问题,具体分析,要因人、因时、因地的不同而分别给予不同的养生康复方法和手段。

### 五、养成习惯,持之以恒

养生康复是对生命保养和维护,是人积极主动的生命活动行为。作为一种行为活动,要取得一定的效应就必须是其形成一种习惯,唯有此才能真正地对生命起到保养和维护的作用。因此,要将养生康复的方法和手段生活化、终身化、规范化。

#### (一)生活化

生活化,即是在日常生活中,遵循人体生命规律,遵循人与自然、社会的规律,并以此来指导人的衣食住行、坐卧作息及接人待物。《素问·上古天真论》对此有十分经典的论述:"饮食有节,起居有常,不妄作劳,故能形与神俱……是以志闲而少欲,心安而不惧,形劳而不倦,气从以顺,各从其欲,皆得所愿。故美其食,任其服,乐其俗,高下不相慕,其民故曰朴。是以嗜欲不能劳其目,淫邪不能惑其心,愚智不肖,不惧于物,故合于道。所以能年皆度百岁而动作不衰者,以其德全不危也。"因此,从日常生活起居做起,来管理自己的健康,积极主动地把养生康复方法融于日常生活的方方面面之中,从而达到祛病强身、延年益寿的目的。

### (二)终生化

终生化,即是根据人体生命的不同阶段有不同的生理特点,对生命的养护应随着年龄阶段的不同而有着不同形式和内容。金元四大家之一的刘完素在《素问病机气宜保命集》中较详细地阐述了不同的生理阶段养生保健方法:"人欲抗御早衰,尽终天年,应从小入手,苟能注重摄养,可收防微杜渐之功"。根据少年的生理特点,其保健之法在于"节饮食,适寒暑,宜防微杜渐,用养性之药,以全其真"。小儿稚阴稚阳,体质娇润,抗病能力弱,此期间的养生保健当以护养正气、避免邪气为主。尤其是对于先天禀赋不足者,应抓住小儿时期发育迅速的时期,通过调养后天而补其先天之不足。人的成年时期是一生中的兴旺阶段,据此特点,调养之法当"辨八邪,分劳佚,宜治病之药,当减其毒,以全其真"。这种"减毒"的预防思想,对于抗御早衰具有积极的指导意义。张介宾更进一步强调:"人于中年左右,当大为修理一番,则再振根基,尚余强半。"通过中年的调理修整,为进入老年期做好准备。人到老年,生理功能开始衰退,调养之法应"顺神养精,调腑和脏,内恤外护"。旨在内养精、气、神,外避六淫之邪,保其正气,济其衰弱。对于高龄之人,可视其阴阳气血之虚实,有针对性地采取养生措施,如适当锻炼,导引吐纳,辅以药养和食养,以享尽天年。

### (三)规范化

人体生命的养护是个系统工程,不是随心所欲的。要建立正确的健康观念,对自身健康进行系统规范地管理,一方面是使人体生命活动有序化,另一方面也使得所制定的养生康复方法和手段便于坚持而不至朝行夕改。

中医养生康复可以借鉴现代健康管理的理念,使养生康复规范化、有序化,使中国传统的养生康复理论得到更好地发扬光大。健康管理是以预防和控制疾病发生与发展,降低医疗费用,提高生命质量为目的,基于健康体检结果,建立健康档案,给出健康状况评估,并有针对性提出个性化健康管理方案。据此,由专业人士提供一对一咨询指导和跟踪辅导服务,使客户从社会、心理、环境、营养、运动等多个角度得到全面的健康维护和保障服务。

> ### 知识拓展
>
> #### 健康管理新概念
>
> 健康管理是 20 世纪 50 年代末最先在美国提出的概念(Manage Care),其核心内容是医疗保险机构通过对其医疗保险客户(包括疾病患者或高危人群)开展系统的健康管理,达到有效控制疾病的发生或发展,显著降低出险概率和实际医疗支出,从而减少医疗保险赔付损失的目的。随着业务内容的不断充实和发展,健康管理逐步发展成为一套专门的系统方案和营运业务,并开始出现区别于医院等传统医疗机构的专业健康管理公司,并作为第三方服务机构直接面向个体需求,提供系统专业的健康管理服务。

笔记

## 学习小结

### 1. 学习内容

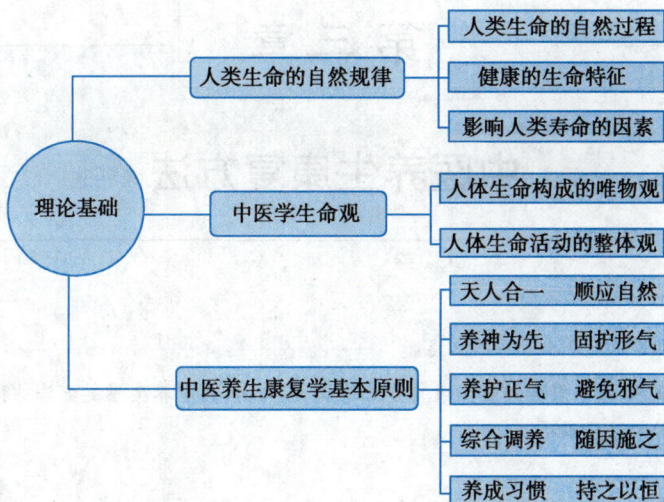

### 2. 学习方法

（1）结合自己对自然及生命的观察，深入理解人体生、长、壮、老、死的自然规律，加强对生命养护重要性的认识。

（2）结合《中医基础理论》加深理解中医学对人体生命的构成及人体生命活动的认识。

（3）本章三节相互关联，学习时注意相互参照。首先通过对人体生命自然规律的了解，探讨人体生命本质，进而把握人体生命养护及康复的基本原则。

（章文春　章　莹）

## 复习思考题

1. 结合自己对自然及生命的观察，谈谈你对人体生命自然规律的认识。

2. 影响人体生命健康长寿的主要原因是什么？

3. 从人体生命构成的唯物观和人体生命活动的整体观两个方面来考察人体生命，其具体内涵是什么？

4. 中医养生康复的基本原则是什么？

# 中医养生康复方法

## 第一节　精神调摄法

精神调摄法是在中医理论指导下,通过清静养神、怡情畅神、适时调神、修性治神等方法和手段,以保护和增强人的心理健康或促进心身康复的一种养生方法。又称"情志调摄法"、"心理调摄法"。它以天人合一、形神统一、调神摄生为宗旨,强调养神与强身的统一,主张强身先调神、护形先安神。如《道藏·至言总养篇》所言:"伪道养形,真道养神。"《杂病源流犀烛》亦云:"太上贵养神,其次才养形。"1984 年世界卫生组织(WHO)提出:"健康,不仅是没有疾病和身体的虚弱现象,而是一种在身体上、心理上和社会上的完整状态。"因此,调摄精神乃养生之首要内容,神明则形安。

**知识链接**

### 中国是心理学的第一个故乡

美国心理学家 Murphy 指出:"世界心理学的第一个故乡是中国。"春秋战国时期,中国的哲学家和医学家就对人类的心理过程和规律进行了不懈地探索,《黄帝内经》以东方哲学认知世界的独特方式为核心,以伦理道德和修身养性为依托,孕育了具有数千年历史的心理学理论和实践,成为现代心理学的重要源头之一。

### 一、精神调摄法的作用

#### (一)延衰益寿

利用精神调摄法可以起到延缓衰老,益寿延年的作用。《淮南子·原道训》曰:"静而日充者以壮,躁而日耗者以老。"心神安静,精气日渐充实,形体随之健壮;心神躁动,精气日耗,形体必然过早衰老,认为调摄好精神可以延缓衰老。《素问·阴阳应象大论》云:"是以圣人为无为之事,乐恬惔之能,从欲快志于虚无之守,故寿命无穷,与天地终,此圣人之治身也。"认为注重精神调摄可以起到延年益寿的效果。因此,古人十分重视精神调摄法在养生中的作用。

### (二)防病治病

精神调摄在人体健康中起着关键作用,人的精神活动与精、气、血、津液和脏腑功能活动都有密切关系。心理宁静,情志畅达,则气机调畅,气血平和,脏腑功能旺盛,机体抗病力增强,从而起到未病先防及维护机体康复的作用。正如《素问·生气通天论》所云:"清静则肉腠闭拒,虽有大风苛毒,弗之能害。"反之,心躁动而不宁,则气机紊乱,脏腑功能失调,不仅可导致疾病的发生,而且还可以影响疾病发展变化,如《寿世青编》中云:"心君泰然,则百骸四体虽有病不难治疗。独此心一动,百患为招,即扁鹊华佗在旁,亦无所措手乎。"临床上,许多疾病如高血压、糖尿病、恶性肿瘤等的发生、发展,均与心理因素密切相关,因此,在疾病的预防、治疗及康复中,精神调摄是必不可缺的。

## 二、调摄精神的方法

### (一)清静养神

清静是指保持精神情志处于淡泊宁静的状态。养神即保养精神,神气内守。清静养神就是使心神清静,神气内守的养生方法。

调神摄生,首贵清静,其论源于老庄道家之说。《老子·十六章》云:"致虚极,守静笃。万物并作,吾以观其复。夫物芸芸,各复归其根。归根曰静,静曰复命。"《庄子·在宥》亦云:"无视无听,抱神以静,形将自正;必静必清,无劳汝形,无摇汝精,乃可以长生;目无所见,耳无所闻,心无所知,汝神将守形,形乃长生。"说明调神以静,形可长生。反之,若各种诱惑使人思绪纷乱,情绪不宁,神不内守,必然扰乱脏腑,耗伤气血,轻者罹患疾病,重者催人衰老,缩短寿命。清·曹庭栋《老老恒言》则明确指出:"养静为摄生首务。"因而,养神之道贵在清静。

欲使心神清静,就要保持心理上的"恬惔虚无"。《素问·上古天真论》云:"恬惔虚无,真气从之,精神内守,病安从来?"清·程履新《程氏易简方论》注云:"恬者,内无所蓄;淡者,外无所逐;虚无者,虚极静笃,臻于自然。""恬惔虚无",即摒除杂念,降低欲望,淡泊名利,畅遂情志,心静神安。

如果为了追逐名利,患得患失,孜孜汲汲,唯名利是务,必然会损伤心神,影响心身健康。要保持健康,必须淡泊名利、疏远嗜欲、自我约束、限制欲望。《素问·上古天真论》云:"是以志闲而少欲,心安而不惧,形劳而不倦,气从以顺,各从其欲,皆得所愿……所以能年皆度百岁而动作不衰者,以其德全不危也。"追求个人名利是欲望的根源,过高的追求不能实现,过多的欲望不能满足,欲壑难填,则使心神不宁,气机紊乱,疾病丛生。故《老子·十六章》云:"祸莫大于不知足,咎莫大于欲得。"《太上老君养生诀》则告诫曰:薄名利、禁声色、廉货财、损滋味、除佞妄、去妒忌。

心静,可通过凝神敛思、专一心念的方法而达到。《医钞类编》云:"养心则神凝,神凝则气聚,气聚则形全。"反之,"若日逐攘扰烦,神不守舍,则易于衰老。"孙思邈在《备急千金要方·道林养性》亦云:"多思则神殆,多念则志散,多欲则志昏,多事则形劳。"说明心不可乱思,神不可乱用,思太乱则伤,神过用则疲。多思则伤神,神伤则气散,气散则形劳。因而,神贵凝而恶乱,思贵敛而恶散,心贵专而恶多。刘完素也明确指出:"心乱则百病生,心静则万病悉去"(《素问玄机原病式·气宜保命集》)。

心静,也可以通过闭目养神的方法来操作。《淮南子》有云:"眼者神之牖,人多事则神耗,务须时时闭目以养神。"眼睛是心灵的窗户,五脏六腑之精皆上注于目,多视则伤精耗气,气耗则神伤。张景岳《类经·摄生类》亦云:"目者,精神之所注也。心神既朴,则嗜欲不能劳其目,目视不妄,则淫邪焉能惑其心!"在现实生活中,视觉的各种刺激常常是产生思虑、妄想的直接诱因,闭目制眼则视不能劳其目、欲不能惑其心,心静则神凝。在精神紧张、情绪激动、心神疲惫或心理压力较大时,闭目静思片刻,往往有使人心情平静、情绪稳定、思绪冷静、坦然舒畅之效应。

总之,心静则神安,神安则五脏六腑气机调畅,精气充盛,自可延年益寿;若躁动不安,神气外耗,精气日损,必然早衰或夭亡。正如《素问·痹论》所云:"静则神藏,躁则消亡。"

### (二)怡情畅神

怡情畅神是指保持情绪情感的怡悦和愉快,以使气机调畅,心身健康的养生方法。情绪和情感都是人对客观事物的态度体验和相应的行为反应,是个体的愿望和需求为中介的心理活动和过程。情绪是指在个人的感情过程中,个体需要与情境相互作用时所产生的具有暂时性、情境性、激动性的态度体验和行为反应;情感则是具有稳定性、社会性、深刻意蕴的感情体验。当客观事物或情境符合主体需要和愿望时,就能引起积极的、肯定的、正性的情感或情绪;而客观事物或情境不符合主体的需要或愿望时,便会产生消极的、否定的、负性的情绪情感。"七情"是情绪和情感的不同表现形式。

保持情绪情感的怡悦和愉快对健康非常重要,因此,通过怡情畅情调摄精神的方法倍受历代医家的重视。《管子·内业》云:"凡人之生也,必以其欢。忧则失纪,怒则失端。忧悲喜怒,道乃无处。"保持怡悦的情感、乐观的情绪,是防病强身、延年益寿的重要条件。清·刘默《证治百问》曰:"人之性情最喜畅快,形神最宜焕发,如此刻刻有长春之情,时时有生长之情,不惟却病,可以永年。"关于如何调整心理,克服负性的不良情绪,荀子有着深刻而精辟的见解:"治气,养心之术。血气刚强,则柔之以调和;知虑渐深,则一之以易良;勇毅猛戾,则辅之以道顺;齐给便利,则节之以动止;狭隘偏小,则廓之以广大;卑湿重迟贪利,则抗之以高志;庸众驽散,则节之以师友。"指出性格刚硬好强宜用阴柔平和的情绪去调和,个性深沉寡言宜用平易近人、和善坦诚去取代,勇猛刚毅暴戾宜诱导、扶助其不越正轨,思维敏捷、行为不慎宜规范行为加以制约,心胸狭隘、多疑者宜以豁达开阔的情绪去取代,自卑、意志消沉而贪得无厌者宜建立高尚的道德志向,绝望、驽钝、懒散的个性需要良师益友的开导。情绪调节、控制的关键在于以积极的、主动的、肯定的、正性的情绪取代和克服消极的、被动的、否定的、负性的情绪。人生之路不可能一帆风顺,总会遇到令人失意、悲伤、愤怒、绝望、痛楚等事件,这就需要人们锤炼意志、加强修养、自我控制、节制情感,并且善于自我排遣、放松自我、稳定情绪,从而在面临各种不良刺激、事件或情境之时,不大喜、大悲、大怒、绝望、自弃、颓废,做到应对自若、心安不惧、神静不恼,始终保持积极、主动、肯定的正性情绪,有利于心身健康。

《孙真人卫生篇》云:"卫生切要知三戒:大怒、大欲并大醉⋯⋯世人欲识卫生道,喜乐有常嗔怒少,心诚意正思虑除,顺理修身去烦恼。"大怒为三戒之首,说明节制情绪尤以制怒最为重要。控制、消除或减少愤怒情绪的方法,清·曹庭栋《老老恒言》有云:"虽事值可怒,当思事与身孰重? 一转念间,可以涣然冰释。"怒也是一种情绪发泄方式,不可或缺也不可太过,其他如忧、思、悲、恐、惊也应自我排解、消除、控制、适可便止。孙思邈《备急千金要方·养性》云:"莫忧思,莫大怒,莫悲愁,莫大惧……莫大笑,勿汲汲于所欲,勿捐捐怀愤恨。"对外界的各种刺激,要能自讼、自克、自悟、自解,以减少或避免极端情绪对机体的影响。

良好的情绪调节可以促进心身健康,不良的情绪调节或情绪失常,会破坏心身健康。美国学者贝克(Beck,1966)和塞里格曼(Seligman,1991)都认为,某些认知策略的改变可以预防和减轻抑郁、悲观、绝望等情绪。格罗斯(Gross,1998)研究发现,情绪调节可以减少焦虑、恐惧、忧郁等负性情绪对人们的不良影响,降低情感体验,避免极端的不良情绪大喜、大悲、大怒等出现,因而对心身健康有益。相反,长期的压抑、悲伤、哭泣等容易引起呼吸系统疾患,没有情绪的表达或宣泄会加速癌症的恶化,愤怒情绪的压抑或得不到释放与高血压、心脑血管疾病密切相关。因此,理解情绪调节与健康的关系尤为重要。

怡情畅神就是要学会无论在顺境还是逆境中,都能够驾驭自我,调节好情绪积极地应对现实境遇,做到无恚、无嗔、无怒、无悔、无忧、无悲,使情绪怡悦,心神舒畅,以保证心身健康。

### (三)适时调神

适时调神是指顺应四时变化,以调摄心神的养生方法。老子曰:"人法地,地法天,天法道,道法自然"(《道德经·道经第二十五章》)。人应顺应自然的变化,并根据自然的变化规律来调养心神。

《素问·脉要精微论》云:"是故冬至四十五日,阳气微上,阴气微下;夏至四十五日,阴气微上,阳气微下。"阴阳的消长使四时有了春暖、夏热、秋凉、冬寒的气候变化,万物随之有了春生、夏长、秋收、冬藏的变化规律,人类也有生、长、壮、老、已的生命过程,正如《灵枢·顺气一日分为四时》所云:"春生、夏长、秋收、冬藏,是气之常也,人亦应之。"四时调神的方法就是遵循春生、夏长、秋收、冬藏的规律,主动地调整自我之心神,使之与四时相应,以减少疾病的发生。《素问·六微旨大论》概括为:"从其气则和,违其气则病。"

《素问·四气调神大论》指出:"春三月,此谓发陈。天地俱生,万物以荣。夜卧早起,广步于庭,披发缓形,以使志生,生而勿杀,予而勿夺,赏而无罚。此春气之应,养生之道也。"春季阳气生发渐旺,阴气始降,气候温和,天地万物皆禀阳气而萌发生机,呈现一派生机勃勃的景象。因而,春季养生的方法是顺应阳气的生升之性,除了晚睡早起,户外缓步,披发宽衣,形体舒缓放松外,精神上也要使自己的情志舒畅条达。肝应春,主疏泄,喜条达而恶抑郁,故春天应让情志生发畅达,而不可扼杀、不可剥夺、不可摧残,由此才可使情志与"春生"之气相应。

《素问·四气调神大论》指出:"夏三月,此谓蕃秀。天地气交,万物华实。夜卧早起,勿厌于日,使志无怒,使华英成秀,使气得泄,若所爱在外。此夏气之应,养长之道也。"夏季阳气隆盛,阴气深藏,日照充足,气候炎热,天地之气交会,万物繁荣茂盛,除了晚睡早起,充分接受阳光,增加户外活动外,人的情志也应随气血趋于体表而外向,使阳气得以宣泄,才能与"夏长"之气相应。心应夏,夏日炎炎,火热当令,易使人心烦生怒,怒则气机紊乱,脏腑功能失常,影响身体健康,因此夏季养神应"使志无怒",以保心神之宁静。

《素问·四气调神大论》指出:"秋三月,此谓容平。天气以急,地气以明。早卧晚起,与鸡俱兴;使志安宁,以缓秋刑,收敛神气,使秋气平,无外其志,使肺气清。此秋气之应,养收之道也。"秋季阳气内敛,阴气渐长,草木凋零。人应遵循"养收"的原则,早卧早起,减少活动,收敛神气,使情绪稳定,切忌随意妄动。肺应秋,在志为悲为忧,秋季风高物燥,地气萧瑟,易使人产生凄凉、忧郁的情绪,应通过各种积极向上的活动调节人的心情,以缓秋风肃杀之气对人心理的负面影响。

《素问·四气调神大论》指出:"冬三月,此谓闭藏。水冰地坼,无扰乎阳。早卧晚起,必待阳光;使志若伏若匿,若有私意,若已有得,去寒就温,无泄皮肤,使气亟夺。此冬气之应,养藏之道也。"冬季阳气深藏,阴气旺盛,冰雪覆盖,气候寒冷,万物皆处在闭藏状态。冬季养生,宜早卧晚起,等待阳光,趋暖避寒,厚以衣被,固护阳气,情志也应深藏,勿外露,保持满足、安定、内向的状态,切忌性格张扬、激动,以应"冬藏"之性。

顺应阴阳消长变化的规律,及时地采取不同的方法,适时地调整自我的心理状态,是适时调神的核心。故《素问·四气调神大论》强调:"从阴阳则生,逆之则死。从之则治,逆之则乱。"

此外,适时调神也包括顺应一日时间节律而调神。因为《灵枢·顺气一日分为四时》云:"以一日分为四时,朝则为春,日中为夏,日入为秋,夜半为冬。朝则人气始生……日中人气长……夕则人气始衰……夜半则人气入藏。"一日之中,似于四季,也有阴阳消长的变化,人也应之。《素问·生气通天论》有云:"阳气者,一日而主外。平旦人气生,日中而阳气隆,日西而阳气已虚,气门乃闭。"一日昼夜,人体阴阳之气的消长变化,犹如一年四时阴阳之气的生长收藏,人的生理功能和心理状态也有随一日四时(平旦、日中、日西、夜半)的变化而出现周期性节律。因此,一日四时的调神方法为:清晨阳气始生,应振奋精神;日中阳气旺盛,应精神饱满;日西阳气始入,应渐趋平静;夜晚阳气内藏,应安卧静谧。

总之,适时调神重在把握阴阳消长的变化规律,合乎自然,来调节自身的心神变化,寻找人体与自然变化的和谐平衡,以求形神合一,维系心身健康。

### (四)修性治神

所谓"性"即人格,人格是构成个人的思想、情感及行为的特有的统合模式。修性治神就是通过人格的修养、重塑而调神治神的养生方法。

人格决定了一个人的生活方式是否健康,甚至决定一个人的命运、疾病等问题,因而,人格是心身健康与否的根源之一。面对疾病、挫折时,坚强者豁达、从容、发奋、拼搏;懦弱者灰心、绝望、自弃、一蹶不振等。这就是人格的显现。因此,加强人格修养,培养良好的气质、性格和行为方式,也是调神摄生的内容之一。

人格的形成与发展是先天遗传与后天社会环境两种因素所决定的。人在胚胎状态时,社会环境因素的影响就已经发生作用了,这种影响还会持续人的一生。后天环境因素复杂多变,小到家庭,大到社会,各种因素都会对人格的形成、发展、变化产生影响。

在社会环境中,文化对人格的影响极为显著。生活中的许多文化活动,例如绘画、书法、雕刻、音乐、弈棋、种花、钓鱼、旅游等,都能影响到人格的形成与发展,从而影响心神。如书法、绘画不仅是一种创造性的活动,而且可从中看到人的情趣、偏好、性格、行为方式等,宋代欧阳修以"学书为乐",元代董公望"以画为寄,以画为乐"。同时,书法、绘画要求目不旁视、心无他顾,强调心、手、笔的统一,将神、气通过笔尖注于字里行间,寓静于动,形神合一,使人保持一种沉着、自信、轻松愉悦的状态,从而起到修性治神、延年益寿的作用;弈棋则要求思维缜密,富于韧性,不急不躁,不怒不张,从而可影响人格的发展,以利于养性调神。总之,书法、绘画、弈棋、种花、养鱼、饲鸟、编织等活动,都是通过对人格的塑造,以排遣急躁、焦虑、忧郁、愤怒、狭隘、畏怯、退缩、多疑等不良情绪。《管子·内业》云:"止怒莫若诗,去忧莫若乐,节乐莫若礼,守礼莫若敬,守敬莫若静。内静外敬,能反其性,性将大定。"因此,通过书法、绘画、弈棋等活动对人的性格进行重塑,用豁达、乐群、直率、自信、审慎、谦逊、沉着等心态去面对一切人和事,是精神调摄的重要措施。

20世纪70年代现代医学已提出"生物—心理—社会"的医学模式,医学不再是单一的生物医学,这也是中医学数千年一直沿用的医学模式。马斯洛(Maslow)、密特尔曼(Mittleman)等学者也提出心身健康的十项内容:①有充分的适应力;②充分了解自己,并对自己的能力有恰当的评估;③生活目标能切合实际;④与现实环境保持接触;⑤能保持人格的完整与和谐;⑥具有从经验中学习的能力;⑦能保持良好的人际关系;⑧适度的情绪发泄与控制;⑨在不违背集体意志的前提下,能有最大限度的个性发挥;⑩在不违背社会规范的前提下,个人的基本需求能恰当满足。

因此,在防治躯体疾病的同时,应该从心理方面去干预,只有注重精神调摄,形神共养、形神共治,才能维护心身健康,益寿延年。

### 知识链接

#### 心理养生训练法

中国气功、印度瑜伽和日本坐禅都属于东方静默法。这些方法均是在意识的控制下,通过调身(姿势)、调息(呼吸)、调心(意念),来达到松、静、自然的放松状态。美国学者本森(Benson)在1975年根据东方静默法的特点而创立了一种新的心理养生训练法,他提出四个必要因素:安静的环境、肌肉放松、用一种手段(重复一个声音、一个词语、一个短语)、一个随和的姿态。印度物理学家玛哈孔师结合现代物理学的统一场理论,让受训者默诵一段语词,闭目凝神,逐渐进入心静忘我的超越冥想,被称为超觉静坐功(transcendental meditation)。

## 第二节　起居调摄法

起居调摄是指合理安排起居作息,妥善处理日常生活之细节,以保证身心健康,求得延年益寿的方法。中国的传统起居养生法有着数千年的历史。早在《素问·上古天真论》中就有关于起居养生的论述:"上古之人,其知道者,法于阴阳,和于术数,食饮有节,起居有常,不妄作劳,故能形与神俱,而尽终其天年,度百岁乃去。"可见,自古以来,人们就认识到人类的寿命长短与能否合理安排起居作息有着密切的关系,非常重视合理起居对人体的保健作用。

## 一、起居调摄法的原则

起居调摄法,主要是针对日常生活作息起居、养生规范,其操作当遵循"起居有常"、"劳逸适度"的原则。

### (一)起居有常

起居有常主要是指起卧作息和日常生活的各个方面遵循一定的规律,使其符合自然界和人体的生理常度。

春季阳气升发,万物生机蓬勃,应"夜卧早起,广步于庭";夏季阳气旺盛,万物生长茂盛,应"夜卧早起,无厌于日";秋季阳气渐收,阴气渐盛,应"早卧早起,与鸡俱兴";冬季阴气最盛,气候严寒,应"早卧晚起,必待日光"。正如《保生要录·论居处》所指出的"夫人春时,暑月欲得晚眠早起,秋欲早眠早起,冬欲早眠晏起。早不宜在鸡鸣前,晚不宜在日旰后"。此为合四时之宜,健身益寿之道。又如一日之中,平旦阳气始生,日中阳气最旺,傍晚阳气渐虚而阴气渐长,深夜阴气最为隆盛。因此人们应在白昼阳气旺盛之时从事工作和学习,而到夜晚阳气衰微的时候,就应安卧休息,这也即是"日出而作,日入而息"的道理。

有规律的周期性变化是宇宙间的普遍现象,从天体运动到人体生命活动,都有内在的规律或节律。因此,合理安排日常活动,使之有序化,则能维系机体脏器功能的协调统一,保持身心健康。

### 知识拓展

#### 生命的周期性节律现象

现代研究证明,人的生命活动都遵循着一定的周期性或节律而展开。例如人的情绪、体力、智力,都有一定的时间规律,人体的许多生理指标,如脑电图、体温、血压、呼吸、脉搏,以及激素的分泌量等,都是按照季节、昼夜的规律而有节奏地变化着,这就是人体内的"生物钟"现象。

### (二)劳逸适度

"劳"指体力、脑力劳动,"逸"指休闲、休息。适度的劳作和适当的休息,二者有机结合、协调统一是人体生理功能得以正常进行的需要。如果过度劳作或过度安逸,劳逸失度,则会给身体带来伤害,如《内经》中"五劳"就是指过劳或过逸的危害。历代养生家都非常强调劳逸适度对健康的影响。其具体做法有:避免体劳、节制心劳、避免房劳和防止过逸几个方面。

## 二、起居调摄的内容

起居调摄的内容主要包括睡眠调摄、衣着调摄和二便调摄三个方面。

### (一)睡眠调摄

睡眠由人体昼夜节律控制,是人体的一种生理需要。在睡眠状态下人体的组织器官大多处于休整状态,从而大大降低了气血的消耗,气血主要灌输于心、肝、脾、肺、肾等重要脏器,使其得到必要的补充与修复。因此,高质量的睡眠是消除疲劳与恢复体力的最佳方法。与睡眠相关的内容很多,但主要涉及卧具、睡姿以及睡眠时间等调摄内容。

1. **卧具** 寝具适宜是创造良好睡眠环境的重要条件。床宜高低适度,以略高于就寝者膝盖为好。床铺稍宽大,垫褥软硬适中,要符合人体的生理结构,保持脊柱的正常弯曲度,以在木板床上铺垫 10 公分左右的棉褥为佳。枕头的选择不宜太硬,高低亦要适度,太硬会使人的头颈部血流不畅;太高使颈椎处于过度弯曲状态,久之会影响脊柱健康,而且会导致落枕、打鼾、呼吸不畅等;太低使头部充血,醒后易感头胀头痛、面目浮肿。枕头的高度,《老老恒言·枕》曾指出:"高下尺寸,令侧卧恰与肩平,即仰卧亦觉安舒。"药枕作为中医防病健身的手段,具有悠久的历史。如清热明目的菊花枕、荞麦皮枕、蚕沙枕,镇心安神的磁石枕、琥珀枕,还有绿豆皮、决明子、桑叶、小米等作的药枕,可以根据不同体质、不同季节、不同年龄来进行选择。

被褥宜柔软,其厚薄应根据地区、气候、个人习惯来决定。既不宜过厚过暖,使身体过受压,呼吸加速,使人感到咽喉口鼻干燥;也不宜太薄不暖,使人体肌肉不能充分放松,影响睡眠深度,脑力和体力不易得到恢复。

2. **睡姿** 睡眠的姿势因人而异,中医养生学主张最理想的姿势是右侧屈膝而卧,即卧如弓,这种姿势可使心脾之气舒展,四肢肌肉放松,有利于气血的流通和呼吸道的通畅。如《备急千金要方·养性·道林养性》说:"屈膝侧卧,益人气力,胜正偃卧。"《老老恒言·安寝》也指出:"如食后必欲卧,宜右侧以舒脾气。"孕妇的卧位,早期右卧、仰卧为宜,中期和后期的最佳卧位是左侧卧。因为随着胎儿生长,进入中后期妊娠大约有 80% 的孕妇有子宫右旋倾斜,易使输尿管受压,右卧会压迫腹部下腔静脉,影响血液回流;仰卧对腹主动脉有一定的压力,可能使子宫供血量有一定影响。因此说左侧卧最利于胎儿生长,可以大大减少妊娠并发症。

3. **睡眠时间** 睡眠时间要根据不同的身体状况因人而异地进行合理安排。一般刚出生的婴儿绝大部分时间都是睡眠,可多达 18～20 小时。以后随着年龄的增长,睡眠时间渐短,到学龄儿童只需 9～10 小时。进入青年时期,每天有 8 小时左右的睡眠即可。人至老年,睡眠时间要适当延长,每天可达 9～10 小时。睡眠时间长短有个体差异,既有每天 5～6 小时的,也有 10～11 小时的,不能一概而论,总以醒后周身感到舒适、轻松、头脑清晰、精力充沛为宜。至于起卧的时间,由于早晨 5～6 点是人体生物钟的高潮期,晚上 10～11 点体温下降,呼吸减慢,激素分泌水平降低,是生物钟的低潮期。因此通常认为早晨 5～6 点起床,晚上 10 点左右就寝较合适,最迟也不要超过 11点。另外午睡,即"昼寝"、"子午觉",也是古代养生家的睡眠养生法之一。临床统计表明,老年人睡子午觉可降低心脑血管病的发病率,有防病保健意义。因为子午之时,阴阳交接,极盛及衰,体内气血阴阳极不平衡,必欲静卧,以候气复。不过,午睡时间不宜太长,睡眠久了反而更疲倦,一般以 30 分钟至 1 小时为宜。

### 知识链接

#### 睡眠时间与寿命的关系

据调查,人的睡眠时间与寿命长短关系密切,日平均睡眠 7～8 小时的人寿命最长。睡眠不到 4 小时的人,死亡率是前者的两倍。而每天睡眠 10 小时以上的人,其中有 80% 可能是短寿的。所以睡眠时间少了不行,多了也不好。

笔记

4. 睡眠宜忌　睡前要注意保持心情安静平和,睡前要稍事活动,尤其值得提倡的是,睡前最好能洗个热水澡或用温热水泡脚,并按摩脚心。不要看紧张的影视或趣味盎然的小说,不要吃得过饱,更不要饮诸如咖啡、浓茶和烈酒这类带有刺激性的东西,还不可言语,不可当风,不可对灯,不可张口,不可蒙头掩面等。另外,醒后保养的方法有熨目、运睛、叩齿、咽津、梳发、栉沐、颜面按摩以及"鸣天鼓"等。

### (二)衣着调摄

服装的主要功用就在于御寒防暑。衣着适宜,可使人体与外在环境之间进行正常的热量交换,从而维持衣服内气候的相对稳定,达到保健的目的。

> **知识链接**
>
> #### 衣服内气候
>
> 现代研究认为,人体和衣服之间存在着一定的空隙,被称为衣服内气候。衣服内气候的正常范围是:温度$(32 \pm 1)$℃,风速$(0.25 \pm 0.15)$m/s。适当的衣服内气候,可使人的体温调节中枢处于正常状态,维护温热感,有利于提高工作效率和恢复体力。

1. 衣着调摄原则　既要顺应四时阴阳变化,又要舒适得体。春季多风,秋季偏燥,故制装时选择透气性和吸湿性适中的衣料为宜。化学纤维纺织品的透气和吸湿性能都低于棉织品,而高于丝织品,并且具有耐磨、挺括、色泽鲜艳的优点。夏季气候炎热,制作服装的基本原则是降温、通风透气,以利于体热和汗水的散发。冬季气候寒冷,服装要达到防寒保温的效果,宜选择织物厚、透气性小和保温性良好的深色材料。舒适是人类本能的需要,从卫生学角度看,穿衣就为了起舒适、保健的作用。《老老恒言·衣》:"惟长短宽窄,期于适体。"衣着款式合体才会既增添美感,又使人感觉舒适,从而起到养生保健的效果。

2. 衣着调摄宜忌　俗有"春捂秋冻"之说,即春季宁稍暖,秋季可稍凉。冬季"宜寒甚方加棉衣,以渐加厚,不得一顿便多,唯无寒而已"(《摄生消息论》)。此外,衣服切不可急穿急脱,忽冷忽热。老人和身体虚弱的人,由于对寒热的耐受性较差,所以又当尽量注意慎于脱着,以免风寒暑湿入侵。出汗之后,还要注意大汗之时忌当风脱衣,如《备急千金要方·道林养性》说:"凡大汗勿偏脱衣,喜得偏风半身不遂";汗湿之衣勿得久穿,如《备急千金要方·道林养性》说:"湿衣与汗衣皆不可久着,令人发疮及风瘙。"

### (三)二便调摄

1. 大便通畅法　古代养生家对保持大便通畅极为重视。汉代王充在《论衡》中指出:"欲得长生,肠中常清,欲得不死,肠中无滓。"大便不畅,最易使机体产生慢性自身中毒而出现衰老,易患冠心病、肛门病、牙痛、头痛、高血压等病症。保持大便通畅和排便保健的内容如下:

(1)定时排便:只要是规律排便,早饭之后和睡觉之前都可以。例如,晚上睡觉之前或早晨起床之后,按时上厕所,久而久之,则可养成按时大便的习惯。

(2)顺其自然:有了便意之后就排便,最好每天都要排便,及时将体内的食物残渣排泄出去。不要抑制便意,经常抑制便意,导致粪便在人体内堆积,很容易导致便秘。从现代医学观点看,忍便不解则会使粪便部分毒素被肠黏膜组织吸收,危害机体。排便时,强挣努责,会过度增高腹内压,导致血压上升,特别对高血压、动脉硬化者不利,容易诱发中风。另外,由于腹内压增高,痔静脉充血,还容易引起痔疮,所以,中年老人尤当注意。

(3)饮食调理:饮食种类多样化,主食应粗细结合,多吃蔬菜、水果,多喝汤汁或适度饮水,保持肠道湿润,以利排便。

(4)调摄精神:大便通畅与否与情绪密切相关,情志舒畅,肝气条达疏泄,则肠胃之气得以和降,大便正常;相反,情志抑郁,气机升降失和,则肠腑通降受阻,大便排泄发生障碍。因此,保持良好情绪对维持大便畅至关重要。

(5)运动按摩:运动按摩可以起到疏畅气血,促进肠胃蠕动,增强消化排泄功能,促进新陈代谢,通畅大便的作用。平常可选用一些传统保健功法锻炼,如太极拳、气功导引养生功、腹部按摩保健法等。

(6)便后调理:每次排便后,稍加调理,对身体会有很多益处。若在饱食后大便,便后宜稍喝一些汤或饮料,以助胃气。《老老恒言》说:"饱后即大便,进汤以和其气",这的确是养生经验之谈。若在饥饿时大便,为了防止便后气泄,排便时宜取坐位,便后稍进食物,还可做提肛动作3~5次,以补固正气。

此外,肛门对健康的关系,在一定意义上讲,并不亚于口腔,但通常人们对肛门卫生注意不够,因此,肛门疾病非常普遍。大便之后所用手纸应以薄而柔软、褶小而均匀为宜,不可用含油墨的废报纸、旧书纸、圆珠笔写过的纸代替手纸,以免污染肛门引起中毒或感染。每天晚上睡觉前,最好用温水清洗一下肛门,或经常热水坐浴,保持肛门清洁和良好的血液循环。内裤应宜用薄而柔软的棉布制品制作,不宜用粗糙或化学纤维的制品。如果肛门已有炎症,最好用水冲洗,不要用纸揩拭,并要积极治疗,防止再引起其他疾病。尤其是老年人,更应重视肛门卫生。

2. 小便清利法 小便是水液代谢后排出糟粕的主要途径,与肺、脾、肾、膀胱等脏腑的关系极为密切。苏东坡在《养生杂记》中说:"要长生,小便清;要长活,小便洁。"《老老恒言·便器》亦说:"小便惟取通利。"保持小便清洁、通利,是保证身体健康的重要方面,其具体调摄方法如下:

(1)饮食调摄:对于保证水道通调之法,清代曹慈山在《老老恒言》中提出了饮食调摄的四个要点:"食少火速,则清浊易分,一也;薄滋味,无黏腻,则渗泄不滞,二也;食久然后饮,胃空虚则水不归脾,气达膀胱,三也;且饮必待渴,乘微燥以清化源,则水以济火,下输倍捷,四也。所谓通调水道,如是而已。如但犹不通调,则为病。然病能如是通调,亦以渐而愈"。由此可见,正确调摄饮食,做到少食、素食、食久后饮、渴而才饮等,是保证小便清利的重要方法。此外,情绪、房事、运动对小便的清利也有一定的影响,因此还要保持情绪乐观、节制房事和适当运动锻炼。

(2)导引按摩:经常进行导引和按摩保健,对于小便通利很有好处,其主要方法有三:①导引壮肾:晚上临睡时,或早晨起床后,调匀呼吸,舌抵上腭,眼睛视头顶上方,随吸气,缓缓做收缩肛门动作,呼气时放松,连续做8~24次,待口中津液较多时,可漱津咽下。这种方法可护养肾气,增强膀胱制约能力,可以防治尿频、尿失禁等症。②端坐摩腰:取端坐位,两手置于背后,上下推搓30~50次,上至背部,下至骶尾,以腰背部发热为佳,可在晚上就寝时和早晨起床时进行练习。此法有强腰壮肾之功,有助于通调水道。③仰卧摩腹:取仰卧位,调匀呼吸,将掌搓热,置于下腹部,先推摩下腹部两侧,再推下腹部中央,各作 30 次。动作要由轻渐重,力量要和缓均匀。操作时间早晚均可。此法有益气,增强膀胱功能。对尿闭、排尿困难有一定防治作用。

（3）排尿宜忌:排尿是肾与膀胱气化功能的表现,是一种生理反应,因此有尿时要及时排出,不要用意志控制不解,否则会损伤肾与膀胱之气,引起病变。《备急千金要方·道林养性》说:"忍尿不便,膝冷成痹。"《老老恒言·便器》指出:"欲溺便溺,不可忍,亦不可努力,愈努力则愈数而少,肾气窒塞,或致癃闭。"排尿要顺其自然,强忍不尿,努力强排,都会对身体健康造成损害。

男子排尿时的姿势也有宜忌。《备急千金要方·道林养性》说:"凡人饥欲坐小便,若饱则立小便,慎之无病。"《老老恒言》对此作了进一步的阐释:"饱欲其通利,饥欲其收摄也。"现代医学中有一种"排尿性晕厥症",即在排尿时由于血管舒张和收缩障碍,造成大脑一时供血不足而致的突然晕倒的病症。其发生的原因很多,但可能与体位突然改变,排尿时屏气用力过度有一定关系。

另外,心理状态良好、节制房事也有利于促进小便通利。

# 第三节　饮食调摄法

饮食调摄法,是在中医理论指导下,运用饮食来调整机体状态,以增进健康,延衰益寿或促进机体康复的调摄方法。

饮食是供给机体营养物质的源泉,是维持人体生长、发育,完成各种生理功能,维持生命活动的必要条件。古人早就认识到了饮食与生命的重要关系,他们在长期实践中积累了丰富的知识和宝贵的经验,逐渐形成了具有中华民族特色的饮食调摄理论,在保障人民健康方面发挥了巨大作用。

饮食调摄的目的在于通过合理膳食,补益精气,维护生命活动,并利用食物的特性,纠正脏腑阴阳之偏颇,增进机体健康、推迟衰老,或促进病体康复。饮食调摄法是中医养生康复的重要方法之一。

## 一、饮食调摄法的作用

### （一）补充营养

《汉书·郦食其传》曰:"民以食为天。"饮食是补充营养,维持生命活动的根本。饮食入胃,通过脾胃化生成人体所需要的精气血津液供生命活动所用。《寿亲养老新书》说:"主身者神,养气者精,益精者气,资气者食。食者生民之大,活人之本也。"明确指出了饮食是"精、气、神"等营养物质的基础,是身体健康的保证。

由于食物有五味之别,对脏腑的营养作用也有所侧重。《素问·至真要大论》中说:"五味入胃,各归所喜……久而增气,物化之常也。"食物对人体营养作用的选择性还表现在归经上,食物的归经不同则作用的脏腑、经络及部位也不同,如梨入肺经,粳米入脾、胃经,黑豆入肾经等,有针对性地选择适宜的饮食,对人的营养作用则更为明显。

### （二）防病延衰

合理地安排饮食,保证机体有充足营养供给,可以使气血充足,脏腑功能正常,机体的调节适应能力增强,身体强健,从而避免疾病的发生,正所谓"正气存内,邪不可干。"如食用动物肝脏,既可养肝,又能预防夜盲症;食用海带,既可补充碘及维生素,又可预防甲状腺肿;食用水果和新鲜蔬菜,既可补充维生素和矿物质,又可预防维生素C缺乏病等。此外,某些食物还可直接用于某些疾病的预防,如用绿豆汤预防中暑,用大蒜预防感冒和腹泻等,都是利用饮食来达到预防保健的目的。

利用饮食营养防衰益寿,也是历代医家十分重视的问题。肾藏精,主生长发育,是人体衰老与否的决定因素。肾精有先后天之分,先天之精与生俱来,后天之精主要来源于饮食,先天是基础,后天养先天。精藏于肾而养于五脏,精气足则胃气盛,肾气充则体健神旺,此乃防衰益寿之关键。因此,延缓衰老在食物的选择上,应以补益肾精作用的食物为首选,同时还应注意脾胃后天之本的养护,更要防止补肾之品过于滋腻有碍脾胃之运化。

### (三)调偏纠弊

《素问·阴阳应象大论》曰:"阴平阳秘,精神乃至。"阴阳平衡是人体的健康状态,疾病的产生是由于阴阳失调所致。《本草求真》言:"食物入口,等于药之治病,同为一理。"食物不仅能为生命活动提供营养物质,而且也可以调整阴阳之盛衰偏颇,补虚泻实,故可以用于疾病的治疗、辅助治疗以及病后康复。食物养生康复的作用机理与药无异,正如《素问·至真要大论》所言"谨察阴阳所在而调之,以平为期"。"虚则补之,实则泻之。热者寒之,寒者热之"。利用食物之偏,调整机体阴阳之偏,使之恢复到平衡协调的状态,从而达到治疗或辅助治疗的目的。虚证可选用具有补益作用的食物,如阳虚之人可选用羊肉、狗肉等甘温助阳之品;阴虚之人可选用甲鱼、银耳、百合等养阴生津之物。实证可选用祛邪的食物,如热性疾病,选用梨、藕、西瓜、苦瓜等属寒食物以清热;寒性疾病,可选用葱、姜、胡椒、茴香等热性食物以驱寒。

食物的最大优点在于其毒副作用小,容易被人接受,将疾病的治疗融入一日三餐之中,安全而简洁。正如孙思邈在《备急千金要方》中所说:"夫为医者,当须先洞晓病源,知其所犯,以食治之。"因为"食能排邪而安脏腑,悦神爽志,以资血气。若能用食平疴,释情遣疾者,可谓良工"。

## 二、饮食调摄的原则

饮食调摄,并非一味进补,而是在中医药理论指导下,遵循一定的原则和法度而进行的。

### (一)辨明气味,合理调配

饮食物的种类繁多,所含营养成分各不相同,只有做到合理搭配,全面饮食,才能使人体得到各种不同的营养,以满足生命活动的需要。《素问·脏气法时论》指出:"五谷为养,五果为助,五畜为益,五菜为充,气味合而服之,以补精益气。"《素问·五常政大论》也说:"谷、肉、果、菜,食养尽之。"其中,谷类为主食,肉类为副食,蔬菜用来充实,水果作为辅助。这是中国人传统的膳食结构,与现代营养学的平衡膳食基本相同。谷类主要含糖类和一定数量的蛋白质;肉类主要含有蛋白质和脂肪;蔬菜、水果中主要含维生素和矿物质。这几类食物合理搭配食用,才能满足人体对各种营养的需求,也是保证生长发育和健康长寿的必要条件。

食物有酸、苦、甘、辛、咸五味,还有淡味、涩味。五味不同,对人体的作用也各不相同。《素问·至真要大论》中说:"五味入胃,各归所喜,故酸先入肝,苦先入心,甘先入脾,辛先入肺,咸先入肾,久而增气,物化之常也。"五味选择性的入五脏,来调补五脏,五味调和,则有利于健康。正如《素问·生气通天论》指出:"是以谨和五味,骨正筋柔,气血以流,腠理以密,如是则骨气以精,谨道如法,长有天命。"如果五味偏嗜则会导致疾病的发生,《素问·至真要大论》又说:"气增日久,夭之由也。"《素问·五脏生成》更为具体地指出:"多食咸,则脉凝泣而变色;多食苦,则皮槁而毛拔;多食辛,则筋急而爪枯;多食酸,则肉胝䐢而唇揭;多食甘,则骨痛而发落。"说明五味偏嗜,既可引起本脏功能失调,也可因脏气偏盛,以致脏腑之间平衡关系失调而出现他脏的病理改变。因此应尽可能全面而均衡地摄取食物,以保证人体正常生理功能的需要。

食物还有四气之性,即寒热温凉。四气不同对人体的作用也不同。因此饮食也要注意食物寒热温凉的调配。如《灵枢·师传》说:"食饮者,热无灼灼,寒无沧沧。寒温中适,故气将持,乃不致邪僻也。"饮食的寒热对脾胃的运化功能有着直接的影响。水谷入胃,全赖脾阳为之运化。《医原》曰:"脾有一分之阳,能消一分之水谷;脾有十分之阳,能消十分之水谷。"过食生冷寒凉之品,最易损伤脾胃之阳气,导致寒湿内生,而发生腹痛、腹泻等病变。过食辛温燥热之品又易使胃肠积热,出现口渴、脘腹胀满、便秘或酿成痔疮等。总之偏嗜寒热也会给健康带来危害。此外,寒热调适还要根据个人的体质、季节、气候及地理环境等因素,具体问题具体分析。

### (二)饮食有节,饥饱适度

饮食有节主要是指饮食要有规律、有节制,即定量、定时。《吕氏春秋·季春纪》说:"食能以时,身必无灾,凡食之道,无饥无饱,是之谓五脏之葆。"指的就是这个意思。

1. 定量　定量是指饮食宜饥饱适中。胃主受纳腐熟,脾主运化。饮食的消化、吸收、输布,主要靠脾胃来完成。饮食饥饱适中,则脾胃得以正常工作,饮食能够转化为人体所需的营养物质,从而保证人体的各种生理活动。反之,过饥,则化源不足,营养缺乏,气血不足,脏腑组织器官失养,不能正常运转,机体逐渐衰弱,百病丛生。若过饱,饮食超过了脾胃的运化能力,不仅食滞不化,同时还会损伤脾胃,正如《素问·痹论》所说:"饮食自倍,肠胃乃伤。"

人在大饥大渴时,最易暴饮暴食,饮食过量。孙思邈在《备急千金要方·养性序》指出:"不欲极饥而食,食不可过饱;不欲极渴而饮,饮不可过多。饱食过多,则结积聚,渴饮过多,则成痰澼。"所以在饥渴难耐之时,应缓缓饮食,不可过量,以免身体受到损伤。

此外,在没有食欲时,也不应勉强进食。过分强食,也会损伤脾胃。《吕氏春秋·孟春纪》说:"肥肉厚酒,务以自强,命曰烂肠之食。"梁代陶弘景在《养性延命录》也指出:"不渴强饮则胃胀,不饥强食则脾劳。"

2. 定时　定时是指进食宜有较为固定的时间,早在《尚书》中就有"食哉惟时"之论。定时进食,可以使脾胃的功能活动有张有弛,从而保证饮食更好的消化、吸收。如果饮食无定时,日久则会使脾胃失调,运化能力减弱,而有损健康。传统的饮食是一日三餐,应按时进餐,养成良好的饮食习惯。

一日之内,人体的气血阴阳随昼夜更替而变化。白天阳气盛,人体的活动增加,新陈代谢旺盛,需要的营养物质多,饮食量可略大;夜晚阳衰而阴盛,多静息入寝,需要的营养供给也相对减少。因而,饮食量可略少。所以,自古以来,就有"早饭宜好,午饭宜饱,晚饭宜少"之说。早饭宜好,是指早餐的质量要高。经过一夜睡眠,人体得到了充分休息,精神振奋,但胃肠经过一夜已经空虚,此时宜进食营养价值高的食物,以利于机体营养得到更快更好的补充。午饭宜饱,是指要保证一定的饮食量。午餐有承上启下的作用。上午的活动告一段落,下午仍需继续进行,白天能量消耗较大,应当及时得到补充。所以,午饭要吃饱,所谓"饱",当然不宜过饱,过饱则胃肠负担过重,也影响机体的正常活动和健康。

晚饭要少,是指晚餐的饮食量要减少。《备急千金要方·道林养性》说:"须知一日之忌,暮无饱食。"晚上阳气渐弱,人体的活动量减少,脾胃的运化能力也随之下降,故不宜多食。如进食过饱,一者,易使饮食停滞,增加胃肠负担,引起消化不良,影响睡眠;二者,过多的营养不能被消耗,营养过剩而导致肥胖、心脑血管疾病、糖尿病等现代疾病。所以,晚饭进食要少一些。同时还要注意,亦不可食后即睡,宜小有活动之后方能就寝。孙思邈有言:"饱食即卧乃生百病"(《备急千金要方·道林养性》)。

大病初愈,胃阳来复,病人食欲大增时,切不可多食或进食不易消化的食物,以免出现食复,而危及生命。

定量、定时也是保护脾胃的常用调摄原则,也是关系到健康与否的一个重要方面,正如《管子》所说:"饮食节……则身利而寿命益","饮食不节……则形累而寿命损"。

### (三)三因制宜,勿犯禁忌

1. 三因制宜　是指因时、因地、因人制宜。因时制宜,即随四时气候的变化而调节饮食。《素问·金匮真言论》曰:"五脏应四时,各有收受;春生夏长,秋收冬藏,气之常也,人亦应之。"人体脏腑的功能活动,气血运行与四时变化息息相关。因此,饮食调摄要顺四时而适寒温。元代忽思慧在《饮膳正要》中亦云:"春气温,宜食麦以凉之;夏气热,宜食菽以寒之;秋气燥,宜食麻以润其燥;冬气寒,宜食黍以热性治其寒",概括地指明了饮食四时宜忌的原则。因地制宜,即地区不同,饮食调摄也应随之而改变。地域有东西南北,环境有燥湿温凉,水土不同、风俗不同、习惯不同、体质有别等诸多差异,使得在饮食的选择上也要具体问题具体分析。因人制宜,即饮食调摄,还要根据人的年龄、性别、体质等方面的差异,而予以合理调配,不可一概而论。如老年人脾胃功能渐衰,宜食温软,易消化之品;儿童脏腑娇嫩,为稚阴稚阳之体,饮食又应多样化,富含营养,易于消化,随时呵护脾胃。体胖之人,多湿盛阳微,饮食宜清淡,不宜肥甘油腻;体瘦之人,多阴虚火旺,饮食宜多甘润生津,不宜辛辣燥烈。

2. 勿犯禁忌　对于病人的饮食宜忌,《素问·宣明五气》就有"五味所禁"。《素问·五脏生成》也有"五味之所伤"等。即五脏病变各有所忌:心病忌咸,肝病忌辛,脾病忌酸,肺病忌苦,肾病忌甘。张仲景在《金匮要略》中也指出:"所食之味,有与病相宜,有与身为害,若得宜则补体,害则成疾。"即相宜的食味能治病养病,不相宜的食味则反成祸害导致疾病,因此,在饮食调摄过程中应注意饮食宜忌。

病证的饮食禁忌是根据病证的寒热虚实,结合食物的四气、五味、升降浮沉及归经等特性来确定的。如寒证宜用温热之品,忌用寒凉生冷之物;热证宜用寒凉之品,忌用温燥之物。虚证宜补,实证宜泻等,勿犯虚虚实实之戒。细而言之,如虚证患者忌用耗气伤津、腻滞难化的食物,其中阳虚病人不宜过食生冷瓜果及寒凉的食物,阴虚患者则不宜用辛辣刺激性食物。

古代医家把患病期间的饮食禁忌大体分为以下几大类:脾胃虚寒者忌大量生冷之

物,如生蔬菜、水果及冷饮、冷食等;脾虚、外感初起者忌糯米、大麦等制成的黏滑之品;脾湿或痰湿者应忌荤油、肥肉、油煎炸食品、乳制品(奶、酥、酪)等油腻之物;风热、痰热、斑疹、疮疡者应忌海鱼、无鳞鱼(平鱼、巴鱼、带鱼、比目鱼等)、虾、蟹、海味(干贝、淡菜、鱼干等)、羊肉狗肉鹿肉等腥膻之物;内热者应忌葱、姜、蒜、辣椒、花椒、韭菜、酒、烟等辛辣之品;哮喘及皮肤病患者应忌发物及腥、膻、辛辣之品,此外还应忌如荞麦、豆芽、苜蓿、鸡头、鸭头、猪头、驴头肉等一些特殊的食物。再如水肿忌盐、消渴忌糖等。

此外还要注意个体差异,如有些皮肤病患者,因某种饮食而发作或加重,应禁食此物。

妇女特殊时期也应注意饮食禁忌。月经期,应摄取清淡而富有营养的食物,忌食生冷、辛辣、燥热之品。因过食生冷,易使血行不畅,导致痛经或闭经;过食辛辣、燥热之品,易使血分蕴热,导致月经过多。妊娠期,母体脏腑经络之血注于冲任二脉,以养胎元。此时母体多表现阴虚阳亢状态,因此应避免食用辛辣、腥膻之品,以免耗伤阴血而影响胎元,可进食甘平、甘凉补益之品。对妊娠恶阻者应避免进食油腻之品,可食用健脾、和胃、理气之物。产后,气血受到损伤,又需乳汁喂养婴儿。饮食当以补益为主。但不可过于辛热、油腻,更应禁食生冷。因油腻、生冷易伤脾胃,影响饮食物的消化吸收;辛热之品易伤津液,加重产后大便难。

饮食禁忌在运用过程中也要具体情况具体分析,如水肿忌盐,若长期忌盐有时也会引起体倦乏力,进而引起低钠血症,使病情难以好转,故水肿轻症不宜绝对忌盐。再如小儿麻疹若忌食过度,也可致营养不良。清代叶桂也说过:"食入自适者,即胃喜为补。"因此,对饮食禁忌临床应灵活掌握。

另外,古人关于服药期间的饮食禁忌也多有论述,如张仲景在《伤寒论》及《金匮要略》中指出服药时忌生冷、黏腻、肉、面、五辛、酒、酪、臭物等。清代章杏云在《调疾饮食辨》"发凡"中说:"病人饮食,藉以滋养胃气,宣行药力,故饮食得宜足为药饵之助,失宜则反与药饵为仇。"说明病人在服药时,有些食物可以增进药物的作用,有些食物则对所服之药有不良影响,应忌服。因此在服药期间,要注意饮食禁忌。古代文献中对药食相反的记载很多,如甘草、黄连、桔梗、乌梅反猪肉,薄荷忌鳖肉,茯苓忌醋,天门冬忌鲤鱼,白术忌大蒜,鳖鱼忌苋菜,鸡肉忌黄鳝,人参恶黑豆、忌山楂、萝卜、茶叶,土茯苓忌茶等,但这些内容尚缺乏进一步研究,临床应灵活掌握,不能绝对化。

## 三、食物种类及应用

### (一)常用食物种类

1. 谷类及薯类　谷类包括米、面、杂粮,薯类包括马铃薯、甘薯、木薯等。本类食物是膳食中最为主要的部分,即主食。成人每人每天推荐摄入量为250~400g。

本类食物大部分味甘性平,少数偏凉或偏温,大多有健脾和胃,强壮益气之功。

粳米味甘,性平;入脾、胃经;有补中益气,健脾和胃,止渴除烦、固肠止泻等功效。

玉米味甘,性平;入大肠、胃经;可调中和胃,又能渗湿利水。

糯米味甘,性温;入脾、胃、肺经;其质柔黏,能温中益气,健脾止泻。王士雄的《随息居饮食谱》亦称"糯米甘温。补肺气,充胃津,助痘浆,暖水脏"。但因糯米性黏,不易消化,多食可助湿生痰,故不可多食,小儿及脾虚之人更要少食。高粱味甘、涩,性温;入脾、胃二经;有温中、燥湿、收敛的作用;脾虚有水湿者食用为佳。

小麦味甘,性凉;入心、脾、肾经;功能养心安神,益肾调胃,除热止渴。面筋味甘,性凉;能益气和中;为素食中的佳品。

荞麦味甘,性凉;入脾、大肠二经;功能清热利湿,开胃宽肠,下气消积。小米味甘、咸,性凉;入脾、胃、肾经;具有和中健脾除热,益肾气补虚损,利尿消肿的作用。小米锅巴味甘,性平;功能补气健脾,消积止泻。

薏米味甘、淡,性凉;入脾、肺、肾经;可利水渗湿,健脾止泻。

薯类经常食用的是番薯和马铃薯。番薯性平,味甘;入脾、肾经;功可补中和血,益气生津,宽肠通便;尚有减肥,防止动脉硬化,预防心血管疾病发生的作用,被誉为"健身长寿"食品。马铃薯味甘,性平;入胃、大肠经;具有健脾和胃,益气调中,解毒消肿之功效;可防止动脉硬化,保护心肌,被营养学家们称为"十全十美的食品"。

2. 动物类食物　包括畜、禽、鱼、虾、奶、蛋。成人每人每天推荐摄入量为125～225g。其中畜禽肉类50～75g,鱼虾类50～100g,蛋类25～50g。

禽肉类性味甘平的较多,其次为甘温,还有甘淡的。甘平益气,甘温助阳,甘淡渗湿通利。

鸡肉性味甘,温;入脾、胃经;具有温中益气,补精添髓,滋养五脏等功能。《随息居饮食谱》谓:"鸡肉补虚,暖胃,强筋骨,续绝伤,活血,调经,拓痈疽,止崩带,节小便频数,主娩后蠃。"由于鸡肉的营养价值较高,故自古以来,一直是人们常用的滋补强壮食品。但不宜多食,多食易生热动风。

鸭肉性味甘、咸、微寒;入脾、胃、肺、肾经;功可滋阴补血,利水消肿。《食疗本草》曰:鸭能"滋五脏之阴,清虚劳之热,补血行水,养胃生津,止咳息惊"。可用于虚热咳嗽,水肿等症,尤其适宜于阴虚之体食用。鸭肉性寒肥腻,多食滞气、滑肠,脾阳虚,腹泻者忌用。

畜肉类性味以甘、咸、温为多。甘能补;咸入血分、阴分;温以祛寒,故本类食物既可益气助阳,又能补益阴血,为气血阴阳俱补之品,适宜于先后天不足及诸虚百损之人。

猪肉是日常食用量最大的一类肉食。其味甘、咸,性平;归脾、胃、肾经;具有补中益气,滋阴润燥,丰肌泽肤之功能;适于热病伤津,消渴羸瘦,燥咳,便秘者食用。猪肉脂肪含量比较高,多食易碍胃生湿,凡高血压、冠心病、糖尿病患者,以少食或不食为宜。

羊肉味甘,性温;具有益气补虚,温经补血,温肾壮阳的功效。羊肉历来被视为补阳佳品,适宜于虚劳羸瘦,腰膝酸软,产后虚冷者食用。因其性热,凡外感邪热,或内有宿热者忌食。

牛肉味甘,性温;归脾、胃经;具有益气血,强筋骨,补脾胃,除湿气,消水肿的作用;适宜于虚损脾虚羸瘦,水肿,腰膝酸软等症。热盛或有湿热者不宜食用。

蛋类有鸡蛋、鸭蛋、鹅蛋、鹌鹑蛋等。鸡蛋蛋清味甘,性凉;蛋黄味甘,性平,入心、肾经;有滋阴润燥,养心安神,养血安胎之功;适于心烦不寐,燥咳声哑,目赤咽痛,下痢,胎动不安及产后者食用。鸭蛋味甘、咸,性凉;入肺、脾经;清肺止咳,滋阴润燥;适于胸膈肠胃伏热,咳嗽、喉痛、齿痛者食用。鹅蛋甘温,补中益气;鹌鹑蛋味甘、咸,性平,可益气补肾;多用于补虚。

鱼虾类包括淡水鱼、淡水虾,海水鱼和海水虾。淡水鱼中有鳞的鱼和鳝鱼性平或偏温,无鳞鱼性平或偏凉,大都有利尿消肿、安胎通乳、益气健脾、清热解毒、祛风利湿等作用。海鱼一般有和中开胃、养血滋阴、补心通脉等作用。

鲫鱼是经常食用的淡水鱼,其味甘,性平;入脾胃、大肠经;能健脾利湿,清热解毒,通脉下乳;适合脾胃虚弱、水肿及产后乳汁不下者食用。鲤鱼味甘,性平;入脾、肾、肺经;有利尿消肿,安胎通乳,清热下气等作用;适合水肿胀满,咳嗽气逆及乳汁不通者食用。

带鱼味甘、咸,性温;入脾、胃经;能补五脏,和中开胃,泽肤。如《随息居饮食谱》曰:带鱼能"暖胃,补虚,泽肤"。脓肿、疮疥及动风者忌食。

石首鱼是我国四大海产经济鱼类之一,其味甘,性平;入脾、胃、肝、肾经;具有补脾益气,暖中填精及明目等功能;适于产后、病后体虚,肾虚腰痛,水肿及视物昏花者食用。

海虾又叫红虾,包括龙虾、对虾等。海水虾味甘、咸,性温;入脾、肝、肾经;功能补肾壮阳,化痰开胃;阴虚火旺和疮肿等皮肤病患者忌食。

淡水虾,俗称青虾,味甘,性温;入肝、肾经;具有补肾壮阳,通乳托毒等功效;适于阳痿,乳汁不下者食用。虾为发物,有疥疮、风疹、湿疹、癣症等皮肤患者慎食。

3. 豆类和奶类　豆类包括大豆及其他干豆,如绿豆、蚕豆、赤小豆等。豆制品的种类繁多,经常食用的有豆腐、豆浆、豆芽、豆腐干等。奶类主要是牛奶、羊奶等。成人每人每天推荐奶及奶类制品300g,大豆类30～50g。

大豆包括黄豆、黑豆、青豆等。大豆中最常食用的是黄豆,黄豆味甘,性平;入脾、大肠经;具有益气养血,健脾宽中,润燥消水之功效。黄豆芽有清热利湿之效,可去黑痣、治疣赘、润肌肤。豆浆性味甘平,可补虚润燥,清肺化痰。

豆腐味甘,性凉,入脾、胃、大肠经,有生津润燥,清热解毒,催乳之功。《本草纲目》记载豆腐还有"宽中益气,和脾胃,消胀满,下大肠浊气"以及"清热散血"等作用。黑豆其味甘,性平,入心、肝、肾经。《本草纲目》中记载:"黑豆入肾功多,故能治水、消胀、下气、制风热而活血解毒。"其他豆类包括蚕豆、豌豆、绿豆、芸豆、刀豆和赤豆等。

赤小豆味酸、甘,性平;功可清热解毒,利水消肿;善治水肿、疥疮和丹毒,还可用于通乳。

绿豆味甘,性凉;入心、胃经;有清热解毒,利水消暑的功能;可用于食物及药草中毒,高血压,大便燥结等。绿豆芽味甘,性凉,能"解酒毒、热毒,利三焦"(《本草纲目》)。

刀豆味甘,性温;入肺、脾、肾经;温中下气,益肾补元。

蚕豆味甘,性平;入脾、胃经;有健脾利水,通便消肿的作用;用治小便不利之水肿、疮毒等。

奶类最常饮用的是牛奶。牛奶性平,味甘;入心、脾、胃经。有补虚损,益脾胃,生津润肠的作用;适宜于老年人、婴幼儿及体虚者食用。有人喜欢喝羊奶,羊奶味甘,性温;入肺、心、胃经;有补虚弱,润心肺,开胃进食等功能;更适宜于虚寒体质者及虚劳羸弱,消渴,反胃,呃逆者饮用。

4. 蔬菜、水果类　成人每人每天推荐摄入量蔬菜为300～500g,水果为200～400g。蔬菜的种类很多,包括鲜豆、根茎、叶菜、花薹、茄果、食用菌藻等。

少数蔬菜性质温热,包括韭菜、茴香、香菜、大蒜等,大多有温中散寒,开胃消食等作用。

韭菜味辛、性温;入肝、胃、肾经;有补肾益阳,理气降逆,宣痹止痛,活血散血等作用。韭菜性辛温,阴虚内热及疮疡、目疾者忌食。香菜味辛,性温;入肺、脾经;可发汗透疹,健胃消食。《医林纂要》云:香菜"多食昏目耗气"故不宜多食。胡萝卜味甘,性平;入肺、脾经;有健脾化滞,润燥明目之功。《本草纲目》云:胡萝卜"甘,辛,微温,无毒。下气补中,利胸膈肠胃,安五脏,令人健食,有益无损"。

南瓜味甘,性温;入脾、胃经;有温中益气、化痰平喘、解毒杀虫的效用。

洋葱味辛、甘,性温;入肺、脾经。有健脾理气,祛痰利尿,解毒杀虫之功。

多数蔬菜性质寒凉,包括苦瓜、茭白、芹菜、藕等,大多能清热除烦,通腑泻热、化痰止咳。

菠菜味甘,性凉;入肠、胃经;有清热除烦,养血止血,润燥通便之功;尤宜老人或久病体虚便秘者服食。芹菜味甘,微苦,性凉;入肝、胃二经;具有平肝凉血、清热利湿的功效。

油菜味辛,性凉;入肝、脾经;具有散血消肿、清热解毒之功。萝卜味辛、甘,性凉;入肺、胃经;有消食化痰,下气宽中之功;有"十月萝卜小人参"的美誉。

西红柿味甘酸,性微寒;入胃经,具有止渴生津、健胃消食、凉血平肝、清热解毒之功。

茄子味甘,性寒;入脾、胃、大肠经;有健脾和胃,清热解毒,利尿消肿的作用。

黄瓜味甘,性寒;入胃、小肠经;有清热止渴,利尿除湿之功。黄瓜性凉又多凉拌生吃,凡脾胃虚寒及腹痛吐泻者不宜食。

莲藕全身都是宝。生莲藕甘寒,熟莲藕甘温;入心、脾、胃经;生用能清热润肺,凉血散瘀;熟用可健脾开胃,固精止泻。

苦瓜味苦,性寒;入心、脾、胃经。具有清暑涤热,明目,解毒的功效。

蔬菜中也有部分是性平的,如白菜是我国北方冬季的主要食用菜。其味甘,性平;入胃、肠、肝、肾、膀胱经;有清热除烦,消痰止咳,通利肠胃,解毒醒酒,消食利尿,下气通便等功效。民谚有云:"白菜豆腐保平安。"即是对白菜作用的赞美。它能促使肠胃蠕动,保持大便通畅,并能促进伤口愈合,增强人体抵抗力。冬瓜味甘、淡,性凉;入肺、大肠、膀胱经;有清热利水,消肿解毒之功效;是肾病、糖尿病、高血压、肥胖患者的理想食物。

食用菌包括黑木耳、蘑菇、香菇等。

黑木耳是生长在朽木上的一种食用真菌。其味甘,性平;归胃、大肠经;可滋阴养血,凉血止血。现代研究发现,常食黑木耳对冠心病、心脑血管病患者有益。香菇味甘,性平;入肝、胃二经,能健胃益气,透托痘疹;常用于脾胃呆滞、消化不良以及小儿麻疹透发不畅等。

蘑菇味甘,性平;入脾、胃、肺经;有健脾开胃,理气化痰,解毒透疹之功;常用于食欲不振、消化不良、小儿麻疹透发不畅、咳嗽咯痰等;长期食用可降低胆固醇,防治肿瘤。

银耳味甘、淡,性平;入肺、胃、肾三经,能滋阴清热,润肺止咳,养胃生津,益气和血;可用于虚劳咳嗽、便秘、妇女崩漏等。

水果偏凉的多,偏热的少,也有部分是平性的。寒凉的有西瓜、柑、香蕉、杨桃、柚、梨等,温热的有荔枝、石榴、菠萝、柿子、李子等。

西瓜味甘,性寒;入心、胃、膀胱经;有清热解暑,除烦止渴,通利小便之功。汪颖《食物本草》认为:西瓜可"疗喉痹"。张璐《本经逢原》则称:"西瓜,能引心包之热,从小肠、膀胱下泄。能解太阳、阳明中渴及热病大渴。故有天生白虎汤之称。"可用于暑热烦渴,小便不利,喉痹,口疮等;脾胃虚寒者,不宜多食。西瓜翠衣味甘,性凉;入脾、胃经。《随息居饮食谱》认为其可"凉惊涤暑"。其清热解暑之力不及西瓜,但利尿通淋之功则强。

梨味甘、微酸,性凉;归肺、胃经;功能清热化痰、润燥止咳、退热生津、并可解疮毒和酒毒。《本草通玄》曰:"生者清六腑之热,熟者滋五脏之阴。可用于热病津伤口渴,消渴,热痰咳嗽,便秘等症。脾胃虚寒及寒嗽者忌服。"

荸荠味甘,性寒;入肺、胃经。功能清热,化痰,消积,利湿;宜于热病烦渴、便秘及痰热咳嗽者食用;脾胃虚寒者应少食。

香蕉味甘,性寒;入肺、大肠经;功效滋阴润肠,清热解毒;适合老年人及习惯性便秘、高血压、冠心病患者经常食用;脾胃虚寒者应少食,胃酸过多者忌食。

葡萄,味甘、酸,性平;入肺、脾、肾经;功能补气血,强筋骨,利小便。《神农本草经》载:"葡萄味甘平,主筋骨湿痹,久食延年。""益气,倍力强志,令人肥健,耐饥,忍风寒。久食,轻身不老延年。"用于气血不足,风湿痹痛,淋病,浮肿等症;有表证者忌食。葡萄干其糖与铁质的含量都较鲜葡萄有所增加,是儿童、妇女及体弱及贫血患者之佳品。

橘子味甘、酸,性平;入肺、胃经。功能开胃理气,生津润肺,止咳化痰;可用于咳嗽痰多,胸闷消渴,呃逆,呕吐等症。

苹果味酸、甘,性平;入脾、胃经;有养心益气,生津止渴,润肺化痰之功;可用于脾胃气虚,消化不良,口干咽燥,便秘,慢性腹泻等症。

桃子味甘、酸,性温。归肝、大肠经;功效生津润肠,活血消积;多食容易使人腹胀、生痈疖,少食为佳。

荔枝味甘、酸,性温;入脾、肝经。功效生津益血,理气止痛,降逆止泻;可用于呃逆,胃痛,瘰疬,牙痛等。因其性温,阴虚火旺者应少食。

### (二)常用食物剂型

1. **面点类** 中国面点以历史悠久、制作精致、品类丰富、风味多样著称于世。春秋战国时期,已有五谷、九谷、百谷之称。随着加工技术的提高,油料、调味品和青铜炊具的使用,逐渐出现了油炸、蒸、烤、烙等面点形式。面点可作主食,也可作点心类零食。北方常食馒头、包子、饺子、面条、烙饼、煎饼等;南方更喜欢食烧麦、春卷、粽子、汤圆、包子等。此外,由于各地的物产及民俗风情不同,又演化出许多风味各异的面点,如北京的焦圈、豌豆黄、炒肝等;天津的嘎巴菜、贴饽饽熬小鱼、大麻花等;山西的栲栳栳、刀削面、揪片等;西安的羊肉泡馍、油锅盔等以及山东的煎饼、新疆的烤馕、四川的担担面、云南的过桥米线等,都富有浓郁地方特色。此外,还可以通过色、香、味、形,满足人的心理需求,以达到愉悦精神之目的。一般而言,发酵的、蒸煮的食物比较容易被消化吸收,而未经发酵的、黏腻的、油炸的食物,则不宜被消化,老年人、小儿及脾胃虚弱者应少食或忌食。

2. **粥饭类** 粥类是用米谷类食物煮制而成。食粥在我国已有数千年的历史。

《礼记》上就载有关于粥的记载:"食粥天下之达礼也。"《谷梁传》也有昭公 19 年,(太子)"止器泣、饮干粥"的记载。粥有制作简单、食用方便,易于消化等特点。

由于粥的主要原料为米谷,其味甘,能补益脏腑,尤善健脾养胃。从古至今,人们都将粥视为美食,其养生保健作用,已被历代养生家所证实,宋代文学家张文潜在《粥记》说:"每日起,食粥一大碗,空腹胃虚,谷气便作,所补不细,又极柔腻,与肠胃相得,最为饮食之妙诀。"《随息居饮食谱》亦云:"粳米甘平,宜煮粥食,粥饭为世间第一补人之物,贫人患虚证,以浓米汤代参汤,每收奇效。米粥油大,能补液填精,有裨羸老,病人产妇,粥养最宜。《行事钞》中将粥的作用总结为:"食粥有五事:善除饥、除渴、消宿食、大小便调适、除风患。食粥者,有此五善事。"南宋陆游认为食粥更能延年益寿,其在《食粥》中曰:"世人个个学长年,不悟长年在目前,我得宛丘平易法,只将食粥致神仙。"可见长期食粥不仅可调补脾胃,还能强身健体,延年益寿。尤其对于疾病初愈,身体虚弱者尤为适宜。此外,粥对于某些疾病还能起到治疗或辅助治疗的作用。

煮粥最常用的是粳米、小米、糯米等,根据个人需求还可配合各种豆类、蔬菜、肉、干果、鲜果等,《老老恒言》一书中,就记载了 100 多种粥。唐代名医孙思邈的《千金翼方》、明朝医药学家李时珍的《本草纲目》也辑录了大量药粥验方。我国地域广阔,各地饮食风俗各异,粥类的品种更加丰富多彩。如根据煮粥所用的原料可分有米粥、豆粥、蔬菜粥、肉类粥、药粥等;根据口味分有原味粥、甜粥、咸粥等;根据功能分有补肾益脑的胡桃粥、化痰消食的萝卜粥,健脾利水的小豆粥、清热明目的菊花粥等。

米饭是我国的主食之一,尤其是南方食用更多,目前大多以粳米为主要原料,比较单一。需要注意的是,应该适当增加原料的种类,如其他米谷、豆类,以及一些坚果等都可根据需要搭配食用,以使人体所获得的营养素更加全面,从而保证身体的健康。

3. 汤羹类　汤羹不仅可以补充人体大量的水分,还可将人体必须的部分营养成分及防病治病的有效成分溶解在汤水中,以便被人体所吸收。以达调养人体,无病防病,有病治病,延年益寿等作用。对老幼妇孺,病后康复者,更为有益。由于配料不同,汤羹的作用也各不相同,在使用过程中,可根据体质、季节、地域、习俗、病况等不同灵活运用。如在夏季需清热祛暑可用绿豆汤,在冬季或血虚有寒者当用当归生姜羊肉汤(羹),风寒感冒或脾胃有寒者可用生姜汤,阴虚者可用百合银耳羹等。

4. 菜肴类　菜肴的品种极为丰富,有荤素之分,也有冷热之分。素菜的主要原料有菌类、蔬菜、果品等,荤菜的主要原料是各种肉类。凉菜主要用拌、炝、腌、卤、蒸、冻等方法加工而成;热菜是采用熘、焖、烧、氽、蒸、炸、酥、烩、扒、炖、爆、炒、拔丝、砂锅等方法加工。中国是一个餐饮文化大国,由于地理环境、气候物产、文化传统以及民族习俗等因素的影响,菜肴的烹饪形成了许多流派,其中最有代表性的是:鲁菜、川菜、苏菜、粤菜、浙菜、闽菜、湘菜、徽菜"八大菜系",加上京菜和鄂菜,为"十大菜系"。菜肴的作用也因原料及烹调方法的多样,而各不相同。

5. 饮料类　是将食物浸泡、压榨、煎煮或蒸馏制成的一种专供饮用的液体。饮料包括清凉饮料、矿泉水饮料等。

6. 蜜膏类　又叫膏剂,是一种具有营养滋补和防病治病作用的剂型。应用时需根据个人的体质特点或病证类型而处方选药择食,蜜膏配方中常需加入辅料蔗糖、饴糖、蜂蜜、阿胶等。蜜膏能增强体质、预防疾病,适用于气血不足、五脏亏损、体质虚弱或产后的调理;蜜膏能调整人体阴阳气血,改善脏腑功能,促进病体的康复,术后以及大病、久病之后处于康复阶段出现各种正气不足症状者,可用各种补益膏剂,如枸杞蜜膏、龙眼参蜜膏等;而对实证或虚实错杂证患者也可有针对性地开列膏方来调理。

当然,蜜膏在运用时还要考虑季节气候、地域等因素,选择适宜的膏剂来,如夏季可用龟苓膏,秋季选用秋梨膏等。

7. 酒类　酒有"通血脉,行药力,温肠胃,御风寒。"之作用。保健酒及药酒则因选用的原料不同而作用有别,一般具有益气、温阳、补血、生津、健胃、行气、息风、止痛、明目等作用。酒的种类十分繁多,根据酿酒的原材料不同,可分为三类:一是以粮食为主要原料生产的粮食酒,如高粱酒、糯米酒等;二是用果类为原料生产的果酒,如葡萄酒、香槟酒等;三是用粮食和果类以外的原料生产的代粮酒,如用薯干、木薯等生产的酒都属代粮酒。按酒的商品特性可分为:白酒、黄酒、果酒、啤酒、药酒和配制酒。这六类酒中,根据酒的颜色又可分为有色酒和无色酒。白酒属于无色酒,酒度较高。其他酒属于有色酒,酒度较低。酒的饮用应考虑个人的酒量,少量饮用对人体有益,过度饮用则会伤胃、伤肝,甚至酒精中毒危及生命。

8. 蜜饯类　蜜饯是以果蔬等为原料,经药液煎煮后,再附适量的糖或蜂蜜腌制而成。具有化痰止咳、健脾开胃等功效。蜜饯按地方风味可分为京式、杭式、苏式、闽式和广式等。京式蜜饯有苹果脯、金丝蜜枣、金糕条等;杭式蜜饯有糖水青梅、糖水枇杷、话梅、金橘等;苏式蜜饯有蜜饯无花果、金橘饼、白糖杨梅等;闽式蜜饯有大福果、加应子、十香果等;广式蜜饯有糖心莲、糖橘饼、奶油话梅等。根据加工方法还可将蜜饯分为糖渍蜜饯类、返砂类、果脯类、凉果类、甘草制品和果糕等。糖渍蜜饯类,包括蜜金橘、糖桂花、化皮榄等;返砂类有糖冬瓜条、金丝蜜枣、金橘饼等;果脯类有杏脯、菠萝、姜糖片、木瓜(条、粒)等;凉果类有八珍梅、梅味金橘等;甘草制品常见的有话梅、甘草榄、九制陈皮等;果糕类最常食用的有山楂糕、开胃金橘、果丹皮等。

## 第四节　导引调摄法

导引,亦作"道引",导引作为养生健身的术语,最早见于先秦典籍《庄子·刻意》,其中说:"吹呴呼吸,吐故纳新,熊经鸟伸,为寿而已矣。此道引之士,养形之人,彭祖寿考者之所好也。"唐代成玄英注释认为:"道引"一句,是指"导引神气,以养形魂,延年之道,驻形之术"。其后,晋代的李颐注释该句时,把"导引"一词解释为:"导气令和,引体令柔。"即把导引看作行气和肢体运动的方法。《素问·异法方宜论》中也提到:"中央者,其地平以湿,天地所以生万物也众。其民食杂而不劳,故其病多痿厥寒热,其治宜导引按跷,故导引按跷者,亦从中央出也。"王冰注解说:"导引,谓摇筋骨,动支节,按是按皮肉,跷是捷举手足。"可见导引是一项以肢体运动为主,配合呼吸吐纳的传统养生健身方法。从养生康复学意义来说,导引调摄是指通过形体的运动,来导引气机、畅通经络、调节脏腑功能,从而达到强身健体、延年益寿、促进身心康复的方法。

知识链接

**马王堆帛画中的导引图谱**

1972—1974 年在长沙马王堆汉墓(西汉初期诸侯家族墓地)出土的帛画,是现存全世界最早的导引图谱。帛画长约100cm,与前段40cm帛书相连。画高40cm。分上下4层绘有44个各种人物的导引图式,每层绘11幅图。每图式平均高9～12cm。每图式为一人像,男、女、老、幼均有,或著衣,或裸背,均为工笔彩绘。其术式除个别人像持器械运动外,多为徒手操练。图傍注有术式名,部分文字可辨。其中涉及动物名称的有鸟、鹞、鹤、鹯、猿、猴、龙、熊等式。

## 一、导引调摄法的作用

中国传统的导引调摄法与现代体育运动健身机理不同之处在于,中国传统的导引调摄健身法是在中国古代生命观的指导下对人体生命的修炼,而现代体育运动是基于现代医学及运动生理之上的锻炼。基于中医学生命观,导引调摄法是采取各种手段和方法对人体形气神进行锻炼和调控,并使之三位一体,从而达到生命的优化状态。

### (一)调形

导引调摄功法,无论是动功还是静功,无论是站桩或是坐功、卧功,都必须调整身形。对姿势体位及形体动作,都有一定的操作规范和要求。通过对形体的调控和锻炼,一方面能引动经络、疏通气血、调整脏腑功能;另一方面,意识与自己的生命活动结合在一起,神不外驰,是生命养护的基础,调整身形的过程其本身即是一个使形气神合一的过程,是使意识活动与自己的身形和动作相结合的过程。《嵩山太无先生气经》中说:"是以摄生之士,莫不练形养气以保其生,未有有形而无气者,即气与形,相须而成。"《管子》更是把对形的锻炼和调控提高到道德修养的高度来认识,指出:"形不正,德不来";"形正摄德,天仁地义,则盈然而自至";"德全于中,则形全于外",强调在日常生活中注意调整自己的身形,使之符合练功的要求。另外,导引调摄功法中的调息其实质亦是神与形相合,是对呼吸运动这一人体最基本的生命活动的锻炼和调控。

### (二)调气

气依附于形,导引调摄功法必然涉及对气的导引和调控。《易筋经》指出:"精气神无形之物也,筋骨肉有形之物也,必先练有形者为无形之佐,培无形者为有形之辅。若专培无形而弃有形则不可,练有形而弃无形则更不可。所以有形之身必得无形之气相依而不相违,乃成不坏之体。"对气的导引和调控应遵循气在人体生命活动中的规律,即升降出入。导引气的形式可归纳为三种:

1. 以形引气　通过形体动作引动人体内气的流动,即"引体令柔,导气令和",所谓"气随庄动"。中医认为人体是以五脏为中心,以经络维系的有机整体,因此当形体按照特定形式运动时即可以影响并牵动全身气机的变化。其所引动之气,一是牵动了经络之气,畅通了经络气机,进而调整人体全身生命活动;二是引导了机体组织结构周围气的开合出入,及气机的升降。传统功法易筋经、八段锦等即属此类。

2. 以意引气　运用意念主动地直接导引气机,使之发生变化。如上所述,神为生命的主宰,意识对气具有统率作用。《青华秘旨》云:"人之一气在身,由念而动。"正所谓"意到则气到"。古代许多传统功法在一定的程度上都运用了意识对气机的导引,如传统养生康复功法中的行气术,就是运用意念导引,使气机按一定的路线运行,古代功法中大周天运行、奇经八脉运行、后世意念周天等属此类;古法采气,服五方气,服日月星辰之气则是用意念导引外界之气为我所用。此外,诸如传统功法中的十二宫神的存想、头部九宫神的存思、佛家密宗的中脉运行等都属于意识导引气机之法。

3. 以音引气　通过发音引动体内气机的变化。一方面,音声对人体的气机的影响有声腔共振的作用,包括颅腔、鼻腔、口腔、咽腔、胸腔、腹腔等共振。另一方面,不同的发音,可引起人体气机升降开合的不同变化。此外,特定的音声对脏腑气化有着较为直接的影响。《史记·乐书》中说:“音乐者,所以动荡血脉,通流精神而正心也。故宫动脾而和正圣,商动肺而和正义,角动肝而和正仁,徵动心而和正礼,羽动肾而和正志。”著名的传统功法“六字诀”即属此功法。

（三）调神

人是形气神的三位一体,神是生命活动的主宰,人的意识活动在人体生命中起着极为重要的作用。因此,导引调摄法必然离不开对神的锻炼和调控。历代养生康复功法家无论何种门派都十分重视意识在导引调摄中的作用,将运用意识作为练功的第一要旨。练功的全过程,究其实质就是意识活动的过程。纵观古代养生康复功法对神的调控的形式和方法,可归纳为三种:

1. 虚静无为法　这一方法是使意识活动虚静,达到无思、无念的特殊精神状态。在这种状态下人体生命活动会自然发生有序化变化。虚静无为法最根本的要求是精神上的虚静,以此来优化人体生命活动。即所谓“恬惔虚无,真气从之,精神内守,病安从来”(《素问·上古天真论》)。

2. 意识导引法　本方法是积极主动地将意识与人体生命活动紧密结合,运用意识引导气的通行流畅以及气的开合出入。如意识与形体动作相结合,即所谓“神注庄中,气随庄动”;意识与气的运行规律相结合以引导、强化其的流行;意识与呼吸运动相结合,一方面加强呼吸对人体生命的作用,另一方面,通过呼吸运动引动气机的变化。

3. 专一意守法　这一方法是将意识主动地贯注在相应的事物上,从而引发人体生命活动的变化。意守的对象可分为体外对象与体内对象。体外对象诸如:日月星辰、山河湖海、花草树木等,亦可以为非实体的声音,或某一形象等;体内对象诸如:关窍穴位(如丹田、百会、命门、气海等)、气脉循行线路等。

必须强调的是,导引调摄法的练功实践中对形气神的锻炼和调控是相辅相成的一个整体。对形的调控离不开对神和气的影响;对起的调控揉合了对形、神的调理;对神的调控更是必须落实到形与气上。并且就导引功法的操作过程而言,就是通过各种方法促使形气神合为一体,促进生命自组织的平衡和优化。

## 二、导引调摄法的运用原则

导引调摄法之所以能健身治病、益寿延年,是因为它有一套较为系统的理论、原则和方法,注重和强调机体内外的协调统一,和谐适度。从其锻炼角度归纳起来,有如下几个原则。

（一）把握动作要领

导引调摄法的要领就是注重对形、气、神的锻炼和调控,并使之三位一体,促进生命活动的自组织平衡有序。其中最关键的是意识的运用,只有精神意识专注于形和气,方可宁神静息,呼吸均匀,促进气血运行。在锻炼过程中,内练精神、脏腑、气血;外练经脉、筋骨、四肢,使内外和谐,气血周流,整个机体可得到全面的锻炼。

### (二)注重动静结合

我国古代养生思想有"宜动"、"宜静"两种不同观点,两者都源出道家。唐代孙思邈主张"惟无多无少,几乎道矣"。即不宜多动,亦不宜多静。元代朱丹溪提出:"天主生物,故恒于动;人有此生,亦恒于动。"指出自然界的变化规律是"动"多"静"少。"动"为阳,"静"为阴,阴阳平衡,阴平阳秘。从运动养生保健来说,运动时,一切顺其自然,进行自然调息、调心,神态从容,摒弃杂念,神形兼顾,内外俱练,动于外而静于内,动主练形,静主养神,动静结合。

### (三)强调运动适度

导引调摄是通过锻炼以达到健身的目的,因此,要注意掌握运动量的大小。运动量太小则达不到锻炼目的,起不到健身作用;太大则超过了机体耐受的限度,反而会使身体因过劳而受损。孙思邈在《备急千金要方》中指出:"养性之道,常欲小劳,但莫大疲及强所不能堪耳。"运动量的测定,往往以运动者的呼吸、心率、脉搏、氧气消耗量等作为一些客观指标,运动量大,心率及脉搏就快。一般认为,正常成年人的运动量,以每分钟心率(或脉率)增加到 140 次为宜;老年人的运动量,以每分钟增加至 120 次为宜。随着年龄的增加,无氧运动的量逐渐减少,一般认为 70 岁以上的老年人不应进行无氧运动。运动时心率至少在 100 次/分钟以上,最多不超过"170 - 年龄"。譬如年龄为 60 岁,则运动后最高心率应控制在每分钟 110 次以内的水平,而且在 30 分钟内恢复到常态。这样的心率反映了一般老年人身体中氧的需要量与消耗量之间的平衡,这种强度对老年人是适宜的。

如果运动之后,食欲增进,睡眠良好,情绪轻松,精力充沛,即使增大运动量也不感到疲劳,这就是动静结合、运动量适宜的表现。反之,如运动后食欲减退,头昏头痛,自觉劳累汗多,精神倦怠者,说明运动量过大,应适当酌减。如减少运动量后,仍有上述症状,且长时间疲劳,则应做身体检查。

### (四)遵循三因制宜

各人可根据自己的身体状况、年龄阶段、体质与运动量的配合,选择适宜自身的运动方法和运动量。要遵循因人、因时、因地制宜的原则,不可一概而论。有慢性病者可选几种,对自己疾病具有针对性的运动方式进行锻炼,由少逐渐增多,逐步增加运动量。太极拳、八段锦、五禽戏可重复锻炼,打两三遍来增加运动量,以取得有效的健身效果。一般来说,春夏秋三季早晨运动为好,因为早晨的空气最新鲜。冬季的北方天气寒冷,大气压也低,不适宜早晨运动,即使有早起习惯者也应在太阳出来后再运动,并注意防寒保暖,戴口罩以保护呼吸道免受寒冷空气的直接刺激。也有人爱好在晚上睡觉前练功锻炼,这是各人的运动习惯。太极拳、八段锦、五禽戏等,不需要借助任何器具,也不需要特定的场所,在公园、广场、空地、走廊均可,当然到室外林木繁茂,空气新鲜的地方更为理想。

### (五)坚持循序渐进

锻炼身体并非一朝一夕的事,要经常循序渐进,持之以恒。经常不锻炼的人,偶尔一次大量运动后,身体会产生一些不舒服的感觉甚至周身疼痛,影响生活和工作,达不到养生保健的目的。偶尔大量运动等于暴饮暴食,因此,要逐渐增加运动量。"流水不腐,户枢不蠹",这句话一方面说明了"动则不衰"的道理,另一方面,也强调了经常、不间断运动的重要性,水长流方能不腐,户枢常转才能不被虫蠹。只有持之以恒、坚持不懈,才能收到良好的养生健身效果,三天打鱼两天晒网是不会达到锻炼目的的。运动养生不仅是身体的锻炼,也是意志和毅力的锻炼。

### 三、常用导引调摄法

中国传统导引调摄功法甚多,作用各具特色。近年来在社会上流传较广、影响较大,养生保健效果较好的功法有太极拳、八段锦、易筋经、五禽戏、六字诀、捧气贯顶法、三心并站庄、形神庄等,现将其简要介绍如下。

#### (一)太极拳

太极拳是我国传统健身锻炼方法之一,以太极为名,是取古代《易经》中的"易有太极,是生两仪"之说。太极拳在整个运动过程中自始至终都贯穿着"阴阳"和"虚实",每个拳式都具有"开与合"、"圆与方"、"卷与放"、"虚与实"、"轻与沉"、"柔与刚"、"慢与快",并在动作中有左右、上下、里外、大小和进退等对立统一的独特形式,这是构成太极拳的基本原则。

太极拳通过形体导引,将意、气、形结合成一体,使人身的精神、气血、脏腑、筋骨均得到濡养和锻炼,达到"阴平阳秘"的平衡状态。通过太极拳的锻炼,能起到有病治病,无病健身的作用,保证人体健康长寿。现代研究证明,太极拳能使机体的新陈代谢得到改善,提高消化功能,增强免疫能力,调节血压、血糖、血脂,防止高血压、高血脂、动脉硬化、糖尿病以及肥胖症等老年常见病的发生。

1. 功法特点

(1)动作圆融,阴阳相济:太极拳的形体动作以圆为本,一招一式均由各种圆弧动作组成。拳路的一招一式又构成了太极图形。故观其形,连绵起伏,动静相随,虚实相间,圆活自然,变化无穷。

(2)心静意导,神形兼备:太极拳的锻炼要求手、眼、身、步法动作协调。注重心静意导,形神兼备。其拳形为"太极",拳意亦在"太极",以太极之动而生阳,静而生阴,激发人体自身的阴阳气血,以意领气,运于周身,如环无端,周而复始。

(3)呼吸均匀,舒展柔和:太极拳要求呼吸匀、细、长、缓,并以呼吸配合动作,导引气机的开合出入。一般而言,吸气时动作为合,呼气时动作为开。而动作宜平稳舒展,柔和不僵。

2. 练功要领

(1)心静神宁,意注庄中:在习练太极拳的过程中,要排除思想杂念,始终保持心神的宁静,全神贯注。神为主帅,身为神使,意识始终照顾到动作,配合眼神,手动于外,气动于内,做到意到、形到、气到的境界,也即形气神三位一体的生命优化状态。

(2)松静自然,呼吸均匀:太极拳的锻炼要求全身自然放松,上身要沉肩坠肘,下身要松胯宽腰,以使经脉畅达,气血周流。呼吸要求深长均匀,与动作之轻柔圆活相应。一般说吸气时,动作为合,气沉丹田,呼气时,动作为开,气发丹田。

(3)以腰为轴,全身协调:腰是各种动作的中轴,动作的虚实变化皆由腰带动。太极拳要求上下协调、前后兼顾、左右呼应,就必须以腰部为轴,方能带动全身,上下前后左右协调一致,浑然一体,这是练好太极拳的关键所在。

3. 功法操作

**预备式**

身体松静站立,两臂自然下垂,两足分开与肩同宽,脚尖皆朝前;两眼向前平视,意存丹田,眼向前平视。

**第一式　起式**

(1)膝微屈,髌骨不超过前脚尖。两臂慢慢向前平举,两手高与肩平,与肩同宽,手心向下。

(2)两腿屈膝下蹲,同时两掌轻轻下按,两肘下垂与两膝相对。眼平看前方,两脚全脚着地。

**第二式　左右野马分鬃**

(1)上体微向右转,身体重心移至右腿上,同时右臂收在胸前平屈,手心向下,左手经体前向右下划弧放在右手下,手心向上,两手心相对成抱球状。左脚随即收到右脚内侧,脚尖点地,目视右手。

(2)上体微向左转,左脚向左前方迈出,右脚跟后蹬,右腿自然伸直,成左弓步。上体继续向左转,左右手随转体慢慢分别向左上右下分开,左手高与眼平,肘微屈。右手落在右胯旁,肘也微屈,手心向下,指尖向前;目视左手。

(3)上体慢慢后坐,身体重心移至右腿,左脚尖翘起,微向外撇。脚掌慢慢踏实,左腿慢慢前弓,身体左转,身体重心再移至左腿。左手翻掌向下,左臂收在胸前平屈,右手向左上划弧放在左手下,两手心相对成抱球状。右脚随即收到左脚内侧,脚尖点地;目视左手。

(4)右腿向前方迈出,左腿自然伸直,成右弓步。上体右转,左右手随体分别慢慢向左下右上分开,右手高与眼平,肘微屈。左手落在左胯旁,肘也微屈,手心向下,指尖向前,目视右手。

(5)动作与(3)同,左右相反。

(6)动作与(4)同,左右相反。

**第三式　白鹤亮翅**

(1)上体微向左转,左手翻掌向下,左臂平屈胸前,右手向左上划弧,手心转向上,与左手成抱球状,目视左手。

(2)右脚跟进半步,上体后坐,身体重心移至后腿,上体先向右转,面向右前方,目视右手;然后左脚稍向前移,脚尖点地,成左虚步,同时上体再微向左转,面向前方,两手随转体慢慢向右上左下分开,右手上提停于额上,左手落于左胯前,手心向下,手指尖向前,眼平看前方。

**第四式　左右搂膝拗步**

(1)右手从体前下落,由下向后上方划弧至右肩外,手与耳同高,手心斜向上。左手由左下向上,向右下划弧至右胸前,手心斜向下。同时上体先微向左再向右转。左脚收至右脚内侧,脚尖点地,目视右手。

(2)上体左转,左脚向前(偏左)迈出成弓步。右手屈回由耳侧向前推出,高与鼻尖平,左手向下由左膝前搂过落于左胯旁,指尖向前,目视右手手指。

(3)右腿慢慢屈膝,上体后坐,身体重心移至右腿,左脚尖翘起向外撇,随后脚掌慢慢踏实,左腿前弓,身体左转,身体重心移至左腿,右脚收到左脚内侧,脚尖点地。左手向外翻掌,由左后向上划弧至左肩外侧,肘微屈,手与耳同高,手心斜向上。右手随转体向上,向左下划弧落于左胸前,手心斜向下,目视左手。

(4)动作与(2)同,左右相反。

(5)动作与(3)同,左右相反。

(6)动作与(2)同。

### 第五式　手挥琵琶

右脚跟进半步,上体后坐,身体重心转至右腿上,上体半面向右转,左脚略提起移向前,变成左虚步,脚跟着地,脚尖翘起,膝部微屈。同时左手由左下向上挑举,高与鼻尖平,掌心向右,臂微屈。右手收回放在左臂肘部里侧,掌心向左;目视左手食指。

### 第六式　左右倒卷肱

(1)上体右转,右手翻掌(手心向上)经腹前由下向后上方划弧平举,臂微屈,左手随即翻掌向上,眼的视线随着向右转体先向右看,再转向前方看左手。

(2)右臂屈肘折向前,右手由耳侧向前推出,手心向前,左臂屈肘后撤,手心向上,撤至左肋外侧。左腿轻轻提起向后(偏左)退一步,脚尖先着地,然后全脚慢慢踏实,身体重心移到左腿上,成右虚步,右脚随转体以脚掌为轴扭正;目视右手。

(3)上体微向左转,同时左手随转体向后上方划弧平举,手心向上,右手随即翻掌,掌心向上。眼随转体先向左看,再转向前方看右手。

(4)动作与(2)同,左右相反。

(5)动作与(3)同,左右相反。

(6)动作与(2)同。

(7)动作与(3)同。

(8)动作与(2)同,左右相反。

### 第七式　左揽雀尾

(1)上体微向右转,同时右手随转体后上方划弧平举,手心向上,左手放松,手心向下,目视左手。

(2)身体继续向右转,左手自然下落,逐渐翻掌经腹前划弧至右肋前,手心向上,右臂屈肘,手心转向下,收至右胸前,两手相对成抱球状。身体重心落在右腿上,左脚收到右脚内侧,脚尖点地,目视右手。

(3)上体微向左转,左脚向左前方迈出,上体继续向左转,右腿自然蹬直,左腿屈膝,成左弓步。左臂向左前方挺出,高与肩平,手心向后;右手向右下落放于右胯旁,手心向下,指尖向前,目视左前臂。

(4)身体微向左转,左手随即前伸翻掌向下,右手翻掌向上,经腹前向上向前伸至前臂下方。两手下捋,即上体向右转,两手经腹前向后上方划弧,直至右手手心向上,高与肩平齐,左臂平屈于胸前,手心向后。身体重心移至右腿,目视右手。

(5)上体微向左转,右臂屈肘折回,右手附于左手腕里侧,上体继续向左转,双手同时向前慢慢挤出,左手心向后,右手心向前,左前臂要保持半圆;同时身体重心逐渐前移变成左弓步,目视左手腕。

(6)左手翻掌,手心向下,右手经左腕上方向前、向右伸出,高与左手齐,手心向下,两手左右分开,宽与肩同。右腿屈膝,上体慢慢后坐,身体重心移至右腿上,左脚尖翘起;同时两手屈肘回收至腹前,手心均向前下方,眼向前平看。

（7）身体重心慢慢前移,同时两手向前、向上按出,掌心向前;左腿前弓成左弓步,目平看前方。

### 第八式　右揽雀尾

（1）上体后坐并向右转,身体重心移至右腿,左脚尖里扣。右手向右平行划弧至右侧,然后由右下经腹前向左上划弧至左肋前,手心向上。左臂平屈胸前,左手掌向下与右手成抱球状。身体重心再移至左腿上,右脚收至左脚内侧,脚尖点地,目视左手。

（2）~（6）,动作同与"左揽雀尾"（3）~（7）相同,左右相反。

### 第九式　单鞭

（1）上体后坐,身体重心逐渐移至左腿上,右脚尖里扣。上体左转,两手向左弧形运转,直至左臂平举,伸于身体左侧,手心向左,右手经腹前运至左肋前,手心向后上方,目视左手。

（2）身体重心再渐渐移至右腿上,上体右转,左脚向右脚靠拢,脚尖点地;同时右手向右上方划弧,至右侧上方时变成勾手,臂与肩平。左手向下经腹前向右上划弧停于右肩前,手心向里,目视左手。

（3）上体微向左转,左脚向左前方迈出,右脚跟后蹬,成左弓步。在身体重心移向左腿的同时,左掌随上体的继续左转慢慢转向前推出,手心向前,手指与眼齐平,臂微屈,目视左手。

### 第十式　云手

（1）身体重心移至右腿上,身体渐向右转,左脚尖里扣。左手经腹前向右上划弧至右肩前,手心斜向里,同时右手变掌,手心向右前;目视左手。

（2）上体左转,身体重心随之逐渐左移。左手由脸前向左侧运转,手心渐渐转向左方。右手由右下经腹前向左上划弧至左肩前,手心斜向后。右脚靠近左脚,成小开步,目视右手。

（3）上体再向右转,同时左手经腹前向右上划弧至右肩前,手心斜向后;右手向右侧运转,手心翻转向右;随之左腿向左横跨一步,目视左手。

（4）动作与（2）同。

（5）动作与（3）同。

（6）动作与（2）同（云手左右各3次）。

### 第十一式　单鞭

（1）上体向右转,右手随之向右运转,至右侧上方时变成勾手。左手经腹前向右上划弧至右肩前,手心向内。身体重心落在右腿上,左脚尖点地,目视左手。

（2）上体微向左转,左脚向左前侧迈出,右脚跟后蹬,成左弓步。在身体重心移向左腿的同时,上体继续左转,左掌慢慢翻转向前推出,成"单鞭"式。

### 第十二式　高探马

（1）右脚跟进半步,身体重心逐渐后移至右腿上。右勾手变成掌,两手心翻转向上,两肘微屈。身体微向右转,左脚跟渐渐离地,目视左前方。

（2）上体微向左转,面向前方;右掌经右耳旁向前推出,手心向前,手指与眼同高。左手收至左侧腰前,手心向上。左脚微向前移,脚尖点地,成左虚步,目视右手。

### 第十三式　右蹬脚

（1）左手手心向上,前伸至右手腕背面,两手相互交叉,随即向两侧分开并向下划弧,手心斜向下;同时左脚提起向左前侧迈步。身体重心前移,右腿自然蹬直,成左弓步,目视前方。

(2)两手由外圈向里圈划弧,两手交叉合抱于胸前,右手在外,手心均向后。右脚向左脚靠拢,脚尖点地,眼平看右前方。

(3)两臂左右划弧分开平举,肘部微屈,手心均向外。右腿屈膝提起,右脚向右前方慢慢蹬出,目视右手。

### 第十四式　双峰贯耳

(1)右腿收回,屈膝平举,左手由后向上、向前下落至体前,两手心均翻转向上,两手同时向下划弧,分落于右膝盖两侧,目视前方。

(2)右脚向右前方落下,身体重心渐渐前移,成右弓步,面向右前方;同时两手下落,慢慢变拳,分别从两侧向上、向前划弧至面部前方,成钳形状,两拳相对,高与耳齐,拳眼都斜向内下,目视右掌。

### 第十五式　转身左蹬脚

(1)左腿屈膝后坐,身体重心移至左腿,上体左转,右脚尖里扣。两拳变掌,由上向左右划弧分开平举,手心向前,目视左手。

(2)身体重心再移至右腿,左脚收到右脚内侧,脚尖点地。两手由外圈向里圈划弧合抱于胸前,左手在外,手心均向后,眼平看左方。

(3)两臂左右划弧分开平举,肘部微屈,手心均向外。左腿屈膝提起,左脚向左前方慢慢蹬出,目视左手。

### 第十六式　左下式独立

(1)左腿收回平屈,上体右转;右掌变成勾手,左掌向上、向右划弧下落,立于右肩前,掌心斜向后,目视右手。

(2)右腿慢慢屈膝下蹲,左腿由内向左侧伸出,成左仆步。左手下落,向左下顺左腿内侧向前穿出,目视左手。

(3)身体重心前移,左脚跟为轴,脚尖尽量向外撇,左腿前弓,右腿后蹬,右脚尖里扣,上体微向左转并向前起身;同时左臂继续向前伸出,掌心向右,右勾手下落,勾手尖向后,目视左手。

(4)右腿慢慢提起平屈,成左独立式。同时右勾手变成掌,并由后下方顺右腿外侧向前弧行摆出,屈臂立于右腿上方,肘与膝相对,手心向左。左手落于左胯旁,手心向下,指尖向前,目视右手。

### 第十七式　右下式独立

(1)右脚下落于左脚前,脚掌着地,然后左脚前掌为轴,脚跟转动,身体随之左转;同时左手向后平举变成勾手,右掌随着转体向左侧划弧,立于左肩前,掌心斜向后;目视左手。

(2)动作与"左下式独立"(2)同,左右相反。

(3)动作与"左下式独立"(3)同,左右相反。

(4)动作与"左下式独立"(4)同,左右相反。

### 第十八式　左右穿梭

(1)身体微向左转,左脚向前落地,脚尖外撇,右脚跟离地,两腿屈膝成半盘式。两手在左胸前成抱球状。然后右脚收到左脚的内侧,脚尖点地,目视左前臂。

(2)身体右转,右脚向右前方迈出,屈膝弓腿,成右弓步。右手由脸前向上举,并翻掌停在右额前,手心斜向上。左手先向左下再经体前向前推出,高与鼻尖平,手心向前,目视左手。

(3)身体重心略向后移,右脚尖稍向外撇,随即身体重心再移至右腿,左脚跟进,停于右脚内侧,脚尖点地。两手在右胸前成抱球状,目视右前臂。

(4)动作与(2)同,左右相反。

### 第十九式　海底针

右脚向前跟进半步,身体重心移至右腿,左脚稍向前移,脚尖点地,成左虚步。身体稍向右转,右手下落经体前向后、向上提抽至肩上耳旁,再随身体左转,由右耳旁斜向前下方插出,掌心向左,指尖斜向下,与此同时,左手向前、向下划弧落于左胯旁,手心向下,指尖向前,目视前下方。

### 第二十式　闪通臂

上体稍向右转,左脚向前迈出,屈膝弓腿成左弓步。右手由体前上提,屈臂上举,停于右额前上方,掌心翻转斜向上,拇指朝下。左手上起经胸前向前推出,高与鼻尖平,手心向前,目视左手。

### 第二十一式　转身搬拦捶

(1)上体后坐,身体重心移至右腿上,左脚尖里扣,身体向右后转,然后身体重心再移至左腿上。右手随着转体向右、向下(变拳)经腹前划弧至左肋旁,拳心向下。左掌上举于头前,拳心斜向上,目视前方。

(2)向右转体,右拳经胸前向前翻转撇出,拳心向上;左手下落于左胯旁,掌心向下,指尖向前。右脚收回后即向前迈出,脚尖外撇,目视右拳。

(3)身体重心移至右腿上,左脚向前迈一步,左手上起经左侧向前上划弧拦出,掌心向前下方,同时右拳向右划弧收到右腰旁,拳心向上,目视左手。

(4)左腿前弓成左弓步,同时右拳向前打出,拳眼向上,高与胸平,左手附于右前臂里侧,目视右拳。

### 第二十二式　如封似闭

(1)左手由右腕下向前伸出,右拳变掌,两手手心逐渐翻转向上并慢慢分开回收;同时身体后坐,左脚尖翘起,身体重心移至右腿,目视前方。

(2)两手在胸前翻掌,向下经腹前再向上、向前推出,腕部与肩平,手心向前。同时左腿屈膝前弓成左弓步,目视前方。

### 第二十三式　十字手

(1)屈右膝后坐,身体重心移向右腿,左脚尖里扣,向右转体。手随着转体动作向右平摆划弧,与左手成两臂侧平举,掌心向前,肘部微屈。右脚尖随着转体稍向外撇,成右侧弓步,目视右手。

(2)重心再慢慢移至左腿,右脚尖里扣,随即向左收回,两脚距离与肩同宽,两腿逐渐蹬直,成开立步。两手向下经腹前向上划弧交叉合抱于胸前,两臂撑圆,腕高与肩平,右手在外,成十字手,手心均向后,目视前方。

### 第二十四式　收式

两手向外翻掌,手心向下,两臂慢慢下落,停于身体两侧,目视前方。

### （二）八段锦

八段锦之名,最早出现在南宋洪迈所著《夷坚志》中:"正和七年,李似矩为起居郎……尝以夜半时起坐,嘘吸按摩,所谓八段锦。"这说明八段锦在北宋间已流传于世,并有坐势和站势之分。由于站势八段锦便于群众习练,流传甚广。明清时期,立势八段锦有了很大的发展,并得到了广泛传播。清末《新出保身图说·八段锦》首次以"八段锦"为名,并绘有图像,形成了较完整的动作套路。其歌诀为:"两手托天理三焦,左右弯弓似射雕;调理脾胃单举鼎,五劳七伤往后瞧;摇头摆尾去心火,两手攀足固肾腰;攒拳怒目增气力,马上七颠百病消。"八段锦法能改善神经调节功能,加强血液循环,对腹腔内脏有柔和的按摩作用,可激发各系统的功能,纠正机体异常的反应,对许多疾病都有医疗康复作用。

1. 功法特点

（1）脏腑分纲,全面协调:八段锦依据中医藏象理论,以脏腑的生理、病理特征分证来安排导引动作,将导引动作与肺脏、心脏、脾脏、肾脏和胆腑的生理病理紧密联系在一起。在八组动作中,每一组既有其明确的侧重点,又注重每组间功能效应呼应协调,从而全面调整脏腑功能及人体的整体生命活动状态。

（2）形神结合,气寓其中:八段锦通过动作导引,注重以意识对形体的调控,将意识贯注到形体动作之中,使神与形相合;由于意识的调控和形体的导引,促使真气在体内的流行,达到神注庄中,气随庄动的境界。

（3）对称和谐,动静相兼:本功法每式动作及动作之间表现出对称和谐的特点,形体动作在意识的导引下,轻灵活泼,节节贯穿,舒适自然,体现出内实精神,外示安逸,虚实相生、刚柔相济的神韵。

2. 锻炼要领

（1）松静自然,形息相随:八段锦的锻炼,一方面要求精神形体放松,心平方能气和,形松意充则气畅达。另一方面,要求形体、呼吸、意念要自然协调。形体自然,动作和于法度;呼吸自然,要勿忘勿助,不强吸硬呼,形息相随;意念自然,要似守非守,绵绵若存,形气神和谐一体。

（2）动作准确,意息相随:八段锦动作安排和谐有序,在锻炼过程中首先要对动作的线路、姿势、虚实、松紧等分辨清楚,做到姿势工整,方法准确。经过一段时间的习练力求动作准确熟练、连贯,逐步达到动作、呼吸、意念的有机结合,使意息相随,而达到形气神三位一体的境界和状态。

3. 功法操作

**预备式**

两脚并步,周身中正,松静站立,两臂自然垂于体侧,目视前方。

两腿膝关节稍屈,两臂外旋,向前合抱于腹前呈圆弧形,与脐同高,掌心向内,两掌指间距约10cm,目视前方。

**第一式　两手托天理三焦**

（1）身体重心移至右腿,左脚向左侧开步,脚尖朝前,约与肩同宽。两臂内旋,两掌分别向两侧摆起,约与髋同高,掌心向后,目视前方。

（2）两臂外旋微下落,两掌五指分开在腹前交叉,掌心向上;目视前方。

（3）两腿徐缓挺膝伸直,两掌上托至胸前,随之两臂内旋向上托起,掌心向上;抬头,目视两掌。

(4)两臂继续上托,肘关节伸直,下颏内收,动作略停,目视前方。

(5)身体重心缓缓下降;两腿膝关节微屈;同时,十指慢慢分开,两臂分别向身体两侧下落,两掌捧于腹前,掌心向上。

反复做6遍。

**第二式 左右开弓似射雕**

(1)重心右移,左脚向左侧开步,两腿膝关节自然伸直,两掌向上交叉于胸前,左掌在外,两掌心向内。

(2)两腿徐缓屈膝半蹲成马步,右掌屈指成"爪",向右拉至肩前。左掌成八字掌,左臂内旋,向左侧推出,与肩同高,坐腕,掌心向左,犹如拉弓射箭之势,目视左掌方向。

(3)身体重心右移,右手五指伸开成掌,向上、向右划弧,与肩同高,指尖朝上,掌心斜向前。左手指伸开成掌,掌心斜向后,目视右掌。

(4)重心继续右移;左脚回收成并步站立。两掌分别由两侧下落,捧于腹前,指尖相对,掌心向上。

重复上述动作,左右相反。如此共做6遍。

**第三式 调理脾胃须单举**

(1)两腿徐缓伸直,左掌上托,左臂外旋上穿经面前,随之臂内旋上举至头左上方,肘关节微屈,力达掌根,掌心向上,掌指向右。右掌微上托,随之臂内旋下按至右髋旁,肘关节微屈,力达掌根,掌心向下,掌指向前。

(2)松腰沉髋,身体重心缓缓下降;两腿膝关节微屈。左臂屈肘外旋,左掌经面前下落于腹前,掌心向上。右臂外旋,右掌向上捧于腹前,两掌指尖相对,掌心向上。

重复上述动作,左右相反,如此共做6遍。

**第四式 五劳七伤往后瞧**

(1)两腿徐缓伸直,两臂伸直,掌心向后,指尖向下,目视前方。两臂充分外旋,掌心向外;头向左后转,动作略停,目视左斜后方。

(2)松腰沉髋,身体重心缓缓下降,两腿膝关节微屈,两臂内旋按于髋旁,掌心向下,指尖向前。

重复上述动作,左右相反,如此共做6遍。

**第五式 摇头摆尾去心火**

(1)身体重心左移,右脚向右开步站立,两腿膝关节自然伸直,两掌上托与胸同高时,两臂内旋,两掌继续上托至头上方,肘关节微屈,掌心向上,指尖相对。

(2)两腿徐缓屈膝半蹲成马步,两臂向两侧下落,两掌扶于膝关节上方,肘关节微屈,小指侧向前。

(3)身体重心向上稍升起,而后右移,上体先向右倾,随之俯身,目视右脚。

(4)身体重心左移,上体由右向前、向左旋转,目视右脚。

(5)身体重心右移,成马步;同时,头向后摇,上体立起,随之下颏微收,目视前方。

重复上述动作,左右相反,如此共做6遍。

**第六式 两手攀足固肾腰**

(1)两腿挺膝伸直站立,两掌指尖向前,两臂向前、向上举起,肘关节伸直,掌心向前。

（2）两臂外旋至掌心相对，屈肘，两掌下按于胸前，掌心向下，指尖相对。

（3）两臂外旋，两掌心向上，随之两掌掌指顺腋下向后插，目视前方。

（4）两掌心向内沿脊柱两侧向下摩运至臀部；随之上体前俯，两掌继续沿腿后向下摩运，经脚两侧置于脚面，抬头，目视前下方。

如此共做 6 遍。

### 第七式 攒拳怒目增气力

（1）身体重心右移，左脚向左开步；两腿徐缓屈膝半蹲成马步，两掌握固，抱于腰侧，拳眼朝上。

（2）左拳缓慢用力向前冲出，与肩同高，拳眼朝上，视左拳冲出方向。

（3）左臂内旋，左拳变掌，虎口朝下；目视左掌。左臂外旋，肘关节微屈，左掌向左缠绕，变掌心向上后握固，目视左拳。

（4）屈肘，回收左拳至腰侧，拳眼朝上；目视前方。

重复上述动作（2）~（4），左右相反，如此共做 6 遍。

### 第八式 背后七颠百病消

（1）两脚跟提起；头上顶，动作略停，目视前方。

（2）两脚跟下落，轻震地面，目视前方。

如此共做 6 遍。

### （三）易筋经

易筋经相传为印度达摩和尚所创，宋元以前仅流传于少林寺僧众之中，自明清以来才日益流行，且演变为数个流派。"易"者，变易、改变也；"筋"指筋肉，经筋；"经"指规范、方法。"易筋经"就是通过形体的牵引伸展、抻筋拔骨来锻炼筋骨、筋膜，调节脏腑经络，变易强壮身形。习练此功法能增强体质，精力充沛，情绪稳定，肌肉壮实，筋骨强劲；能改善血液循环、提高机体免疫力，起到健身防病、延年益寿的作用。临床研究表明，习练易筋经对神经衰弱、胃肠疾病、呼吸系统疾病、肢体关节疼痛、颈腰椎疾病和痿证等疾病有一定的治疗作用。

#### 1. 功法特点

（1）动作舒展，抻筋拔骨：易筋经的动作要领，不论是上肢、下肢还是躯干，都要求有较充分的屈伸、外展内收、扭转身体等运动，其目的就是通过"抻筋拔骨"，牵动经筋、经络，进而调节脏腑功能，畅通气血，达到强身健体的目的。从现代运动医学而言，通过充分的形体屈伸，牵拉人体各部位的大小肌群和筋膜，以及大小关节处的肌腱、韧带、关节囊等结缔组织，促进活动部位软组织的血液循环，改善软组织的营养代谢过程，提高肌肉、肌腱、韧带等软组织的柔韧性、灵活性和骨骼、关节、肌肉等组织的活动功能。

（2）引动脊柱，疏通夹脊：易筋经通过脊柱的旋转屈伸运动以刺激背部的腧穴、疏通夹脊，和畅任督脉，调节脏腑功能，达到健身防病、益寿延年目的。现代运动医学认为，脊柱旋转屈伸的运动刺激调理了脊髓和神经根，增强了其对各器官的协调和控制作用。

（3）动静相兼，协调美观：易筋经整套动作速度均匀和缓。动作刚柔相济，用力轻盈圆柔，不使蛮力，不僵硬。并且，本功法动作要求上下肢与躯体之间，肢体与肢体之间的左右上下，以及肢体左右的对称协调，彼此相随，密切配合，呈现出动作舒展连贯、柔畅协调的神韵。

2. 练功要领

(1)精神放松,形神合一:易筋经的习练,要求精神放松,意识平和。通过动作变化引导气的运行,将意识贯注到动作当中,做到神注庄中,意气相随。在运用意念时,要注意用意要轻,似有似无,切忌刻意、执著。

(2)呼吸自然,动息相随:习练易筋经时,要求呼吸自然、均匀流畅,不喘不滞,以利于身心放松、心气平和,使动作和呼吸始终保持柔和协调的关系。

(3)虚实相间,刚柔相兼:习练易筋经功法,应做到刚与柔、虚与实相协调配合。因为,用力过"刚",则会出现拙力、僵力,以至于影响气血的流通和运行;动作过"柔",则会出现松懈、空乏,不能起到引动气机,抻筋拔骨的作用。

3. 功法操作

**预备式**

两脚并拢,身体中正,两手自然垂于体侧,百会虚领,下颏微收,全身放松,呼吸自然,目光内含,心静神宁。

**第一式　韦驮献杵第一式**

(1)左脚向左侧开半步,约与肩同宽,两膝微屈,成开立姿势,两手自然垂于体侧。

(2)两臂自体侧向前抬至前平举,掌心相对,指尖向前。两臂屈肘,自然回收,指尖向斜前上方约30°,两掌合于胸前,掌根与膻中穴同高,虚腋,目视前下方。

**第二式　韦驮献杵第二式**

(1)两肘抬起,两掌伸平,手指相对,掌心向下,掌臂约与肩呈水平。两掌向前伸展,掌心向下,指尖向前。

(2)两臂向左右分开至侧平举,掌心向下,指尖向外。五指自然并拢,坐腕立掌,目视前下方。

**第三式　韦驮献杵第三式**

(1)松腕,同时两臂向前平举内收至胸前平屈,掌心向下,掌与胸相距约一拳。

(2)两掌同时内旋,翻掌至耳垂下,掌心向上,虎口相对,两肘外展,约与肩平。

(3)身体重心前移至前脚掌支撑,提踵,两掌上托至头顶,掌心向上,展肩伸肘,微收下颏。

**第四式　摘星换斗**

左摘星换斗

(1)两脚跟缓缓落地,两手握拳,拳心向外,两臂下落至侧上举。随后两拳缓缓伸开变掌,掌心斜向下,全身放松。

(2)身体左转,屈膝,右臂上举经体前下摆至左髋关节外侧"摘星",右掌自然张开。左臂经体侧下摆至体后,左手背轻贴命门,目视右掌。

(3)直膝,身体转正,右手经体前向额上摆至头顶右上方,松腕,肘微屈,掌心向下,手指向左,中指尖垂直于肩髃穴。左手背轻贴命门,意注命门。右臂上摆时眼随手走,定势后目视掌心。定势片刻,然后两臂向体侧自然伸展。

右摘星换斗,动作与左摘星换斗势相同,方向相反。

**第五式　倒拽九牛尾势**

右倒拽九牛尾

(1)双膝微屈,身体重心右移,左脚向左侧后方约45°撤步。右脚跟内转,右腿屈膝成右弓步。左手内旋,向前、向下划弧后伸,小指到拇指逐个相握成拳,拳心向上。右手向前上方划弧,伸至与肩平时小指到拇指逐个相握成拳,拳心向上,稍高于肩,目视右拳。

(2)身体重心后移,左膝微屈。腰稍右转,以腰带肩,以肩带臂。右臂外旋,左臂内旋,屈肘内收,目视右拳。

(3)身体重心前移,屈膝成弓步。腰稍左转,以腰带肩,以肩带臂,两臂放松前后伸展,目视右拳。

重复动作(2)至(3),3遍。

(4)身体重心前移至右脚,左脚收回,右脚尖转正,成开立姿势,两臂自然垂于体侧,目视前下方。

左倒拽九牛尾,动作与右倒拽九牛尾势相同,方向相反。

### 第六式　出爪亮翅势

(1)身体重心移至左脚,右脚收回,成开立姿势。右臂外旋,左臂内旋,摆至侧平举,两掌心向前,环抱至体前,随之两臂内收,两手变柳叶掌立于云门穴前,掌心相对,指尖向上,目视前下方。

(2)展肩扩胸,然后松肩,两臂缓缓前伸,并逐渐转掌心向前,成荷叶掌,指尖向上,瞪目。

(3)松腕,屈肘,收臂,立柳叶掌于云门穴,目视前下方。

重复动作(2)至(3),6遍。

### 第七式　九鬼拔马刀势

右九鬼拔马刀

(1)躯干右转,右手外旋,掌心向上;左手内旋,掌心向下。随后右手由胸前内收经右腋下后伸,掌心向外。左手由胸前伸至前上方,掌心向外。躯干稍左转,右手经体侧向前上摆至头前上方后屈肘,由后向左绕头半周,掌心掩耳,左手经体左侧下摆至左后,屈肘,手背贴于脊柱,掌心向后,指尖向上。头右转,右手中指按压耳郭,手掌扶按玉枕,目随右手动,定势后视左后方。

(2)身体右转,展臂扩胸;目视右上方,动作稍停。屈膝,上体左转,右臂内收,含胸。左手沿脊柱尽量上推,目视右脚跟,动作稍停。如此重复3遍。

(3)直膝,身体转正,右手向上经头顶上方向下至侧平举,左手经体侧向上至侧平举,两掌心向下,目视前下方。

左九鬼拔马刀势,动作与右九鬼拔马刀势动作,方向相反。

### 第八式　三盘落地势

(1)左脚向左侧开步,两脚距离约宽于肩,脚尖向前,目视前下方。

(2)屈膝下蹲,沉肩、坠肘,两掌逐渐用力下按至约与环跳穴同高,两肘微屈,掌心向下,指尖向外,目视前下方。口吐"嗨"音,音吐尽时,舌尖向前轻抵上下牙之间,终止吐音。

(3)翻掌心向上,肘微屈,上托至侧平举;同时,缓缓起身直立,目视前方。

重复动作(2)至(3),3遍。第一遍微蹲,第二遍半蹲,第三遍全蹲。

### 第九式　青龙探爪势

左青龙探爪

(1)左脚收回半步,约与肩同宽;两手握固,两臂屈肘内收至腰间,拳轮贴于章门穴,拳心向上,目视前下方。然后右拳变掌,右臂伸直,经下向右侧外展,略低于肩,掌心向上,目随手动。

(2)右臂屈肘、屈腕,右掌变"龙爪",指尖向左,经下颏向身体左侧水平伸出,目随手动。躯干随之向左转约90°,目视右掌指所指方向。

(3)"右爪"变掌,随之身体左前屈,掌心向下按至左脚外侧,目视下方;躯干由左前屈转至右前屈,并带动右手经左膝或左脚前划弧至右膝或右脚外侧,手臂外旋,掌心向前,握固,目随手动视下方。

(4)上体抬起,直立,右拳随上体抬起收于章门穴,拳心向上,目视前下方。

右青龙探爪,动作与左青龙探爪势相同,方向相反。

### 第十式　卧虎扑食势
左卧虎扑食

(1)右脚尖内扣约45°,左脚收至右脚内侧成丁步,身体左转约90°。两手握固于腰间章门穴不变,目随转体视左前方。

(2)左脚向前迈一大步,成左弓步,两拳提至肩部云门穴,并内旋变"虎爪",向前扑按,如虎扑食,肘稍屈,目视前方。

(3)躯干由腰到胸逐节屈伸,重心随之前后适度移动,两手随躯干屈伸向下、向后、向上、向前绕环一周。随后上体下俯,两"爪"下按,十指着地,后腿屈膝,脚趾着地,前脚跟稍抬起,随后塌腰、挺胸、抬头、瞪目,目视前上方。

右卧虎扑食势,动作与左卧虎扑食势相同,方向相反。

### 第十一式　打躬势

(1)起身,身体重心后移,随之身体转正。右脚尖内扣,脚尖向前,左脚收回,成开立姿势,两手随身体左转放松,外旋,掌心向前,外展至侧平举后,两臂屈肘,两掌掩耳,十指扶按枕部,指尖相对,以两手食指弹拨中指击打枕部7次(即鸣天鼓),目视前下方。

(2)身体前俯由头经颈椎、胸椎、腰椎、骶椎,由上向下逐节缓缓牵引前屈,两腿伸直,目视脚尖。

(3)由骶椎至腰椎、胸椎、颈椎、头,由下向上依次缓缓逐节伸直后成直立;同时两掌掩耳。十指扶按枕部,指尖相对,目视前下方。

重复动作(2)至(3),3遍,第一遍前屈小于90°,第二遍前屈约90°,第三遍前屈大于90°。

### 第十二式　掉尾势

(1)起身直立后,两手猛然拔离开双耳(即拔耳)。手臂自然前伸,十指交叉相握,掌心向内。屈肘,翻掌前伸,掌心向外。屈肘,转掌心向下内收于胸前,身体前屈塌腰、抬头,两手交叉缓缓下按,目视前方。

(2)头向左后转,同时,臀向左前扭动,目视尾闾。两手交叉不动,放松还原至体前屈。

(3)头向右后转,同时,臀向右前扭动,目视尾闾。两手交叉不动,放松还原至体前屈。

重复动作(2)至(3),3遍。

### 收式

(1)两手松开,两臂外旋;上体缓缓直立,两臂伸直外展成侧平举,掌心向上,随后两臂上举,肘微屈,掌心向下,目视前下方。

(2)松肩,屈肘,两臂内收,两掌经头、面、胸前下引至腹部,掌心向下,目视前下方。

重复动作(1)、(2),3遍。两臂放松还原,自然垂于体侧。左脚收回,并拢站立,周身中正。

### (四)五禽戏

五禽戏是古代传统导引养生功法的代表之一,具有悠久的历史。它通过模仿五种禽兽——虎、鹿、熊、猿、鸟的动作而编创成的导引功法。该功法最早出自东汉末年的名医华佗,《后汉书·方术传》记载,华佗云:"我有一术,名五禽之戏,一曰虎、二曰鹿、三曰熊、四曰猿、五曰鸟。亦以除疾,兼利蹄足,以当导引。"随着时间的推移,该功法辗转传授,逐渐形成了各流派的五禽戏,流传至今。该功法通过模仿动物们不同的形态动作及气势结合各自的意念活动,能起到舒筋通络,强健脏腑,灵活肢体关节的功用。本功法刚柔相济可适合大多数人的锻炼,包括某些慢性疾病。通过坚持本功法的锻炼,对人体神经系统、心血管系统、呼吸系统、运动系统和消化系统有一定的调节作用。

1. 功法特点

(1)模仿五禽,神形兼备:五禽戏以模仿动物的形态动作,以动为主,通过形体动作的导引,引动气机的升降开合,并且将动物的神韵寓于外形动作中,使之具有虎之威猛、鹿之安适、熊之沉稳、鸟之轻捷、猿之灵巧。

(2)活动全面,大小兼顾:五禽戏动作中躯体动作导引全面完善,躯干运动包括前俯、后仰、侧屈、拧转、开合、缩放等不同的姿势,对脊柱、督脉及背部腧穴有较好的运动调节作用。同时本功法还特别注重手指、脚趾等小关节的运动,以达到加强末端血液循环的目的,并且兼顾了平时活动较少部位的锻炼。

(3)动静结合,练养相兼:五禽戏虽以动功为主,舒展形体、活动筋骨、畅通经络,但同时在功法的起式和收式,以及每一戏结束后,配以短暂的静功站桩,以诱导练功者进入相对平稳的状态和"五禽"的意境,以此来调整气息、宁静心神。

2. 练功要领

(1)动作到位,气息相随:练习五禽戏要根据动作的名称含义,作出与之相适应的动作造型,并尽量使动作到位,合乎规范。尤其要注意动作的起落、高低、轻重、缓急,做到动作灵活柔和、连贯流畅。并且注意呼吸和动作的协调配合,遵循起吸落呼,开吸合呼,先吸后呼,蓄吸发呼的原则。

(2)以理作意,凸现神韵:练习五禽戏时,要注意揣摩虎、鹿、熊、猿、鸟的习性和神态。通过以理作意,逐步进入"五禽"的意境之中。如连虎戏时,意想自己是深山中的猛虎,伸展肢体,抓捕食物,有威猛之气势;练鹿戏时,要意想自己是原野上的梅花鹿,众鹿戏抵,伸足迈步,轻捷舒展;练熊戏时,要意想自己是山林中的黑熊,转腰运腹,步履沉稳,憨态可掬;练猿戏时,要意想自己是置身于山中灵猴之中,轻松活泼、机灵敏捷;练鸟戏时,要意想自己是湖边仙鹤,轻盈潇洒,展翅翱翔。

3. 功法操作

**预备式**

松静自然站立,两脚平行分开与肩同宽,两臂自然下垂,周身中正,两眼平视前方,心静神宁。

**第一式 熊戏**

(1)重心右移,右腿屈膝,左脚收至右脚内侧,足尖点地,左脚向左前方迈出一步,脚跟先着地,然后重心前移成左弓步,左肩向前下下沉,身体随重心前移由右至左晃动两圈,重心再后移至右腿,收左脚踏实,提右脚,脚尖点于左脚内侧。

(2)右脚向右前方跨一步,接行右势,唯方向相反,一左一右为一次,共做6次。

(3)脚跟靠拢成立正姿势,松静站立,两臂自然下垂,两眼平视前方。

**第二式 虎戏**

虎戏左式

(1)两腿屈膝下蹲,重心移至右腿,左脚虚步,脚掌点地、靠于右脚内踝处,同时两掌握拳提至腰两侧,拳心向上,眼看左前方。

(2)左脚向左前方斜进一步,右脚随之跟进半步,重心坐于右腿,左脚掌虚步点地,同时两拳沿胸部上抬,拳心向后,抬至口前两拳相对翻转变掌向前按出,高与胸齐,掌心向前,两掌虎口相对,眼看左手。

虎戏右式

(1)左脚向前迈出半步,右脚随之跟至左脚内踝处,重心坐于左腿,右脚掌虚步点地,两腿屈膝,同时两掌变拳撤至腰两侧,拳心向上,眼看右前方。

(2)动作与虎戏左式(2)同,左右相反。

如此反复左右虎扑6次。

脚跟靠拢成立正姿势,两臂自然下垂,两眼平视前方。

**第三式 猿戏**

猿戏左式

(1)两腿屈膝,左脚向前轻灵迈出,同时左手沿胸前至口平处向前如取物样探出,手掌撮拢成钩手,手腕自然下垂。

(2)右脚向前轻灵迈出,左脚随至右脚内踝处,脚掌虚步点地,同时右手沿胸前至口平处时向前如取物样探出,手掌撮拢成钩手,左手同时收至左肋下。

(3)左脚向后退步,右脚随之退至左脚内踝处,脚掌虚步点地,同时左手沿胸前至口平处向前如取物样探出,最终成为钩手,右手同时收回至右肋下。

猿戏右式

动作与左式相同,左右相反。

身体自然直立,两臂自然下垂,两眼平视前方

**第四式 鹿戏**

鹿戏左式

(1)右腿屈膝,身体后坐,左腿前伸,左膝微屈,左脚虚踏;左手前伸,左臂微屈,左手掌心向右,右手置于左肘内侧,右手掌心向左。

(2)两臂在身前同时逆时针方向旋转,左手绕环较右手大些,同时要注意腰胯、尾闾部的逆时针方向旋转,久而久之,过渡到以腰胯、尾闾部的旋转带动两臂的旋转。

鹿戏右式

动作与左式相向,方向左右相反。

两脚平行站立,两臂自然下垂,两眼平视前方。

**第五式 鸟戏**

鸟戏左式

(1)左脚向前迈进一步,右脚随之跟进半步,脚尖虚点地,同时两臂慢慢从身前抬起,掌心向上,与肩平时两臂向左右侧方举起,随之深吸气。

(2)右脚前进与左脚相并,两臂自侧方下落,掌心向下,同时下蹲,两臂在膝下相交,掌心向上,随之深呼气。

鸟戏右式

动作同左式,左右相反。

**收式**

两手从身体侧前方上举,掌心向上。屈肘,两掌内合下按,自然垂于体侧,目视前方,心神宁静。

### (五)六字诀

六字诀,又称六字气诀,是以呼吸吐纳为主要手段的导引养生健身方法。六字诀现存文献最早见于南北朝时梁代陶弘景所著的《养性延命录》中。陶弘景之后,有关六字诀的功理功法及其应用历代都有不少发展和补充。从文献上看,明以前的六字诀不配动作,明以后的六字诀有多种动作配合。该功法是根据中医藏象学说理论,通过呼吸吐纳及意念和肢体的导引,配合特定的发音,来调整与控制体内气息的升降出入,从而达到调整脏腑气机平衡的作用。六字与脏腑配属为:呬属肺金,吹属肾水,嘘属肝木,呵属心火,呼属脾土,嘻属三焦。因此六字诀在功能作用上主要是调整脏腑气机,可用于治疗脏腑功能失调的病症。具体言之,嘘字诀平肝气,可针对肝火旺、肝肿大、食欲不振、消化不良,以及两眼干涩,头目眩晕等;呵字诀补心气,可用于心悸、心绞痛,失眠、健忘、出汗过多,舌体糜烂,舌强语塞等症的治疗;呼字诀培脾气,可用于脾虚、腹泻、腹胀、皮肤水肿、肌肉萎缩,脾胃不和,消化不良、食欲不振,便血、女子月经病、四肢疲乏等病症;呬字诀补肺气,可用于外感伤风,发热咳嗽、痰涎上涌、背痛怕冷、呼吸急促而气短等病症;吹字诀补肾气,可用于腰腿无力或冷痛、目涩健忘、潮热盗汗、头晕耳鸣、男子遗精或阳痿早泄、女子梦交或子宫虚寒等病症;嘻字诀理三焦气,可用于三焦不畅而引起的耳鸣、眩晕、喉痛、咽肿、胸腹胀闷、小便不利等病症。

1. 功法特点

(1)以音引气,调节脏腑:六字诀通过特定的发音来引动与调整体内气机的升降出入。以"嘘、呵、呼、呬、吹、嘻"六种不同的特殊发音,分别与人体肝、心、脾、肺、肾、三焦六个脏腑相联系,从而达到调整脏腑气机的作用。在六字的对音和口形方面有其相应特殊规范,在众多的健身功法中独具特色。

(2)吐纳导引,相须相成:六字诀强调将发音与调息吐纳及动作导引相配合,使发音、呼吸、动作导引协调一致,相须相成,浑然一体,共同起到畅通经络气血、调整脏腑功能的作用。

(3)动静结合,练养相兼:六字诀功法要求吐气发音均细柔长,加上动作中的静立养气,动中有静、静中有动,动静结合,练养相兼,既练气,有养气。其动作舒展大方、柔和协调,如行云流水,婉转连绵,具有人在气中,气在人中的神韵,表现出独特的宁静与和谐之美。

2. 练功要领

(1)发音准确,体会气息:发音是六字诀独特的练功方法,因此练功时,必须按要求,校准口形,准确发音。初学时,可采用吐气出声发音的方法,一边校正口形和发音,以免憋气;在练习熟练后,可以逐渐过渡为吐气轻声发音,渐至匀细柔长。

(2)注意呼吸,用意轻微:习练六字诀时要注意呼吸的配合。呼吸时要注意微微用意,有意无意,做到吐惟嘻戏,纳惟绵绵。切不可着意用力使腹部膨胀或紧张收缩,影响气机的流行。

(3)动作舒缓,协调配合:六字诀功法以呼吸吐纳为主,同时有辅以动作导引。动作导引有疏通经络、畅通气血的作用。习练时要注意将动作与呼吸吐纳、吐气发音协调配合,动作做到松、柔、舒、缓,以不破坏呼吸吐纳和吐气发音的匀细柔长的基本规律。

3. 功法操作

**预备式**

两脚平行站立,与肩同宽,两手自然下垂,周身中正,轻贴上腭,目视前下方,心静神宁。

**起式**

(1)屈肘,两掌十指相对,掌心向上,缓缓上托至胸前,约与两乳同高,目视前方。

(2)两掌内翻,掌心向下,缓缓下按,至肚脐前;目视前下方。

(3)微屈膝下蹲,身体后坐,两掌内旋外翻,缓缓向前拨出,至两臂成圆。

(4)两掌外旋内翻,掌心向内。起身,两掌缓缓收拢至肚脐前,虎口交叉相握轻覆肚脐,目视前下方。

**第一式　嘘(xū)字诀**

(1)两手松开,掌心向上,小指轻贴腰际,向后收到腰间,目视前下方。两脚不动,身体左转90°,右掌由腰间缓缓向左侧穿出,约与肩同高,并配合口吐“嘘”字音,两目渐渐圆睁,目视右掌伸出方向。

(2)右掌沿原路收回腰间,身体转回正前方,目视前下方。

(3)身体右转90°,左掌由腰间缓缓向右侧穿出,约与肩同高,并口吐“嘘”字音;两目渐渐圆睁,目视左掌伸出方向。

(4)左掌沿原路收回腰间,身体转回正前方,目视前下方。

如此左右穿掌各3遍,吐“嘘”字音6次。

**第二式　呵(hē)字诀**

(1)吸气,同时,两掌小指轻贴腰际微上提,指尖朝向斜下方,目视前下方。屈膝下蹲,两掌缓缓向前下约45°方向插出,两臂微屈,目视两掌。

(2)微微屈肘收臂,两掌小指一侧相靠,掌心向上,成“捧掌”,约与肚脐相平,目视两掌心。

(3)两膝缓缓伸直;同时屈肘,两掌捧至胸前,掌心向内,两中指约与下颏同高,目视前下方。

(4)两肘外展,约与肩同高;同时,两掌内翻,掌指朝下,掌背相靠。然后,两掌缓缓下插,目视前下方。从插掌开始,口吐“呵”字音。

(5)两掌下插至肚脐前时,微屈膝下蹲,两掌内旋外翻,掌心向外,缓缓向前拨出,至两臂成圆,目视前下方。

(6)两掌外旋内翻,掌心向上,于腹前成"捧掌",目视两掌心。

(7)两膝缓缓伸直,屈肘,两掌捧至胸前,掌心向内,两中指约与下颏同高,目视前下方。

(8)两肘外展,约与肩同高;同时,两掌内翻,掌指朝下,掌背相靠,然后两掌缓缓下插,目视前下方。从插掌开始,口吐"呵"字音。

重复(5)至(8)动作4遍,吐"呵"字音6次。

### 第三式 呼(hū)字诀

(1)两掌外旋内翻,转掌心向内对肚脐,指尖斜相对,五指自然张开,两掌心间距与掌心至肚脐距离相等,目视前下方。

(2)两膝缓缓伸直,两掌缓缓向肚脐方向合拢,至肚脐前。

(3)微屈膝下蹲,两掌向外展开至两掌心间距与掌心至肚脐距离相等,两臂成圆形,并口吐"呼"字音,目视前下方。

(4)两膝缓缓伸直;同时,两掌缓缓向肚脐方向合拢。

重复(3)至(4)动作5遍,吐"呼"字音6次。

### 第四式 呬(sī)字诀

(1)两掌自然下落,掌心向上,十指相对,目视前下方。

(2)两膝缓缓伸直;同时,两掌缓缓向上托至胸前,约与两乳同高,目视前下方。

(3)两肘下落,夹肋,两手顺势立掌于肩前,掌心相对,指尖向上。两肩胛骨向脊柱靠拢,展肩扩胸,藏头缩项,目视前斜上方。

(4)微屈膝下蹲,松肩伸项,两掌缓缓向前平推逐渐转成掌心向前亮掌,同时口吐"呬"字音,目视前方。

(5)两掌外旋腕,转至掌心向内,指尖相对,约与肩宽。

(6)两膝缓缓伸直,屈肘,两掌缓缓收拢至胸前,指尖相对,目视前下方。

(7)两肘下落,夹肋,两手顺势立掌于肩前,掌心相对,指尖向上。两肩胛骨向脊柱靠拢,展肩扩胸,藏头缩项,目视斜前上方。

(8)微屈膝下蹲,松肩伸项,两掌缓缓向前平推逐渐转成掌心向前,并口吐"呬"字音,目视前方。

重复(5)至(8)动作4遍,吐"呬"字音6次。

### 第五式 吹(chuī)字诀

(1)两掌前推,随后松腕伸掌,指尖向前,掌心向下。

(2)两臂向左右分开成侧平举,掌心斜向后,指尖向外。

(3)两臂内旋,两掌向后划弧至腰部,掌心轻贴腰眼,指尖斜向下,目视前下方。

(4)微屈膝下蹲;同时,两掌向下沿腰骶、两大腿外侧下滑,后屈肘提臂环抱于腹前,掌心向内,指尖相对,约与脐平,目视前下方。两掌从腰部下滑时,口吐"吹"字音。

(5)两膝缓缓伸直,两掌缓缓收回,轻抚腹部,指尖斜向下,虎口相对,目视前下方。

(6)两掌沿带脉向后摩运。

（7）两掌至后腰部，掌心轻贴腰眼，指尖斜向下，目视前下方。

（8）微屈膝下蹲；同时，两掌向下沿腰骶、两大腿外侧下滑，后屈肘提臂环抱于腹前，掌心向内，指尖相对，约与脐平，目视前下方。

重复（4）至（8）动作4遍，吐"吹"字音6次。

### 第六式　嘻（xī）字诀

（1）两掌环抱，自然下落于体前，目视前下方。两掌内旋外翻，掌背相对，掌心向外，指尖向下，目视两掌。

（2）两膝缓缓伸直，提肘带手，经体前上提至胸。两手继续上提至面前，分掌、外开、上举，两臂成弧形，掌心斜向上，目视前上方。

（3）屈肘，两手经面部前回收至胸前，约与肩同高，指尖相对，掌心向下；目视前下方。然后，微屈膝下蹲，两掌缓缓下按至肚脐前。

（4）两掌继续向下、向左右外分至左右髋旁约15cm处，掌心向外，指尖向下，目视前下方。从上动两掌下按开始配合口吐"嘻"字音。

（5）两掌掌背相对合于小腹前，掌心向外，指尖向下，目视两掌。

（6）两膝缓缓伸直，提肘带手，经体前上提至胸。两手继续上提至面前，分掌、外开、上举，两臂成弧形，掌心斜向上，目视前上方。

（7）屈肘，两手经面部前回收至胸前，约与肩同高，指尖相对，掌心向下，目视前下方。然后微屈膝下蹲，两掌缓缓下按至肚脐前，目视前下方。

（8）两掌顺势外开至髋旁约15cm，掌心向外，指尖向下，目视前下方。从上动两掌下按开始配合口吐"嘻"字音。

重复（5）至（8）动作4遍，吐"嘻"字音6次。

### 收式

（1）两手外旋内翻，转掌心向内，缓缓腹前相抱，虎口交叉相握，轻覆肚脐，两膝缓缓伸直，目视前下方，安静养气。两掌以肚脐为中心揉腹，顺时针6圈，逆时针6圈。

（2）两掌松开，两臂自然垂于体侧，目视前下方。

---

**知识链接**

　　明代冷谦著《修龄要旨》，把六字按照五脏的关系与四季配属起来，条理清晰，琅琅上口。其歌决为：

> 春嘘明目木扶肝，夏至呵心火自闲，
> 秋呬定收金肺润，肾吹唯要坎中安。
> 三焦嘻却除烦热，四季长呼脾化餐，
> 切忌出声闻口耳，其功尤胜保神丹。

### （六）捧气贯顶法

捧气贯顶法是当代较为流行的健身功法，它通过姿势的开合和意念导引的配合，引动内气外放、外气内收，从而畅通人与大自然之气的联系。该功法也是行之有效的采气、聚气之法，具有较好的强壮身体，促进疾病康复的作用。

1. 功法特点

（1）神与气合，以意引气：练捧气贯顶法的根本原则是神（意）与气合，以意引气，神气并重。这里所说的气,一是指大自然中之气,一是弥散在自身周围的自己的气,同时也包括自己身体内的气。通过意识与动作的配合,引导人体之气与大自然之气的混化。

(2)内气外放,外气内收:本功法借助形体运动的开合来强化意识活动的开合,借此引动内气外放与外气内收。

(3)采气聚气,蕴意精巧:捧气贯顶法中有各种拉气、推揉动作,使两掌掌心的吞吐与意念的开合紧密配合,这是聚气、采气、养气的有效方法和手段。

2. 练功要领

(1)心虚神静,意在气中:练本功法时,要注意意识的放松,做到神态悠闲,恬静安舒,怡然自得,即美在心中,乐在心中,且坚定自若。

(2)形随意走,动作圆融:练功时姿态要舒展大方,潇洒自如,不拘谨、不做作,要放得开,收得往。动作要柔软、圆润、连绵不断,快而不停、慢而不断,灵活自在。

(3)意识开合,意境深远:本功法注重神与气合,以意引气,因而意识的开合是练好本功的关键,外开时意念要远开至天边,内合时合于体内——越深越好。

3. 功法操作

**预备式**

两脚并拢,周身中正,两手自然下垂,如立正姿势。目视前方天地交界处,两眼轻轻闭合,目光收回。意念:顶天立地,形松意充。外敬内静,心澄貌恭。一念不起,神注太空。神意照体,周身融融。

**起式**

(1)小指带动,指掌慢慢上翘,成手心向下,指尖向前,与臂成直角。以肩为轴,两手做前后拉气三次。

(2)以小指带动,松腕,转掌心相对。虎口向上,臂放松,与肩等宽从体前向上捧气,至手与脐平,掌心微含,回照肚脐。继而转掌心向下,两臂向两侧外展至背后。小臂微收,转掌心向内,掌心微含,回照腰部命门穴(对脐处)。而后小臂上提,顺势内收掌腕到两肋旁,掌心向上,用中指端向大包穴贯气。

(3)随后两臂向前伸出与肩平,掌臂微收,掌心微含,中指回照两眉间印堂穴。随之两腕微微转动,带动十指斜相对,而后转肘外撑,两臂向两侧展开。至左右成一字与肩平,小指带动,掌心向下,连续转掌心向上,两臂向上划弧,至头顶上方两掌相合。而后沿头正前方下降至胸前呈合十手。

**第一式 前起侧捧气**

(1)合十手转指端向前并推出,至两臂伸直,高与肩平。逐渐分掌,转掌心向下,立掌外撑(掌指上翘,掌心外突,掌与臂成直角),意想掌臂延伸至天边,在天边推揉三次。推揉要肩、肘、腕一体,两肩沿上、后、下、前顺序划立圈。推时,以掌根带动掌臂前推,掌心外突,回收时以肩带动,肘微下垂,掌心内含,意想从天边收回体内。而后立掌外撑,意想掌臂延伸至天边,以掌带臂沿天边左右水平拉气三次。左右拉开约15°,再合拢至两臂平行。

(2)立掌外撑,两臂向两侧展开至左右平肩。立掌外撑,意想掌臂延伸至天边,在天边推揉三次。推时,以掌根带动掌臂前推,掌心外突;回收时以肩带动,肘微下垂,掌心内含,意念从天边收回体内。而后立掌外撑,意想掌臂延伸至天边,沿天边作上下拉气三次。向上拉约15°,向下拉至平肩。

(3)松腕转掌心向上,意想两手延伸至天边,沿天边捧气至头顶上方,两臂微曲,腕与肩等宽,掌心微含照向头顶,停留一个呼吸的时间。向头顶贯气,两手沿体正前方下降至肚脐。两中指相接,点按肚脐。

(4)两手中指平脐向两侧扒开转向身后,至命门穴,两中指点按命门穴,而后沿膀胱经下至两足。两手沿足外侧抚至趾端并敷于足面,向下按揉三次。下按时,膝向前跪,身体重心向前移至两手,意想手心通过足心入地;抬起时提膝,臀部向上抬,身体重心移向两足,两手不动,把放出去的意念收回体内。而后,两手稍起,转手心相对,如捧气球,意想把地气从地里拔出,捧在手中。而后,两手分开,转掌心对向两腿内侧沿足三阴经向上导引至肚脐,中指点按,而后两手分开还原至体侧,自然下垂。

**第二式 侧起前捧气**

(1)两臂从体侧阴掌(手心向下)上提,成一字形。立掌外撑,意想手臂延伸至天边,沿天边向两侧揉推三次。推时,以掌根带动掌臂前推,掌心外突;回收时以肩带动,肘微下垂,掌心内含,意念从天边收回体内。立掌外撑,意想手臂延伸至天边,沿天边作水平拉气三次。向前拉约15°角,向后两臂成一字。

(2)立掌外撑,意想手臂延伸至天边,两臂沿天边向体正前方合拢,与肩等宽,两掌在天边进行揉推三次。推时,以掌根带动掌臂前推,掌心外突;回收时以肩带动,肘微下垂,掌心内含,意念从天边收回体内。立掌外撑,意想手臂延伸至天边,在天边进行上下拉气三次,向上拉约15°角,向下拉至平肩。

(3)松腕转掌,意想沿天边捧气至头顶上方,手心微含照向头顶,停留一个呼吸的时间,向头顶贯气,两手继续下降至印堂穴,转掌心向内,两中指点按。沿眉向两侧分开,向后至玉枕骨下,两中指点按。而后,两手沿项下至背,两中指点按第三胸椎处。再转回体前,从腋下向后,两手至背后,尽量向上。掌心紧贴身体,两手沿胆经、膀胱经下至命门穴,两中指点按。而后两中指沿带脉分开,回归肚脐,两中指点按。

(4)两手沿足三阴经(腿内侧)下至两足,两手沿足内侧抚至趾端。两手敷于足面,按揉三次。下按时,膝向前跪,身体重心向前移两手,意想手心通过足心入地;抬起时,提膝,臀部向上抬,身体重心移向两足,两手不动,把放出去的意念收回体内。而后,两手稍起,转手心相对,如捧气球,意想把地气从地里拔出,捧在手中。而后,两手分别沿足外侧至足跟,转手心向内,沿膀胱经上至命门穴,两中指相接点按。沿带脉分开,回归肚脐,两中指点按,两手分开还原至体侧,自然下垂。

**第三式 侧前起捧气**

(1)两手如捧物,虎口向上,两臂与正前方成45°角上举,意想沿天边捧气至头顶上方,手心微含,照向头顶,停留一个呼吸的时间,向头顶贯气。两手沿耳下至两肩前,小臂直立胸前,掌心朝前。

(2)右掌坐腕向前推出,臂似直非直,松腕,小指带动,将掌心翻转向左,微含。并向左划弧拢气,约90°角时,拇指掐于中指中节正中(中魁穴)。其余四指轻轻并拢,继续向左拢气至身后,约180°。由身后回归左胸前,中指点在左侧锁骨下缘中点之气户穴(乳头直上方),向气户穴贯气。

(3)左掌坐腕向前推出,向右拢气约180°至身后,重复右手动作,方向相反。

(4)拢气后,两小臂在胸前呈十字交叉状,大臂与身体成45°角。自然呼吸三次,

笔记

吸气时中指点按气户穴,呼气时微放松。松开掐诀双手,两臂前推,两腕转动(转莲花掌),两掌胸前合十。

**收式**

合十手举至头顶上方,上拔,意想举向天顶。两手分开,转掌心向前,两臂由两侧下落与肩平,逐渐转掌心向上,沿天边向体前合拢,与肩等宽。掌臂微微内收,中指回照印堂穴。而后,两肘回抽,两掌指端指向第6、7肋间,用中指端向大包穴贯气,再向后伸出,向两侧外展。两臂转至两侧时,转掌腕使掌心相对,向体前合拢。两手重叠放在肚脐上(男左手贴肚脐,女相反),静养片刻。两手分开还原至体侧,慢慢睁开双眼。

### (七)三心并站庄

三心并站庄是以站式练功法,它既强调对身形的站式调整,也注重意念的导引,通过意识将"三心",即头顶心、手心、脚心之气凝聚于下丹田,具有较好的聚气、发动真气的效应,富力强身的作用明显。

**1. 功法特点**

(1)形意相合,发动真气:本庄法发动真气快,姿势合度,能很快即可出现身体微晃动或微颤,身有热感,两手之间出现吸力与张力,有难以外分与内合之感。

(2)练功基石,简单易行:本庄法属于练功筑基方法,简单易行,适于病人锻炼。同时,这也是深入气功修炼的基本功。

**2. 练功要领**

(1)以理作意,融入意境:三心并站庄以口诀调整精神境界,使练功者进入练功状态,它贯穿于站庄的全过程。口诀为:"七窍闭合鼻撩天,踩气两手在穴边,三心并合心念处,身轻气爽笑开颜。顶心向下归丹田,手心向内归丹田,脚心向上归丹田,三心并合归丹田。"

(2)姿势合度,放松腰脊:三心并站庄最为关键的是调整好腰与尾闾,促进其自然放松。松腰是要求腰椎脊柱、腰韧带、腰两侧肌肉、脊关节都要放松。用百会上顶,尾闾下垂,上下牵拉把腰抻直,不是硬挺。腰不向前塌,要向后突,但不能瘪肚子。三心并站庄对尾闾的要求是,两脚呈后八字,脚后跟划连线为边长,向后划一等边三角形,三角形的中心即尾闾下垂的指地点。

**3. 功法操作**

**预备式**

两足并拢,周身中正,两手自然下垂。目视远方天地交界处,两眼轻轻闭合,目光回收。口微闭,自然呼吸。两足跟不动,两足尖外撇成90°,再以两足尖为重心,两足跟各外撇90°,两足呈后"八"字形。

**起式**

(1)小指带动,指掌慢慢上翘,成手心向下,指尖向前,与臂成直角。以肩为轴,两手做前后拉气三次。

(2)以小指带动,松腕,转掌心相对。虎口向上,臂放松,与肩等宽从体前向上捧气,至手与脐平,掌心微含,回照肚脐。继而转掌心向下,两臂向两侧外展至背后。小臂微收,转掌心向内,掌心微含,回照腰部命门穴。而后小臂上提,顺势内收掌腕到两肋旁,掌心向上,用中指端向大包穴贯气。

(3)随后两臂向前伸出与肩平,掌臂微收,掌心微含,中指回照两眉间印堂穴。随之两腕微微转动,带动十指斜相对,而后转肘外撑,两臂向两侧展开。至左右成一字与肩平,小指带动,掌心向下,连续转掌心向上,两臂向上划弧,至头顶上方两掌相合。而后沿头正前方下降至胸前呈合十手。

**三心并站庄**

(1)庄式:坐腕,带动臂下落,两手掌根慢慢分开,掌心内含,十指尖轻轻相接,两手呈半个球状。两手置于腹前,掌心对肚脐。屈膝下蹲,膝不能过足尖。大腿根部空虚,腰部命门向后突,呈似坐非坐。站庄姿势的高低依练功者的体质而定。约站半小时。能长时间地站更好。

(2)身形要求:头要中正,虚凌向上,似悬空中。目似垂帘,含光默默,目光随眼睑闭合而内收,与意念合而为一。舌抵上腭,展眉落腮,似笑非笑。含胸,含胸是将胸骨柄与两乳头之间的三角地带放松;拔背,拔背是大椎穴向上领直通百会,使脊骨伸直,同时需注意两肩胛骨自然放松下沉。含胸拔背的目的是使胸腔开扩,胸背放松。松肩空腋,肘坠而悬。坐腕,含掌,舒指。松腰,腰椎及其韧带、腰两侧肌肉等都放松,逐步改变腰部的自然弯曲状态。松胯,包括髋关节和骶髂关节的放松。尾闾下垂指向地面,以两足跟的连线为一边,向后划一等边三角形,三角形的中心即为尾闾的指地点。调裆提会阴。松膝,轻轻内扣,稍向前屈,但髌骨要有微微上提之意。踝放松,足平铺。

(3)意念:本庄法多守下丹田(脐部),方法是意念从周身各部向丹田集中,顶心向下,脚心向上,手心向内,"三心"向丹田并合。"三心并"即由此命名。初学功者,意念顶心、脚心、手心可以分别逐个向丹田并。向丹田并合后,意念即可放开,安静、放松地站庄。

**收式**

(1)身体慢慢直立,双脚并拢(按预备式踩气逆动作),双手转指端向上,胸前合十。

(2)合十手上举至头顶上方,意想举向天顶。两手沿天边慢慢分开,转掌心向前,双臂由两侧下落与肩平,逐渐转掌心向上,沿天边向体前合拢,与肩等宽。

(3)掌臂微微内收,掌指(同时用意念)回照印堂穴,而后,屈臂下落、两肘回抽,两掌指端指向第六、七肋间,用中指端向大包穴贯气,再向后伸出,两臂向两侧外展,展至体侧时,转掌腕使两掌心斜相对,向体前合拢,双手重叠放在肚脐上(男左手在下,女右手在下)。

(4)重叠在肚脐上的双手揉腹,左右各转九周,温养片刻。两手分开,置体侧自然下垂,两眼慢慢睁开。

**(八)形神庄**

形神庄是当代较为流行的健身功法,其良好健身效应受到广大群众的喜爱。形神庄,从字义上讲,形指形体;神指神意(即意识);庄指姿势动作。所谓形神庄就是关于练形与神相合的功夫。形神庄的锻炼要旨在于把神意活动与形体活动紧密地结合起来,即在练功时充分发挥感觉运动思维的作用,就初步达到了形神相合。常人的形体运动虽然也受神的支配,但神的注意力并未集中于运动的形体上,而是集中于运动的目标上,属于外向性运用意识。练形神庄要求神意完全集中于运动着的形体及与之相关部位,使神意逐渐透到形体的皮肉筋脉骨各部组织中去。鉴于神意对气的统率作用,神意透入的部位,气也就随之而入,从而改变了各部组织中气的分布状态。实践证明形神庄健美身形、和畅经脉、祛病强身的功效明显,是临床养生保健、康复疾病的常用功法。

1. 功法特点

(1)抻筋拔骨,矫正身形:形神庄功法着眼于补救常人运动造成的形、气之偏,其中有很多动作是牵动日常很少运动的部位。形神庄强调用神意充斥形体,导引牵拉以抻筋拔骨、矫正身形,这是使身形完满、开关通窍、强壮身体的必由之路。

(2)上下兼顾,全面周到:由于形神庄非常强调形体运动,所以对练功部位的安排非常周到细微,照顾到了全身各个部分。从躯干来说,有头、颈、胸、背、胁肋、腹、骨盆、尾闾、会阴一个完整系列;从上肢来说,有肩、肘、腕、掌、指的系列;从下肢来说,有胯、膝、踝、足、趾系列。不仅如此,从动作的配合来说,又是左右对称、前后平衡、上下相关的有机组合,注意了肌肉、肌腱颉颃运动的牵张与收缩的协调,扩大了关节的屈伸扭转的幅度。总之,使全身的绝大部分运动组织得到在神意支配下的锻炼,因而练此功可以使气机平衡,并朝着完美健康的方向发展。

(3)以形引气,意注庄中:练形神庄引动气机的过程,完整来说,是"意引气,气引形,形引气,气动意"。即由意念引动气向运动部位集聚,神气结合产生了形体运动,形体运动又牵动了经脉之气,使局部的气充斥,血亦随之相应增多,局部产生充涨与流动感,这种感觉又反馈回来使意念集中于运动部位,而集中的意念又导致气的集聚。

(4)启动经络,畅通气血:由于各条经脉的交接部位、气的内外出入的交换部位在肢端,经络的本、根亦在肢端,形神庄根据经络、气血循环的规律安排动作,着重活动肢端末节。如上肢的肢端,下肢的肢端。头部的端头,这是因为经络根结的结在头上,根在肢端,头一动就会带动四肢,而四肢一动就把全身的经络、气血牵动起来了。形神庄正是通过这种引气的机制,调动全身的经络系统,并由此内连脏腑之气,外通膜络之气,使周身成一整体。

2. 练功要领 总的来说,练形神庄的要求是"身形合度,姿势合法,神注庄中,气随庄动"。具体来说,可分为以下几点。

(1)神与形合,松紧并用:由于形神庄的动作难度较大,开始练时,若不用力是难以做到姿势的规范要求的,如若用力又容易偏于僵硬而难于符合松、柔的要求。因此要处理好这一矛盾,就必须松紧并用。首先,开始练时可以用力以达到规范要求,待形成了新的运动习惯后,便能达到松柔自如的境界。其次,局部紧全身松。要求做动作时,局部为保证动作的规范需维持相对的紧,而全身不做动作的部位要保持身形合度前提下的放松。

(2)外方内圆,直曲并用:形神庄的很多动作虽然看似都直来直去,角度分明,但要做到外方内圆。如做肘臂的弯曲动作时,肘的外侧弯曲呈现了明显的角度,要求在做弯曲动作的同时,于肘的内侧要加一圆撑的意和力,这个意和力就是成为使肘圆撑的内力,从而形成外方内圆的态势。并且要注意直曲并用,即肢体做直的动作时,尽量要求似直非直,不做成伸到极限,即使是必须伸直者,也要保持关节的松弛,从而缓解过直之程度。

(3)大小兼顾,自然灵通:形神庄照顾了全身各部位锻炼,不仅整套功法有大的动作,也有小的动作,在而且在其中一节中,也有大小之分(如对于肩肘、胯膝关节的运动为大,对腕、掌、指、踝、足、趾尖节的运动为小,腰的运动为大,脊椎骨运动为小等)。

在任何的形体运动中,形体动作明显可见为大,内在的气的运动隐伏难见为小;在内在的气机变化中也有整体与局部的不同,这一切,在形神庄的练功中,都有机地配合形成了完整的体系。

(4)周身一家,动中求静:练习形神庄时,每个动作,都牵涉着全身,都要做到周身一家。所谓"动中求静",就是说在练动功的过程中,保持精神安静(集中)。方法是:或寄神于动作,或寄神于关窍,或体会气脉的流注……逐步使神(精神)形(形体)合一。

3. 功法操作

**预备式**

(1)两脚并拢,周身中正,两手自然下垂,如立正姿势,两眼轻轻闭合。小指带动,指掌慢慢上翘,成手心向下,指尖向前,与臂成直角。以肩为轴,两手做前后拉气三次。向前手臂与身体的夹角约15°,向后拉至体侧。

(2)以小指带动,松腕,转掌心相对,虎口向上,臂放松,与肩等宽从体前向上捧气,至手与肚脐平,掌心微含,回照肚脐。同时转掌心向下,两臂(与肚脐同高)向两侧外展至背后,小臂微收,转掌心向内,掌心微含,回照腰部命门穴(对脐处)。而后小臂上提,顺势内收掌腕至两肋旁,掌心向上,用中指端向大包穴(属脾经,在第6、7肋间)贯气。

(3)随后两臂向前伸出与肩平,掌臂微收,掌心微含,中指回照两眉间印堂穴。同时两腕微微转动,带动十指斜相对,而后转肘外撑,带动两臂向两侧展开。至左右与肩平成一字,小指带动,转掌心向下,连续转掌心向上,向上划弧,至头顶上方两掌相合。而后沿头正前方下降至胸前呈合十手(大臂与身体成45°角,两小臂成一线,中指尖向上,拇指根对着膻中穴)。

**第一式　鹤首龙头气冲天**

(1)鹤首:

接上式,两手分开下落叉腰,拇指按在背部"京门"穴(第十二软肋端),其余四指按于胯上。下颏回收,颈项后突,上拔。头后仰,下颏上翘。颈项放松,下颏由上向前、向下、向内,沿胸向上划圆弧,重复如前9次。

按上述动作之反方向,即下颏沿胸向下、前伸,由下而上划弧至下颏上翘、头后仰,随即颈项后突、上拔、下颏回收,重复9次。

(2)龙头:以左侧头角(旧称青龙角,位于左侧顶骨结节,耳上约2寸处)向左下方倾斜,随即向斜上方划圆至恢复原位。

同样以右侧头角向右倾斜,随即向斜上方划圆至恢复原位,每侧各做18次。

**第二式　寒肩缩项通臂肩**

(1)松开叉腰两手,转成手心向上,手指向前,两肘向后,小臂前伸,两肘下垂,贴两肋旁,小臂与大臂成90°角。而后两大臂前举与肩平,小臂向上,两手指天。

(2)两大臂外展成一字,转掌心向外,大臂不动,小臂向外下落与臂平。而后,以肘部为圆心,中指带动小臂向上划弧,待小臂与大臂成直角时再向下落成一字,重复3次。此式为展臂。

(3)两臂左右平伸成一字,手心向下,手指伸直,以腕为定点,中指带动,指掌划圆,正反各3次。

（4）寒肩缩项：接上式，躯干不动，头向后仰，收下颏为缩项，同时两肩胛骨向脊柱合拢为寒肩，同时尾闾向后、上微微翘起，四点同时向第四胸椎处集中。

（5）头恢复原姿势，同时两手外伸，将两肩胛拽开。而后再做动作（4）。反复3~5次。

（6）左右通臂：两臂作左缩右伸、左伸右缩的蛇形运动。反复7~9次。

#### 第三式　立掌分指畅经脉

（1）两臂平开成一字，身体中正，在中指带动下，将掌立起，掌心用力外推，手背与指根部用力回收，使掌与臂成一直角。姿势合度后，以肩胛带动，臂回缩，肘不要弯曲，两臂保持平伸，掌臂保持原角度，而后外撑。反复做3~5次。

（2）掌与臂成一直角，五指分开，先分大指、小指，次分二指、四指。而后五指并拢，并合时，先合二指、四指，而后合大指、小指。反复做5~7次。

（3）将立掌放松，而后指掌逐节下抓，内收，五指卷曲如钩，大指捏于其余四指端，五指呈梅花状，向掌心上提，整手呈半握式。随后指掌上翻，立掌后，将指逐节伸直，反复数次。

（4）在中指带动下，将掌放平与臂成一直线，而后做通臂3~5次。

#### 第四式　气意鼓荡臂肋坚

（1）两臂向体侧下落，两手胸前合十。而后，十指胸前交叉，两臂上举至额前，逐渐向上翻转手心，同时两臂向前额斜上方圆撑，使两臂呈长圆形。两手背对向前额。

（2）上半身向左转，面向左方，与前方成90°角，两手在额前，两臂围成圆弧，左大臂与左肩平，右大臂与右耳平。手背距前额约一拳。两手、两臂间要保持一定的圆撑力。

（3）右肋鼓荡，同时上半身向右转，用右肋带动右肩、右肘，将交叉的双手拉向正前方（发动力在右侧）。两臂呈长圆形，两手呈右高左低的斜面，拇指高与眼相平，身体呈正面站立。

（4）上半身向右转，交叉之双手向右划弧到右侧，面向右方，与正前方成90°角。

（5）左肋鼓荡，同时上半身向左转，用左肋带动左肩、左肘，将交叉之双手拉向正前方。两手至正前方，两臂呈长圆形，两手呈左高右低的斜面。保持拇指高与眼相平，上半身复原，面向前方。左右反复18次。

#### 第五式　俯身拱腰松督脉

（1）两手手指在头上交叉，手心向上，两臂伸直。而后肩臂放松，交叉之双手如向上托物，作轻轻揉动。两腕交互划前→上→后→下的立圈。肩、臂、肘配合作相应的晃动，脊柱由颈椎、胸椎、腰椎依次随之晃动。反复3~5次。

（2）两手分开，掌心向前，两臂贴于两耳。随后头向前倾，臂向前伸，腰背放松，胸、腰部的脊椎骨向后拱突，头、手向前下划弧，使腰前俯，脊椎骨逐节卷曲而下，面贴腿前，腰部呈拱形。

（3）两手掌心向地面，分别在脚前方、左侧、右侧下按三次。随后身体转正，两手向后拢气，再捏脚腕后面大筋3下，同时收腹、拱腰、头面贴膝前3次。两手拢气回到体前。

（4）以拱腰形式，逐渐把腰伸直复原，同时，臂贴近两耳，随头部上升复原。可反复5～7次。

**第六式 转腰涮胯气归田**

(1)接上式,转掌心相对,向下导引。两手下落,沿肋弓变叉腰,两脚踩气分开,平行站立,略宽于肩,适度下蹲,躯干与大腿成一钝角,膝盖不过脚尖。

(2)髋关节放松,并以之为支点,转动骨盆。先向左转9圈,再向右转9圈。

(3)以尾间骨向前扣、向后翘带动骨盆做前后摆动9次。

**第七式 平足开胯分前后**

(1)松前胯

1)接前式,足尖外撇成一字,足跟相对,约距一肩宽,两腿伸直,身体中正。

2)松开叉腰两手,转成手心向上,手指向前,两肘向后,小臂前伸,两肘下垂,贴两肋旁,小臂与大臂成90°角。而后两大臂前举,两肘同时微向内合,肘距略小于肩,两手升至额前,小臂向上,两手指天,掌心对印堂。

3)小指带动,转掌心向外,两大臂外展成一字,大臂不动,小臂向外下落与大臂平。

4)左右通臂:两臂作左缩右伸,左伸右缩的蛇形运动,并用两臂的通臂运动,带着上身、腰、胯、腿自然放松引起的左右摆动。

5)曲膝、曲髋下蹲,大腿蹲平,身体保持中正,同时臂随身体下降,当两手落至平膝时,小臂前曲,掌心相合落于两腿前。

6)相合之两掌立起至胸前呈合十手。指掌划圆,肩、肘、臂配合作相应晃动(正反方向转动数相等)。

7)百会上领,身体直起,两掌随之沿胸前上升,肘放松内合,肘距略小于肩,当身体上升复原时,两掌升到印堂。而后,动作要领同(3),掌心向外,两臂外开成一字。此式可反复作5～7次。

8)此式结束时,两掌置于胸前,呈合十手。

(2)松后胯

1)接上式,左足尖内扣,右足跟外撇,足尖尽量内扣,足尖约距一脚宽。上身微前倾约35°角,两腿向后绷直,臀向后泛,腰向前塌,两臂前伸环抱与肩平,胸开而不挺,下颏内含,头上顶。两虎口向上,中指相对(约四指宽),掌心向内,与印堂等高。

2)两膝微曲内扣,下蹲,臀外翻、圆裆。同时两臂向上划弧外展,呈环抱状,掌心向上如托物。小腹回收,腰放松,腹中以上放松后仰,头后仰观天,下颏内收。

3)头上顶,身体恢复1式,膝伸直,两腿向后绷直,泛臀塌腰,上身微前倾约35°,头上顶,下颏内含。同时两臂向上划弧前抱与肩平,掌心向内,与印堂等高。

4)重复动作2)和3),5～7次,再做动作2)1次,结束时,头上顶,身体直起。同时两手向上划弧至头顶上方,掌心相对,掌心内含,腕微内扣,与肩等宽。而后松肩落肘,两手体前下落,沿面至胸,转掌心向内,沿肋弓分手变叉腰,两脚踩气并拢。

**第八节 膝跪足面三节连**

(1)接上式,两手叉腰,两脚并拢,身体中正直立。

(2)臀缩紧,胯前靠,肩胛骨外撑内扣,含胸收腹,腰部放松,两肘微前合,头上顶,下颏内收,两膝放松,脚腕放松,慢慢尽量向下跪,使上身与大腿成一斜线。坚持时间越长越好。

（3）百会向前上方上顶,带动身体慢慢直起,全身放松,恢复动作(1)。

### 第九节 弹腿翘足描太极

（1）身体中正,重心右移,提左腿,大腿提平,小腿自然下垂。足尖上翘、下扣 3～5 次。足背连及趾划圆,先向内后向外各转 3～5 次(先练左侧)。动作要慢而匀,身体保持直立。

（2）绷直足背,轻轻向斜前方 45°角弹出,小腿与大腿成一直线。

（3）足尖上翘,足跟外蹬,足尖下点,足跟回收,反复 3～5 次。

（4）绷直足背,脚尖向内划圆三次,而后向外划圆三次。动作要慢而匀,身体保持直立。

（5）大趾下扣,小腿回收,足落回原处。而后右腿重复左腿动作。

### 第十节 回气归一转混元

（1）混元归一

1）接上式,松开叉腰两手,转拇指向前,虎口向上,掌心内含,两掌相对,与肩等宽,向体前斜下方伸出,体前捧气上升,举至头顶前上方,掌心相对如抱球状。

2）全身放松,松肩落肘,两臂由体左侧划弧下落。同时躯体也向左转动下蹲,身体尽量保持正直,臀不要后翘。蹲到合度,两臂也转到身体正前方。两手到膝前,松腕、手指向下。

3）身体向右转动,肩、肘、腕要稍微上起,两手从体右侧向上划弧至头顶,如此连转 3 圈。

4）再以同样要求由右侧下落,左侧上升,连转 3 圈。两手臂回到头顶上方时,静置不动,做 3 次正鹤首(同第一节"鹤首龙头气冲天"鹤首动作)。

（2）回气归一

1）双手如抱球往下拉,如覆头顶。而后两手掌根斜向里合,依掌根、掌、指的顺序边落边合(不要合拢)。而后松肩,肘向两侧下落,带动掌、指斜向下拉、外开,至中指尖落至两耳上沿,掌指与小臂成一斜线。而后两手沿原路线上升,先合后开,如 X 状。重复三次。

2）接上式,两手向上拢气,如抱球向头顶贯入,松肩落肘,体前下落,由面至胸,转掌心向内,指尖相对。由胸至腹,转手指向下,沿两腿正面下落,掌心按于足面,手指按于足趾。

3）两手下按,膝向前移,手心用意念透过足心,与地相接。而后上提,臀部向上起,两膝微起,意念将地气收回体内,下按上提反复 3 次。

4）两手稍起,微离足面,手心内含,两手在足面各向外转 90°,手心相对,指尖向下,于两足外侧如捧气球,意想把地气从地里拔出,捧在手中。而后两手经足面分开,手心对向两腿内侧,向上导引,经腹,转手心向内,指尖相对,升至与肩窝平,两手分开,以小指带动,转手心向前,立于肩前。

5）右手坐腕,向前推出,臂似直非直。

6）松腕,掌指向前放松,以小指带动,转掌心向左,以腰为轴,体向左转 90°,手向左拢气至 90°。

7）拇指掐于中指中节正中(中魁穴),其余四指轻轻并拢,曲肘绕肩,继续向后拢气,同时身体转回至正前方。而后,将手臂回归左胸前,中指点于左侧锁骨下缘中点之气户穴(乳头直上方)。

8)左手坐腕向前推出,臂似直非直,重复右手动作如(6)、(7)。

9)两大臂向前下方倾斜,与身体约成45°角,两小臂在胸前呈十字交叉状,而后作三次呼吸,先吸后呼。吸气时中指点按气户穴,呼气时中指微放松,同时默念"吽"(hōng)或"通"(tōng)。

10)松开掐诀手指,两小臂前推,与大臂成直角,两腕相接,转掌心向上,两腕转动至掌根相接(这一动作叫转莲花掌),呈 X 形。而后胸前合十。

**收式**

(1)三开合:两手于胸前,拇指对膻中穴,开合三次,两掌左右平开不超过两乳头。呈合十掌(掌心不接触)上升至拇指尖对鼻端,开合三次(左右平开不超过两颧骨)。合十掌(掌心不接触)上升至拇指第一指节对印堂,开合三次(两侧勿超过眉中)。合十掌(掌心不接触)上升至头顶,转掌指斜向后,拇指对囟门,开合三次(平开距离与印堂开合相同)。合十掌(掌心不接触)上升至头顶百会穴上方,距头顶 10cm,开合三次(左右平开不超过青龙角)。

(2)两掌相合上举,上拔,两手分开,转掌心向前,向两侧落下与肩平成一字,以小指带动,转掌心向上。然后两臂前合与肩等宽,掌臂微微内收,中指回照印堂穴。而后两肘回抽,两掌指回缩至第 6、7 肋间,用中指端向大包穴贯气。

(3)两手向后伸出,向两侧外展至体侧,以小指带动,转掌心向前,向体前拢气,贯入下丹田。两手重叠于肚脐前(男左手在里,女右手在里,手离脐约一指宽)。揉腹,先按左、上、右、下方向转 9 圈,由小到大;再按右、上、左、下的方向转 9 圈,由大到小(最大上不超过中脘,下不超过耻骨)。而后两手敷于肚脐,静养片刻。

(4)两手分开,还原至体侧,两眼慢慢睁开,恢复预备姿势。

# 第五节　药物调摄法

药物调摄法是在中医药理论的指导下,针对患者体质特征和证候类型,通过中药内服或外用,以增进健康,减轻和消除患者的形神功能障碍,从而促使身心健康的一种方法。中药具有"未病先防"、"既病防变"、"愈后防复"三个方面功效。对某些疾病的前期表现或危险因素进行中药干预,可以预防这些疾病的发生和发展,做到"未病先防";在疾病发展期间,可以调整脏腑经络功能,促使疾病有良好的转归,做到"既病防变";在疾病的后期,通过补益虚损、祛除痰瘀等,使正气恢复,邪去正安,做到"愈后防复"。

## 一、药物调摄法的作用

不同的中药由于其偏性和归经的差异而有着不同的治疗作用,不同的配伍方式也使得各种方剂有其特定的功效。药物调摄法正是通过药物及其配伍后具有的扶正固本、补虚泻实以及调和阴阳的作用,使先天之本充实,脏腑功能协调,机体阴阳平衡,从而达到治病强身、延年益寿的目的。

### (一)扶正固本

中医的药物养生,特别重视中药对人体正气的扶持作用。尽管病理状态有虚实之

笔记

分,但正气不足是疾病发生的根本原因。正如《素问遗篇·刺法论》说:"正气存内,邪不可干",《素问·评热病论》说:"邪之所凑,其气必虚",这些都说明正气在发病中起主导作用,所以运用中药扶助正气,可以调动机体的一切积极因素,增强抗病能力,以防止病邪的侵袭或及早祛邪外出。

需要注意的是,一味追求补益有失偏颇,所以在重扶正的基础上,一定要结合体质类型和证候表现进行辨体或辨证施治。

### (二)补虚泻实

机体的偏颇,不外虚实两大类,治疗应以"虚则补之,实则泻之"为原则。虚者表现为气血阴阳的不足,应以药物补虚扶正;实者表现为气血痰食的壅滞,应以药物祛邪泻实,如此才能达到增进健康、促进病体康复、益寿延年的目的,正如《中藏经》所云:"其本实者,得宣通之性必延其寿;其本虚者,得补益之情必长其年。"

### (三)调和阴阳

"阴平阳秘,精神乃治"。进补的目的在于协调阴阳,使其恢复"阴平阳秘"的动态平衡,因此,治宜恰到好处,不可过偏。《素问·至真要大论》指出:"谨察阴阳之所在而调之,以平为期。"对于阴阳某方偏胜有余的状态,可"损其有余",如阴寒偏盛的实寒证,可用温里药调治;对阴阳某方虚损不足的情况,当"补其不足",如阳虚所致的虚寒证,可用温阳补虚药以制约阴的相对偏盛。

## 二、药物调摄法的原则

合理应用药物调摄,在一定程度上可起到防病治病和促进机体康复的作用。但在具体运用时当因人、因病而异,把握好用药的尺度。

### (一)辨(体)证施治

不同的人呈现各自的体质特征,有阴虚、阳虚、阳盛、痰湿、血虚、血瘀、气郁、气虚之分,用药物养生调补,应在辨识体质的前提下才能进行。由于病患者有虚实寒热证候之别,在临床康复治疗时,必须在辨证的基础上施以相应的药物进行调治。否则,不识体质、不辨证候,滥施药物,不仅于身体无益,反而会妨害身体健康或加重病情。

### (二)顾护脾胃

脾胃为后天之本,是气血化生的源泉,唯有脾胃转输敷布能力正常,才能将药物送达脏腑经络以发挥其效力。因此,药物调摄时还应顾护脾胃的功能。特别是用滋补类药物进行调摄时,因恐滋腻碍胃,常在滋补药中配合调气理脾类药物。

### (三)补宜适度

药物调摄的目的在于利用药物的偏性协调人体的阴阳,不仅仅是指进补。即使用药物进补,也不可过偏。过偏则反而成害,导致阴阳失衡,使机体遭受又一次损伤。例如,虽属气虚,但一味大剂补气而不顾及其他,补之太过,反而导致气机壅滞,出现胸、腹胀满,升降失调;虽为阴虚,但一味大剂养阴而不注意适度,补阴太过,反而遏伤阳气,致使人体阴寒凝重,出现阴盛阳衰之候。所以,补宜适度,适可而止。

### (四)缓图功效

人体的衰老是个复杂而缓慢的过程,任何延年益寿的方法,都不可能见效于朝夕之间,药物调摄也不例外,很难在短时间内有非常显著的养生效果。因此,用药宜缓图功效,要有一个渐变的过程,切忌急于求成。

此外,在运用中药进行调摄时,还应结合地域和季节特点合理用药。

## 三、常用养生方药介绍

### (一)养生中药

养生中药品种甚多,在历代的医家本草著作中均有记载。这类药物,既有补虚之功,亦有调理之效。此处主要介绍补益类中药,有病用之,可扶正祛邪,无病用之,可扶正强身。养生中药依据其补益作用的不同,分为补气养血类和滋阴助阳类。

1. 补气养血类中药　补气药与养血药常共同运用,因为血虚常兼见气虚,补气亦可以帮助生血,如当归补血汤中重用黄芪就是一个很好的例子。同时,补气健脾,脾为气血生化之源,脾胃健旺,则气血化生有源,故补血药常与健脾益气药同用。另外,补血类药中,如熟地、首乌、阿胶等,其性滋腻,易碍脾胃,当归、首乌等,又具滑肠作用,易于导致腹泻,故本类药在应用过程中常常辅以扶脾健胃的药物,既可防滋腻滞伤脾胃之弊,又可助脾胃对药物之运化,使药力直达病所,而起补益虚损的功效。

(1)人参:性平、微温,味甘、微苦。归脾、肺、心经。有大补元气,复脉固脱,补益脏气,生津止渴,安神益智之功效。《证类本草》曰:"人参……主补五脏,安精神,定魂魄,止惊悸,除邪气,明目,开心,益智,疗肠胃中冷,心腹鼓痛,胸胁逆满,霍乱吐逆,调中,止消渴,通血脉,破坚积,令人不忘。久服轻身延年。"凡是元气不足、阳痿、尿频、精少不育、妇女崩漏以及肺虚作喘、消渴、腹胀纳呆、久泻脱肛、久病体虚者,都可适当选用。

(2)白术:性温,味苦、甘。归脾、胃经。有补气健脾,燥湿利水,止汗,安胎之功效。正如《神农本草经》曰:"气味甘温,无毒,治风寒湿痹、死肌、痉疸,止汗、除热、消食。"因此可用于脾虚食少,腹胀泄泻,痰饮眩悸,水肿,自汗,胎动不安等病症。

(3)黄芪:性微温,味甘。归肺、脾、肝、肾经。有补脾升阳、益气固表、托疮生肌、利水消肿之功效。《本草汇言》载"黄芪,补肺健脾,卫实敛汗,驱风运毒之药也……"。可用于治疗气虚乏力,中气下陷,久泻脱肛,便血崩漏,表虚自汗,痈疽难溃,久溃不敛,血虚萎黄,内热消渴等。

(4)灵芝:性平,味甘。归心、肺、肝、肾经。《神农本草经》把灵芝列为上品,谓紫芝"主耳聋,利关节,保神益精,坚筋骨,好颜色,久服轻身不老延年",谓赤芝"主胸中结,益心气,补中增智慧不忘,久食轻身不老,延年成仙"。可用于虚劳、咳嗽、气喘、失眠、消化不良等。

(5)山药:性平,味甘。归脾、肺、肾经。有补脾养胃,生津益肺,补肾涩精之功效。《本草纲目》谓其"益肾气,健脾胃,止泄痢,化痰涎,润皮"。适用于脾虚腹泻,肺虚咳嗽,小便短频,遗精,妇女带下以及消渴病等。

(6)茯苓:性平,味甘淡。入心、肺、脾经。有渗湿利水,健脾和胃,宁心安神的功效。《日华子本草》载"补五劳七伤,安胎,暖腰膝,开心益智,止健忘"。因此脾虚小便不利、水肿胀满、痰饮咳逆、呕逆、恶阻、泄泻、遗精、淋浊、惊悸、健忘等均可选用。

(7)何首乌:性微温,味苦、甘、涩。归肝、肾经。何首乌有赤、白两种,都有养血益肝,固精补肾的功效。《开宝本草》称其"益血气,黑髭鬓,悦颜色"。临床上常用于血虚头昏目眩、心悸、失眠,肝肾阴虚之腰膝酸软、须发早白、耳鸣、遗精,肠燥便秘,久疟体虚,风疹瘙痒,疮痈,瘰疬,痔疮等。

(8)地黄:地黄有生熟之分:生地黄性寒,味甘、苦。入心、肝、肾经。具有清热凉血,养阴生津的功效,适用于血虚内热之体;熟地黄性微温,味甘。归肝、肾经,具有补血养阴,填精益髓的功效,适用于阴虚血少诸证。李时珍《本草纲目》记载地黄可"填骨髓,长肌肉,生精血,补五脏,内伤不足,通血脉,利耳目,黑须发",全面地概括了熟地黄的养血扶正,防衰延年的作用。

(9)当归:性温,味甘、辛。归肝、心、脾经。有补血活血,调经止痛,润肠通便之功。《日华子本草》载:"破恶血,养新血,及癥癖、肠胃冷。"故临床适于血虚萎黄、眩晕心悸、月经不调、经闭痛经、虚寒腹痛、肠燥便秘、风湿痹痛、跌扑损伤、痈疽疮疡。

(10)楮实子:性寒,味甘。入肝、脾、肾经。是古代常用的养血类扶正药物。有补肾清肝、明目、利尿之功。《日华子本草》曰其"壮筋骨,助阳气,补虚劳,助腰膝,益颜色"。临床上常用治腰膝酸软、虚劳骨蒸、头晕目昏、目生翳膜、水肿胀满等症。

(11)阿胶:性平,味甘。入肺、肝、肾经。有补血,止血,滋阴润燥的功效。《神农本草经》谓其"久服,轻身益气"。《本草纲目》认为该药可"和血滋阴,除风润燥,化痰清肺,利小便,调大肠"。常用于治疗阴虚心烦失眠、虚劳咳嗽、肺痈吐脓、吐血衄血、便血、崩带、胎动不安等症。

(12)枸杞子:性平,味甘,归肝、肾、肺经。有养肝、滋肾、润肺之功。《本草疏经》谓之"润而滋补,兼能退热,而专于补肾、润肺、生津、益气,为肝肾真阴不足,劳乏内热补益之要药"。故适用于肝肾亏虚所致的头晕目眩、目视不清、腰膝酸软、阳痿遗精、虚劳咳嗽、消渴引饮等。

2. 滋阴助阳类中药 凡能补助人体阳气,改善虚寒体质,治疗阳虚证候的药物,称为助阳药。凡能滋养阴液,生津润燥,改善阴虚体质,治疗阴虚证候的药物,称为滋阴药。

(1)鹿茸:性温,味甘、咸。入肾、肝经。有壮肾阳,补精髓,强筋骨,调冲任,托疮毒之功效。《本草纲目》谓其"生精补髓,养血益阳,强筋健骨"。适用于肾阳虚衰引起的头晕目暗、耳聋、阳痿、滑精、宫冷不孕、畏寒怕冷、腰脊冷痛、筋骨痿软、崩漏带下,以及阴疽不敛及久病虚损等症。

(2)肉苁蓉:性温,味甘、咸。归肾、大肠经。具有补肾阳,益精血,润肠通便的功效。《神农本草经》将其列为上品,谓其"主五劳七伤……养五脏,强阴,益精气……久服轻身"。男子肾虚阳痿,女子冲任失调以及老人、产后、病后肾虚精亏、肠燥便秘等证均可适当选用。

(3)巴戟天:性温,味辛、甘。归肝、肾经。有补肾助阳、强筋壮骨、祛风除湿之功效。《神农本草经》载其"主大风邪气,阴痿不起,强筋骨,安五脏,补中增志益气"。适用于肾虚阳痿,遗精早泄,少腹冷痛,小便不禁,宫冷不孕,风寒湿痹,腰膝酸软等症。

(4)淫羊藿:性温,味辛、甘。归肝、肾经。有补肾阳,强筋骨,祛风湿之功效。《日华子本草》记载:"治一切冷风劳气,补腰膝,强心力,丈夫绝阳不起,女子绝阴无子,筋骨挛急,四肢不任,老人昏耄,中年健忘。"适用于阳痿遗精,筋骨痿软,风湿痹痛,麻木拘挛等。

(5)紫河车:性温,味甘咸。归肺、心、肾经。有补肾益精,益气养血之功。《本草拾遗》言其"主气血羸瘦,妇人劳损,面黩皮黑,腹内诸病渐瘦悴者"。《本草经疏》认为,该药具有"返本还元之功"。适用于虚损、羸瘦、咳血气喘、劳热骨蒸、遗精等症。

(6)补骨脂:性温,味辛、苦。归肾、心包、脾、胃、肺经。有补肾助阳,纳气平喘,温脾止泻之功效。《本草经疏》谓其"以其能暖水脏,补火以生土,则肾中真阳之气得补而上升,则能腐熟水谷,蒸糟粕而化精微,脾气散精上归于肺,以荣养乎五脏,故主五脏之劳,七情之伤所生病"。适用于肾阳不足,下元虚冷所致的腰膝冷痛、阳痿遗精、尿频、遗尿;肾不纳气,虚喘不止;脾肾两虚,大便久泻,以及白癜风,斑秃,银屑病等。

(7)菟丝子:性平,味辛甘。入肝、肾二经。具有补肾益精、养肝明目、安胎的功效。《神农本草经》:"主续绝伤,补不足,益气力……久服明目,轻身延年。"可用于腰膝酸痛、阳痿、早泄、遗精、遗尿、尿频余沥、耳鸣、头眩眼花、视力减退、先兆流产、带下等病症。

(8)山茱萸:性微温,酸、涩。归肝、肾经。有补益肝肾,涩精固脱之功效。《药性论》载其"止月水不定,补肾气,兴阳道,添精髓,疗耳鸣,止老人尿不节"。故适用于眩晕耳鸣,腰膝酸痛,阳痿遗精,遗尿尿频,崩漏带下,大汗虚脱,内热消渴等症。

(9)沙参:南沙参性凉,味甘、微苦。归肺、肝、脾经。北沙参性凉,味甘、苦、淡。归肺、胃、脾经。两者均可以润肺止咳,养胃生津,温病后或秋季燥伤津液,可适当选用。《本草从新》曰:"专补肺阴,清肺火,治久咳肺痿。"《饮片新参》载:"养肺胃阴,治劳咳痰血。"南沙参偏重于清肺祛痰,北沙参偏重于养胃生津,同中有异,应予以重视。

(10)天冬、麦冬:天冬性寒,味甘、苦。归肺、肾、胃、大肠经。有养阴生津,润肺清心的功效。《神农本草经》谓天冬"久服轻身益气,延年不饥"。麦冬性微寒,味甘、微苦。归心、肺、胃经。有养阴生津,润肺清心的功效。《神农本草经》谓麦冬"久服轻身,不老不饥"。可见两者都能养阴生津,然而,前者重在肺肾,后者重在心胃。凡五劳七伤、阴虚内热、须发早白以及精髓不足的痿躄、偏枯,可选用天冬;而心阴虚、心烦心悸以及胃热津亏、口渴引饮等,则应选用麦冬。

(11)百合:性微寒,味甘。归心、肺经。有养阴润肺,清心安神的功效。《日华子本草》载:"安心,定胆,益志,养五脏。"适于温病后期余邪未清,肺痨久嗽、痰中带血以及虚烦惊悸,脚气浮肿等证。

(12)玉竹:性平,味甘。归肺、胃经。有滋阴润肺,养胃生津之功效。李时珍提出:"余每用治虚劳寒热,疟疾及一切不足之症,用代参、芪,不寒不燥,大有殊功。"凡燥热伤肺,胃热津伤,五劳七伤,以及阴虚之体感受外邪者,均可适当应用。

(13)黄精:性平,味甘。归肺、脾、肾经。具有滋肾润肺,补脾益气的功效。《日华子本草》谓其:"补五劳七伤,助筋骨,止饥,耐寒暑,益脾胃,润心肺。"产后、病后体虚不易恢复,五劳七伤,髓精不足,以及未老先衰,须发早白,皆可选用该药。

(14)女贞子、旱莲草:女贞子性凉,味甘、苦。归肝、肾经。有补肝肾阴,乌须明目之功效。《本草纲目》曰"强阴,健腰膝,变白发,明目"。旱莲草性寒,味甘、酸。入肾、肝、胃、大小肠经。有滋补肝肾,凉血止血的功效。《本草纲目》载其能"乌髭发,益肾阴"。两者都养阴补肾,常配伍应用,不同之处在于旱莲草性寒,兼有凉血止血的作用。两味相配组成的二至丸,具有补腰膝、壮筋骨、强阴养血、乌髭黑发作用,是著名的扶正延衰方剂。

(15)龟板、鳖甲:龟板性寒,味甘、咸。归肝、肾、心经。有滋肾潜阳,益肾健骨,养血补心的功效。《本草纲目》:"补心、补肾、补血,皆以养阴也……观龟甲所主诸病,皆属阴虚血弱。"鳖甲性寒,味咸。有滋肾潜阳,软坚散结的功效。两者都具有滋阴潜阳的作用,适用于阴虚劳热之人,不同之处在于,龟板长于滋补肾阴而通任脉,鳖甲则可软坚消癥,善治胁下痞块。龟板熬胶则功效尤佳,以龟板胶和鹿角胶为主要组成成分的"龟鹿二仙胶"是养神益智、益气助阳、滋补强壮、延年益寿之良方。

### （二）养生方剂

保健养生方多是针对年迈体弱者而设,纵观历代医药古籍所载之延年益寿方,多以温肾补脾、滋养肝肾为主。

1. 温阳补气类　本类方重在温补肾阳,补脾益气,药物多以温性为主。盖肾为先天之本,元阳所在,肾气旺盛,有益于延缓衰老;脾居中焦,灌溉四旁,脾气健旺,则气血充盛、周身得养。

（1）十精丸（《普济方》）:方由枸杞子、熟地黄、桂心木、菊花、山茱萸、菟丝子、肉苁蓉、蜀椒、柏子仁、白茯苓组成。功用温肾助阳,滋精填髓,养心益智,疏风明目。适用于肾阳不足,精神衰弱,须发早白,头昏目眩,健忘失眠者。久服可使头白返黑,面如童,四肢轻健。方名十精者,是言此十种药物乃木、火、土、金、水、地、树、松、日、月之精华。

（2）万氏延寿丹（《万氏积善堂秘验滋补诸方》）:方由川乌、南木香、苍术、花椒、小茴香、白茯苓组成。功用温肾助阳,暖脾和中,兼益心智。适用于脾肾阳虚,形寒喜暖,腰膝冷痛,小便频数,夜尿频多,须发早白,精神倦怠,纳少便溏者服用。凡阴虚火旺或阳气素盛者均当忌服。

（3）无价保真丸（《验方新编》）:方由九制熟地、酒浸金石斛、全当归、酒浸炒川芎、姜汁炒杜仲、人乳拌蒸白茯苓、酒炒甘草、酒炒金樱子、仙灵脾组成。功用益精补髓,兴阳益寿。可治一切虚损诸疾,服至一月面目光泽,半年后返老还童,房事无异,少年百病不生,冬月手足不冷,夏月身体不热,男子须发不白,妇女能多生育。

（4）青娥丸（《太平惠民和剂局方》）:方由胡桃、酒浸炒补骨脂、蒜、杜仲组成。功用壮筋骨,活血脉,乌须发,益颜色。适用于肾阳亏虚,腰膝酸软,久服可以延缓衰老。

（5）神仙五子丸（《烟霞圣效方》）:方由覆盆子、五味子、醋炒蛇床子、酒炒菟丝子、巴戟天、白茯苓、川断、酒炒肉苁蓉、酒炒牛膝、枸杞子、山药、熟地、肉桂、槟榔、熟附片、麸炒枳实、炮姜组成。功用温肾助阳,生精益髓。适用于肾阳不足,气阴两亏,腰膝冷痛,下肢无力,食少纳呆,须发早白者。方中五子系指覆盆子、五味子、枸杞子、蛇床子、菟丝子,能补肾种子,暖男子阳气,助女子阴气,促进性功能,延缓衰老。

（6）参杞膏（《中成药研究》）:方由党参、枸杞子加蜂蜜炼膏而成。功用补肝明目,滋肾润肺。适用于肝肾阴亏,头晕目眩,腰背酸痛等症,久服可补虚益精,延缓衰老。

（7）红枣膏（《药用果品》）:方由大红枣加水熬成膏状,拌白糖而成。功用健脾和胃,补气养血。适用于脾胃虚弱,气血不足,面色萎黄,倦怠乏力,心悸健忘,失眠多梦,饮食减少,腹胀便溏,皮肤紫癜,易于出血等。俗谚谓:一日吃三枣,终生不显老。《本草纲目》亦载有用红枣与地黄末为丸服,"百日面如桃红,三年身轻不老"。

（8）益气聪明丸（《证治准绳》）:方由党参、黄芪、升麻、葛根、蔓荆子、白芍、酒炒川柏、炙甘草组成。功用补中益气,明目健脑。适用于中气不足导致的眩晕、耳鸣、头痛、头重等症。

（9）容颜不老丹（《奇效良方》）:方由生姜、大枣、白盐、甘草、丁香、沉香、茴香组成。功用温补脾肾,扶正固本。适用于脾肾阳虚,形寒喜暖,腰膝酸痛,精力衰减,食少便溏者,凡有内热者应予禁用。本方宜清晨服,有利于补肾强身。

(10)药酒秘方(《经验良方》):方由生羊肾、沙苑蒺藜、桂圆肉、仙灵脾、仙茅、薏苡仁组成,用低度白酒浸半月而成。功用延龄益肾,乌须黑发。

(11)精神药酒(《中医免疫》):方由白晒参、枸杞子、干地黄、仙灵脾、沙苑子、母丁香、沉香、远志肉、荔枝核组成,以白酒浸泡45天后而成。功用益气生精。适用于老年体虚,元气大亏,精神不足,头晕目眩,四肢麻木,饮食减少,夜寐不安等症。久服则精神倍增,延年益寿。

2. 滋阴养血类 本类方重在滋肝养血,滋阴养肾,药物多以寒性、平性为主。盖肝藏血、主筋,肝之气血充盛,则筋力强健、运动灵活;腰为肾之府,亦是元阴之所居,加之肾藏精、主骨,肾阴得滋则腰膝强,以收保健延年之效。

(1)二灵丹(《御药院方》):方由何首乌、怀牛膝等组成。功用强壮筋骨,乌须黑发。适用于肝肾阴亏,精血不足,头晕目眩,须发早白,久服轻身,延缓衰老。方中首乌补肝肾,益精血,不寒不燥,补而不腻,很适合年老体弱者服用。用大枣制可以健脾开胃。配怀牛膝补益肝肾,活血行滞,使首乌补而不腻,功效更强。

(2)扶桑至宝丹(《摄生秘剖》):方由嫩桑叶末、黑芝麻、白蜜组成。功用滋肝补肾,养血乌发。适用于肝肾不足,精亏血少,须发早白,头昏健忘,形体消瘦者。凡阳虚便溏者慎用。方中桑叶祛风明目,《本草纲目》谓桑叶"明目长发",《图经本草》载桑叶"煎以代茶饮,令人聪明"。黑芝麻能滋补肝肾,乌须黑发,《抱朴子》谓其"耐风湿,补衰老"。

(3)女贞子膏(《中草药制剂方法》):方由女贞子加白糖熬膏而成。功用补肾乌发。适用于肝肾不足,头发早白,目眩耳鸣,夜寐不安,心悸健忘,腰腿酸软等症。《本草纲目》载:女贞子"强阴健腰膝,变白发,明目"。《本草备要》谓女贞子"益肝肾,安五脏,强腰膝,明耳目,乌须发,补风虚,除百病"。

(4)却老七精散(《遵生八笺》):方由茯苓、地黄花、桑寄生、菊花、竹实、地肤子、车前子组成。功用固精延年,聪耳明目。适用于肝肾阴亏,兼有湿热者,症见腰脊酸痛,小便不利,目涩羞明等。方中茯苓,《神农本草经》谓其"久服安魂养神,不饥延年"。地黄花滋阴养血。菊花甘寒,明目养肝。桑寄生补养肝肾,强壮筋骨。竹实,又名竹米,为禾本科竹类植物的颖果,《中国医学大辞典》谓"此物得金水之精,味甘胜蜜,食之令人心肺清凉"。地肤子、车前子均可明目耐老。

(5)首乌延寿膏(《世补斋医书》):方由熟首乌、豨莶草、菟丝子、炒杜仲、怀牛膝、女贞子、桑叶、忍冬藤、细生地、桑椹膏、黑芝麻膏、金樱子膏、旱莲草膏等组成。功用填精益髓,乌发明目。适用于肝肾阴虚所致的头晕目眩、须发早白、耳鸣耳聋等。

(6)不老丹(《普济方》):方由莲子肉、藕节、白茯苓、枸杞子、熟地黄、九节菖蒲等组成。功用补阴生精,健脾益气,养心安神。适用于肾精不足,心脾两虚,未老先衰,精力衰减,记忆力减退,须发早白,食少纳差,男子遗精,女子带下者。本方药性平和,补肾强精而不腻胃,健脾燥湿而不伤津,一般人均可服用。莲子肉为本方之君药,《神农本草经》谓其有"补中养神,益气力,除百疾,久服轻身耐老,不饥延年"之功效。藕节清热凉血。九节菖蒲开窍醒神,除湿化痰,开胃消积。白茯苓健脾利湿,益智安神。枸杞子、熟地黄养血填精。

(7)长生固蒂方(《寿世保元》):方由人参、枸杞子、山药、北五味子、天冬、生地、麦冬、熟地等组成。功用大补虚弱,乌须黑发,久服面色红润有光泽。适用于精气衰

少,心肾两亏,形体消瘦,身倦肢乏,须发早白,男女不孕者。方中之生地、熟地、天冬、麦冬、山药、枸杞,均为滋补阴精之品,与人参相合,大补元气。本方久服,其效尤著。凡阳气不足,脾胃虚弱,畏寒肢冷,脘腹冷痛,大便溏薄者不宜服用。

(8)延年不老散(《太平圣惠方》):方由熟地黄、天门冬(去心)、菖蒲、五味子、远志(去心)、石韦(去毛)、白茯苓、桂心组成。功用补益五脏之阴。适用于阴精亏虚,精力衰减,健忘失眠,咳痰气喘者服用。阳虚者慎用。本方补而不腻,滋而不塞,性质和平,可以长期服用。

(9)沙苑子丸(《老年病》):方由沙苑子、玉竹、金银花、胡麻仁等组成。功用补肾祛风,润燥止痒。适用于阴亏津少,口燥咽干,皮肤干燥,瘙痒多屑,久服效佳。方中沙苑子,又名沙苑蒺藜,能养肝明目,润泽瞳仁,补肾固精,强阳有子,不烈不燥,和平柔润,久服则乌发身轻。配伍玉竹养阴润燥,柔筋泽肤。金银花清热。麻仁润肠滋养,久服肥健。

(10)健忘丸(《证治准绳》):方由天门冬、远志、白茯苓、熟地黄组成。功用养阴安神。适用于年老体弱,阴血亏虚,头晕目眩,失眠多梦,痰中带血等症。久服令人不忘,耳目聪明,身体轻健。方中天冬性味甘寒,清肺养阴,润燥生津。远志、茯苓养心安神。熟地补阴养血。

(11)黄精丹(《全国中药成药处方集》):方由黄精、当归等组成。功用强壮补血。本方适用于气血亏虚,面黄肌瘦,饮食减少,爪甲无华者补养。黄精性味甘平,《日华子本草》谓其"补五劳七伤,助筋骨,止饥,耐寒署,益脾胃,润心脾"。

## 四、养生康复中药的用法

中药的用法主要有两种途径,即内服和外用,根据保健和治疗的需要,选择适宜的用药方式。

### (一)内服

中药内服的剂型很多,常用的如汤、丸、散、膏等,依据保健对象的具体情况,在辨体质辨证候的基础上,有针对地性进行选择。其具体内容参见相关学科内容。

> **知识链接**
>
> **服药时间与子午流注规律相结合能提高药物疗效**
>
> 子午流注揭示了人体生理现象均有一定的规律,即每日的12个时辰对应人体12条经脉。由于时辰在变,因而不同的经脉在不同的时辰也有兴有衰。1. 卯时(5点至7点)大肠经旺,有利于排泄;2. 辰时(7点至9点)胃经旺,有利于消化;3. 巳时(9点至11点)脾经旺,有利于营养吸收;4. 午时(11点至13点)心经旺,有利于血液循环;5. 未时(13点至15点)小肠经旺,有利于吸收营养;6. 申时(15点至17点)膀胱经旺,有利于水液;7. 酉时(17点至19点)肾经旺,有利于贮藏一日的脏腑之精华;8. 戌时(19点至21点)心包经旺,再一次增强心的力量,心火生胃土有利于消化;9. 亥时(21点至23点)三焦通百脉,人进入睡眠,百脉休养生息;10. 子时(23点至1点)胆经旺,胆汁推陈出新;11. 丑时(1点至3点)肝经旺,肝血推陈出新;12. 寅时(3点至5点)肺经旺,将肝贮藏的新鲜血液输送百脉。

### (二)外治

中药外治法是以中草药煎煮或捣烂之后,通过对全身、局部、腧穴,进行熏蒸、浸浴、烫洗、敷贴等方式,达到养生康复目的的一种方法。同内治法相比,外治的药物不需要经过消化、吸收、输布等过程,可直接作用到疾病部位。因此,较为安全、有效,尤其对老幼虚弱之体、拒绝服药之人、不能服药之病症更为适宜。中医外治宗师吴师机在《理瀹骈文》中说:外治可"统治百病"。指出外治法适用范围广泛,可用于多种慢性病康复治疗。常用的外治法有烫洗疗法、熏蒸疗法、熨敷疗法、贴敷疗法、药枕疗法等。

1. 烫洗疗法　是指选配某些中草药制成煎剂,乘热进行局部或全身浸洗,以促进病人康复的方法。古称"浸渍法"。本法常趁药液温度高,蒸汽多时,先予熏蒸,然后在温度下降到能浸浴的温度时(一般为 37～44℃左右)再浸洗。当药液温度低于体温,则应停止。一剂药液常可反复加温使用5～6次。烫洗时间可视具体病情而定,一般以 20～25 分钟为宜。

烫洗疗法是利用水温和药物的有效成分来发挥效用的,主要具有温经散寒、活血化瘀通络等作用,适用于风寒湿痹及各种跌扑损伤。如风湿痹痛偏寒者,可用草乌、羌活、独活、干姜、桂枝、伸筋草、川芎、丹参、鸡血藤、络石藤等组方煎汤烫洗;跌打损伤后的瘀肿疼痛则常用桃仁、红花、川芎、赤芍、鸡血藤等组方烫洗。

2. 熏蒸疗法　是利用药物煮沸后产生的蒸汽来熏蒸身体,以达到治疗疾病、养生保健目的的方法。由于蒸汽对身体的蒸腾作用,可使全身经络涌动,血液运行畅旺,药力经皮肤直达各脏腑,无处不至,可起到滋养津液、滋润肌肤、健脾和胃、壮肾利水的作用。周身多处疼痛痿软,可熏蒸全身;某一肢体或局部为患,则宜熏蒸局部。此法可用来治疗风寒湿三邪所致病症,以及气虚下陷、气血瘀滞、湿阻脉络等病症。但是凡有心脏病、高血压、肺结核、肝炎、肿瘤,或孕妇、妇女月经期间,均不宜采用熏蒸疗法。

3. 熨敷疗法　是将药物或其他物体炒热熨敷患处,借助药性和温度的物理作用,使腠理开阖、气血通调,达到治疗目的的一种方法。有宣散止痛、祛风除湿、行血消瘀、调整脏腑等功效。适用于湿痹、肌肉萎缩、消化不良、脘腹疼痛、血虚寒凝等病证。

熨敷疗法包括直接熨敷法和间接熨敷法。直接熨敷法是将加热后的药物直接敷于患部或穴位上,外以布包扎,以迫使药气直接透入机体。间接熨敷法又称药包熨敷法,是将煮好或炒热的药物,用纱布或者布袋包好,熨帖予患处或者穴位。

4. 贴敷疗法　此种疗法是指将加工处理后的药物,借助薄贴、油膏、敷贴等直接作用于患病部位,以达到治疗疾病的目的的外治疗法。包括薄贴疗法、油膏疗法、敷贴疗法等。主要具有疏通经络作用,多用于如痹证、痿证、骨折、伤筋等病症的恢复期;亦可用于脏腑功能失调的病证。

薄贴疗法是以膏药贴附患部或穴位,以治疗疾病的一种方法,又称"膏药疗法"。《医学源流》有"今所用之膏药,古人谓之薄贴"的记载,薄贴疗法所用的膏药称为硬膏。薄贴可黏附于患病局部,通过皮肤、腠理使药效透入机体而发挥治疗作用。

油膏疗法是将药物和油类煎熬或捣匀成膏的制剂,贴敷于患处和穴位,以达到治疗目的的一种外治疗法。油膏相对于硬膏而言,具有柔软、润滑、无板硬黏着不舒的感觉,尤其可深入病灶凹陷折缝之处,故又称为软膏。

敷贴疗法是将干、鲜药物研为细末或捣烂后,根据病情的性质与疾病发展的不同阶段,加入适量的鸡蛋清、水、酒、醋、蜂蜜、油等赋型剂,调和成糊状,直接涂敷于患处或腧穴上,以达到康复目的的一种外治疗法。

中药外治疗法丰富多彩,还有药枕疗法、药浴疗法、药带疗法以及中药离子导入等疗法,可以酌情选用。

笔记

# 第六节 针灸调摄法

针灸调摄法是指将中医针灸疗法应用于养生康复的调摄方法。针灸疗法是中医防治疾病的重要方法,它是在中医理论尤其是经络腧穴理论的指导下,采用针刺、艾灸等具体方法来防治疾病的治疗方法。针灸疗法是重要的中医外治疗法,属于非药物疗法,因此,无药物毒副作用是其突出特点与优势。

针灸疗法是一类治疗方法的统称,凡是以刺激经络、穴位为治疗手段的各种治疗方法均可统称为针灸疗法。具体来说,它包括针刺疗法、灸法(主要采用艾灸法)、拔罐法、刮痧疗法及药物穴位贴敷疗法等。上述方法各具特点。在疾病的治疗与康复方面,多应用针刺疗法;在以防病延年为主要目的的中医养生方面,艾灸法应用最多,其次是拔罐法、刮痧疗法及药物穴位贴敷疗法。

## 一、针刺调摄法

针刺调摄法是在中医基础理论的指导下,应用毫针等针具刺激人体的经络腧穴,运用针刺手法激发经络气血,以通行经气、调整脏腑、平和阴阳,达到强壮身体、益寿延年与促进疾病康复目的的养生康复方法。《素问·刺法》云:"故刺法有全神养真之旨也,法有修真之道,非治疾也",说明古人在两千多年前就已经认识到针刺法具有养生之功效。

针刺养生方法重在强壮身体,提高机体正气水平,增强身体抗病能力。《灵枢·本藏》指出:"经脉者,所以行气血而营阴阳,濡筋骨,利关节者也",即运用针刺手法、刺激经络或腧穴,调节气血运行状态,提高机体新陈代谢能力,使机体正气旺盛,祛邪于外,以达到预防疾病的发生或防止疾病传变的作用。针刺康复方法重在恢复经络、脏腑及气血的失衡状态,纠正机体的偏盛偏衰,最终达到"阴平阳秘"的健康状态。

### (一)针刺调摄法的作用

针刺之所以能达到够养生、康复的目的,主要是通过刺激某些具有强壮效用或促进疾病恢复的穴位,以激发体内经气,促进气血运行,补虚泻实,使正气充盛,脏腑阴阳协调。针刺调摄法的机理与作用,主要体现在以下四个方面。

1. 疏通经络 《灵枢·经别》曰:"十二经脉者,人之所以生,病之所以成,人之所以治,病之所以起。"《灵枢·邪客》亦云:"此所谓决渎壅塞,经络大通,阴阳和得者也。"上述经文强调了经络与人的健康关系甚为密切。经络是气血运行的通道,经络不通,则气血运行受阻。因此,经络通畅、气血调和是健康的基本保证。经络不通、气血失和是导致机体不适与疾病的产生的重要因素。针刺调摄是通过刺激经络、腧穴,进而疏通经络、调和气血,使气血畅达人体四肢百骸。《灵枢·九针十二原》指出:"欲以微针,通其经脉,调其血气",认为针刺能疏通经络、调和气血。在选用针刺疗法调摄身体时,针刺前的"催气"、"候气",刺后的"得气",其目的都是为了疏通经络、调和气血。如果机体某一局部的气血运行不畅,针刺即可通过激发经气来促其通达。所以,针刺的作用首先在于"疏通"。经络通畅无阻,机体各部分才能密切联系,共同完成新陈代谢活动,人体才能健康无病而延年。

2. 调理脏腑 脏腑虽然深居腹里,但它的功能状态可通过经络表现出来。它的正常与否直接影响整体的功能活动。《灵枢·海论》指出："夫十二经脉者,内属腑脏,外络于肢节",说明以五脏为中心的人体,是通过经络把四肢百骸、五官九窍、皮肉筋骨等组织器官与五脏六腑紧密联系在一起的。针刺通过作用于经络腧穴,来调节相应脏腑的功能活动,达到调理脏腑的目的。譬如:针刺心经、心包经腧穴,可以通调心脉,脉道通利,以达到宁心安神的目的;针刺脾经、胃经腧穴,可以调节脾胃功能,使脾胃受纳、消化、吸收、运化水谷的功能正常,气血生化有源。六腑以通为用,气血不通会引发疾病的发生。针刺六阳经腧穴可起到通调六腑之气的作用,使饮食物进入体内后的受纳、消化、吸收和排出体外的整个过程通畅,保持六腑功能通降,实而不满。

3. 补虚泻实　《灵枢·九针十二原》指出:"虚实之要,九针最妙。补泻之时,以针为之",《灵枢·邪客》亦谓:"补其不足,泻其有余,调其虚实以通其道,而去其邪。"经文提示,针刺调摄法可以起到补虚泻实的作用。在一般情况下,人体也有可能出现一些虚实的偏盛与偏衰。针刺则能根据具体情况,及时纠正这种偏差,虚则补之,实则泻之。补泻得宜,可使弱者变强,盛者平和,以保健康。

4. 调和阴阳　中医认为,疾病的发生,从根本上说是阴阳的相对平衡遭到破坏、由此出现阴阳偏盛偏衰的结果。人之所以处于健康状态,就是处于一种阴阳相对平衡的动态平衡状态,即"阴平阳秘,精神乃治"。因此,调整阴阳、恢复阴阳的相对平衡状态是中医养生保健与治疗疾病的根本法则之一。正如《素问·至真要大论》所指出:"谨察阴阳所在而调之,以平为期。"针刺通过通经络、调虚实,使机体内外交通,营卫周流,阴阳和谐。正如《灵枢·根结》所言:"用针之要,在于知调阴与阳。调阴与阳,精气乃光。"

### 知识链接

#### 针灸的生物学效应

1. 针灸具有显著的镇痛效应。1996年世界卫生组织推荐的64种针灸疗法适应证中,与疼痛有关的达32种之多。

2. 针灸对神经、内分泌、免疫、呼吸、循环、消化及泌尿生殖等系统具有调节作用。因此,针灸疗法被广泛应用于上述系统病症的防治。

3. 针灸的上述生物学效应主要是通过"神经—内分泌—免疫"网络调节来实现的。

### (二)针刺调摄法的原则

针刺调摄用于养生,旨在养生强身、延年益寿,主要着眼于激发经气,充实脏腑气血,增强机体代谢功能;针刺调摄用于疾病康复,旨在祛腐除疾,主要着眼于纠正机体阴阳、气血的偏胜偏衰、脏腑功能的失衡,扶正祛邪。因此,针刺调摄用于养生康复有其自身的特点,当遵循以下原则。

1. 选穴须辨证　针刺法的治疗作用是通过针具与针刺手法刺激穴位来实现,因此,穴位的选取很重要。在内科疾病的康复方面,针刺选穴与补泻手法亦应按辨证论治的方法来确定。其辨证主要是应用脏腑辨证与八纲辨证,通过确立病变脏腑(病位)、八纲属性(病性)来决定针刺治疗原则、具体取穴与针刺的补泻手法。如患者胃脘胀痛连胁,忧思恼怒后加重,兼嗳气呕逆,脉弦,则辨证为肝气犯胃,其病变脏腑为肝与胃,病性以实为主,治疗原则当确立为疏肝理气、和胃降逆,穴取足厥阴肝经及足阳明胃经腧穴为主,采用针刺泻法。对于病变部位较明确的病症则可以以病症部位为依据,其取穴方法可采用近部取穴结合远部取穴。

2. 施针讲补泻 采用针刺方法防治疾病时须依据病症之虚实采用或补或泻的治疗方法。《备急千金要方》强调:"凡用针之法,以补泻为先。"针刺补泻效果的产生与机体的功能状态、腧穴特性及针刺手法有关。临床上针刺手法多采用捻转补泻与提插补泻,如虚实不明显时,则采用平补平泻针刺手法,即针刺操作手法和缓,刺激强度适中。针刺法用于健康或亚健康状态时,多选用平补平泻针刺手法。

### (三)针刺调摄法的常用方法

1. 毫针刺法 一般选用1~1.5寸长、32号的毫针,针身不宜过长、过粗,如腧穴的部位肌肉丰厚或特殊深刺腧穴可适当选用长针。根据施术部位,采用毫针基本进针方法或针管进针法进针,采用行针基本手法或辅助手法,行补法、泻法或平补平泻手法。此法应用范围广,可用于养生保健及慢性病证、残疾病证、精神病证、老年病证的康复治疗。

2. 皮肤针刺法 皮肤针又叫梅花针、七星针。通过叩刺皮部,调节脏腑功能,以达到防治疾病的目的。叩刺时速度要均匀,采用垂直操作,注意无菌操作。轻度叩可补气活血,中度叩可调理经络气血,重度叩可清热解毒、活血化瘀。此法可用于养生保健和多种疾病的康复。如视神经萎缩、咳嗽、慢性肠胃炎、头痛、失眠、脱发、皮肤病等。局部皮肤有溃疡或破损者,不宜使用。

3. 三棱针刺法 一般选用中、小号三棱针。以实施点刺法、散刺法、挑刺法等,要无菌操作,手法要快,部位要浅,出血不宜过多,勿刺伤大动脉。在中医康复治疗中,有较为明显的瘀血内阻、经脉不通的病症均可使用本法。如顽固性痹证、中风失语、肢体麻木、顽癣等。气虚血弱及常有自发性出血或损伤后出血不止者,不宜使用。

4. 耳针 选用耳郭穴位作为针刺部位的方法。此法通常与其他方法配合用于养生康复,具有延缓衰老、养生保健和美容的作用。耳针较常用于痛证、过敏性疾病、咳喘、肥胖、内分泌功能紊乱、心血管疾病等病症的康复,也可用于戒烟、戒毒。炎症或冻伤部位禁针,有感染迹象应及时处理,有习惯性流产的孕妇等禁用。

5. 头针 是中西医理论相结合的特殊针刺疗法。一般采用毫针按头部特定的刺激区进行针刺,临床上多应用于脑源性疾病的康复,如中风偏瘫、眩晕、小儿脑瘫、失眠、各种痛证、外伤后中枢神经受损后遗症等的康复治疗;对心血管、消化系统疾病以及多种神经痛、遗尿等也有较好的效果。头针刺激量较大,尤应防止晕针;头皮血管丰富,容易出血,起针时要用棉球按压。

### (四)注意事项

1. 过饥、过饱、酒醉、大怒、大惊、劳累过度等情况时,不宜针刺。孕妇及身体虚弱者,不宜针刺。

2. 选择合适的针刺体位。

3. 严格无菌操作,谨防感染。

4. 施术过程中,注意观察受术者,防止或及时发现晕针情况。如出现晕针现象,应立即停止针刺,使患者呈头低脚高卧位,饮温开水或温糖水,或掐人中、合谷及内关等穴。必要时按急症处理。

5. 针刺危险区域的穴位如风府、哑门、期门,防止伤及重要组织器官。

## 二、艾灸调摄法

艾灸调摄法是通过艾绒的燃烧来烧灼、温熨或熏烤身体某些特定部位,以达到温通气血、调整脏腑、扶正祛邪、益寿延年目的的调摄方法。灸法调摄不仅用于强身保健,亦可用于久病体虚之人的康复,是独特的中医调摄方法之一。艾灸调摄,源远流长。古代养生家运用灸法进行养生,有着非常丰富的实践经验。《扁鹊心书》曰:"人于无病时,常灸关元、气海、命门、中脘,虽未得长生,亦可得百余岁矣。"《针灸资生经》所记:"凡饮食不思,心腹膨胀,面色萎黄,世谓之脾肾病者,宜灸中脘",这是针对疾病的康复灸法。目前,灸法调摄治疗范围非常广泛,一般以虚证、寒证及阴证为主。今天,灸法仍是广大群众所喜爱、行之有效、实用的养生康复方法之一。

### (一)艾灸调摄法的作用

艾叶,味苦、微温、无毒。艾叶具有容易燃烧,火力较为温和,且其气味芳香,取材容易等优点。《本草从新》载:"艾叶苦辛,生温,熟热,纯阳之性,能回垂绝之阳,通十二经,走三阴,理气血,逐寒温,暖子宫……能透诸经而除百病。"《名医别录》亦曰:"艾叶苦、微温,无毒,主灸百病。"新制的艾绒因含挥发油较多,灸时火力过强,故以陈年久置的艾绒为佳,如《孟子》中有"七年之病,当求三年之艾"的说法。

艾灸调摄的主要作用是温通经脉、行气活血,培补先天与后天,调和阴阳,从而达到强身防病、延年益寿的目的。

1. 温通经脉,行气活血　气血运行得温热则瘀血消散,而运行通畅;得寒则气血凝滞,而运行不畅。艾灸其性温热,可以温通经络,促进气血运行。《灵枢·刺节真邪》篇中指出:"脉中之血,凝而留止,弗之火调,弗能取之。"

2. 健脾和胃,培补后天　《针灸资生经》中记载,但凡有食欲较差,腹胀,面色萎黄的脾胃病者,宜灸中脘。在中脘穴施灸,可以健脾和胃,补中益气,振奋脾阳。常灸双侧足三里,不但能使消化系统功能旺盛,增加机体对营养物质的吸收,以濡养全身,还可起到防病治病,抗衰防老,延年益寿的作用。灸法对脾胃系统有着明显的调节作用,而外脾胃又是后天之本,故灸法能通过温补后天而达到强壮身体的作用。

3. 升举阳气,密固腠表　艾叶其性纯阳,再加上火本属阳,两阳相得,能起到扶助阳气、举陷固脱、密固腠表的作用。《素问·经脉》曰:"陷下则灸之"。气虚而中气下陷,清阳不得上举,因而卫阳不固,腠理疏松。常施灸法,可使阳气升举而密固肌表,卫阳盛而御外邪,营卫调和而起到健身、防病、延年益寿的作用。临床中常常采用艾灸中极、关元、百会、命门等穴位来用于崩漏、带下、脱肛、阴挺及遗尿等病症的康复治疗。

4. 培补元气,预防疾病　人体真元之气是一身之主宰,真气壮则人强,真气虚则人病,真气脱则人死。故增补元气是保命的根本,是强壮身体的根本。艾为辛温阳热之药,以火助之,两阳相得,可补阳壮阳,真元充足,则人体健壮,"正气存内,邪不可干",故灸法养生有培补元气,预防疾病之作用。《医说·卷二》记载:"若要安,三里莫要干。"《扁鹊心书》也说,灸法是培补元气的最好方法,《扁鹊心书》指出:"人于无病时,常灸关元、气海、命关、中脘……虽未得长生,亦可保百年寿矣",又云:"余五十时,常灸关元百余壮……渐至身体轻健,羡进饮食……每年常如此灸,遂得老年康健。"

### 针灸疗法的抗衰老作用

实验针灸研究结果表明,针灸疗法可明显改善老年机体的免疫功能和临床衰老症状。抗衰老的常用穴位主要有关元、神阙和足三里,针灸方法以灸法尤其是隔物灸为最佳。

针灸疗法的抗衰老作用与它的免疫调节功能分不开,与针灸疗法的调整机体内环境、增强体内自由基清除能力及抗氧应激作用亦密切相关。

### (二)艾灸调摄法的原则

1. **选穴有据**　按中医基本理论并根据临床需要选择合适的施灸穴位。养生保健灸多选用神阙、中极、关元及足三里等。

2. **灸法适宜**　根据病情需要及受术者体质状况,选择合适的灸法。如要采用瘢痕灸,施术前一定要征得受术者的同意。

3. **体位恰当**　依照施灸部位的不同选择适宜的施灸体位,以使受术者舒适、持久地接受灸疗。

4. **灸量适宜**　灸量以腧穴部位感到温和舒适并能耐受为度。灸法调摄施灸的刺激量,传统多以艾炷的大小和施灸壮数的多少来计算。艾炷是用艾绒捏成的圆椎形的用量单位,分大、中、小三种。大炷如蚕豆大小;中炷如黄豆小;小炷如麦粒大小。每燃烧一个艾炷为一壮。实际应用时,可据体质强弱而选择。一般说来,体质强者,宜用大炷;体弱者,宜用小炷。保健养生灸时间可宜短;病后康复,施灸时间可增长。春、夏二季,施灸时间宜短,秋、冬宜长。四肢、胸部施灸时间宜短,腹、背部位宜长。老人、妇女、儿童施灸时间宜短,青壮年则时间可增长。

### (三)艾灸调摄法的常用方法

一般将艾灸法分为艾炷灸、艾卷灸、温针灸及灸器灸等4种。其中的艾炷灸分为直接灸与间接灸(即隔物灸),直接灸又可分为瘢痕灸与无瘢痕灸。其中的艾卷灸以艾条灸为主,包括温和灸与雀啄灸。

足三里为全身最重要的强壮穴,也是古今最常用的保健穴,常采用瘢痕灸、温和灸。关元穴属任脉经穴,具有温肾固精,益气回阳,培元固本,理气和血,通调冲任及强壮的作用,灸之能调整膀胱的张力,促进垂体、性腺功能,提高机体免疫力,防病强身保健,多用无瘢痕灸、温和灸或隔物灸。

下面介绍养生康复临床中常用的瘢痕灸、隔物灸及灸器灸。

1. **瘢痕灸**　是常用的一种直接灸法,被古人广泛用于保健穴位。用黄豆大或枣核大艾炷直接放在穴位上施灸,使局部组织烫伤后产生无菌性化脓的灸法,能改善体质,增强机体抵抗力,起到治疗和保健作用。具体操作步骤如下。

(1)标记穴位:用龙胆紫或用墨笔在穴位上划点标记,在施灸处涂以少量葱、大蒜汁或凡士林以增强黏附和刺激作用。

(2)制作艾炷:按要求制作艾炷,在艾绒中可加入芳香性药末,如丁香、肉桂等,有利于热力渗透。将制作好的艾炷安放在施灸穴位上。

(3)点火施灸:将安放好艾炷用线香点燃施灸。每灸完1壮以纱布蘸冷开水抹净,复灸,一般可灸7～9壮;当皮肤有灼痛感时,用手指轻轻拍打施灸周围,以减轻痛感。

（4）灸后处理：灸治完毕，局部擦拭干净，施灸处敷贴玉红膏，1~2日换贴1次。数日后，灸穴逐渐出现无菌性化脓反应，脓液多时膏药亦应勤换，约经30~40天，灸疮结痂脱落，局部留有瘢痕。

2. 间接灸　又称隔物灸，是用药物等将艾炷与施灸部位的皮肤隔开的施灸方法。所用的间隔物多用中药如生姜、食盐及附子饼等。

（1）神阙隔盐灸：《类经图翼·卷八》曰："在神阙行隔盐灸，若灸至三五百壮，不唯愈疾，亦且延年。"可取干净食盐适量，研细填满脐窝，上置小艾炷或中艾炷施灸。最好与神阙穴隔姜灸配合使用，以防食盐遇火起爆，导致烫伤。

（2）神阙隔姜灸：取0.2~0.4cm厚的鲜姜一块，用针穿刺数孔，盖于脐上，然后置小艾炷或中艾炷于姜片上点燃施灸。每次3~5壮，隔日1次，每月灸10次，最好每晚9点钟灸之。每次以灸至局部温热舒适，灸处稍有红晕为度。

（3）命门隔附子饼灸：将附子研碎用酒调成药饼置于命门穴，上面再放艾炷点燃施灸。用于命门火衰所致的男子阳痿早泄及女子阴冷等。

此外，还可应用气海、肾俞、膏肓等穴实施隔物灸，具体方法可参照阙上述的隔物灸法。

3. 灸器灸　灸器是一种专门用于施灸的器具，用艾灸器施灸的方法称灸器灸。临床常用的灸器灸有灸架灸、灸筒灸和灸盒灸等。此外，还有自贴式灸管灸及现代艾灸仪灸等。

（1）灸架灸：将艾条点燃，燃烧端插入灸架的顶孔中，对准选定穴位施灸，并用橡皮带给予固定，施灸完毕将剩艾条插入灭火管中。还可将艾条按插在金属杆上，点燃一端后，将燃烧端对准所选定的穴位施灸。

（2）灸盒灸：将适量的艾绒置于灸盒的金属网上，点燃后将灸盒放于施灸部位灸治即可。还有一种灸盒，可将清艾条点燃后放在灸盒的插孔上，灸火向下，并随时调整灸火与皮肤的高度。

（3）灸筒灸：将适量的艾绒置于温灸筒内，点燃后盖上筒盖，执筒柄于患处施灸，一般灸至皮肤潮红即可。可治疗外感风寒表证及风寒湿痹等病症。

### （四）注意事项

1. 阴虚阳亢的患者及邪热内炽的病人，禁施灸法；颜面五官、有大血管的部位，孕妇的腹部、腰骶部，不宜施灸。

2. 在施灸过程中，应慎防艾绒脱落烧损衣物及灼伤皮肤。

3. 施灸完毕，应该确保燃着的艾条、艾炷彻底熄灭，以防复燃而发生火灾事故。

4. 如艾火过强而使皮肤起水疱时，水疱小者可不必处理，让其自行吸收；水疱大者可用消毒过的针头刺破并消毒处理。

## 三、拔罐调摄法

拔罐调摄法，古称角法，是一种以罐为工具，采用燃烧或抽气等方法以排去罐内空气产生负压，使之吸附于腧穴或病变部位皮肤，造成局部皮肤充血、瘀血，从而达到防治疾病目的的一种外治疗法。拔罐法具有无痛无创，使用安全等特点，便于推广应用。

### （一）拔罐调摄法的作用

中医认为,拔罐法主要是通过开泄腠理以达到通经活络、扶正祛邪、行气活血、消肿止痛、祛风散寒等作用,多用于风寒湿痹、软组织闪挫伤、各种痛症等病证。现代医学研究认为,拔罐后,引起局部组织充血或皮下轻度的瘀血,对机体来说是一种良性刺激,能促使机体正常功能的恢复。

### （二）常用拔罐方法

罐的种类很多,目前临床常用的是竹罐、陶罐、抽气罐和玻璃罐。依其排出罐内空气的操作方式不同,常用的方法可分为火罐法、水罐法和抽气罐法3种。

1. 火罐法　火罐法主要使用玻璃罐,即利用火燃烧的热力排出罐内空气,以形成负压,使罐体吸拔在皮肤上。火罐法吸拔力的大小与罐具的大小和深度、罐内燃火的温度和方式、扣罐的时机与速度及在扣罐时空气进入罐内的多少等因素有关。如罐具深而且大,在火力旺时扣罐,罐内热度高,扣罐动作快,下扣时空气进入罐内少,则罐的吸拔力大,反之则小。

火罐法具体操作有闪火法、投火法、贴棉法、架火法和滴酒法五种,可根据具体需要灵活选择,临床应用较多的是闪火法。闪火法的操作:用镊子或止血钳等夹住95%乙醇棉球,点燃后在火罐内壁中段绕1~2圈,或稍作短暂停留后,迅速退出并及时将罐扣在施术部位上。

2. 水罐法　水罐法常用竹罐。将竹罐放入水中或药液中煮沸2~3分钟,然后用镊子将罐倒置(罐口朝下)夹起,迅速用多层干毛巾捂住罐口片刻,以吸去罐内的水液,降低罐口温度(但保持罐内热气),趁热将罐拔于应拔部。此法适用于任何部位拔罐。其吸拔力小、操作需快捷。

3. 抽气罐法　先将抽气罐紧扣在应拔部位,用抽气装置将罐内的部分空气抽出,使其吸拔于皮肤上。常用有注射器抽气罐法、按压抽气罐法、橡皮排气球抽气罐法及电动抽气罐法等种类。此法适用于任何部位拔罐。

### （三）注意事项

注意拔罐禁忌证:①皮肤高度过敏、破溃部及五官孔窍部禁拔;传染性皮肤病,以及皮肤肿瘤(肿块)部、心尖搏动处和大血管分布部位,以及出血倾向疾病、高热抽搐者均不宜拔罐;孕妇的腹部、腰骶部不宜拔罐。②部位选择要恰当。拔罐多选用肌肉丰厚部位,骨骼凸凹不平及毛发较多处不宜选用,拔罐前应充分暴露应拔部位。③拔罐数目要恰当。拔罐数目不宜过多,罐具之间的距离不宜太近,以免牵拉皮肤产生疼痛,或因互相挤压而脱落。④留罐时间一般为12分钟左右。夏天留罐时间宜短,罐大且拔吸力强时亦应缩短留罐时间。⑤拔罐过程中若出现头晕、胸闷、恶心欲呕、肢体发软、冷汗淋漓甚者瞬间意识丧失等晕罐现象,应立即起罐,使患者呈头低脚高卧位,必要时可饮用温开水或温糖水,或掐水沟穴等。密切注意血压、心率变化,严重时按晕厥处理。⑥起罐后应用消毒棉球轻轻拭去拔罐部位紫红色罐斑上的小水珠,若罐斑处微觉痛痒,不可搔抓,数日内自可消退。起罐后如果出现水疱,只要不擦破,可任其自然吸收。若水疱过大,可用一次性消毒针从疱底刺破,放出水液后,再用消毒敷料覆盖。若出血,应用消毒棉球拭净。若皮肤破损,应常规消毒,并用无菌敷料覆盖其上。

## 四、刮痧调摄法

刮痧调摄法是以中医基础理论为指导,运用刮痧器具施术于一定的体表部位,形成痧痕（俗称"出痧"），从而防治疾病的一种外治方法。刮痧疗法的基本原理源于中医经络理论，通过对十二皮部的良性刺激以疏通经络、行气活血、调整脏腑的功能。

（一）刮痧调摄法的作用

从中医学方面看，刮痧疗法的作用表现在以下4个方面：①开启腠理，祛邪排毒；②宣通气血，祛瘀生新；③疏通经络，调理脏腑；④平衡阴阳，防病保健。

（二）刮痧调摄法的常用方法

1. 刮痧部位　用于养生保健时，多选取背腰部的两侧，背腰部正中也可作为操作部位。此外，头面部也是刮痧调摄法的常用部位，头面部刮痧有显著的醒脑与抗疲劳等保健作用，对头痛头晕亦有较好的康复治疗效果，还有面部美容功效。面部刮痧时不要求"出痧"。

2. 刮痧器具　刮痧器具很多，有刮痧板、瓷匙、玉石片、金属针具等光滑的硬物。常用的为刮痧板，一般用水牛角或木鱼石制作而成，或沉香木、檀香木制成的木质刮痧板，要求板面洁净，棱角光滑。为保护皮肤及增加刮痧疗法的舒适度，刮痧时多在刮拭部位涂以刮痧油等介质。刮痧介质除了油性介质外，还有水剂、乳膏剂及鸡蛋清等，临床中可根据需要选用不同的介质。

3. 刮痧方法

（1）直接刮法：患者取坐位或俯伏位，术者用热毛巾擦洗欲刮部位的皮肤，均匀地涂上刮痧介质后，持刮痧器具，直接在患者体表的特定部位沿一个方向进行反复刮拭。刮痧器具直接接触患者皮肤，刮拭至皮下出现紫红色痧痕。

（2）走罐刮痧法：它仍然是直接刮法的刮痧法，也属于一种罐法，又名推罐法。一般用于面积较大，肌肉丰厚的部位，如腰背部两侧及大腿等处。选口径较大的罐，罐口要求平滑较厚实，最好选用玻璃罐，先在罐口涂一些润滑剂或在走罐所经皮肤上涂以润滑剂，用闪火法将罐吸拔好后，以手握住罐底，稍倾斜，双手配合，慢慢向前来回推拉移动数次，至皮肤潮红"出痧"为度。因拔罐的负压作用，所以此法较常规刮痧法更易于"出痧"。

（3）间接刮法：患者取坐位或俯伏位，先在患者将要刮拭的部位上放一层薄布，然后再用刮痧器具以每秒2次的速度，朝一个方向在布上快速刮拭，每处刮20~40次，直到刮拭至局部皮肤发红，出现痧痕即止。适用于儿童、年老体弱者及某些皮肤病患者。

（三）刮痧禁忌证

1. 有出血倾向的疾病，如血小板减少性疾病、过敏性紫癜、血友病等，忌用或慎用本法治疗。

2. 饱食及饥饿时慎用，新发生的骨折患部不宜刮痧，需待骨折愈合后方可在患部刮拭。外科手术瘢痕处亦应在2个月以后方可局部刮痧。恶性肿瘤患者手术后禁用。

3. 传染性皮肤病如疖肿、痈疮、溃烂及皮肤不明原因的包块等，不宜直接在病灶部位刮拭。

4. 小儿囟门未合时，头颈部禁用刮痧法。

5. 下肢静脉曲张，下肢浮肿者，应用较轻手法从下向上刮拭。

6. 孕妇、妇女经期慎用。

## 五、针灸调摄法常用腧穴

### (一)胸腹部常用腧穴

**1. 关元**

定位:在下腹部,前正中线上,当脐下3寸。

功效:具有培补元阴元阳、回阳救逆、培元固本、调理冲任的作用。

适应证:为全身强壮要穴。可用于日常养生保健,能防治脏腑虚损诸疾,可抗衰延年。亦可用于各种虚弱及生殖、泌尿系疾病的康复治疗。

调摄方法:针刺、艾灸均可。

**2. 气海**

定位:在下腹部,前正中线上,当脐下1.5寸。

功效:具有培补元气,补益强壮的作用。

适应证:为元气之海,是全身强壮要穴。可用于日常养生保健,以及因元气虚弱而致各种疾病,如咳嗽、呃逆及生殖、泌尿系统疾病的康复治疗。

调摄方法:针刺、艾灸均可。

**3. 神阙**

定位:在腹中部,脐中央。

功效:具有培补元气,回阳固脱,健运脾胃之功。

适应证:为先天之根,后天之气舍,为人身之要处。为全身强壮和回阳救逆之要穴。用于养生保健,老年元气虚弱、中气不足所致诸症,止汗止泻,以及生殖、泌尿、消化系疾病的康复治疗。

调摄方法:艾灸。

**4. 天枢**

定位:在腹中部,距脐中2寸。

功效:大肠募穴。具有通调大肠腑气、调理气血的作用。

适应证:主要用于腹胀、便秘、泄泻、月经病、肥胖症的康复治疗,对胃肠可起到养生保健作用。

调摄方法:针刺、艾灸、拔罐、刮痧均可。

**5. 中脘**

定位:在上腹都,前正中线上,当脐中上4寸。

功效:具有调理脾胃,补益中气之功。

适应证:可用于脾胃病的预防保健,以及各种脾病,如腹胀、食欲减退、纳呆、腹泻等病的康复治疗。

调摄方法:针刺、艾灸、拔罐、刮痧均可。

**6. 膻中**

定位:在胸部,前正中线上,平第4肋间,两乳头连线的中点。

功效:为气会穴,是人身理气要穴,可调理气机。

适应证:临床上多用于气病或气机逆乱所致病证的康复,如咳喘、胸闷、呃逆、噎膈等。

调摄方法:针刺、艾灸、拔罐、刮痧均可。

（二）腰背部常用腧穴

1. 至阳

定位：在背部，当后正中线上，第7胸椎棘突下凹陷中。

功效：具有宽胸理气、通络止痛、调理中焦脾胃的作用。

适应证：可用于心胸和脾胃的养生保健，以及心胸、脾胃、脊背功能失调的康复治疗，如心痛、胃痛、黄疸、脊背痛等。

调摄方法：针刺、艾灸、刮痧均可。

2. 命门

定位：在腰部，当后正中线上，第2腰椎棘突下凹陷中。

功效：具有补肾壮阳、强腰健肾之功。

适应证：可用于腰、肾的养生保健，以及各种虚寒证，虚损证，生殖、泌尿系疾病的康复治疗，如夜尿多、手足逆冷、肾虚腰痛、遗精、阳痿等。

调摄方法：针刺、艾灸、拔罐、刮痧均可。

3. 夹脊

定位：第1胸椎至第5腰椎，棘突下旁开0.5寸，一侧17个穴，左右共34穴。

功效：调节脏腑功能。

适应证：适应证广，其中上胸部穴位治疗心肺部及上肢病证；下胸部的穴位治疗胃肠部病证；腰部的穴位治疗腰、腹及下肢病症。是运用推拿、刮痧、拔罐来进行养生保健最为常用的腧穴。

调摄方法：针刺、艾灸、刮痧、拔罐均可。

4. 肺俞

定位：在背部，当第3胸椎棘突下，旁开1.5寸。

功效：为肺之背腧穴，有调理肺气、通经活络、泻热止痛的作用。

适应证：可用于对肺脏的调养；肺相关疾病的康复治疗，如咳嗽气喘、胸闷喉痹、骨蒸潮热、痤疮、背脊疼痛等。

调摄方法：针刺、艾灸、拔罐、刮痧均可。

5. 心俞

定位：在背部，当第5胸椎棘突下，旁开1.5寸。

功效：为心之背腧穴，具有调理心脉、宁心安神、通经活络的作用。

适应证：可用于心脏的日常调护；以及心脏功能失调的康复治疗，如心痛、心悸、癫狂、痴呆、失眠、健忘等。

调摄方法：针刺、艾灸、刮痧均可。

6. 膈俞

定位：在背部，当第7胸椎棘突下，旁开1.5寸。

功效：为血会穴。具有调理心脉和调理脾胃功能的作用。

适应证：可用于各种血虚、血瘀和出血证的调养康复，以及心、脾胃功能失调的康复，如心痛、呃逆、呕吐、胃痛、食欲不振等。

调摄方法：针刺、艾灸、拔罐、刮痧均可。

7. 肝俞

定位：在背部，当第9胸椎棘突下，旁开1.5寸。

功效:肝脏之背腧穴。具有调理肝胆、疏肝理气的作用。

适应证:可用于肝脏的调护保以及肝胆功能失调所致的各种病变的康复治疗,如肝炎、胆囊炎、胁痛、黄疸等。常灸肝俞穴可使身体健壮,改善贫血症状,使血足眼亮。

调摄方法:针刺、艾灸、拔罐、刮痧均可。

8. 脾俞

定位:在背部,当第 11 胸椎棘突下,旁开 1.5 寸。

功效:为脾脏之背腧穴。具有调脾胃、补气血的作用。

适应证:可用于日常对脾胃的调养,振奋精神,提高记忆力;也常用于因脾胃功能失调出现的各种疾病的康复治疗,如食欲不振、黄疸、腹泻、便溏、水肿等。

调摄方法:针刺、艾灸、拔罐、刮痧均可。

9. 肾俞

定位:在腰部,当第 2 腰椎棘突下,旁开 1.5 寸。

功效:为肾脏之背腧穴。具有补肾益精、强腰健肾、通经活络的作用。

适应证:可用于日常养生保健,增强肾气。也可用于因肾虚出现的诸多病证的康复治疗,如遗精、阳痿、月经不调、不孕不育、腰膝酸软、水肿、小便不调等。

调摄方法:针刺、艾灸、拔罐、刮痧均可。

10. 膏肓

定位:在背部,当第 4 胸椎棘突下,旁开 3 寸。

功效:具有补虚益损、止咳平喘、通经活络的作用。

适应证:为全身强壮穴之一。可用于日常养生健体,增强体质;也可用于咳嗽气喘、吐血盗汗、遗精健忘、肩背疼痛等病的康复治疗。三伏灸膏肓可预防哮喘的发生。

调摄方法:针刺、艾灸、刮痧均可。

(三)四肢常用腧穴

1. 鱼际

定位:在手拇指本节(第一掌指关节)后凹陷处,约当第 1 掌骨中点桡侧,赤白肉际。

功效:肺经荥穴,可调理肺气,清泻肺热。

适应证:多用于咽喉肿痛、咳喘、鼻衄、失音等肺脏病变的康复治疗。

调摄方法:针刺、艾灸、刮痧均可。

2. 合谷

定位:在手背,第 1、2 掌骨间,当第 2 掌骨桡侧的中点处。

功效:为大肠经原穴,具有调理大肠经气的作用。具有通经活络、镇静安神、泻热止痛、祛风消疹等作用,是临床退热要穴。

适应证:多用于诸多疾病的康复,如面瘫、牙痛、面痛、痛经、发热、中风偏瘫、癫痫抽搐、荨麻疹、便秘等。

调摄方法:针刺、艾灸均可。

3. 内关

定位:在前臂掌侧,当曲泽与大陵的连线上,腕横纹上 2 寸,掌长肌腱与桡侧腕屈肌腱之间。

功效:具有通调心脉、宁心安神、醒脑开窍、调理三焦气机、止呕的作用。

适应证:适合于心脏的养生保健;也可用于心脏病、心神病和胃气上逆之证的康复治疗,如各种心脏病、心绞痛、呃逆、呕吐、失眠、健忘等证的康复治疗。

调摄方法:针刺、艾灸、刮痧均可。

4. 曲池

定位:在肘横纹外侧端,屈肘,当尺泽与肱骨外上髁连线中点。

功效:大肠经合穴,可调节大肠腑气和大肠经气。具有祛风泻热、通经活络及降压等作用,是临床退热要穴。

适应证:多种疾病的康复治疗,如外感发热、半身不遂、肩臂疼痛、皮肤病、高血压、肠痈等。

调摄方法:针刺、艾灸、拔罐、刮痧均可。

5. 少海

定位:屈肘,在肘横纹内侧与肱骨内上髁连线的中点处。

功效:为心经之合穴。具有降压及通调心脉、宁心安神的作用。

适应证:用于心脏病人的日常保健和自我护理,以及冠心病、风心病、失眠、健忘、痴呆、癫狂等病变的康复治疗。

调摄方法:针刺、艾灸、刮痧均可。

6. 肩髃

定位:在肩部,三角肌上,臂外展,或向前平伸时,当肩峰前下方凹陷处。

功效:具有泻热、调理大肠腑气、通经活络的功能。

适应证:常用于肩臂疼痛、上肢不举、半身不遂、项背强痛、风热皮肤病等病证的康复治疗。

调摄方法:针刺、艾灸、拔罐、刮痧均可。

7. 肩井

定位:在肩上,前直乳中,当大椎与肩峰端连线的中点上。

功效:具有强壮补益、通经活络的作用。

适应证:可用于诸虚百损之症,如"堕胎、后手足逆冷,灸此穴立愈",以及"失精劳伤"。多用灸法起补益作用。也常用于疲劳后的恢复及颈肩病变、上肢病变的康复治疗。

调摄方法:针刺、艾灸、拔罐、刮痧均可。

8. 环跳

定位:在股外侧部,侧卧屈股,当股骨大转子最凸点与骶管裂孔连线的外 1/3 与中 1/3 交点处。

功效:具有通经活络、祛风止痛的作用。

适应证:主要用于腰腿病变的康复治疗,如中风偏瘫下肢不遂、坐骨神经痛、下肢痿证、腰腿痛等。

调摄方法:针刺、艾灸、拔罐、刮痧均可。

9. 髀关

定位:在大腿前面,髂前上棘直下 4 寸,平会阴,居缝匠肌外侧凹陷处。

功效:以舒筋活络、通经止痛作用为主。

适应证:多用于下肢功能障碍的康复治疗,如下肢麻木、疼痛、不遂、肌肉萎缩等。

调摄方法:针刺、艾灸、拔罐、刮痧均可。

10. 血海

定位:屈膝,在大腿内侧,髌骨内侧端上 2 寸,当股四头肌内侧头的隆起处。

功效:具有健脾除湿、调理营血、通利小便的作用。

适应证:可用于日常膝关节的养生保健,月经病、生殖系病、泌尿系病和皮肤病的康复治疗,如月经不调、带下、小便不利、湿疹、膝关节退行性改变等。

调摄方法:针刺、艾灸、拔罐、刮痧均可。

11. 阳陵泉

定位:在小腿外侧,当腓骨头前下方凹陷处。

功效:为胆经合穴、筋会穴。具有疏肝利胆、舒筋活络的作用。

适应证:主要用于下肢病变、经筋病、肝胆病的康复治疗。

调摄方法:针刺、艾灸、刮痧均可。

12. 足三里

定位:在小腿前外侧,当犊鼻下 3 寸,距胫骨前缘 1 横指。

功效:具有调理脾胃、补益气血、通经活络等作用;灸三里可使元气充盈不衰,延年益寿。

适应证:为养生保健、全身强壮要穴。用于日常养生保健防衰,能增强体质,预防疾病的发生;也可用于各种虚证、脾胃功能失调、下肢功能障碍等病变的康复治疗。

调摄方法:针刺、艾灸、拔罐、刮痧均可。

13. 丰隆

定位:在小腿前外侧,当外踝尖上 8 寸,条口外,距胫骨前缘 2 横指。

功效:具有调理脾胃功能,运化水湿的作用。

适应证:为祛痰要穴。可用于对痰湿体质的养生调理,用于因痰湿所致各种病证的康复治疗,如高血压、高脂血症、肥胖、心悸、咳喘、失眠等。

调摄方法:针刺、艾灸、刮痧均可。

14. 承山

定位:在小腿后面正中,委中与昆仑之间,当伸小腿或足跟上提时腓肠肌腹下出现尖角凹陷处。

功效:具有通经活络、通便止血的作用。

适应证:常用于大便难、痔疮、转筋、下肢病变的康复治疗。

调摄方法:针刺、艾灸、拔罐、刮痧均可。

15. 三阴交

定位:在小腿内侧,当足内踝尖上 3 寸,胫骨内侧缘后方。

功效:为肝脾肾三经交会穴。可调理足三阴经经气,具有健脾除湿、调理冲任、补肝益肾、调和营血及降压的作用。

适应证:常用于对生殖系统的养生、因脾胃功能失调所致的生殖系、泌尿系及风疹湿疹、高血压、失眠心悸等病变的康复治疗。

调摄方法:针刺、艾灸、刮痧均可。

16. 悬钟

定位:在小腿外侧,当外踝尖上 3 寸,腓骨前缘。

功效:为髓会穴。具有填精补髓、疏肝利胆、通经活络的作用。

适应证:用于髓海空虚所致的头目疾病的康复,以及肝胆病变、下肢功能障碍的康复。

调摄方法:针刺、艾灸、刮痧均可。

17. 昆仑

定位:在足部外踝后方,当外踝与跟腱之间的凹陷处。

功效:具有调理膀胱经经气、镇静等作用。

适应证:常用于中风偏瘫,下肢活动障碍,头痛,腰背痛。

调摄方法:针刺、艾灸、刮痧均可。

18. 太溪

定位:在足内侧,内踝后方,当内踝尖与跟腱之间的凹陷处。

功效:具有补肾气、清虚热、调经血之功。

适应证:多用于肾虚所致多种病证的康复治疗,如遗精阳痿、耳鸣耳聋、咽喉疼痛、牙痛、头晕头痛、腰腿痛、跟骨骨刺等。

调摄方法:针刺、艾灸、刮痧均可。

19. 太冲

定位:在足背侧,当第一跖骨间隙的后方凹陷中处。

功效:具有疏肝理气、调补肝血、镇静息风的作用。

适应证:多用于肝胆病变、头目病变及内风所致抽搐的康复,如头痛眩晕、高血压、胁痛等。

调摄方法:针刺、艾灸、刮痧均可。

20. 涌泉

定位:在足底部,卷足时足前部凹陷处,约当足底2、3趾趾缝纹头端与跟腱连线的前1/3与中1/3交点。

功效:具有补肾填精、回阳救逆、泻热开窍的作用。

适应证:是养生保健的常用腧穴。可用于肾精不足所致的多种虚证,四肢逆冷,热厥,头晕头痛等证的康复治疗。

调摄方法:针刺、艾灸均可。

**(四)头项部常用腧穴**

1. 百会

定位:在头部,当前发际正中直上5寸,或两耳尖连线的中点处。

功效:具有升阳举陷、醒脑开窍、通络止痛的作用。

适应证:可用于日常养生保健,及头痛、脑病、高血压、眩晕、失眠健忘、痴呆、瘫痪、内脏脱垂等病的康复治疗。

调摄方法:针刺、艾灸、刮痧均可。

2. 上星

定位:在头部,当前发际正中直上1寸。

功效:具有镇静安神、醒脑开窍、通经活络的作用。

适应证:常用于鼻病、头痛目眩、失眠健忘、痴呆、小儿脑瘫等证的康复治疗。

调摄方法:针刺。

3. 风池

定位:在项部,当枕骨之下,与风府相平,胸锁乳突肌与斜方肌之间的凹陷处。

功效:是祛内外风之要穴,具有祛风解表、醒脑开窍、镇静安神、通经活络的作用。

适应证:可用于外感风邪、中风、发热、失眠、健忘、痴呆、偏瘫、面瘫、五官功能障碍、吞咽困难等病变的康复治疗。按摩风池可起到健脑的作用。

调摄方法:针刺、艾灸、刮痧均可。

4. 风府

定位:在颈部,当后发际正中直上 1 寸,枕外隆突直下,两侧斜方肌之间凹陷中。

功效:具有祛风解表、泻热和醒脑开窍的作用。

适应证:主要用于各种表证、神志病康复治疗,如中风不语、痴呆、眩晕、感冒、颈项强痛等。

调摄方法:针刺、刮痧均可。

5. 大椎

定位:在后正中线上,第 7 颈椎棘突下凹陷中。

功效:为诸阳经之交会处。具有振奋人身阳气、强壮保健、清热解表、镇静安神之功。

适应证:可用于日常养生保健、预防疾病;也可用于各种虚寒之证、虚损之证、体虚感冒、流感、发热、骨蒸潮热、颈椎病等的康复治疗。

调摄方法:针刺、艾灸、拔罐、刮痧均可。

6. 下关

定位:在面部耳前方,当颧弓与下颌切迹所形成的凹陷中。

功效:以祛风止痛、通经活络的近治作用为主。

适应证:多用于面部病变、牙病、耳病、下颌关节病变的康复治疗,也可用于面部美容保健。

调摄方法:针刺、艾灸均可。

7. 地仓

定位:在面部口角外侧,上直瞳孔。

功效:具有通经活络的近治作用。

适应证:主要用于面口的功能康复,如面瘫、流涎,也可用于面部美容保健。

调摄方法:针刺、艾灸均可。

# 第七节　推拿调摄法

推拿调摄法是指将中医推拿疗法应用于养生康复的调摄方法。推拿疗法也是中医防治疾病的重要方法之一,它是在中医理论尤其是经络腧穴理论的指导下,以手法为主防治疾病的。

## 一、推拿调摄法的作用

推拿调摄法主要有疏通经络气血、滑利关节和调整脏腑功能等作用。

### (一)疏通经络,行气活血

经络,内属脏腑,外络肢节,通达表里,贯穿上下,像网络一样遍布全身,将人体各部分联系成一个有机整体。经络是人体气血运行的通路,具有"行气血而营阴阳,濡筋骨利关节"(《灵枢·本藏》)的作用。

推拿手法作用于体表的经络穴位上,可通过激发经气来达到疏经通络、行气活血的防病治病作用。推拿通过疏通经络而行气活血的途径有两种。首先,通过手法对人体体表的直接刺激,促进了气血的运行;其次,通过手法对机体体表做功,产生热效应,从而加速了气血的流动。

### (二)调整脏腑,平衡阴阳

推拿具有调整脏腑功能与平衡阴阳的作用。

脏腑功能失调后,所产生的病变通过经络传导反映在外,可出现一系列症状,即所谓"有诸内,必形诸外"。推拿手法刺激脏腑在体表的穴位和痛点,通过经络的连属与传导作用,使内脏功能得以调节,从而达到治疗疾病的目的。如按揉脾俞、胃俞穴可调理脾胃,缓解胃肠痉挛,止腹痛;一指禅推法在肺俞、肩中俞穴上操作能调理肺气,止咳喘。推拿对脏腑功能的调整作用,一是直接作用,即通过手法刺激体表直接影响脏腑功能;二是间接作用,即通过经络与脏腑的联系而发挥作用。

中医认为,疾病的发生,从根本上说是阴阳的相对平衡遭到破坏、由此出现阴阳偏盛偏衰的结果。人之所以处于健康状态,就是处于一种阴阳相对平衡的动态平衡状态,即"阴平阳秘,精神乃治"。因此,调整阴阳、恢复阴阳的相对平衡状态是中医治疗疾病的根本法则之一。正如《素问·至真要大论》所指出:"谨察阴阳所在而调之,以平为期"。临床实践表明,不论是阴虚、阳虚,还是阴盛、阳亢,只要在相关的穴位或部位上施以正确的推拿手法,都可以得到不同程度的调整,如:肾阳不足者,可用擦命门穴与点按肾俞穴来达到温补肾阳的作用;肝阳上亢者,可用点按太冲穴和按揉太溪穴来达到平肝潜阳的作用。推拿调整阴阳的作用主要是通过不同的手法操作、穴位本身的特异性及机体当时的功能与病理状态等来实现。

### (三)滑利关节,理筋整复

筋骨、关节是人体的运动器官。气血调和、阴阳平衡,才能确保机体筋骨强健、关节滑利,从而维持正常的生活起居和活动功能。正如《灵枢·本藏》中所说:"是故血和则经脉流利,营复阴阳,筋骨劲强,关节清利也。"筋骨关节受损,必累及气血,致脉络损伤,气滞血瘀,为肿为痛,从而影响肢体关节的活动。推拿理筋整复作用主要是通过手法的力学作用来纠正筋出槽、骨错缝,达到理筋整复的目的,即通过手法的直接作用恢复其异常的解剖位置关系;其滑利关节作用主要通过行气活血及松解关节粘连来实现。

### 📡 知识链接

#### 推拿理筋整复作用的古籍记载

1.《医宗金鉴·正骨心法要旨》指出:"盖骨离其位,必以手法端之,则不待旷日迟久,而骨缝即合。"

2.《伤科补要》指出:"跗者,足背也,其受伤不一,轻者仅伤筋肉易治,重则骨缝参差难治,先以手轻轻搓摩,令其骨合筋舒。"

3.《伤科汇纂》指出:"脊背腰梁节节生,原无脱髎亦无倾,腰因挫闪身难动,背或伛偻骨不平。大抵脊筋离出位,至于骨缝裂开崩,将筋按捺归原处,筋若宽舒病体轻。"

## 二、推拿调摄法的特点

推拿调摄法具有疗效确切、安全性好、操作简便和受术者易于接受等主要特点。

### (一)疗效确切

推拿疗法对软组织损伤性疾病及部分儿科疾病有很好的疗效,对内科、妇科及五官科等各科的部分疾病也有较好的疗效。近年来,随着人们生活水平的提高,推拿在老年医学、养生康复医学、美容保健等领域也越来越显示出强大的生命力。

### (二)安全性好

推拿疗法为非药物疗法,无任何药物引起的毒副作用。此外,在临床上,如果推拿医生能掌握好适应证,做到诊断明确,手法用力不粗暴,那么,推拿疗法是很安全的。

### (三)操作简便

推拿手法虽然丰富多彩,但其中常用的基本手法并不多,成千上万种推拿手法都是从基本手法中演变而来,所以只要掌握并灵活运用少数几种基本手法就可以基本上满足临床应用的需要。

推拿一般不需要特殊的医疗设备,仅凭医生的双手操作即可防治疾病,因而可以不受特殊设备条件的限制,治疗非常方便,既适合于医疗及养生保健美容机构,也适合在家中自行操作。

### (四)易被接受

在运用推拿疗法时,只要手法操作得当,一般无不良反应及副作用,加之推拿既无服药之苦,又无针刺之痛,且感觉舒适,因此易于被受术者接受。

## 三、推拿调摄的具体方法

### (一)推拿的常用手法

1. 滚法　将第5掌指关节背部尺侧吸附于体表施术部位,通过前臂主动摆动带动腕关节被动屈伸、旋转,利用前臂摆动及腕关节的屈伸、旋转所产生的节律性连续动作,来带动手背做往返的滚动(图3-1)。

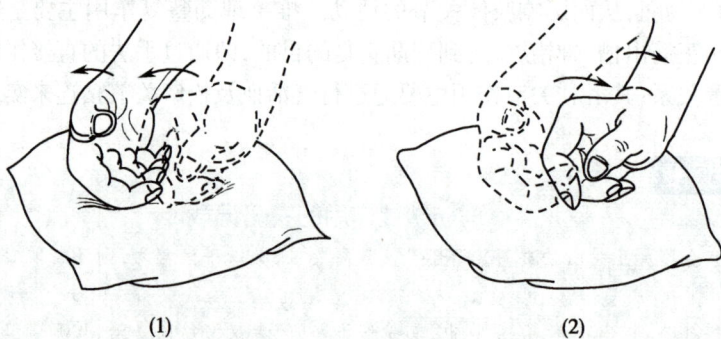

(1)　　　(2)

图3-1　滚法

滚法具有温经通络,行气活血,滑利关节,解痉止痛的作用。适用于身体肌肉较丰厚的部位,如颈部、肩背部、腰骶部、臀部、四肢部等。主要用于风湿疼痛、关节不利、肢体麻木、瘫痪以及软组织损伤引起的运动功能障碍疾患。滚法是常用的保健推拿手法之一。

2. 一指禅推法　用拇指螺纹面或指端或拇指桡侧偏峰着力,其余四指自然伸直或屈曲呈半握拳状,通过前臂主动摆动带动拇指指间关节被动屈伸做有节律的连续摆动,持续作用于治疗部位或穴位上(图3-2)。操作时要求肩部自然放松,不要耸肩,肘关节屈曲下垂,不可高于腕关节,腕关节自然放松。一指禅推法的动作要领可归纳为"沉肩、垂肘、悬腕、指实、掌虚"。

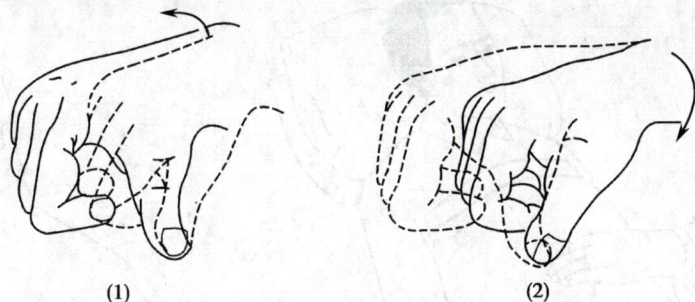

(1)　　　　　　　　　　(2)

图3-2　一指禅推法

本法有理气活血,通经止痛,祛瘀消肿作用。适用于全身各部位,尤其是头面及颈部等部位的经络和腧穴。主要用于头痛、胃脘痛,风湿痹痛,筋肉拘急等证。

3. 揉法　揉法是用指腹、掌、鱼际、前臂等部位贴附于体表施术部位,做轻揉旋转不停的摆动。操作过程中注意要有节律性,须带动皮下组织,与受术部位皮肤不能有摩擦。包括指揉法、掌揉法、鱼际揉法及前臂揉法。

(1)指揉法:用指腹贴附于体表施术部位操作。操作时腕部放松,摆动前臂,带动腕和掌指,摆动时需要蓄力于指,吸定操作部位(图3-3)。

指揉法能通经理气,缓急止痛。本法适用范围较广,头面、胸胁部位皆可应用。主要用于头痛、脘腹痛及软组织损伤等症。

(2)掌揉法:用全掌或掌根(可单掌也可双掌叠掌)着力贴附于体表施术部位或穴位上做环旋揉动(图3-4)。

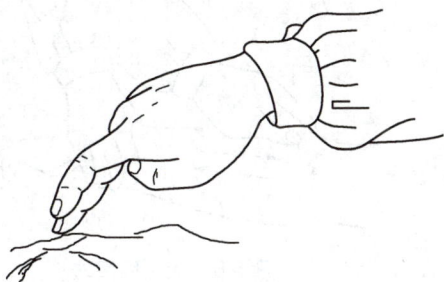

图3-3　指揉法

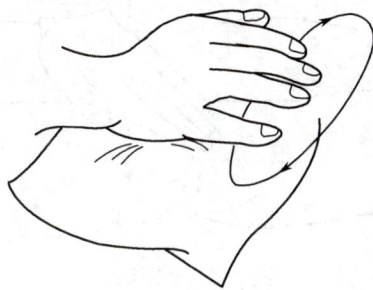

图3-4　掌揉法

本法和缓舒适,具有活血祛瘀,消肿止痛,理气和胃等作用。主要用于脘腹胀痛、胸胁支满、便秘、腹泻、头痛、失眠等证。也可用于软组织损伤引起的红肿疼痛、肢体麻木等症。

(3)鱼际揉法:用鱼际贴附于体表施术部位做环旋摆动。

（4）前臂揉法：用前臂尺侧贴附于体表施术部位做环旋操作。

4. 摩法　指摩法是用螺纹面贴附于体表施术部位做有节律的环转动作,操作时肘微屈,腕部放松,以腕关节为中心,带动掌指来完成,动作宜轻缓柔和(图3-5)。掌摩法是用掌根、全掌或鱼际贴附于体表施术部位,以肘关节为支点,带动前臂、腕关节作环旋运动,动作应当协调和缓(图3-6)。

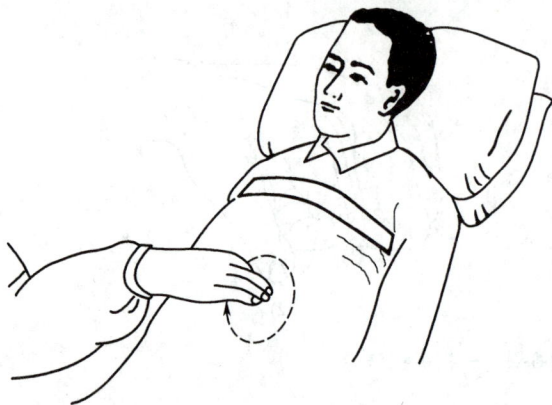

图3-5　指摩法

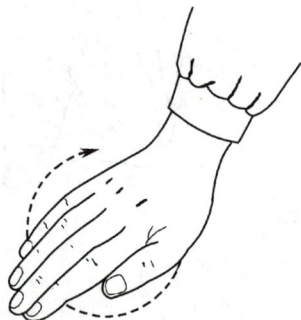

图3-6　掌摩法

指摩法能理气消积,温经散寒。常用于胸腹及胁肋部。主要治疗胃脘痛、胸胁胀满、消化不良、腹泻、便秘等。

5. 擦法　擦法是用手掌、鱼际或小鱼际着力于体表施术部位上,做直线来回往返擦动(图3-7 ~ 图3-9)。动作稍快,用力要均匀,应产生温热感。操作时多将受术部位皮肤暴露并涂以适量油性介质。

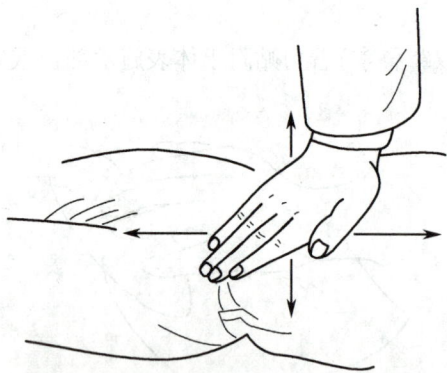

图3-7　掌擦法

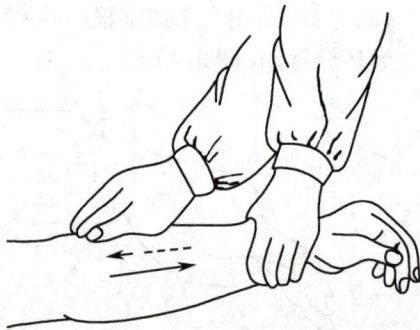

图3-8　大鱼际擦法

运用擦法能使局部产生温热感。具有舒筋活络,理气止痛,消瘀散肿,健脾和胃,祛风散寒等作用。主要用于胃脘痛、消化不良、腰背酸痛,肢体麻木及软组织损伤等。

6. 推法　用指腹、指端、单掌、双掌或肘尖部紧贴患者皮肤向前单向直推,也可顺着筋肉结构形态而推之(图3-10 ~ 图3-12)。

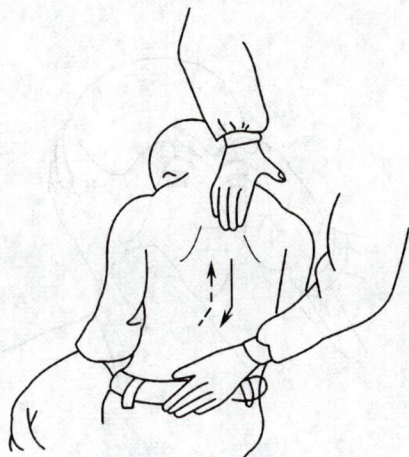

图 3-9　小鱼际擦法

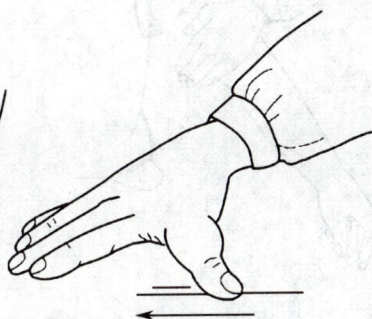

图 3-10　拇指平推法

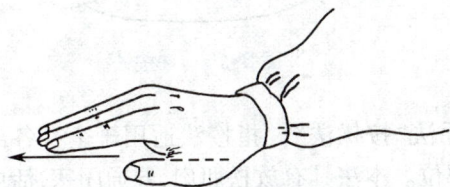

图 3-11　掌推法

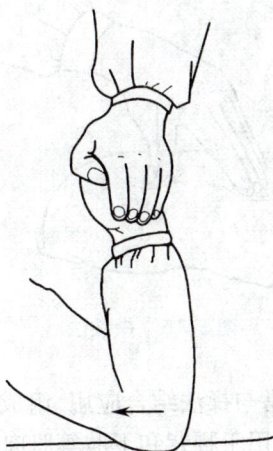

图 3-12　肘推法

　　本法可活血通络，散瘀消肿，解痉止痛。多用于头面、颈项以及肢体远端；掌推法适用于胸腹、腰背及四肢等；肘推法的刺激性较强，用于肌肉丰厚、形体肥胖或感觉迟钝的患者。

　　7. 搓法　双手张开对称性抱托操作部位（多为上肢、胁肋等部位），一前一后作往返搓的动作，可上下来回移动。操作时搓动要快，移动要慢，用力均匀，不得停顿（图 3-13）。

　　本法具有疏肝理气、开郁散结、舒筋活络、消除疲劳、调和气血的作用。主要用于臂痛、腰背痛及胸胁痛等。

　　8. 抹法　抹法是用手指（多用拇指）指腹贴附于皮肤，轻柔和缓地作上下或左右往返移动，操作时不要带动深部组织（图 3-14）。

　　抹法有醒脑明目、镇静开窍等作用。适用于头面和颈项保健及头痛、头晕、失眠、面瘫等。

　　9. 按法　用拇指指端或指腹按压体表，为指按法。用单掌或双掌，亦可用双掌重叠按压体表，称为掌按法。按法操作时用力要由轻到重，不要使用暴力猛然按压（图 3-15、图 3-16）。

笔记

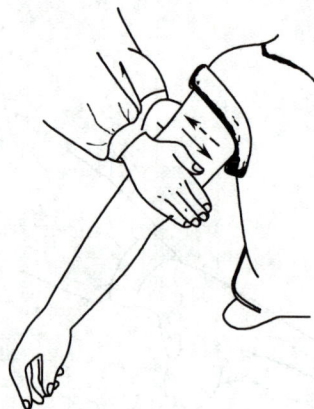

图 3-13 搓法

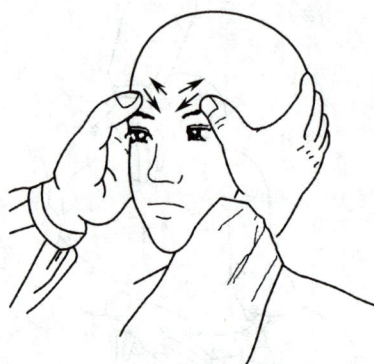

图 3-14 指抹法

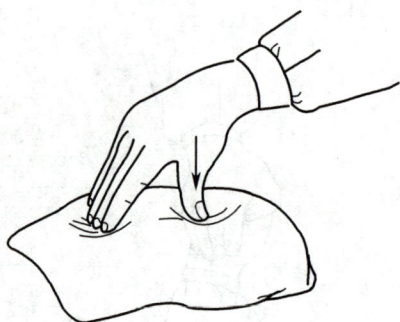

图 3-15 指按法

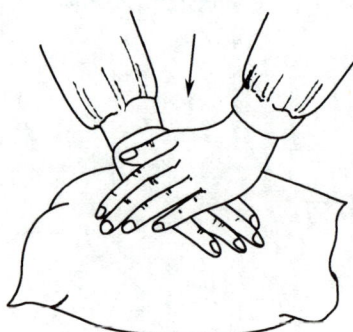

图 3-16 掌按法

按法常常与揉法结合应用,组成复合手法"按揉法"。指按法适用于全身各部穴位;掌按法多用于腰背和下肢等肌肉丰厚部位。本法具有放松肌肉,开通闭塞,活血止痛之功效。

10. 点法　拇指点是用拇指指端点压体表。屈指点可以屈拇指,用拇指指间关节桡侧点压体表,也可以屈食指,用食指近端指间关节点压体表。本法与按法的区别在于点法作用面积小,刺激量更大(图3-17、图3-18)。

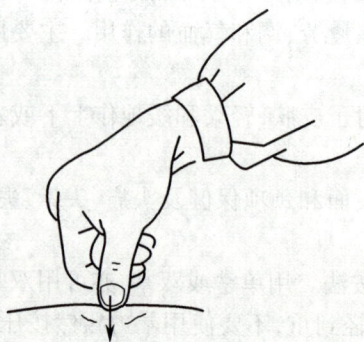

图 3-17 拇指端点法

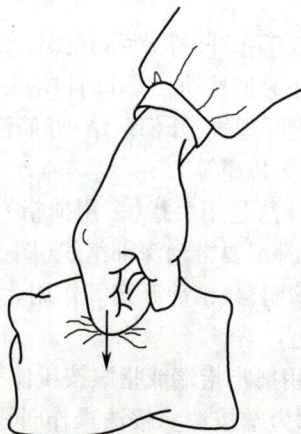

图 3-18 屈食指点法

11. 拿法　用大拇指和食、中两指,或用大拇指和其余四指作相对用力,在一定的部位上做节律性的提捏动作。操作时,用力应当由轻而重,不可突然用力,动作要和缓而有连贯性(图3-19)。

本法常用于头项、肩颈及四肢等部位。具有祛风散寒,开窍止痛,舒筋通络、消除疲劳等作用。

12. 拍法　用虚掌拍打体表,称为拍法。操作时手指自然并拢,掌指关节微屈,拍打患部,平稳而有节奏(图3-20)。可单手操作,也可双手交替做节律性操作。

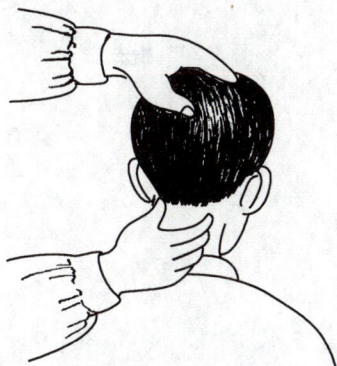
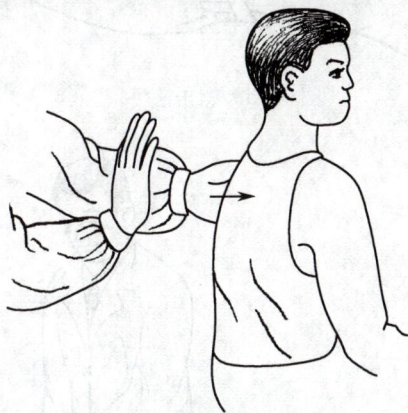

图3-19　拿法　　　　　　　　　　图3-20　拍法

拍法适用于肩背、腰臀及下肢部。对风湿酸痛、局部感觉迟钝或肌肉痉挛等症常用本法配合其他手法治疗,具有舒筋通络,行气活血的作用。

13. 击法　用拳、掌根、掌侧、指尖或桑枝棒叩击体表,称为击法。

拳击法:手握空拳,腕伸直,以立拳或拳心、拳背叩击体表(图3-21);掌击法:手指自然松开,腕伸直,以掌根部叩击体表(图3-22);侧击法:手指自然伸直,腕略背屈,用单手小鱼际击打或双手小鱼际交替击打体表(图3-23);指尖击法:用指端轻轻垂直击打体表(多用于头部),如雨点落下(图3-24);棒击法:手握桑枝棒一端,前臂主动运动,使棒体有节律地击打体表(图3-25)。

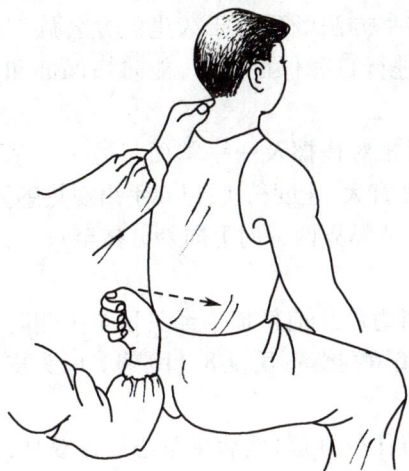
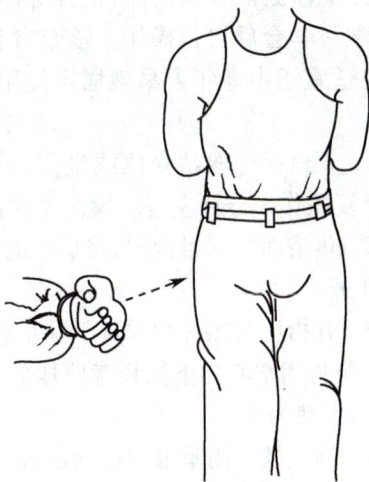

图3-21　拳背击法　　　　　　　　图3-22　掌击法

笔记

109

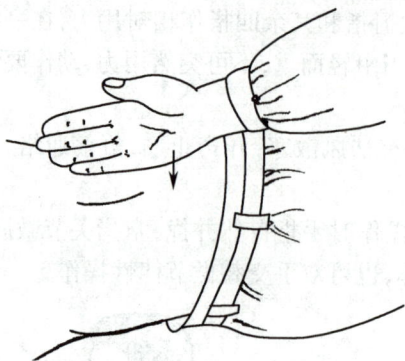

图 3-23 侧击法

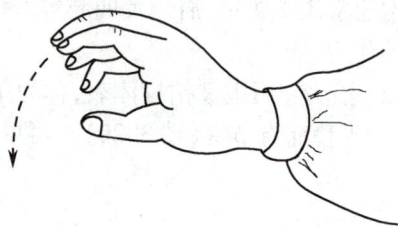

图 3-24 指击法

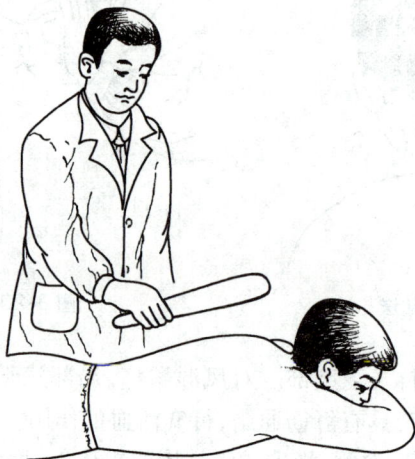

图 3-25 棒击法

本法具有舒筋活络、调气和血、缓解痉挛的作用。主要用于颈腰椎疾患引起的肢体麻木酸痛、风湿痹痛、肌肉萎缩等证。

### （二）自我保健推拿方法

自我保健推拿以按揉、拍打等简单实用的推拿手法为主，可在专业医生指导下通过学习学会后自行操作。该套自我保健推拿方法既适合于久坐的办公族工间使用，也适宜于中老年人早晚居家使用。经常进行自我保健推拿，能防病保健和益寿延年。

1. 干洗手　取站立位或坐位。双手掌面相对搓擦及一手掌面与另一手掌背搓擦，反复操作 3 分钟左右。操作要领：对搓力度宜大，速度稍快，以双手出现热感为准。

2. 热浴面　双目微闭，将搓热的双手分别从鼻翼两旁向上向外分抹至双耳，反复 8~10 遍。

3. 五指梳头擦耳背　双手呈爪状，用适当力度从前额梳推经头顶至头侧时手指伸直，顺势用掌心向下擦耳背使耳朵发出"嗡嗡"摩擦音，反复 8~10 遍。以头皮及双耳微微发热为佳。

4. 鸣天鼓　用掌根由后向前推，使耳郭盖住外耳道，然后用掌心按住双耳，五指置于头枕部，示指叠置于中指上，示指突然用下滑落弹打头部，使双耳发出"咚咚，咚

110

咚"震动声,反复15~20次。

5. **横擦颈部** 用一手手心贴于颈部,来回横擦颈部至颈部微微发热。

6. **叩齿** 叩齿1~2分钟,可按左、前、右3个方向叩,每个方向叩8~10下为1个节拍,共3~4个节拍。

7. **拳揉膻中** 右手半握拳,握拳时伸直掌指关节,食、中、无名及小指第一指间关节屈曲呈弧面,将此弧形面置于膻中穴,左手自然放在右手手背上,双手配合揉之,揉的时候要配合按法,使局部产生痛感(酸痛或刺痛感)为佳。每次2分钟左右。操作时必须用弧形面去按揉,如此能刚柔相济,且要揉中带按,方可产生痛感。

8. **揉腹推腹** 揉腹法:右手握拳,左手置于右手手背,用右手拳心揉腹部,以脐为中心,揉脐中及其周围部位,时间3分钟左右。推腹法:双手叠掌推脐下前正中线,按脐中(神阙)→气海→石门→关元→中极→曲骨方向顺序施以推法,推8~12遍;然后双手掌分推(斜向下推)小腹两侧约当两侧腹股沟上方一手掌宽处,推8~12遍。

9. **按摩肾区** 分按肾区与摩肾区两步操作。按肾区法:双手掌置于肾区(肾区在脊柱两侧近脊柱与脐相同水平区域)向上提按,配合揉法,操作8~12遍。摩肾区法:双手掌置于肾区行摩法,使局部有暖暖的感觉。

10. **掌推命门** 左手置于右手手背,用右手掌推命门穴(命门穴在第2腰椎脊突下,约与脐相平)8~12遍至局部有暖暖的感觉。

11. **按揉太溪、太冲、三阴交,叩击足三里** 取坐位。以操作左侧穴位为例,下肢屈曲内收。双手拇指叠置后按揉太溪、三阴交穴,太冲穴用一手拇指按揉即可,也可以用食指或中指按揉、勾点太冲穴,至局部酸痛或酸胀。每穴操作30秒至1分钟。然后屈膝立起小腿,握拳用拳之小鱼际侧叩击同侧足三里穴1分钟左右,至局部酸痛或酸胀。叩击足三里时力度宜大些,使局部有酸胀及微微发热感为佳。

12. **揉搓足心,叩击足底** 取坐位。以操作左侧足部为例,左下肢屈曲内收,暴露足底,右手鱼际揉按左侧足心(涌泉穴)处,至局部有微微发热感。然后用右手小鱼际近掌根处搓擦足心,同样要使之有微微发热感。然后用拳击法反复叩击足底2分钟左右。右侧足底用左手操作,方法如上所述。叩击足底力度宜大。

13. **叩击大腿及小腿内侧** 取坐位。屈膝内收小腿。双手握拳,用双手拳心同时或交替叩击大腿及小腿内侧面,上下往返叩击8~12遍。叩击力度宜大,以操作后局部微微发热为佳。

14. **拍打、叩击上肢内侧与外侧** 取站立位。一手虚掌拍打法或握拳拳心叩击法,操作于对侧上肢的内侧与外侧,上下来回分别操作8~12遍。

15. **拳叩腰骶** 取站立位。一手或双手握拳,用拳背沿脊柱正中叩击腰椎至骶椎,反复8~12遍,力量据个人体质而定,量力而行。叩击时动作轻巧有弹性。

16. **叩击、拍打臀部及大腿与小腿外侧** 仍取站立位。双手拳心叩击或双手虚掌拍打,同时操作于双侧臀部及大腿与小腿外侧,上下来回操作8~12遍,环跳、足三里及阳陵泉等穴位处可重点操作。叩击、拍打力度要大些,以操作完后全身微微汗出为佳。双手虚掌有节律地拍打臀部,要用虚掌拍打,力度可适当大些,但手腕要放松,手法要有弹性,不可实掌实拍。

### （三）全身保健推拿方法

全身保健推拿是针对健康或亚健康人群的推拿方法，具有显著的缓解心身疲劳、改善低落情绪的防病保健作用。适度（每周 1~2 次）接受全身保健推拿对于维护心身健康大有裨益。

全身保健推拿由专业医生或保健技师操作，以受术者最感舒适为操作要求，操作部位以背腰部为主，头面及四肢等部位也是常用的操作部位。下面简要列出全身保健推拿的常规操作套路，以供参考。

1. 仰卧位的操作

（1）头面部：开天门，分阴阳（4~6 遍）→点按印堂、睛明、攒竹、鱼腰、丝竹空、太阳、四白、阳白、头维、上星等穴→四指揉太阳→循经点按五经（4~6 遍）→或一指禅推或拇指点按加拨颞侧及头顶（右手按摩受术者的左侧，左手按摩右侧）→十指按揉头部→揉耳郭→搓耳旁、耳背→鸣天鼓→双手按揉颈部，中指勾点风池→双手拇指与四指拿双肩→四指（以中指为主）勾点弹拨对侧的颈夹脊→拇指点按百会、四神聪→十指叩击头部→开天门、分阴阳（4~6 遍）→右手拳背叩百会（百会穴上垫置左手）1~3 下。

（2）上肢：单掌或叠掌按揉、弹拨手三阴经、手三阳经（注意按揉肩部前缘及三角肌时左手按受术者的左侧、右手按摩右侧）→拇指按压、弹拨揉手三阴经、手三阳经→分理腕关节及手掌→理五指→拇指点按合谷、内关穴，中指勾点弹拨少海穴，拇指按揉曲池穴，拇指弹拨极泉穴→抖腕关节→牵抖上肢。

（3）下肢：按压分理大腿前侧中下段及小腿（2~3 遍）→拿揉大腿前侧中下段及小腿（2~3 遍）→双手拇指点按与弹拨胆经在下肢的循行部位及胃经在小腿的循行部位（4~6 遍，在相应的穴位如阳陵泉、足三里、上巨虚与下巨虚等要重点加强）→拇指按压和弹拨足三阴经在小腿循行部位（4~6 遍，在相应的穴位如阴陵泉、三阴交及太溪等要重点加强）→拇指按压和弹拨内侧缘足弓→掌推下肢→拳叩下肢→摇膝、髋关节→拔伸、牵抖下肢。

2. 俯卧位的背部操作

（1）起始手法：掌推腰背部三线（督脉及督脉旁开 1~1.5 寸,8~10 遍）→全掌分压、分抹背部两侧（5~8 遍）→掌根弹拨双侧肾俞穴（8~10 遍）。

（2）头颈及双肩：拇指按压弹拨后枕部→拇指按压弹拨颈椎→拇指按揉弹拨肩及肩胛背部→拿三角肌及上臂→双手拿揉双肩。

（3）腰背部：叠掌按揉腰背三线（督脉及督脉旁开 1~1.5 寸,8~10 遍）→或㨰，或肘揉加弹拨腰背两侧→拇指按压揉双侧夹脊穴（5~8 遍）。

（4）臀部：掌根按压牵拉同侧臀部及足跟（2~3 遍）→全掌按压分理下肢（2~3 遍）→叠掌按揉弹拨臀部及下肢（5~8 遍）→拇指按压弹拨胆经在大腿及小腿循行部位（4~6 遍）→拇指按压弹拨承扶到委中（4~6 遍）→拿小腿→肘揉、弹拨臀部及下肢（4~6 遍）。

（5）结束手法：拇指或肘尖点按肾俞、大肠俞、环跳、秩边、承扶、委中、承山等穴→掌推（分推）肩、背、腰臀部→掌推腰背三线→掌推下肢→活动膝、踝关节→叩击足跟→空拳叩击背部、腰部。

### 推拿（按摩）养生保健作用的相关古籍记载

1.《素问·调经论》记载："神不足者,视其虚络,按而致之……以通其经络,神气乃来。"

2.《遵生八笺》记载："人身流畅,气之所通,气流则形和,气塞则形病……故延年却病,以按摩导引为先。"

3.《备急千金要方·养性》记载："每食讫,以手摩面及腹,令津液通流。食毕,当行步踌躇,计使中数里来,行毕,使人以粉摩腹上数百遍,则食易消,大益人,令人能饮食,无百病。"

4.《延年九转法》记载："摩腹之法,以动化静,以静化动,合乎阴阳,顺乎五行,发其生机,神其变化,故能通和上下,分理阴阳,去旧生新,充实五脏,驱外感之诸邪,消内生之百症。补不足,泻有余,消长之道,妙应无穷,何须借药烧丹,自有却病延年之实效耳。"

5.《圣济总录·养生法》记载："凡小有不安,必按摩捋捺令百节通利,邪气得泄。"

### 足部按摩养生康复作用的相关古籍记载

1.《楚国·先贤传》记载："患足中风,使胡生按摩治之。"

2.《史记》记载："热蹷,刺其足心,各三所,案之,疾旋己。"

3.《大戴礼记解诂》记载："曾子病,其子曾元抑首、曾华抱足,痛缓之。"

4.《千金翼方》记载："小儿虽无病,早起常以膏摩囟上及手足心,甚辟风寒。"

5.《金丹秘诀》说："每临卧时,一手握赤足,一手摩涌泉,多至千数,少亦百余,生精固阴,久而弥益。"

# 第八节　房事养生法

房事即性生活。房事养生,就是根据人体生命活动规律即生理心理特点,采取健康适度的性行为,或通过必要的保健方法,调节男女性事活动,和谐夫妻生活,以强身健体、祛病延年的养生保健方法。性生活是人类的一种本能,是人类最基本的需求之一,男女之间的性活动,不仅具有原始的生殖繁衍功能,也是人们生活娱乐、健康保养的重要内容。尤其是在现代科学技术的调节下,作为以生殖功能为目的的性生活在人们的生活中所占的比重越来越小,而以生活娱乐、健康保养为目的的性行为则成为人类生活中不可或缺的重要内容。因此了解和掌握性生活保健法对人们的养生保健有着积极重要的作用。

## 一、房事的养生功能

性生活是人类的一种本能,是人类最基本的需求之一,故有人把性生活和物质生活、精神生活一起列为人类三大生活内容。性行为是人类的自然天性,是人类生活的重要内容,适度和谐的性生活有益于身心健康。

### （一）性行为是人类的自然天性

性生活对于人类而言,其重要性可概括为:性行为合乎天地之道,合乎生理之道,合乎社会之道。

1. 性行为合乎天地之道　性生活本乎自然之道,是人类的天性,是人的生理本能。性生活、生殖及繁衍是万物生生不息的源泉。古人以阴阳剖析人与自然,认为天地之间,万物秉阴阳乃成。阴阳交感,是自然万物生化不已的原动力。人类的性行为乃天地之道。两性关系是法天象地,规矩阴阳,是效法天地阴阳,按自然规律处事的自然之性。《古今医统大全·房中节度篇》中说:"天地,万物化醇,男女媾精,万物化生,此造化之源,万物之根本。"因此,男女相需好比天地相合,若男女两者不合,则违背天地阴阳之道。人的性行为是人类生生不息的源泉,是宇宙自然之性的具体体现。

2. 性行为合乎生理之道　性行为和人体的其他生命活动一样是人的自然生理,性欲和食欲一样是人生命活动的必需。并且人类性行为是一个生理心理相互关联、相互结合、相互影响的过程,是心身的高度统一。正常的性生活,使男欢女畅,阴阳调和,有益身心健康。就精神心理而言,性爱是人类诸多情感中最美好的,也是最强烈的精神感受和需求。在两性的情感中,性行为是最直接的表达。

中医学认为,性行为是以肾精为物质基础,心神积极参与,心身合一的生命过程。精足则思欲,精气充足,易引起性兴奋,性器官的兴奋反应,引起心理的性欲望,相火蠢蠢而动,两性交合,心神心肾相交,气血流畅,开通郁闭,从而达到在生理上、心理上达到和谐统一,促进人体整体生命活动的优化。

现代医学认为,性欲是人类最为复杂的生物本能之一,它建立在生殖系统、神经系统、内分泌系统、循环系统等生理功能正常的基础之上,当身体内在的功能状态发生变化时,人的性欲望亦发生相应的变化。正常的疏解性欲是人体生命活动的需要,是调节人体生理功能和心理状态的重要手段。

3. 性行为合乎社会之道　性行为是发生于不同个体之间,并且是在社会范围内进行选择和得到满足,具有显著的社会学行为学特征。建立健康、文明、科学的性行为规范,有助于增进个人和家庭的幸福和社会的和谐稳定。孔子把"内无怨女,外无旷夫"作为其所设想的大同社会的标志之一。

性欲是人的本能,但社会对性本能应有所规范,这样社会(包括两性关系)才能有序地运行,人群性行为的健康发展和合理控制是社会和谐与稳定发展的重要组成部分。《诗·国风·序》中说:"故变风发乎情,止乎礼义。发乎情,民之性也;止乎礼,先王之泽也。"古人用"礼"来规范人的性行为,指出"发情止礼"。其目的在于,一方面保障个人得到美满的性生活,另一方面,促进社会的和谐稳定。

### (二)和谐适度的性生活有益于健康

性生活作为人类生活的重要内容之一,它既可以养生保健,也可能损伤健康,甚至折寿短命。人要想通过性生活得到补益,免除损伤,其关键在于掌握性生活的要领,合理安排房事生活。古人云:"房中之事,能生人,能煞人,譬如水火,知用着,可以养生,不能用者,立可尸矣。"因此,和谐的性生活,是养生延年的重要内容之一。充分认识到适欲则健康长寿,纵欲则耗伤肾精,禁欲则逆伐天性。

1. 适欲,健康长寿　在古代养生,并非单纯把性生活视为繁衍后代的手段,而是特别强调性生活在养生保健方面的重要作用和意义,认为"交接之道"在于"男以致气,女以除病,心意娱乐,气力益壮"。性欲旺盛,是肾中精气充盈的表现,此时适量而节制的外泄,则能使肾中精气保持更新和充盈的状态,对人的体力、智力、抗病力的提高及衰老的延缓都十分有利。因此,适量、和谐、稳定的性生活,可以使男欢女畅,阴阳调和,优化人体的整体生命状态、促进身心健康。

现代医学研究表明,性生活中的肉体接触不仅带来愉快的感受和亲密的情感,还可以调整和增强人体的内分泌功能和免疫功能.促使精神更充实、心情更愉快、身体更健康。主要表现在以下几个方面:

(1)和谐愉悦、陶冶情操:男女双方以性生活的纽带,通过身体的接触,灵与肉的融合,使双方性心理获得满足,使夫妻感情获得提炼与升华。男女双方事后往往都会有达到一种和谐怡悦,幸福愉快,充实、满足的感受,有助于爱情的巩固和升华,使美满的婚姻历久弥新,富有魅力。性爱使人们心情欢乐愉悦,保持轻松愉快的良好心态,能预防、减少情绪抑郁,增加自信心。

(2)调节功能,强壮气力:从医学角度看,夫妻间和谐美满的性爱会增强机体的调节功能,使内分泌相对平衡,生理功能正常运营,从而避免过早衰老,反之,缺乏和美性爱甚至关系紧张的夫妻,就很可能削弱正常的生理功能,罹患各种疾病,从而引起中枢神经、消化、循环、泌尿、免疫等系统的功能过早衰退。有研究表明,性生活的时候人们不知不觉地加深呼吸,从而增加体内的氧含量,有利于机体血液循环与新陈代谢;性爱能刺激人的大脑,使人变得聪明。因为做爱不仅能够使人们的身体亢奋,还能使人们的大脑活动变得异常活跃,从而增加肾上腺皮质激素的分泌量。肾上腺皮质激素的分泌增加,又会刺激人的大脑中灰白髓质的产生,使人的思维活跃,提高了智商。

(3)防治疾病,延年益寿:适度性生活可刺激性激素分泌,延缓性衰老。有研究认为,男性进行性生活期间,特别是性高潮或射精时,体内自然释放的雄激素比平时高3~5倍。女性也可增加雌激素水平,使月经正常化,延缓绝经时间;特别是对已过更年期者,可有防止生殖器萎缩老化的作用。

2. 纵欲,耗伤肾精　性适度的性生活对人体健康有益,太过则招灾致病害。古代性保健,十分重视节欲保精。认为纵欲过度,损伤肾精,耗散元气。中医认为精构成人体和维持人体生命活动的生理物质,肾精耗伤不仅影响人体的生长发育和生殖功能,亦使五脏六腑的精气得不到充盈,导致五脏虚损,而百病由生,甚至早衰短命。因此古代养生家都在上告诫人们"纵欲催人老,房劳促短命","纵情恣欲,不能节宣,则伐天命"。中医把性生活纵欲不节,作为劳倦内伤的重要原因。征诸临床实践,性生活过度者,常出现腰膝酸软、神疲乏力、头目眩晕、面色晦暗,男子阳痿,遗精滑精,女子宫寒不孕、月经不调等。性生活纵欲不节,不仅可直接或间接引起某些疾病,并影响到疾病的康复,致使疾病反复发作,加重病情。临床上有些疾病经治疗后基本康复,但却常常因于性生活的不节,而致使疾病再度发作,且病情加重。

现代医学研究认为,射精次数过于频繁,必然增加睾丸的负担,使其过多地产生雄激素,反馈性抑制了垂体前叶的分泌,致睾丸萎缩。精液测定表明,精液中含有丰富的前列腺素和微量元素锌。前者对心血管、呼吸、消化及神经系统有重要的生理调节作用,后者是构成多种蛋白质分子的微量元素,与人体细胞的生命活动密切相关。射精过频无疑会丢失这两种物质,从而使人早衰而短寿。可见"房中之事,能生人,能杀人"。

3. 禁欲,逆伐天性　古代养生家指出"欲不可绝",性生活是人类的本能,是成年健康人的正常需要。健康的成年男女如果禁绝性生活,非但于身体无益,反而会导致

笔记

各种疾病,甚至会影响寿命。《抱朴子·释滞》中说:"人复不可都绝阴阳,阴阳不交,则坐致壅郁之病,故幽闭怨旷,多病而不寿也;任情肆意,又损年命。惟有得其节宣之和可以不损"(《抱朴子·释滞》)。禁欲,阴阳不相交合,就会造成精神情绪的抑郁不畅、精道闭塞不通、气血瘀滞、脏腑功能失调而滋生病变。

现代医学临床研究发现,老年人如果长期性压抑,会使身体免疫功能降低,出现焦虑、紧张、抑郁等症状。据《史记·仓公传》所述,济北王侍者韩女经常腰背痛,时常发寒发热,月经紊乱。淳于意诊断后指出,韩女的病是因为性生活得不到满足而引起的;清代诗人袁枚在其著作《小仓山房文集·徐灵胎传》中,记载商人汪令闻因长期不过性生活而得病,请徐灵胎先生诊治。徐灵胎诊断后并不开处药方,只劝说汪令闻回家与妻子同寝。可见,正常的性生活,有益身心健康。

因此,和谐适度的性生活有益于人的身心健康,而禁欲或纵欲滥交等反常的性生活,则会虚耗生命物质、损伤机体。

## 二、房事养生的措施

性生活的保健措施,历代养生家和医家都有不少的论述,其中虽然有一些糟粕的东西,但亦不乏有许多科学实用,易于施行的有效方法。先根据有关论述并结合实际简介如下。

### (一)顺天性,从生理,适欲性生活

性行为作为人的一种本能,既不能禁欲,也不可纵欲,而应适欲。适欲者,顺从自然的生理欲望,适当的次数。衡量是否适欲,当遵循三条准则:其一,性欲是自然而然激起的,而且强烈到愿意性交的程度。任何勉强的性交或应付式的性交都不是适欲;其二,性交的全过程是自然而然地进行和完成的,没有出现身体上和心理上的不舒适感觉;其三,性交后,不影响睡眠及次日的精神状态。性生活的频率应当根据不同的年龄、体质和其健康状况来定。《玉房秘诀》认为"人有强弱,年有老壮",因此房事的安排只能"各随其气力"。

中医认为"精"是人体生命的活性物质,有其一定的代谢规律。"精盈必泻,精出必补",由于"精"的产生与性欲的冲动是不成比例的,所以性生活的间隔时间应由"精"的充盈程度来决定。由于人有体质强弱,年龄老幼之不同,精的生成时间也不一致,因此性生活施泄的频率亦因之不同。《素女经》及《千金方》都提出:泄精的间隔应随年龄的增长而延长:20 岁 4 日 1 泄,30 岁 8 日 1 泄,40 岁 16 日 1 泄,50 岁 21 日 1 泄,体弱者行房间隔延长 1 倍,60 岁闭精不泄。这一观点与现代性医学的提法较为一致,可总结为:施泻次数 = $2^N$(N 为年龄的十位数)。例如:20 岁,N = 2,施泻次数 = $2^N$ = 4,故 4 天 1 泄。由此可推,30 岁 8 天 1 泄,40 岁 16 天 1 泄,50 岁 32 天 1 泄,60 岁开始 64 天 1 泄或闭精不泄。这里的泄是指精液的外泄,不同于性交。古代养生家主张性生活交而不泄,或交而少泄。但应该注意,所谓交而少泄,也是适欲而交,并非肆意多交而"闭精"少泄。金元时期名医朱丹溪指出:相火一动,即使久战不泄,也会暗耗精液。征诸实际,过度的性交,对大脑皮质、生殖腺、生殖器官等都会造成过度负担,以至于人体精微物质过量损耗。尤其是生殖器官,更容易因为过度的性交而导致高度的兴奋,局部充血。长此以往,必然形成兴奋-抑制的不平衡。加上精微物质的过度损耗,就会产生生殖系统病变或全身功能的损害。这些危害并不局限于男子,女性也

一样。

至于老年人的性生活，应根据各自的具体条件来考虑。孙思邈认为，60 岁左右的老年人，如果尚有性欲而强行抑制的话，会导致种种疾病。因此，老年人也可根据各自的体质条件，安排适度的性生活。患病体弱者，性生活的次数应注意控制，切不可恣意频繁。

另外，古代养生家主张，推迟初次性生活年龄，提倡晚婚少育。

### （二）行技巧，保精气，享受性生活

性生活，是一心身和谐统一的生命活动，既要有一定的度，也要掌握一定方法和技巧。古人对此十分重视，有许多精彩的论述。

1. 性生活前怡畅情志　性生活是一种心身高度协调的生理心理活动过程，性生活过程既有肉体的密切接触，又有精神情感的相互交融。因此男女双方只有在彼此感情高度和谐统一的情况下交合，才能享受到性交带来的巨大快乐。古代养生家强调，男女在性交之前，先应互相嬉戏娱乐，以增进彼此感情，要等到双方都产生了强烈的性欲时再行交合。如果一方不乐意，另一方不能强行交合，古人称之为"绝"，即使人陷入绝境，这样做非常有害。应提请注意的是，男女双方在性心理、性生理方面存在着较大的差异，女方的性欲冲动产生较为慢，必须采用激发、引诱等方式取得相对的同步，以期达到两情相悦的境界。其要领为：温柔的吁气亲吻，可使面部充血发热；轻柔的拥抱，可使乳房隆实，鼻泌微汁；两舌互抚，可使口舌津液滑润；轻相抚触，可使女阴流液，阴唇湿润；两躯徐动缓摇，可致咽干咽唾。按此操作，可使对方性欲冲动，女方呈现上述"五欲"之征，男方阴茎表现为"怒、大、坚、热"的"四至"之候，此时交合时方能气血舒畅，情绪和谐，性欲满足。因此，只有重视并做好性生活前的准备，才有可能使双方都达到健康、和谐、愉悦、舒畅的欢乐境界，享受性生活给男女双方带来的快感。对于患有性冷淡、性感缺乏的男女而言，采用性交前的怡畅情志方法可能使他们获得正常的性快感和性高潮，从而达到性生活的保健作用。

2. 性生活中把握技巧　首先，选择合适的体位。适当的性交体位不仅可以获得满意的性快感，保证性生活的质量，并且可以纠治一些性功能障碍的疾患。女下仰卧男上俯卧，是最为常用的一种体位，其他如男下仰卧女上俯卧、男女侧位面相向而卧、女性膝卧位男跪其后等，各有各自特点，应根据个人喜好及承受能力而定，以不过极为度。

其次，男女协调，共赴高潮。性生活是全身整体生命活动高度协调统一的过程。男女双方需专心之至，体察心身融合。若心神外驰，配合不当，不仅影响性生活的质量，而且对身体会产生损害。要达到灵肉相合，心身相融的境界，古代养生家特别指出在性生活中要注重把握性交过程中男女双方的心身变化反应，以相互配合、渐次深入、和谐统一。古代房中著作《素女经》主张通过观察女性性高潮来临的情况，来调节性交的进程。指出在性交过程中，如女子颜面红赤，可慢慢地进行交合；乳头坚硬而鼻尖出汗，交合可缓缓地进入内部；口中不断做吞咽动作，交合当轻轻地摇动；阴液多而润滑，交合当缓缓地加以深入；阴液流溢于大腿，可在交合的同时舒缓地做些导引动作。

此外，要把握好交合的深浅和泻精的时机。古代养生家认为交合当以浅刺为主，深刺不宜过多，提倡"九浅一深"之法。阴茎应多在阴道浅部"左右研磨"，"细细抽

拔",如此则快感更强,效果更佳。至于泻精时机,须等到女方出现性快感和性高潮之时,方是射精的良机,这样可使男女双方同时达到性高潮,从而最大限度地获得性快乐,使性生活真正起到养生保健作用。

古代性保健养生中,有许多行房的技巧和方法,其中虽有些带有神秘的色彩或不科学的成分,但仍然有不少内容值得我们借鉴。如为延长性交时间,男性在欲泄之时,则仰首闭息,闭口张目,咬牙握拳,舌舔上腭,吸气提肛,收腹缩阴。或改变体位,摒弃较强的刺激,放缓提插或不动,将阴茎提至阴道口或提出,待阴茎稍软后再次进入。诸如此类,可供借鉴。

3. 性生活后适时静养　和谐高质量的性生活,是在人体五脏六腑和筋、骨、肉,及气、血、精、神等共同参与下完成的。性交激情刚过,则气血未平,五脏未定,此时可采用吸气提肛,收腹缩阴,手护丹田,安神定志等方法以静养神气,安和五脏气血。切忌性交一结束就起床活动。另外,由于性交过程体力消耗过大,也损耗了不少精华物质,因此性生活结束后,男女双方均进入一种松快的疲乏状态。此时也需要得到很好的休息以恢复之。

因此要使性生活发挥其养生保健作用,应当重视性交后的适时静养。性交时间的安排应以临睡前为最妥,这样能保证在性生活结束后有充足的时间护养、恢复体力。

### 知识链接

#### 中国古代房中术

中国古代房中理论极为丰富,现在还能从史书上看到大量的这方面的古籍书目。《素女经》就是其中比较有代表性的著作。素女是中国古代文献中一再记载的一位性爱女神,是传世的房中术著作中经常称引的人物。传说她在公元前21世纪的远古黄帝神话时代就经常和黄帝讨论男女房事问题,给黄帝传授房中术。《素女经》即是以素女与黄帝的问答形式所记述的关于房中理论与技术的专著。汉朝的张衡写过一首《同声歌》,描述男女新婚之夜的性交,有"素女为我师,仪态盈万方"之句,说明素女的影响已深入民间,夫妻过新婚性生活都要以素女的论述为参考。

### (三)讲卫生,重禁忌,美满性生活

1. 讲究卫生保洁　注意性生活的卫生保洁,对男女双方的健康是至关重要的。临床资料表明,由于男女性生活不注意卫生保洁,可以引起许多疾病。如:女性疾病有月经不调、慢性阴道炎、宫颈炎、子宫内膜炎、阴道黏膜溃疡等;男性疾病有前列腺炎、泌尿系感染等。性生活前,男女双方都要清洗外阴及肛门部。因为这些部位都容易藏污纳垢,特别是男子阴茎包皮内及女子外阴部皱褶处易藏大量的细菌,因清洗干净。性生活后,也应清洗外阴,保持卫生清洁。注重性生活的卫生保洁不仅可以有效预防妇科及男性疾病,而且能提高性生活的质量。

2. 注重性生活禁忌　性生活是心身高度合一的生命体验,十分强调性生活必须在男女双方最佳生命状态时进行,方能享受到性生活带来的巨大乐趣,起到养生保健作用。因而在某些特定的情况下不宜进行性生活,以免造成不良后果。当注意以下几点:

　　(1)七情过极禁房事:性生活本是男女双方精神情志的相互交融,如果男女双方心情不佳,或气愤恼怒,或惊吓恐惧,或忧愁悲伤,或抑郁思虑等,在这些情况下,均不宜勉强进行性交。若仅是男女某一方情志不遂,而另一方强意为之,则非但自身得不到满意的性快感,而且会造成对方的强烈反感,其结果将会导致男女双方在生理和心理上的伤害,也是造成性欲下降、性冷淡、性交疼痛等性功能障碍的主要原因。中医认为,情志过激可导致气机失常,脏腑功能紊乱,精气亦为之闭塞,性反应机制无法循序发展。此时性交则气血更加逆乱壅滞,而导致内伤病变的产生,如果受孕则会影响到胎儿的生长发育。《千金方·房中补益》中说:"人有所怒,气血未定,因以交合,令人发痈疽。"因此古代养生家强调,只有在双方精神愉快、情绪和畅的情况下,性生活才能完美和谐,才有益于身心健康。

　　(2)醉酒忌入房:醉酒入房,是指大量饮酒之后过性生活。古人认为酒性大热,既能灼耗人体精液,又能煽动性欲之火,促使性欲亢奋。由于醉酒者处于高度兴奋和情绪失控的状态,往往任意放纵情欲,滥施泄泻,过度竭耗精液不但损伤身体,而且还会造成其他种种危害。

　　其一,醉酒入房极易造成房劳损伤,招致种种疾病,甚至使人早衰短命。《史记·扁鹊仓公列传》记载了西汉医家淳于意的二十五个"诊籍",有八例是性功能疾病患者,其中两例"病得之饮酒且内",也就是由于醉酒入房而致病。唐代名医孙思邈在《备急千金要方》中谈到,经常醉酒入房易患消渴病,是长期伤阴损精造成的。

　　其二,醉酒入房必然降低性生活的质量。性生活是男女双方灵与肉的结合,是精神情感的交融。性生活过程中男女双方感情和谐是享受性生活巨大快乐的必要条件。然而在醉酒状态下性生活,头脑昏昏沉沉,迷迷糊糊,根本谈不上精神情感的交流。况且醉酒行房者情绪过于亢奋,行为不能自控,动作粗暴,不但易使自己造成房劳损伤,而且还会使女方的性器官受到损害,甚至酿成各种严重的妇科疾病。在此种情况下过性生活,难免两败俱伤,特别是会给女方带来巨大的痛苦,根本不可能有性快乐可言。因此,为了提高性生活的质量,应戒除醉酒纵欲的恶习。

　　其三,醉酒入房有害于胎孕,对优生优育极其不利。这一点亦是历代诸家反对醉酒入房的重要原因之一。如《素女经》曾经指出:"醉饱之子,必为病癫。"认为醉饱行房而成胎孕,其所生子女易患精神病。《玉房秘诀》又说:"大醉之子必痴狂,劳倦之子必夭伤。"认为在醉酒或疲倦的情况下交合成孕,其所生子女必然不佳。由于醉酒行房者的精子已被酒精杀伤,故易使胎儿智力低下,甚至会产生白痴或肢体赘残的畸形儿。

　　另外,经常醉酒入房最易损伤男子的性功能,可造成阳痿、早泄或精子稀少,导致不育症。醉酒入房者往往纵欲无度,使性器官受累或造成损伤,最易出现阳痿不举,即使能勉强进行性交,时间亦很短暂,必然出现早泄。由于精液稀薄,少精或无精,故又易酿成不育症。

　　(3)体劳病期慎房事:劳倦过度,体力精力下降,人体正气虚弱,抵抗力低下,此时应及时休息调养,不宜急于性生活。若犯此忌,势必耗伤精血,导致脏腑虚损,而灾害丛生。元·李鹏飞在《三元延寿参赞书》中就强调指出:"强力入房则精耗,精耗则肾伤,肾伤则髓气内枯,腰痛不能俯仰。"

　　患病期间,正邪交争,若病中行房,必然损伤正气,加重病情。病中性生活受孕,不仅对母体健康不利,更对胎儿的发育可能产生较大的危害。孙思邈指出,病中行房受孕,精气薄弱、血脉不充,胎伤孩病体脆,"重重相生,病病相孕",代代相因,贻害无穷。

病后康复阶段,精气尚弱,正气尚未完全恢复,此时需要静心调养。若违反此忌,不顾元气未复,强行性生活,则精气更耗,正气难以复元,其轻者旧病复发,其重者甚或丧命。成无己注《伤寒论》中就有记载:"大病新差,血气未复,余热未尽,强合阴阳,得病者名曰易。"对于一些慢性疾病,虽不必完全禁欲,但应注意把握适度,切不可施泄太过。

总之,性生活当视个体体质强弱、疾病之进退而慎重把握,病情较重,体质又弱者,应严格禁止性生活。

(4)妇女"三期"禁房事:妇女三期是指女性的月经期、孕期、产期等特殊生理时期,妇女性生活的养生保健当尤为注重这些特殊的生理时期。

月经期要绝对禁止房事。《备急千金要方》指出"妇女月事未绝而与交合,令人成病"。《诸病源候论》也有"月水不止而合阴阳,精气入内,令月水不节,内生积聚,令绝子,不复产乳"的记载。征诸临床实际,妇女经期性生活,易引起痛经、月经不调、白带、不孕症、癥瘕等多种妇科疾病。

妇女在怀孕期要谨慎房事。妊娠期妇女,需集全身精血养育胎儿,此时如不善养,不适宜地性生活,则会引起母体生病,胎儿难保,尤其是在妊娠的早晚阶段,即妊娠期前三个月和后三个月内要避免性生活。妊娠早期不节制性生活,则相火内动,阴气外泄,易引起胎毒、胎漏流产,妊娠晚期不节制性生活,则易导致胎动早产、难产和感染,影响母子健康。

妇女生产后百日禁房事。妇女产后百脉空虚,体质虚弱,急须补益调理,恢复健康。若不加摄养,恣意交合阴阳,则动耗精血,不仅元气得不到恢复,邪气亦乘虚而入,衍生多种疾病,诸如月经不调、崩漏少腹拘急胀满、胸胁胸背引痛、饮食不调、腹中积聚,甚至因于邪气乘虚而入导致神志昏迷恍惚,寒热时作等病症。因此,古代养生家再三告诫,妇女产后百日内当绝禁房事。

(5)环境不当禁房事:中医学强调人与自然是个有机的整体,中医养生学十分注重人与自然环境的和谐协调。人与天地自然界相通相应,外界自然各种变化无时无刻不影响着人的生命活动。尤其是自然界的剧烈变化,超过人体自我调节能力,打破了人体阴阳平衡,发生气血逆乱,此时性生活,对人体将会造成极大地损害。如果此时行房受孕,则有可能影响到胎儿的发育生产,出现先天性疾病和先天性畸形,或临盆难产等。因此古代养生家尤为强调,自然界发生急剧变化,如狂风暴雨、雷电霹雳、奇寒异热、山崩地裂之时,应当绝禁性生活。

健康和谐的性生活,应当有一个舒爽、安逸的良好环境,良好的环境是性生活和谐成功的重要条件之一。恶劣的环境,不仅造成男女双方沉重的心理压力而情志难于舒畅,而且还可能沾染各种毒邪而患病。因此,古代养生家强调,在不良的环境中,如山峦瘴气之处、井灶圊厕之侧、冢墓尸柩之傍、脏乱秽浊之屋等,应禁止进行性生活。此外,在一些庄严的场所,如神庙佛寺之中,礼堂展厅之处,也都不宜性生活。

### 三、青少年的性养护保健

青少年时期,是性功能逐渐发育成熟的特殊阶段,也是整个人体生命养护保健的一个重要时期。从人的整个生命过程来看,注重了这一时期的性养生保健,对成年以后的养生保健有着极为重要的意义。因此,养生必须把握好这一关键时期,树立科学的性保健养生的观念,引导青少年正确对待性行为,使青少年的身心得到健康的发展。

#### (一)青少年时期的性生理

在整个人体生命中,青少年时期是处于发育的旺盛时期,其性生理可以概括为两点:天癸至,性渐成熟;精未充,禁忌房事。

1. 天癸至,性渐成熟　青少年时期是性功能发育逐渐成熟时期,中医学认为,男子二八十六岁、女子二七十四岁时,当肾中精气发育充盈,便产生了"天癸"之一生理物质。天癸的产生一方面促进第二性征的发育,天癸通过冲任二脉,下至阴器,上荣口唇。女子泄血不荣口唇,故有月经来潮而不生胡须,男子则有胡须而无月经。另一方面,促进了人体生殖功能的发育成熟,女子表现为月经的来潮,男子表现为精气的溢泻;并且随着天癸之至,而情窦初开,产生性之欲望。此时,青少年的生理、心理都发生了较大的变化。

现代医学认为,青春期阶段,下丘脑—腺垂体—性腺轴等内分泌系统活跃,使甲状腺、肾上腺、性腺等增生、合成、分泌的激素逐渐增加,身体发生显著变化,如身高、体重明显增加,代谢旺盛、精力充沛、好动,体态、声调改变等第二性征出现;男性出现梦遗,女性有月经来潮等生理突然变化,性腺发育致遗精、月经来潮、乳房增大等使孩子意识到男女性别的显著差别,对"性"感兴趣。此时无论男女,由于体内的生理改变,自然而然地产生性的冲动和要求。

2. 精未充,禁忌房事　青少年时期由于性功能的发育成熟,产生性冲动和性欲望,这是生命的本能反应。但是,这一阶段,人体尚处于生长发育的继续时期,肾气还未隆盛,五脏精气尚为盈满,生命还未完全壮实,性生活过早,影响其他脏腑之生长发育,甚至发生各种疾病。孔子曾说过,"少之时,血气未定,戒之在色"。如果性生活过早,甚至过度,便会损伤精气。马王堆汉墓竹简《十问》中记载:"竣气不成,不能繁生。"意思是性器官尚未发育成熟就过性生活,对繁衍后代十分不利。古人谆谆告诫青少年:"男破阳太早,则伤其精气,女破阴太早,则伤其血脉"(元·李鹏飞《三元延寿参赞书》)。因此,古代养生家指出,青少年时期,应注重肾精的养护,不可过早性生活。

世界卫生组织统计资料证实,性生活开始早,结婚年龄不满 24 岁,婚龄在 40 年以上,最初射精年龄 15 岁以下的男子易患前列腺癌。女性子宫颈癌则与过早开始性生活、性生活过度或与多名男子有性关系等因素有关。日本东京大学著名性学专家东条宇泽教授研究发现,20 岁前结婚或有性生活史者与 20 岁前无性生活者相比,前者发生子宫颈上皮癌的危险性是后者的 3.72 倍。

#### (二)青少年的性保健

1. 破除神秘感,建立健康的性观念　要让青少年适时地获取有关性知识,加强性知识教育,要让少男少女懂得,男女生殖器官的成熟和第二性征的出现是青春期发育的必然结果;月经、遗精是正常生理现象,卵子受精、胚胎发育和分娩的概况;做性梦,

121

有性幻想,遗精甚至有手淫的行为都是性宣泄的一种正常渠道,不是病态,不要害怕,应该顺其自然,要把主要精力放在学习上,使自己德智体全面发展。要让他们懂得,男女青少年间要建立广泛健康真挚的友谊,用理想控制自己的感情,不要轻易坠入爱河;防止性骚扰和性侵害;建立健康的恋爱关系,要有慎重、认真、负责任态度,防止发生婚前性行为。

2. 加强责任感,树立高尚的性道德观　性道德观念是随着年龄的增长,社会阅历的增加,在社会中逐渐形成和完善的。青少年时期,要加强性道德观的教育。要告诫青少年性行为不仅是个人的生理心理行为,而且具有社会学特征。要让少男少女懂得社会的道德和法律规范,要尊重别人的人格,不能随便和同性或异性同学发生身体抚摸或性的接触。两性只能在婚姻之内发生性关系,婚前婚外不容许发生性关系;接触和传播淫秽物品是违法行为,接触毒品、淫乱、嫖娼行为是犯法的。只有保持性的贞洁,才是预防性病、艾滋病和防止意外怀孕的最好办法。要教育青少年自尊、自爱、自强、自信,树立高尚的性道德观。

3. 忌过度手淫,养成良好的性卫生习惯　青少年时期,无论男女由于体内的生理改变,都会自然而然地产生性的冲动和要求。作为一种本能,他们对性满怀憧憬、好奇、幻想。他们会在性生理和性心理的驱使下,开始有意识地以手淫的方式来满足其性的欲望。手淫偶尔为之,并无大害,它是青少年性成熟适当宣泄的手段和方式。但是,手淫过于频繁,深陷其中而不能自拔,成为恶习,则会严重影响青少年的生长发育。古代养生家认为手淫恶习对人体生命有着极大的负面影响,《医心方》引《玉房秘诀》即认为手淫"皆贼年命,早老速死"。征诸实际,手淫过度常常导致精神萎靡、头痛头晕、心悸烦躁、失眠健忘、腰膝酸软等心肾两虚之证。并且沉溺于手淫恶习不能自拔者往往会产生严重的心理负担,陷入十分矛盾的心理状态之中,表现为高度的情绪紧张、烦恼、焦虑、惊慌、悔恨、自责、内疚等反常心理现象。因此,要引导青少年正确对待手淫行为,少量偶尔的手淫是生理宣泄的需要,不必因此而背负沉重的心理负担;频繁的手淫恶习当及早戒除。

此外,青春期是人体发育的重要阶段,是性器官发育的关键时期,此时要注意养成良好的性卫生习惯,注意保持外阴清洁,经常清洗,除去积垢不良刺激,避免性疾病的产生,保证青少年身体的健康发育。

## 第九节　其他调摄法

其他调摄法包括娱乐疗法、沐浴疗法、香薰疗法以及色彩疗法等方法,通过外界物质对人体的作用以及养生者自己积极主动的参与,来调节人的精神情志、脏腑功能、阴阳气血状态,最终达到增进健康、防病治病、延年益寿的目的。

### 一、娱乐疗法

娱乐疗法是应用多种娱乐方式,通过对人体形神的影响而促使身心康复的一类方法。娱乐康复活动内容丰富多彩,诸如音乐歌舞、琴棋书画、风筝钓鱼、戏剧游戏等,均有怡心志、畅神明、练形体、通气血之功效,古往今来,已成为人们喜闻乐见的养生康复方法。娱乐活动是人们生活中不可缺少的内容。其特点是充分利用人们自身的康复能力,把人体身心康复置于人的正常生活活动中。

（一）作用

娱乐疗法的作用广泛,主要通过调摄情志和通畅气血以保养身体和促进身心康复。

1. 调摄性情　娱乐疗法主要是作用于脏腑而发挥其调摄心理情志作用的。据文献记载,各种娱乐活动,多与心神相关。"心为声音之主",而"乐者本于声,声音发于情","音乐通神明",故听乐赏曲,观看戏剧可乐耳目、乐心意;歌咏可使心中喜乐,神悦身爽,常能使疾病不药而愈。舞蹈具有"形态和,神意协,从容得,志不劫"的康复意义,故能达到使情志正常的目的。

娱乐疗法不仅可以减轻和改善病人异常情志反应,而且有助于消除病理性情志因素,因此是克服情志障碍的重要手段。正如吴师机《理瀹骈文》所说:"七情之为病也,看花解闷,听曲消愁,有胜于服药者也。"此外,琴棋书画、垂钓等娱乐活动还有一定的益智作用。

2. 通畅气血　患者从事娱乐活动,有助于恢复形体功能,这主要是通过促进气血流通,增强四肢形骸运动锻炼而实现的。以舞蹈为例,据《吕氏春秋·古乐》所载,古人早就懂得利用舞蹈以宣畅气血,疏导郁滞,活动四肢筋骨,恢复形体功能。后世医家亦认为"舞蹈可以活血舒筋"。不少娱乐活动都有利于恢复形体功能,如歌咏可以恢复舌头的灵活性,提高言谈的清晰度;跳交谊舞可治疗臂疼难举之症;弹琴可帮助手指关节恢复活动功能;练习书画,则有促进上肢功能康复的作用。

（二）常用方法

1. 音乐疗法　音乐疗法是通过让病人欣赏音乐,促进身心康复的方法。20 世纪40 年代以来,逐渐将音乐作为一种医疗手段,在一些疾病的康复医疗中收到了独特的效果,如摄情志、缓解疼痛、增进智力、宁心助眠等。音乐养生的原理,正如《乐记》中说:"凡音之起,由人心生也,物使之然也。"这就是说,音乐是通过感应于心,在心神的支配下,间接实现调节情志作用的。一首活泼欢快的乐曲能振奋精神,激发情趣;一首优美雅静的歌谣却能畅志舒怀,安定情绪;一首悲哀低沉的哀乐,则能催人泪下,悲切不已。音乐疗法就是这样通过外因来影响调节内因,从而调整生理或者心理上的不平衡状态。

"天有五音,人有五脏",五音分别与五脏相配,并且产生相应的效应。脾应宫,其声漫而缓;肺应商,其声促以清;肝应角,其声呼以长;心应徵,其声雄以明;肾应羽,其声沉以细。而且不同的音调,产生不同的感应和效应,《晋书·律历上》指出:"是以闻其宫声,使人温良而宽大;闻其商声,使人方廉而好义;闻其角声,使人恻隐而仁爱;闻其徵声,使人乐养而好施;闻其羽声,使人谦恭而好礼。"

我国在康复医院和疗养院逐步开始实施音乐疗法,主要是针对病人的病症及具体情况,根据娱乐康复的原则,选择与其相应的音乐曲目,以促使患者身心康复。

（1）益智类曲目:《乐记》说:"乐者心已动",张景岳认为音乐"通神明",妥善行之,自能增进智力。国内外的研究表明,儿童时期采用音乐益智,可促使智力早期发育,还可用于弱智儿童、智残、痴呆证的康复治疗。中老年时期选听幼时和年轻时熟悉或喜欢的乐曲,如民歌、历史歌曲等,边听边回忆,有助于推迟患者大脑的衰老,唤起失去的记忆,并有助于痴呆病人的康复。常用的乐曲如《茉莉花》、《浏阳河》、《牧歌》、

《十送红军》、《八月桂花遍地开》、《南泥湾》、《延安颂》等。

（2）镇静止痛类乐曲：金元医家张子和在《儒门事亲》中记载："笛鼓应之，可以治人之忧而心痛者"，指出音乐能够缓解或治疗因为情绪因素引起的胃脘或心胸的疼痛。音乐缓解疼痛的现代研究起来越多，依据病患者疼痛形成的原因，以处方的形式，可予以相应的音乐曲目。如有心绞痛的患者，若其表现为抑郁寡欢，可选择轻松愉快、流畅动听的曲子；若病人以焦虑烦躁为主，则选悠然缓慢、清丽婉转的乐曲；若因恼怒所致头痛的患者，可根据"悲胜怒"的原则，选择一些悲哀低沉的曲子。

（3）调节情志类乐曲：本类处方是根据情志相胜原则，通过施以不同曲目，以情制情，帮助患者调理情绪。主要有 4 类：一是节奏明快、旋律流畅的开胸解郁方，如《阳关三叠》、《黄莺吟》等；二是节奏舒缓、旋律婉转的安神定志方，如《春江花月夜》、《雨打芭蕉》等；三是节奏鲜明、旋律高亢的振奋激昂方，如《义勇军进行曲》、《黄河大合唱》等；四是节奏沉缓、旋律低沉的抑躁制怒方，如《天涯歌女》、《汉宫秋月》等。

另外，歌咏疗法也是音乐疗法的一种，是让病人通过歌咏促进身心康复的方法。歌咏的过程与气功非常相似：气功核心要素是调心、调形、调气；歌咏要求集中注意力和想象力以便进入意境，同时须调节身体姿势以利发声，讲究运气，像传统戏曲的演唱中尤其强调气沉丹田。歌咏疗法既能调节情志，抒发情怀，又能锻炼身体，维持良好的身形体态，同时又能增强呼吸功能。所以，它适用于健康人或亚健康者强身健体、提高身体素质；也可用于慢性阻塞性肺疾病患者呼吸功能的训练。通过唱歌训练有助于锻炼腹式呼吸。而且，经常唱歌可畅通气道，有利于痰涎的排出。

2. 舞蹈疗法　舞蹈疗法是通过让患者参加舞蹈活动，促进身心康复的方法。舞蹈疗法，源远流长。据史书记载，我国大禹治水时代，人们就利用"大舞"以愈病，金元张子和《儒门事亲》亦记载："治人之忧而心痛者"，则以"杂舞治之"。其方式，或是在旁观赏，或是亲身参加，以形神并调。

舞蹈疗法可用于情志病症。如情绪忧郁、悲伤、烦恼者，或弱智、痴呆、神经衰弱者，可不必追求形体美和技巧性的舞蹈艺术，而只求悦心畅怀，摆脱不良情绪的困扰。也可用于形体病症。诸如偏瘫、痿证、痹证、五软、伤筋的康复期，以及肥胖症、骨质疏松症和失用综合征等。该疗法可消除运动功能障碍，恢复肢体、关节的生理功能。

舞蹈一般分为民族舞蹈和流行舞蹈。民族舞蹈在我国有汉族的秧歌舞、龙舞、狮子舞、剑舞、绸舞、腰鼓舞等，少数民族的新疆舞、蒙古舞、西藏舞、苗族舞等。流行舞蹈则有爵士舞、伦巴、华尔兹、探戈、交谊舞等。不同的舞蹈，其节奏和动作也有所不同，应根据患者的具体情况，灵活予以选择。

3. 书画疗法　书画疗法是让病人通过观看、习练书画，促进身心康复的方法。练书画与练气功、太极拳的原理一样，作书画之前，先要排除杂念，然后调节呼吸，运气于指、腕、臂、腰，调动全身之力于笔端，故实际上已内蕴调心、调息、调形之义。

观赏和习练书画都是自娱性很强的活动，能陶冶性情，抒发郁气，故凡情绪烦躁、愤怒、抑郁者，或七情为病者，均可择此而行。不同字体的书法有不同的康复调摄作用。如楷书有静气安神，消除烦恼和急躁情绪的作用，适用于烦躁、愤怒为病者。隶书凝重稳健，清幽恬静，易使人产生沉稳安定的情绪，故常与楷书配合使用，以静制动。行书、草书潇洒活泼，似行云流水，其竖笔如流星，横笔如挥云，点如高峰坠石，捺如千钧弩发，秉笔运书，自能使人情绪高昂，激情奔放，勇气倍增，胸怀舒畅，故对情志抑郁低沉之患者尤为适宜。

由于书画之时，凝神贯气，调畅呼吸，活动臂、肘、腕、指而致动静结合，刚柔相济，用力有轻重之别，运笔有快慢之分，疏密节奏均有韵味，它能使周身筋骨肌肉（尤其是上肢）得到锻炼而收调畅气血、舒筋活络之效。凡中风后遗症、痿证、痹证、烧伤、伤筋所致手腕肘臂拘挛或屈伸不利者，均可借习书画以消除障碍，恢复活动功能。

另外，书画还能通过集中思维、巧运手指而达到激发灵感、增进智力的目的，所以对弱智儿童、老年健忘、痴呆等可行书画康复疗法。现代研究也表明，绘画对弱智儿童的康复效果颇佳。

4. 琴棋疗法　琴棋疗法是让病人通过弹琴、弈棋，促进身心健康的一种娱乐康复法。

弹琴时的专心致志和恬愉优美的音乐享受，使人心情舒畅，轻松愉快，故有畅娱神情的作用。同时，它具有练习指掌，使之灵活自如，帮助手指关节恢复活动功能的功效。因此，情志抑郁、愤怒者，自可抚琴寄思，以畅心怀。所谓"听之以耳，应之以手"，泻其忧愤。中风后遗症、痿证、痹证、烧伤、伤筋等病症所致手指拘挛、屈伸不利等，亦可通过弹琴以消除手指功能障碍。

弈棋适宜于身体虚弱及慢性病患者调理时选用。该类患者不宜做剧烈体育活动，弈棋则是促进身心康复的有效方法。弈棋之时，心神集中，意守棋局，杂念尽消，故它适合于注意力分散，精力不易集中的患者，日久自见效果。同时，由于"乐在棋中"，则聊以忘忧，有助于解除郁闷，愉快心情。弈棋还是有趣的脑力活动，棋盘之上，瞬息之间，变化无穷，只有反复谋略才能得之。这是一种很好的智力训练方法，可用于小儿智力发育迟缓及老人智力衰减。当然，弈棋亦要注意适度，不能耗神太多，也不能过于计较输赢，而总以遣情益智为要。

5. 垂钓疗法　垂钓疗法是通过钓鱼活动，促进身心康复的一种娱乐康复法。可陶冶性情，强身健体。在野外垂钓，青山绿水，交相辉映，和风徐来，微波荡漾，环境之优美令人赏心悦目。鱼儿未上钩时，必凝神静气，严肃以待，一旦鱼儿上钩，欢愉之情，油然而生，此时内无思虑之患，外无形疲之扰，有张有弛，其乐无穷，无疑是怡情爽神，遣怀畅志的好方法。因此，钓鱼对抑郁寡欢，烦躁易怒，神情损伤者以及失眠、高血压、慢性肝炎患者有良好的辅助康复作用。同时，钓鱼多半是野外活动，钓鱼者往往需远足前往钓鱼地点，本身就是一种体育锻炼，故有益于增强体质。

垂钓疗法还可安心宁神，增进智力。把竿垂钓，必须全神贯注，这就为集中注意力，增进智力提供了良好的条件。而且，现代社会常使人精神过度紧张，失去创造力，而钓鱼可使人思维得到积极休息，进而"积思生智"。故凡脑力疲劳，智力衰退者，都可酌情采用本法。

6. 风筝疗法　风筝疗法是通过放风筝这一娱乐活动，以促进身心康复的方法。宋《续博物志》认为放风筝"张口而视，可以泄内热"。清《燕京岁时记》又认为其"最能明目"，"牵一线而动全身"。

放风筝时，在宽阔的广场、郊野，沐浴着阳光，呼吸着新鲜空气，仰望蓝天，风筝翩翔，故顺应天气，凝神拉线，随风筝飘移而运动形体，能使人心旷神怡，气血和顺，而忧郁烦恼自能置之度外。放风筝外练形体，内娱心志，故能"随风送病，百病皆去"。

7. 戏剧疗法　戏剧疗法就是让患者通过观看或参加戏剧表演而达到康复目的的

一种娱乐疗法。戏剧与歌舞有不同之处，戏剧有角色，有情节，更容易感人肺腑，动人心灵。它既可使人捧腹大笑，又可使人悲哀啼泣；既可使人情绪激昂，又可使人心境恬恢，故长于调摄情志。

针对病人的具体情况，可选择不同的剧种和戏剧内容。凡情绪抑郁，消沉一类的病人，应选择轻松愉快，或热烈激昂的剧种和戏剧内容，如滑稽戏、喜剧、相声等；而情绪烦躁、亢奋一类病人，则应选择恬静优雅的剧种和戏剧内容，如越剧、昆剧等。

### 知识链接

我国古代医案中有不少娱乐治疗的记载。例如清代，有一县令，终日愁眉不展，郁郁寡欢，食不知味，寝不安枕，一天天消瘦下去，虽多方求医，仍无效果。后来听说有一位名医，医道高明，便前往求治。老郎中问明了病情并诊脉之后，一本正经对他说："你乃月经不调。"县令听罢，啼笑皆非，甩袖而去。以后逢人便讲这件怪事，每说一回，便捧腹大笑一回。没想到过了不久，病竟痊愈了。此时县令才恍然大悟，上门拜谢郎中。郎中告诉他："你患的是郁结的心病，要治好你的心病，还有什么比笑更好的心药呢？"

国外也有这方面的报道。如英国著名化学家法拉第，由于长期紧张的研究工作，被头痛失眠缠得痛苦不堪。他不得不前去求医，医生给他开了这样一张药方："一个小丑进城，胜过一打医生。"法拉第对此心领神会，从此经常出入剧院，观看喜剧、滑稽剧和马戏等表演，健康状况很快得到了改善。

## 二、沐浴疗法

沐浴疗法是利用药物、温泉、泥沙、空气等天然物理因子，使其作用于体表，通过这些物理因子的理化作用，达到锻炼身体、防病治病、康复身心的目的。

### （一）作用

中医认为，沐浴时物质通过作用于全身或局部肌表，并经吸收，循行经络血脉，内达脏腑，由表及里，而产生效应。通过祛风散寒、调畅气血、安神畅志、解毒消肿等作用，起到调整阴阳、协调脏腑、通行气血、濡养全身等养生功效。

1. 祛风散寒　沐浴时介质的温热作用可加速消耗体内热能，同时增加呼吸频度，加速血液循环，促进新陈代谢，有助于体内堆积代谢产物的排出。《黄帝内经》对感受外邪引发的疾病，提出了明确的治疗方法："其邪者，渍形以为汗"，就是利用热浴发汗以达祛邪治病的方法。

2. 调畅气血　沐浴时，机体往往处于放松的状态，加之沐浴介质带给人体的一定压力，可促进体表静脉血、淋巴液等回流，呼吸肌激活，心脏负荷增加，心脏功能得到锻炼。正如《老老恒言·盥洗》所说："浴后阳气上腾，必洗以宣其气。"

3. 安神畅志　沐浴时人的神情宁静、精神放松。研究认为，温度对自主神经有调节作用，高温热水浴时能增强交感神经的紧张度，而微温水浴时则副交感神经占优势，具有镇静作用，有利于神经衰弱的恢复。《备急千金要方·养性》也说："身数沐浴，务令洁净，则神安道胜也。"此外，自然环境下的沐浴，如洞穴浴、森林浴、日光浴等，由于身处大自然之中，和煦的阳光、清新的空气以及如画的美景，都有陶冶性情的作用。

4. 解毒消肿　《礼记·曲礼》有"头有疮则沐，身有疡则浴"的记载。药浴可以通过不同的药物组方来治疗疮疡肿毒，如张仲景在《伤寒杂病论》中有苦参煎汤治疗前阴溃疡的记载;温泉浴由于其所含化学成分的不同,对疮疡肿毒也有着各自特殊的作用。

### (二) 常用方法

1. 药浴　药浴是用一定浓度的药液,通过洗浴或浸泡全身,使药浴液中的有效成分,直接作用于病变部位,起止痛、消炎、止痒等作用,同时通过皮肤吸收进入血液循环,到达人体各个组织器官,发挥药物治疗作用的沐浴方法。药浴是祖国医学独特的外治疗法,是一种独特的给药途径,对亚健康的调理,有良好的效果,它在我国已有几千年的历史。《金匮要略》之"苦参汤",可治狐惑病蚀于下;"狼牙汤",可治阴中疮烂,"百合水",可洗百合病一月不解。李时珍的《本草纲目》有关皮肤病药浴的记载:"水萍治风热瘙痒,煎水浴,取汗;柳枝及根皮,洗风肿。"明清时期,药浴疗法发展迅速并日渐成熟,不拘于外治法的临床应用,且对外治法的作用机理进行了探讨和阐释。

药浴通过沐浴的物理效应,使皮肤血管扩张、充血,新陈代谢加快,汗腺分泌增强,大量排汗,使体内代谢产物及毒素随汗液排出体外。温热又可以降低神经系统的兴奋性,从而产生镇静作用,有利于睡眠。对于肌肉疼痛和痉挛的人来说,水的温热作用又可以降低肌肉的张力,缓解疼痛与痉挛。沐浴时的静水压力作用可促使人体血液和淋巴的回流,促进组织间渗出的吸收,加强患者呼吸运动。水的浮力作用可让肢体关节运动障碍的人更容易地在水中进行活动和锻炼。而药浴液中的药物分子与身体直接接触,所产生的药理作用,是其他沐浴疗法所不具备的。

药浴的适用范围广泛,可用于高血压、局部软组织损伤、神经官能症、风湿性关节炎、类风湿关节炎、腰腿痛、坐骨神经痛、中风后遗症、肥胖病、银屑病、皮肤瘙痒等疾病。药浴的种类以浸浴、熏洗及烫敷为主,在应用时,应根据不同的病情,选用不同的药物进行药浴治疗。

2. 温泉浴　温泉浴是一种通过全身或局部浸浴,使机体接受温泉温度、压力、化学成分等各种理化因素刺激,从而对人体起到保健和辅助治疗的作用。李时珍的《本草纲目》记载:"温泉主治诸风湿、筋骨挛缩、肌皮顽痹,手足不遂……"。

温泉浴对人体的作用有三:其一,来自泉水的温热效应,可使毛细血管扩张,促进血液循环;其二,来自水的机械浮力与静水压力,可起到按摩、收敛、消肿、止痛的效能。第三来自泉水中所含的特殊化学成分,如硫化氢、二氧化碳、氡等气体,以及铁、锂、硼等各种微量元素,还有大量阴、阳离子等,这些特殊物质都会对人体起作用。

温泉浴的适应证主要有:①肌肉关节病:风湿性关节炎及类风湿关节炎、肥大性关节炎、坐骨神经痛、强直性脊柱炎、肩周炎、外伤后遗症、骨折后遗症、软组织损伤、各种肌肉萎缩等。②皮肤病:银屑病、神经性皮炎、湿疹、荨麻疹、皮肤瘙痒症、过敏性皮炎、脂溢性皮炎、鱼鳞病、痤疮等。③呼吸系统疾病:慢性气管炎、轻度肺气肿和支气管哮喘等。④消化系统疾病:慢性胃炎、慢性胆囊炎、慢性肝炎、慢性结肠炎、消化性溃疡、胃肠功能紊乱、习惯性便秘、胆结石等。⑤循环系统疾病:早期高血压、早期冠心病、血栓性静脉炎等。⑥泌尿系统疾病:慢性肾盂肾炎、泌尿系结石等。⑦神经系统疾病:肋间神经痛、脑外伤后遗症、脊髓前角灰白质炎、脊髓侧索硬化症、末梢神经炎等。⑧其他:糖尿病、妇科病、神经官能症、肥胖病等。

3. 泥浆浴　泥浆浴是用矿泉周围的热矿泥、井底泥或沼泽地里的腐泥进行全身或局部浸埋浴、涂擦浴的沐浴方法。泥浆浴主要有热泥浴和冷泥浴两种。

笔记

热泥主要来自矿泉的中心地带,地热资源丰富的地方,此处往往会形成特有的天然热矿泥,其温度在 $42\sim65℃$ 之间,泥中含有大量的胶体物质、盐类和气体等。用这样的热矿泥进行泥浆浴,能刺激和调节机体的神经和体液,具有消炎、止痛和美容等作用。

冷泥为来自井底的冷泥浆,称之为"井底泥"。《备急千金要方》、《证类本草》等医书中都记载有这种方法,用其治疗妊娠胎热造成的胎动不安,以及风热头痛等疾病。这种方法,实际上就是现代所说的腐殖酸钠浴,除了井底泥以外,沼泽地里的泥浆也有同样的作用。腐殖酸是有机物腐败后生成的物质,这种物质具有一定的离子交换、氧化还原、螯合能力及生理活性,在生物学上具有调节机体内分泌、抑制各种有害菌、加速人体血液循环、促进新陈代谢、提高人体免疫力的功能。

热泥浴主要适用于皮肤病和风湿关节炎,也可作常人消除疲劳之用。冷泥浴对于四肢关节疼痛、类风湿关节炎、皮肤紫斑、消化道溃疡、机体软组织损伤、高血压、妇产科疾病有较好康复作用。尤其对因比赛或训练造成的运动损伤有较好的康复疗效。

4. 沙浴 沙浴,就是以沙子为媒介,与身体接触,向体内传热,以达到养生康复目的的沐浴方法。《本草拾遗》中对沙浴的方法有详细的记载:"六月河中诸热沙,主风湿顽痹不仁,筋骨挛缩,脚疼冷,风掣瘫缓,血脉断色,取干砂曝令极热,伏坐其中,冷则更易之。"

沙浴综合磁疗(沙子中含有磁性物质)、理疗(干燥高温和红外辐射)、放射性治疗、推拿按摩、日光浴等的疗效,有促进血液循环,增强新陈代谢之功效。

沙疗主要适用于风湿性关节炎、坐骨神经痛等,对于慢性消化道疾病、自主神经功能紊乱等疾病也有治疗作用。

5. 洞穴浴 洞穴浴也称岩洞疗法,是指利用天然岩洞、人工洞穴的特殊环境来影响人体,摄生治病的沐浴疗法。凡配合气功、导引者古称洞府养生法或岩洞导引法。李时珍《本草纲目·木部》称岩洞疗法为"医置山穴中",用治"病癞",即为麻风病患者的隔离治疗场所。

由于天然洞穴有特殊的环境,洞中冬暖夏凉,幽雅安静,空气清新,有毒微生物极少,有的岩洞空气中还含有人体必需的微量元素,居住其中,使人心情舒畅,耳目聪明,精神振奋,思维敏捷,易消除疲劳,改善睡眠,增加食欲,降低血压,增强机体的免疫功能,防止疾病的发生。

洞穴浴适用于正气虚弱患者,宜于哮喘、慢性支气管炎、皮肤和关节病、失眠、头痛、眩晕等疾病的康复治疗。

此外,还有海水浴、森林浴等沐浴疗法。

## 三、香薰疗法

香薰疗法是患者通过闻馨香和具有养心安神、疏肝理气、芳香开窍等保健与康复作用的香气,从而促进康复的疗法。香气的程度有浓淡之分,而作用则有强弱之别。香气浓者疗效快而强,如苏合香、麝香之类;香气淡者疗效慢而弱,如菊花、松枝之属。香薰疗法以取天然香气为主,亦有采用多种香料加工制成复合香气防治疾病、摄养身心者。可广泛用于多种慢性疾病的康复治疗。

### （一）作用

香薰原料多具有辛香走窜之性,故具有芳香开窍、醒脑益智、疏通经络、芳香醒脾、活血止痛等功效。正如《景岳全书·卷四十六》认为:"馨香,使气血流通。"尤其是香气浓者,常能升清降浊,芳香避秽。如《遵生八笺·燕闲清赏笺》认为:"异香,焚之以助清气。"合欢花可养心安神,玫瑰花、香橼、佛手可疏肝理气,石菖蒲、苏合香能芳香开窍,佩兰、艾叶可芳香避秽等。

1. 芳香辟秽　《神农本草经百种录》记载:"香者气之正,正气盛,则自能除邪辟秽也。"《本草纲目》曰:"苏合香气窜,能通诸窍脏腑,故其功能辟一切不正之气。"可见前人早就认识到芳香中药具有除邪辟秽的功效。现代研究发现香气具有一定抗菌抑菌作用,可洁净空气,改善环境污染。芳香分子飘散在空气中时,通过呼吸系统进入人体后,能够清洁呼吸器官,增强肺部的呼吸作用,增强免疫系统功能,可对抗病菌,预防或减轻感冒症状。

2. 调节精神神志　香薰治病,主要是通过鼻嗅而起到康复治疗作用的。《难经》有云:"心主嗅,令鼻知香臭。"说明鼻与心有比较密切的关系,而心主神志,芳香疗法通过调节心神而达到开窍醒脑益智、镇静安神定惊的作用。现代研究发现,香气能刺激分泌肾上腺素,强化中枢神经系统,如茉莉花香气会增强人的 $\beta$-波活力,而麝香、檀香等香气则使脑电波变化产生镇静作用。

3. 改善脾胃功能　《本草纲目·薰草》说:"脾胃喜芳香,芳香可以养鼻是也。"《遵生八笺》认为:"异香,焚之以助清气",故香气能醒脾开胃,升清降浊,调节脾胃功能。

4. 促进气血流通　香气多具有"辛香走窜之性",正如《景岳全书》指出:"馨香,使气血流通。"故香薰疗法具有疏经通络、加速气血流通的作用。

### （二）常用方法

1. 佩戴法　是选用香气原料加工成各种饰物,佩戴在患者身上,使之不断嗅吸香气,以调节身心的一种方法。所选香药不同,则功效不同。又因使用方式不同,其功效作用的部位、程度亦不同。主要有香袋法和香衣法。

2. 涂擦法　是指香料物质加工后,撒涂或擦抹于患者头、身等处,或用之沐浴,使之发挥香气作用的一种方法。根据所选香料的不同,使用的方法也有所差别。常选用具有畅通气血、爽身悦神、醒脑益智等功效的芳香药物。临床可用于荨麻疹、皮肤瘙痒、阴痒等皮肤病症以及瘫、痿、痹等病证的康复。常用物品有香粉、香脂以及浴用香豆。

3. 嗅闻法　将具有芳香醒神、辟秽等功效的天然香料加工后,盛于小瓶内,经常取出嗅闻,闻后封存的一种方法。出自《寿世保元·疥疮》的鼻闻香方就是用此法治疗疥疮。由于此法选药多具走窜透窍之性,孕妇及过敏者禁用。

4. 洗漱法　将香料加入水中,令患者洗头或者身体以使头发香泽,醒脑益智,全身气血和畅。还可使用无毒副作用的香料,让患者嚼汁、浸酒或泡水含漱,适于口臭患者,有防治口臭,促进心理康复之效。

5. 枕眠法　使用芳香药物如犀角、麝香、青木香等加工制成枕芯,以增进或改善睡眠质量的一种香气疗法。枕芯的 70% 由荞麦皮、茶叶、蚕沙组成,30% 由芳香植物组成。每日枕于头下入睡休息,既可以调节睡眠状态,对于眩晕、头痛、失眠、健忘、神志不宁等也有一定的康复治疗效果。

### （三）注意事项

1. 多数香料忌光、忌高温且易氧化，须用深色瓶盛装，并储放在阴凉避光处。

2. 皮肤严重过敏者在使用香薰疗法前应先做皮肤敏感测试，以免过敏。

3. 某些对中枢神经系统有强烈的兴奋或抑制作用的精油，要严格控制用量。癫痫、哮喘等患者禁用。部分精油有发汗效用，阴虚者慎用。部分精油有明显缩血管作用，故孕妇、高血压、青光眼患者在选择时须谨慎。

4. 香薰疗法是一种辅助医疗方式，不可代替正规治疗，对于急症患者而言，须请专科医生诊治，以免延误病情。

> **知识链接**
>
> #### 精油与芳香疗法
>
> 1937年法国化学家 Renee Maurice Gattefosse 在偶然的机会里发现欧薄荷或熏衣草（Lavender）的油有特殊的治疗力量。有一次他在自己家的香料实验室不小心烫了手。在惊慌下立刻从身边的瓶子里倒出欧薄荷油涂在手上。他的手很快就痊愈并且没有伤疤。他认为这是因为欧薄荷油的奇特效果。此经验引起了他的兴趣，并开始研究一些"香精油"的治疗效果。这些油来自天然材料而且纯度很高，是蒸馏植物的花制成的。他称这个新的方法为"芳香疗法"。
>
> 在化学上属于芳香族的香精油很早以前就有人使用。古代埃及人用香精油做浴后按摩和处理木乃伊之用。希腊人则用在医药和化妆。Gattefoss 的经验也证实了植物精油在科学上的理论根据，亦即"植物精油因其极佳的渗透性，而能达到肌肤的深层组织，进而被细小的脉管所吸收，最后经由血液循环，到达被治疗的器官"。

## 四、色彩疗法

色彩疗法又称颜色疗法。它是利用不同的色彩，作用于人的视觉器官，对人体起一定的调节作用，进而促进病人身心康复的一种方法。

五色对应五脏，一方面可以利用不同的颜色，分别调整相应脏腑的功能，如用青（蓝、绿）色疏肝解郁，用黄（橙、茶）色培益脾土等，另一方面可根据五行生克理论，通过调配不同的颜色，以调节五脏之间的失衡，如脾虚者用青色以抑其肝郁之强；肝虚病症，可用黑色补其母，以滋水涵木等。

### （一）色彩疗法作用

青、赤、黄、白、黑五色各有其脏（腑）所属，即白色入肺、赤色入心、青色入肝、黄色入脾、黑色入肾。不同的颜色，可以对人体产生不同的影响，它们亦同药物一样，可用于治疗各种不同的情志及脏腑疾病。

1. 调情志　五色与五行相对应，通过相互之间的生克关系，以调节人的精神情志状态。白色入肺，属金。肺金克肝木，故白色可以抑制肝的亢奋，对易动怒的人可起调节作用。赤色入心，属火。火性炎上，故红色具有兴奋类的作用，能有效地辅助治疗忧郁症。青色入肝，属木。《素问·灵兰秘典论》说："肝者，将军之官，谋虑出焉"，故青色有抑制冲动、防止急躁等功效。黄色入脾，属土。脾在志为思，故黄、橙均为情绪调节剂，能避免思虑过度，帮助人们保持愉快的心情，同时也对神经衰弱具有一定的治疗作用。黑色入肾，属水。因肾为阴中之阴，故黑色当主要具有抑制的作用，黑色能令情绪激动的人冷静下来,使亢奋的情绪得到抑制。

2. 理脏腑　不同的色系,由于所属脏腑的不同,可以调节相应脏腑的生理功能和病理状态。赤色属心,心主血脉,赤色能够助心生血和行血,具有升血压及有效辅助治疗畏寒怕冷等病症。青色属肝,"肝者,罢极之本,魂之居也",故青色可以缓解身体与精神上的疲劳。"脾胃者,仓廪之官,五味出焉",黄色属脾,故黄色系均具有增强食欲、改善消化吸收功能的作用。黑色属肾,可用来滋补肾水。

### (二)常用方法及其应用

1. 色居法　色彩疗法可应用于患者居住环境如居室、用具、陈设、衣被、墙壁、窗帘、灯光以及与病人接触的医护人员的衣着等。一律按需要颜色布置和穿戴。有条件的康复中心,可设置色彩治疗室。

2. 色浴法　临床中可在专门的色光浴室中进行色光浴,根据病情需要,室内充满冷色光、暖色光或其他色彩处方,病人沐浴在色光之中,进行色彩浴治疗。

根据阴阳相互制约的原理,中医利用色彩的阴阳属性,以调节情感变化或辅助治疗情志疾病。如青、蓝、紫、绿色等色调系列,给人清凉、宁静之感,具有解热、镇静、定神等功效,可用于阴虚阳亢、神情过激引起的病症;红、橙、黄色等色调系列,给人温暖、快乐之感,具有散寒补血、行气化瘀等功效,常用于各种慢性虚寒性病症、气血不足证、神经抑郁症以及痰饮瘀血阻滞诸证;黑色或白色调,给人严肃、公正、神圣、哀痛、暗淡之感,具有宁神、致悲、致恐等功效,常用于治疗过喜、易怒、烦躁不寐等病症;红色、粉红色调,使人喜悦,有制悲之效,用于情绪低落、易悲善泣、抑郁不乐、血虚证等;黄色、浅蓝、淡绿色调,有利于思维,用于脾虚、思想不集中、思虑太过等。

### (三)注意事项

1. 色彩疗法一般以浅淡为宜。颜色过深会导致异常感觉的产生。如过冷的色调易使人忧郁、苦闷;过暖的色调易使人感到紧张、烦躁等。

2. 色彩的调和,尽可能准确明了。颜色过多或杂乱无章,会使人产生过度兴奋、烦躁的情绪。

3. 色彩疗法的应用,除了以病情为主要依据外,还应考虑到患者的年龄、喜好等其他因素,如儿童喜欢鲜艳生动的色彩,老人喜欢素净的色彩等。

---

**知识拓展**

据研究,一些疾病在很大程度上是由于人体内色谱失衡或缺少某种颜色造成的。在我们体内有7种腺体中心,分布在脊柱的不同部位。每种颜色都有一定的电磁波长,这些波长由视觉神经传递给大脑,可促使腺体分泌激素,从而影响人的心理与机体,达到医疗作用。

现代医学也证明,色彩确实可以治病。1982年,美国加州一项研究显示,暴露在蓝色灯光下可以大大减轻罹患风湿性关节炎女性的痛苦;闪烁的红色灯光可以让剧烈的偏头痛得到缓解。色彩疗法的实践还证明,黄色有助于治疗便秘,提高自信心;橙色对治疗抑郁症和哮喘有效;紫色有助于减轻上瘾症和偏头痛;青色有助于治疗关节疾病和静脉曲张。色彩疗法还经常被用于治疗诵读困难症、阿尔茨海默症以及注意力缺陷。

笔记

## 学习小结

### 1. 学习内容

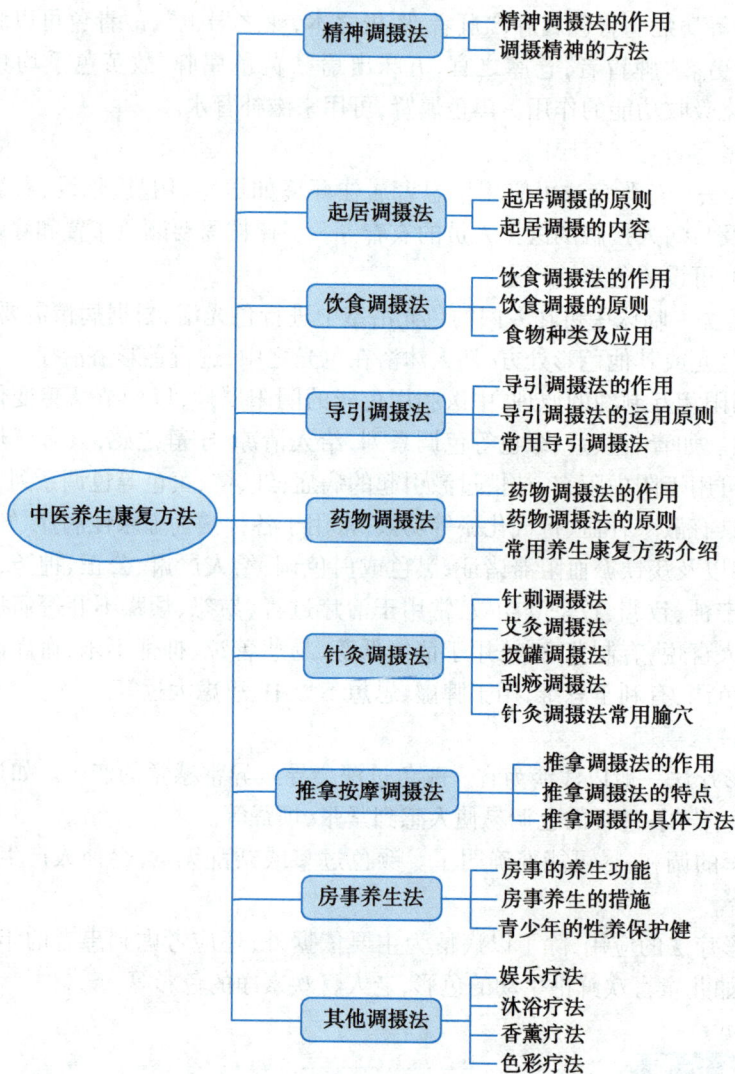

中医养生康复方法
- 精神调摄法
  - 精神调摄法的作用
  - 调摄精神的方法
- 起居调摄法
  - 起居调摄的原则
  - 起居调摄的内容
- 饮食调摄法
  - 饮食调摄法的作用
  - 饮食调摄的原则
  - 食物种类及应用
- 导引调摄法
  - 导引调摄法的作用
  - 导引调摄法的运用原则
  - 常用导引调摄法
- 药物调摄法
  - 药物调摄法的作用
  - 药物调摄法的原则
  - 常用养生康复方药介绍
- 针灸调摄法
  - 针刺调摄法
  - 艾灸调摄法
  - 拔罐调摄法
  - 刮痧调摄法
  - 针灸调摄法常用腧穴
- 推拿按摩调摄法
  - 推拿调摄法的作用
  - 推拿调摄法的特点
  - 推拿调摄的具体方法
- 房事养生法
  - 房事的养生功能
  - 房事养生的措施
  - 青少年的性养保护健
- 其他调摄法
  - 娱乐疗法
  - 沐浴疗法
  - 香薰疗法
  - 色彩疗法

### 2. 学习方法

本章主要学习常用的养生康复方法,涉及医学心理学、饮食营养学、健身学、针灸学、推拿学、中药方剂、性医学等相关学科内容,因此,必须结合这些学科的知识,才能真正掌握各种养生康复方法,熟悉其作用机理,也才能科学地运用这些方法。

(史丽萍　熊常初　章文春　章莹　朱天民　雷龙鸣)

## 复习思考题

1. 中医常用的养生康复方法有哪些?
2. 如何理解各种养生方法的作用及其机理?
3. 中医养生康复方法的运用原则有哪些?
4. 中医养生康复方法的操作要点是什么?

# 第四章

## 部 位 养 生

人体是一个有机的整体,以五脏为中心,配合六腑,联系五体、五官九窍等形成五大功能系统。部位养生主要讨论对机体不同部位的组织、器官进行有针对性的预防保健。其基本特点是从整体观念出发,从局部保健入手,在具体运用时,应根据个人实际情况,针对性地对某个重点部位,选择适当的方法进行养生保健。

### 第一节　头面部养生保健

头面部的养生保健,主要包括头发及头部的保养,颜面部的保养,眼睛的保养,口腔的保养,鼻部的保养,耳部的保养等。

#### 一、头发及头部养生保健

"肾主骨,其华在发","发为血之余",肾精充足,毛发就会柔顺有泽。因此,头发的保养,重在补益肾精,调理脏腑气血。

##### (一)梳发

梳头有流通气血、健脑提神、祛风明目、荣发固发的作用。梳头使用的梳具应由天然材料制作,如木梳、牛角梳。梳头时,应从前发际的边缘向后颈部梳理,最好达到风府、风池穴的部位。从前向后、从中间依次向两侧前后梳理,直到耳上部为止,反复梳理3~5分钟,早晚各1次。

##### (二)洗发

洗发可保持清洁卫生,改善头部血液循环,提高大脑皮质的活动能力,消除疲劳。洗发前宜轻轻梳理头发,并稍加搓揉按摩头皮片刻,水温以温水为适。洗头间隔应根据头发情况而定,一般每周可洗头1~2次。干性发质者,3天一次,油性头发2天洗一次。

##### (三)按摩

按摩也是保养头发的重要手段。按摩可直接作用于头部的经络及穴位,起到祛风通络、活血健脑的作用。

1. 栉头　双手十指微屈分开,以十指端用力紧贴头皮并向深部用力,从头前向脑后梳理,反复数次。

2. 拿头　五指分开,指端着力,沿督脉、膀胱经和胆经头部循行路线自前向后拿头顶部。

3. 击头　双手十指分开微屈,以指端连续广泛地叩击头部,或沿头部督脉、膀胱经、胆经循行路线叩击,每次约1~2分钟。

4. 揉按　取头维、神庭、头临泣、前顶、百会、后顶、络却、风府、风池、率谷等穴,每穴揉按约半分钟。

### (四)中药美发

历代本草文献中关于中药美发的论述很多,如人参、枸杞子、何首乌、黄芪、当归、白芷、川芎、红花、桑椹、黑芝麻、胡麻、地黄、侧柏叶、三七等。此外,七宝美髯丹、首乌延寿丹等中成药,有补肾气、填精髓、乌须发之功,亦可选择运用。

## 二、颜面部养生保健

### (一)按摩

面部自我按摩是颜面保健美容的重要方法,可增强皮肤和皮下组织的血液循环,改善皮肤、肌肉的营养状态,促进皮脂排泄,清除面部衰老细胞。颜面按摩应从中间下方向外侧上方用力,手指动作与皮肤皱纹成垂直方向,施力要轻柔。如面部有炎症、外伤和其他一些病变时,不要轻易按摩,防止感染扩散和加重病情。

1. 推摩面额　以一指禅推法推额部,从印堂开始,推向头维、太阳、鱼腰、攒竹、印堂,往返推2~3遍,可减少额部皱纹。

2. 摩面　将手掌搓热,用双手从下向上、从内向外轻轻摩拭面部,以面部觉微热为度。该法具有活血养颜、润泽皮肤、减少皱纹、防止衰老的作用。

3. 点按穴位　用大指或中指指腹按揉攒竹、阳白、太阳、四白、迎香、地仓、上星、百会、风池、率谷、头维等穴,每穴半分钟。同时指压足三里和三阴交,以配合调节全身气血。

### (二)针灸

针灸可通过调理经气,起到延缓颜面衰老和美容作用。面部施术一般多用针刺法,多浅刺或平刺,艾灸多用艾炷无瘢痕灸或艾条温和灸。预防颜面衰老的针灸方法如下。鱼尾纹:针刺瞳子髎、太阳。额纹:针刺阳白、印堂、上星、头临泣、头维。眼袋:针刺承泣、四白、瞳子髎、睛明、脾俞、足三里。上睑下垂:针刺攒竹、鱼腰、丝竹空、脾俞、足三里。口角下垂:针刺颧髎、太阳、地仓、巨髎、合谷。面无光泽:针灸关元、膈俞、脾俞、足三里、少海、内关及面部腧穴。面色发黄:针灸气海、脾俞、中脘、阴陵泉、足三里及面部腧穴。灸足三里法:在足三里用艾条温和灸30分钟,有健脾润泽颜面皮肤的作用。

### (三)中药敷面

用中药桃仁、杏仁、防风、白芷、玉竹、当归、白附子、白术、白芍、赤芍、冬瓜仁、珍珠、茯苓、猪蹄、白僵蚕、猪脂、白蔹、甘松等,制成面膏、面脂、粉剂,用于洗面和敷面。

## 三、眼睛养生保健

"五脏六腑之精气皆上注于目",眼睛及其功能是脏腑功能的外在表现,而"肝开窍于目","肝气通于目",它与肝的关系更为密切。因此眼睛的保健以维持脏腑功能正常、养肝调肝为要。

### （一）运目

1. 端坐凝神，头正，腰直，两眼球同时向左旋转 5～6 次，再向左后视数次。然后向前注视片刻，再向右旋转 5～6 次，并右后视数次，再向前注视片刻（"后视"是两眼球同时用力，向一侧外耳方向偏视）。

2. 早晨醒后，先闭目，眼球从右向左，从左向右，各旋转 10 次；然后睁目坐定，用眼睛依次看左上角、右上角、左下角、右下角，反复 4～5 次。晚上睡觉前，先睁目运睛，后闭目运睛各 10 次左右。

3. 可在清晨、休息或夜间，有选择地望远山、树木、蓝天、白云、明月、星空，但不宜长时间专注一处，否则有害无益。

### （二）摩目

摩目又称"浴眼"。包括熨目和按摩，可使眼部气血流通，减轻视疲劳。熨目是双掌相搓令热，乘热敷熨双目。按摩穴位可起到疏通经络，运血养目，清心明目，防治近视之效。常用穴位有百会、气海、命门、大椎、光明、太冲、太溪、风池、攒竹、四白、瞳子髎、太阳、睛明等穴位。

### （三）闭目养神

亦称"常冥"。闭目养神有消除视力疲劳、调节情志的作用，也是医治目疾有效的辅助方法。具体做法是排除杂念，全身自然放松，闭目静坐 3～5 分钟，每天定时做 3～5 次。

### （四）中药保健

分外用和内服两类。内服如菊花 9g，桑叶 9g，薄荷 3g，羚羊角 0.5g，生地黄 9g，夏枯草 9g，水煎后，先熏后洗，有疏风清肝明目之作用。外治可用荞麦皮、绿豆皮、黑豆皮、决明子、菊花做成药枕，有疏风散热、明目退翳之功。中成药如杞菊地黄丸、石斛夜光丸等，亦可选择应用。

此外，对眼睛的保健还应注意以下几点：忌在光线不足之处看书写字；忌强光刺激；忌乘车或卧床时看书；忌常食辛辣刺激之品；忌情绪急躁；忌房事太过。

## 四、口腔养生保健

口腔是人类进食、发音和呼吸的器官，也是身体健康的一道重要防线。古云："百病养生，莫先口齿。"中医学在口腔保健方面积累了丰富的经验。中医认为，口腔与脏腑关系密切，如《世医得效方》云："口为身之门，舌为心之官，主尝五味，以布五脏焉。"脏腑的生理及病理变化，常反映于口腔的不同部位。反之，口腔保健也能作用于脏腑，促进脏腑功能的强健。

### （一）固齿

中医认为，肾主骨，齿为骨之余。肾气强盛，牙齿坚固。肾气衰，牙齿松动脱落、齿枯、齿槁、龈肉萎缩。所以，保护牙齿不仅能预防和治疗牙病，也是强肾补肾的措施之一。

1. 叩齿　叩齿法最早见于晋代葛洪《抱朴子》："牢齿之法，晨起叩齿三百下为良。"叩齿可以促进牙体、牙龈和牙周组织的血液循环和组织代谢，锻炼肌肉，促进唾液腺的分泌，达到增强牙体稳固性和牙周功能的目的。叩齿的方法：口微闭，然后上下牙齿有节律地互相轻叩作响，用力不宜过大，每日晨起叩齿 1 次或早晚叩齿各 1 次，每

笔记

次叩 36 下。

2. 咀嚼　咀嚼具有促进唾液分泌、健脾益胃、强肾固齿、洁口防龋的作用。咀嚼分有物咀嚼和无物模拟咀嚼两种。有物咀嚼是指日常的进食咀嚼。无物咀嚼是在口中无食的情况下进行类似嚼食过程的运动，是古代一种独特的传统养生保健方法，无物咀嚼时要注意所有牙齿的参与。还有一种咀嚼胶姆糖法，包括咀嚼泡泡糖和口香糖。此法可预防龋齿的发生，但每次咀嚼时间应控制在 10 分钟左右。

### （二）漱口洁齿

我国在公元前 1100 年西周时期《礼记》有"鸡初鸣，咸盥漱"的记载。《永类钤方》曰："盐汤漱涤，叩啄，永卫生之道也。"提出用盐洁口。刷牙同样是保持口腔卫生的重要措施。成人一般每日应早晚刷牙各一次，婴儿可用棉棒蘸冷开水清洁口腔，儿童刷牙要选用儿童牙刷、牙膏。

### （三）咽津

咽津，即吞咽唾液。中医称唾液为金津玉泉、琼浆甘露。常行之能增液补肾强身，防治口咽和胃肠疾病。常用的方法如梁代陶弘景咽津法："清旦未起，先啄齿二七，闭目握固，漱满唾三咽……百病皆除。"明代冷谦咽津法："平明睡起时，即起端坐，凝神息虑，舌抵上腭，闭口调息，津液自生，渐至满口，分作三次，以意送下。"搅水津：即舌搅口腔，闭唇鼓腮漱唾 36 下，分 3 口咽下，意送丹田。搅海咽津：亦称"赤龙搅海"，用舌在口腔中，牙齿内外轻轻搅动，以增加唾液，然后将唾液咽下。

### （四）防治口腔病变

常见口腔病变有牙周炎、龋齿、口腔溃疡、口腔霉菌感染等。要积极预防这些病变的发生，当病变发生后要及时治疗，以免造成进一步的损害。

## 五、鼻部养生保健

鼻为呼吸道门户，司嗅觉，助发音，为肺系之所属。古代医家认识到鼻为五脏六腑缩影，能反映五脏六腑的生理状态和病理变化。

1. 揉按迎香　用拇、食指按鼻翼两侧鼻唇沟上的迎香穴 36 次。本法能改善上呼吸道血液循环，增强黏膜抵抗力，提高机体免疫功能，防治过敏性鼻炎、鼻窦炎、气管炎等。

2. 擦热山根　两手拇指鱼际处互相搓热，用热手沿鼻梁两侧上下搓擦 36 次，上至眉头的攒竹穴，下至迎香穴。此法宣通肺窍，不仅改善鼻腔通气功能，而且也能美化鼻梁。

## 六、耳部养生保健

耳为肾之外窍，通于脑，是人的听觉器官。由于耳与脏腑、经络的关系非常密切，所以既可根据耳郭的变化对全身疾病进行诊断，又可通过耳穴刺激防病治病。

1. 日常保健　日常生活中，尽量避免噪音刺激，燃放鞭炮时，做好阻隔措施，避免巨大的声源压力对鼓膜的冲击性损伤。挖耳容易伤及鼓膜，引起耳膜穿孔，还会将脏东西带进耳内，引起化脓性感染，故切忌挖耳。

2. 按摩耳郭　将双手掌心对称地按于两耳屏部，慢慢地向下、向后至耳根，再向上至乳突，至颞部，再向前、向下回到两侧耳屏。按摩至两耳郭潮红发热为度，可防治耳鸣、耳聋。

3. 防止药物中毒　对内耳听神经损伤的药物有百余种,主要有氨基苷类抗生素、治疟药、止痛剂、利尿剂、麻醉剂、抗惊厥药、抗炎药物、抗癌药物、抗结核药物、避孕药及砷、汞等制品,临床应用时一定要严格遵守用药禁忌,防止药物中毒。

# 第二节　四肢养生保健

四肢养生保健,主要包括上肢的保养和下肢的保养两部分。

## 一、上肢养生保健

### (一)按摩

1. 揉拿上肢　以拇指与其余四指分别揉拿上肢的内侧、前侧和外侧,力量应深沉且柔和,方向应从上向下,每日做 5~10 遍。

2. 点揉穴位　以拇指或食中二指的指端依次点揉肩髃、极泉、曲池、手三里、内关、外关、合谷、劳宫、后溪等穴。

3. 摇肩关节　立正站好,右腿向前跨出一步,右手叉腰,摇动左侧肩关节;然后立正还原,再出左腿,摇动右侧肩关节。摇动的幅度宜大,速度适中,每侧摇动 20~30 圈。

### (二)推拿

1. 放松上肢肌肉　术者可用双手多指轻快柔和地由上而下捏拿上肢数遍,或用双手掌相对,轻力挤压上肢数遍。放松时可先放松上肢的内侧,然后再分别放松前、外、后侧。

2. 运动上肢　术者使肩关节充分外展、内收、上举、内外旋,然后做肘关节的屈伸。用双手握其腕部,在轻力牵引下小幅度地快速抖动数次。

3. 叩击上肢　术者用虚掌或空拳由轻到重、再由重到轻快速叩击上肢数遍,以肩、肘、腕三关节为重点。

4. 分推掌心　术者以两手拇指桡侧分推患者掌心,分推的方向是从掌根向手指方向,分推的力量适中,分推 3~5 遍即可。

## 二、下肢养生保健

### (一)日常保健

1. 泡脚　泡脚方法是先把双脚浸泡在 38℃ 的热水中,边泡边洗,不断摩擦双脚,每次 15~20 分钟。长期坚持,可促进血液循环,使足部血脉通通,有助于消除疲劳,易于入睡。注意水温不宜过热或过冷,水量应以浸过踝关节为度。

2. 护足　要注意足部保暖,鞋袜应宽大柔软舒适,使脚经常保持通气。

### (二)按摩

1. 推擦涌泉　以两掌或两手拇指推擦涌泉穴,局部有温热感为宜。每侧 5 分钟,可与泡脚同时进行。

2. 点揉穴位　以拇指或食中二指点揉血海、梁丘、内外膝眼、阳陵泉、足三里、三阴交、太溪、昆仑,每穴约 30 秒钟。

3. 击打小腿　以两手掌根有弹性地击打小腿后方,左右各击打 20~30 次。

## （三）推拿

1. 拿法　术者用拇指与其余四指在下肢的后侧施以拿法，顺序为下肢的外侧、后侧、内侧。

2. 滚叩法　术者用一手小鱼际由上而下，由大腿部及小腿前外侧施以滚法数遍，用双手掌侧及空拳交替叩击上述部位数遍。

3. 揉捻法　用拇指和其余四指依次揉捻足趾，揉捻至热为度。

# 第三节　胸背腰腹养生保健

## 一、胸部养生保健

1. 推摩胸部　仰卧位，用双手掌面由上而下交替轻推胸部中线及两侧数遍。

2. 推擦季肋　以两掌沿胸壁往返推擦，以局部有温热感为度，时间大约 3 分钟。

3. 按摩胸部腧穴　用拇指或中指揉压天突、膻中、中府、云门、屋翳、天池，每穴 30 秒。

## 二、背部养生保健

胸背腰腹养生保健，主要分别针对胸部、背部、腰部和腹部进行保健和养护。

### （一）捶背

1. 自己捶打　双手握拳至背后，自下而上沿脊背轻轻捶打，捶打时，身体可稍稍前倾，至可能达到的最高部位时，再自上而下至腰骶部，可连续捶打 5～10 次。

2. 他人捶打　坐、卧均可，捶打方法与自己捶打相同，力度以震而不痛为度，可用手掌面拍打，也可用拳轻轻捶打。

### （二）捏脊

俯卧位，裸背，术者用拇指与食指合作，将脊柱中间的皮肤捏拿起来，自腰骶部开始，左右两手交替捏拿皮肤，直至大椎，可连续捏拿 3 次。

## 三、腰部养生保健

### （一）按摩

两手背互相搓热后，成半握拳状，掌指骨节抵于脊柱正中，手背紧靠两侧腰肌，上下擦揉，直至腰部发热。不拘次数和时间，随时均可。

### （二）推拿

1. 弹拨腰背肌　两手手指置于背部，或以一手拇指横放于脊柱两侧的腰背肌上，另一手按压于拇指上，并着力左右拨动腰背肌，时间 3 分钟。

2. 轻拍腰骶　两掌轻拍腰骶，拍时应虚掌拍打，拍 10 次左右。

3. 横擦腰骶　两掌重叠置于腰骶部，左右往返横擦腰骶，时间 3 分钟。

## 四、腹部养生保健

### （一）日常保健

注意腹部保暖，年老和体弱者可用肚兜系于腹部。

### （二）腹部推拿

仰卧位,术者立其右侧。用双手拇指或手掌由胸骨剑突部沿肋骨边缘,做轻缓的"八"字形分推数次,双手掌沿结肠方向顺时针交替推数次,然后用双手掌由上而下摩上腹、中腹及小腹部 10 次,再沿结肠走向顺时针抚摩数次。

## 学习小结

### 1. 学习内容

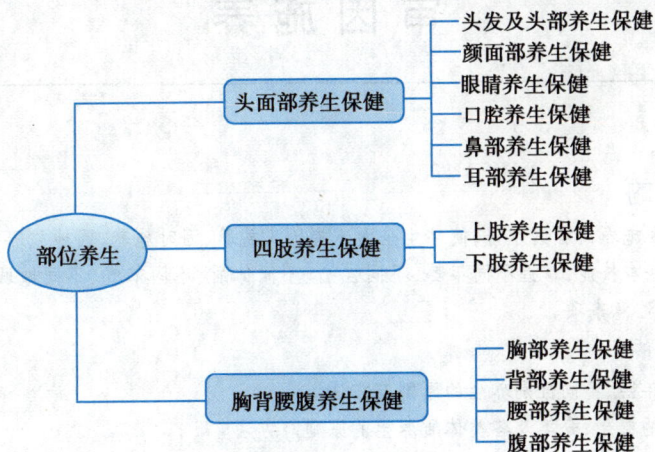

### 2. 学习方法

部位养生是养生方法和技术的具体运用,是养生方法与人、自然的有机结合,因此,本章节的学习,必须复习中医基础理论知识,同时本课程要前后联系。

（王　健）

## 复习思考题

1. 简述口腔养生保健有哪几种方式。
2. 简述头发及头部养生保健的按摩有哪几种方式。
3. 如何保护眼睛?
4. 简述上肢养生保健的推拿手法。
5. 简述下肢养生保健的推拿手法。
6. 简述捏脊的手法。
7. 简述腰部养生保健有哪几种方式。

# 第五章

# 审 因 施 养

## 学习目的

通过审因施养内容的学习,使学生全面掌握因人施养、因时施养、因地施养的基本理论、基本知识和基本技能,掌握不同年龄、不同性别、不同体质、不同节气、不同地域常用的养生原则、方法及注意事项。

### 学习要点

1. 不同年龄、不同性别养生的原则与方法。
2. 体质的概念、分类及各类体质养生的原则与方法。
3. 四时养生及24节气养生的具体运用。
4. 不同地域的养生要点。

《素问·宝命全形论》认为:"人以天地之气生,四时之法成",人依赖于自然界的变化成长壮大,相反,人体的生命活动必然受到自然界诸多因素的影响。究其产生的根源不外乎天、地、人三方面。中医养生康复学非常重视审因施养,强调要根据人体的体质特点,洞悉人和自然的密切关系,主动顺应自然界的变化,或有针对性地施以调节手段,尽量减少不良因素对生命的影响,从而达到增强体质、延缓衰老的目的。本章的主要内容包括因人施养、因时施养、因地施养三个部分。

## 第一节  因 人 施 养

人体从胚胎的孕育,到出生后的生、长、壮、老、已,不同性别、不同年龄、不同的生理时期,其生理和心理状态都各有不同,后天不同的生活环境、生活习惯、不同的职业等也都会影响到人体的体质。养生学因人施养的法则就是要在遵循养生的普遍规律之外,更加重视根据不同年龄、不同性别、不同体质,有针对性地选择与之相应的摄生保健方法,以保持身心的健康。

### 一、不同年龄养生

养生贯穿于人生命的全过程。在人的一生中,要经历胚胎、婴儿、儿童、少年、青年、壮年、老年等不同的时期,每个时期人的生理、心理都存在着不同的特点,因此在养生方面就有不同的要求。

### （一）胎儿养护与孕期保健

胎儿养护包括胎教与养胎两方面内容。胎教有广、狭义之分,广义的胎教实际就是胎儿养护,涵盖了养胎的内容,是指依据胎儿身心特点,采用科学的方法,从精神、饮食、起居等方面,有计划地营造母体内外环境,以促进胎儿智力和体格的发育。狭义的胎教,仅指孕妇精神品德的修养和教育,以期"外感而内应",促进胎儿的智力发育。养胎是胎教的先决条件,是影响胎教效果的重要因素,是胎教的物质基础;而孕妇保持良好的精神状态,实施合理的胎教又关乎着养胎能否顺利进行。

1. 胎教 我国古代胎教内容丰富,最早记载是湖南长沙马王堆 3 号汉墓出土的帛书《胎儿产》,要求孕妇要注意自己的视听言行和交往接触,"远侏儒沐猴,见君公大夫"。汉代贾谊《新书·胎教》曰:"周后妃妊成王于身,立而不跛,坐而不差,笑而不渲,独处不据,虽怒不詈,胎教之谓也。"唐代孙思邈提倡胎教胎养,继承并发展北齐徐之才的《逐月胎教法》,在《备急千金要方·养胎》中提出了"弹琴瑟,调心神,和性情,节嗜欲,庶事清净"的胎教胎养原则。胎教的目的是直接或间接地为胎儿生长发育创造一个舒适愉快的环境,其主要内容和方法如下:

(1)乐观豁达:要胸怀开阔,无私心杂念,不患得患失。待人宽厚,助人为乐,处事无妒忌之心,言行举止端庄大方,这样胎儿禀气纯正,有助于良好气质与性格特征的形成。

(2)怡情养性:怀孕期间,孕妇的情绪状态对胎儿的活动、发育有很大影响。母亲心平气和则胎动规律,情绪过于紧张或焦虑则胎动剧烈,因此,孕妇应注意陶冶性情,保持情绪稳定,早在《烈女传》中,就提出孕妇应"目不视恶色,耳不听淫声,口不出傲言",《竹林女科》进一步明确指出"宁静即是胎教",要求孕妇遇事冷静,使心静于内,不为七情所伤。孕妇始终保持稳定乐观的情绪,平和的心态,可使气血和顺,有利于胎儿的生长发育。

(3)胎儿训练:在胎儿感觉系统功能发展的最佳期,及时对胎儿进行有计划、有步骤的感觉功能与动作辅导,有助于出生后婴儿智力与行为的发展。①动作刺激:每天临睡前,孕妇躺在床上,双手放在腹部,用手指轻轻地压抚或拍打胎儿,使胎儿出现蠕动。注意手法动作要轻柔,有早期宫缩的孕妇忌用此法;②听觉训练:包括音乐及语言,音乐是胎教不可缺少又无法代替的重要内容,轻松愉快的音乐,对调节孕妇的情绪会产生积极效果,从妊娠的第 13 周开始,坚持有计划地对胎儿说话、诵读诗歌,为其唱歌或放录音磁带,让胎儿听悠扬动听的乐曲或歌曲。此外,母亲与别人的谈笑声、林间鸟语、昆虫鸣叫及瀑布的流水声,都是促进胎儿听觉和神经系统发育的良好信息。

2. 养胎 "养胎"一词,在汉代张仲景所著《金匮要略》中就已提到,南北朝的徐之才提出了"逐月养胎法",详细指出了孕妇妊娠十月期间每个妊娠月的起居行为要点。即孕一月,称胎胚,要"寝必安静,无令恐畏,饮食精熟";孕二月,称胎膏,要"居必静处,慎戒房事";孕三月,为始胎,要"居必静坐,清虚如一,坐无斜席,立无偏倚,行无斜径,无妄喜怒,无得思虑";孕四月,要"静体和志,饮食节调,洗浴远避寒暑";孕五月,要"卧必晏起,洗浣衣服,深其居处,厚其衣裳,朝吸天光,以避寒殃,无大饥大饱劳倦";孕六月,"身欲微劳,无得静处,出游于野,调五味,食曰美,无大饱";孕七月,"劳躬摇肢,无使定止,无言哭号,无薄衣、洗浴和寒饮,居处必燥";孕八月,"无使气极,无食燥物,无辄失食,无忍大起,和心静息";孕九月,"饮醴食甘,缓带自持,以待之";孕十月，"五脏俱备，六腑齐通，关节精神皆备，候时而生"，并强调孕妇应"无悲哀思虑惊动"，为后世养胎奠定了基础。

（1）饮食调养：早在唐代，孙思邈就指出："儿在胎日月未满，阴阳未备，脏腑骨节皆未成足，故自初讫将产，饮食居处皆有禁忌"，徐之才在《逐月养胎法》中针对性地指出不同月份孕妇的饮食宜忌，对后世有一定的指导意义。孕妇的饮食，在不同阶段应有不同的要求。

孕早期（自受孕至妊娠3月）：胎儿发育缓慢，加上妊娠反应，饮食宜少而精。可选择适合自己口味的食品及略带酸味的开胃之品，以新鲜蔬菜瓜果为佳。早孕反应严重者，进食前或后口含生姜一片，可有效减轻呕吐。亦可根据孕妇的体质特点，针对性地施以中药复方进行调理。

孕中期（妊娠4~7月）：此期胎儿的生长速度加快，对各种营养物质的需要量增加，所以怀孕中期要加强营养，保证胎儿发育的需要。

孕晚期（妊娠8~10月）：这时胎儿的生长速度更快，营养需要比孕中期更多，尤其是体格发育和智力发育所需的蛋白质、钙、卵磷脂应重点补充。此期孕妇易水肿，应控制钠盐的摄入。

研究证明，孕妇嗜好烟酒，有可能引起畸胎和某些先天性疾病，也有可能造成流产、死胎、出生后智力低下和发育不良，故孕妇不宜吸烟、饮酒，严禁酗酒。

（2）劳逸有节：《万氏妇人科·胎前章》说："妇人受胎之后，常育行动往来，使气血流通，百脉和畅，自无难产，若好逸恶劳，好静恶动，贪卧养娇，则气停血滞，临产多难。"故孕妇生活要有规律，可适当的活动与休息，但不宜过度劳累或攀高持重；孕期贪逸，卧床不起，则易导致气滞，引发难产、胎位不正等。

（3）用药宜慎：孕妇患病，应及早治疗，但须慎重，如果用药不当，可损胎致畸，甚则导致流产或胎死腹中，正如《育婴家秘·胎养》所说："妊娠有疾，不可妄投药饵，必在医者审慎病势之轻重，药性之上下，处以中庸，不必多品，视其病势已衰，药宜便止，则病去于母，而子亦无须矣"，中药破血、行散、滑利、峻下、有毒之品亦应慎用。

此外，定期产检也很重要，能够了解孕妇和胎儿的健康状况，并及时发现异常问题如产前综合征、胎位不正等。一般整个妊娠期间至少需要做10~12次的产检。

## （二）儿童养护与早期教育

儿童的年龄段为出生到12岁，大致可划分为胎儿期、新生儿期、婴儿期、幼儿期、学龄前期、学龄期。这一阶段养生保健的特点是养教并重，保养元真，教子成才。

儿童期的生理特点，主要表现在脏腑娇嫩，形气未充；生机蓬勃，发育迅速。病理特点主要表现为易于发病，传变迅速；脏气清灵，易于康复。掌握这些特点，对小儿的保健养护，具有重要的意义。

1. 儿童养护 《小儿病源方论》为南宋陈文中所著，在其"养子十法"中提出了"一要背暖，二要肚暖，三要足暖，四要头凉，五要心胸凉，六者勿令忽见非常之物，脾胃要温，七者儿啼未定，八者勿便饮乳，九者勿轻服轻粉、朱砂，十者宜少洗浴"等，其中主要内容至今仍有可借鉴之处。

（1）饮食调养：饮食营养是儿童赖以生存的物质基础，合理喂养，才能保证儿童正常发育。

母乳是婴儿天然的营养品，因母乳中含有非常丰富的营养成分，最适合婴儿的消化吸收,且母乳清洁,喂养简便,温度适宜,可增加小儿抗病能力,故母乳是小婴儿最理想的食物,0～6个月的婴儿只要乳量充足即可满足其营养需要。若无母乳或因其他原因不能喂奶,可用牛奶、羊奶等代乳品喂养。在乳类喂养的同时,根据儿童生长发育需要,应适时地添加辅食以供给全面均衡的营养。

在幼儿期及学龄前儿童,其饮食内容逐渐丰富,不断向成人饮食过渡。儿童时期一方面要满足营养需要,另一方面就是饮食习惯的养成,这对儿童身心健康均十分重要。

(2)起居养护:婴幼儿生长发育速度快,且因对外界的适应能力较弱,又易于被外邪侵袭,故洁净的居住环境、舒适的衣着和起居用品,才能有利于儿童身心的健康成长。

婴幼儿的居室应做到空气流通、温暖整洁。婴幼儿的衣着应选择柔软的纯棉织物,宽松且简单易穿。不宜穿太多的衣服,活动时应脱去外衣,活动后立即穿上。婴儿宜穿布鞋,大小尺码要合适。睡觉时枕头不宜过高或过低,被子不宜过于厚重。要帮助孩子经常调换睡眠姿势,仰卧、侧卧均可,不宜俯卧。婴幼儿要尽量少到人多的地方,也不要让婴幼儿与猫狗等小动物密切接触,以防感染病原微生物。进入冬季,经常晒太阳有利于儿童的生长发育。

(3)安全防护:儿童时期尤其是较小的婴孩,应特别注意安全防护。如食物、果核、纽扣、硬币等误吞、食入不洁净被污染的食物,误食药物等。婴幼儿居室的窗户、阳台、睡床都应设置栏杆,防止坠落。儿童要远离厨房,避免水、油、汤的烫伤。教育儿童不可独自去无安全措施的江河、池塘玩水。从小进行安全教育,遵守交通规则,防止意外发生。

(4)体格锻炼:要结合儿童的年龄和生理特点,有计划、有步骤地安排锻炼,一般应由简到繁,由易到难,时间从少到多,循序渐进地进行。如婴儿被动操、婴儿主动操、空气浴、日光浴、木马、滑梯、跳绳、游泳和球类运动等。

(5)免疫防病:定期做好预防接种,定期体检。

2. 早期教育　早期教育是指对0～6岁,特别是0～3岁小儿进行有组织、有目的、丰富的教育活动,可促进小儿的智力、能力发育,培养良好的行为习惯和高尚的道德情操。

(1)新生儿期:主要是利用声音、语言、玩具、实物等刺激其听、视、触、嗅觉。

(2)婴儿期:主要是促进感觉和运动的发育,0～6个月以内的婴儿,运动能力较弱,只能作不规则的运动和哭喊,应充分给予随意运动,帮助进行相应的运动训练,如训练抬头、翻身、坐姿。7～12个月的婴儿,训练其爬行、站立、独立行走等能力。让11～12个月的小儿在游戏、折纸、"涂鸦"和吃饭中训练手的灵活性,还应重视语言能力的训练和睡眠、进食、排便的训练。

(3)幼儿期:训练幼儿动作的协调,以增强体质和促进脑神经发育。如跑步、跳、抓、拿等精细动作。这个年龄幼儿语言训练也很重要。

(4)学龄前期:包括体、智、德、美四方面。开展一定的体育活动,使儿童的骨骼、肌肉和脏器得到锻炼;智力方面,重点发展儿童的注意力、观察力、记忆力、思维力、想象力和语言表达能力。进行爱国、爱家、爱人、爱物等正面教育,以利于小儿后期良好人格的养成。并且要根据孩子的爱好,开展如音乐、手工、舞蹈、诗歌等活动,以培养其全面发展。

学龄前儿童的心理健康教育应与德育教育相结合,还应进行适宜的性教育,如知道自己的性别;认识动植物的雌雄;在游戏和生活中扮演正确的性角色。教导幼儿不与生人乱接触,树立自我保护意识。

### (三)青春期保健

青春期的个体差异较大,一般女孩从 11~12 岁到 17~18 岁,男孩从 13~14 岁到 19~20 岁。

青春期是人一生中发育最旺盛的阶段。其特点是体重迅速增加,第二性征明显发育,生殖系统逐渐成熟,其他脏器亦逐渐成熟和健全,机体精气充实,气血调和。随着形体的迅速发育,心理行为也出现变化,如精神饱满,记忆力强,思维活跃,充满幻想,情绪容易激动,独立性增强,逆反冲动,人生观和世界观尚未定型。此期的养生保健应紧紧围绕青春期的生理、心理特点开展,应按照青少年身心发育的自然规律进行,注意体格的保健锻炼和思想品德的教育,为一生的身心健康打下良好的基础。

1. 心理调摄 青春期是个人心理状态逐渐走向成熟的过渡时期,心理变化大,可塑性强,正确的引导和正面的教育,对形成良好的个性和稳定的心态,具有重要的意义。

(1)引导为主,环境为先:青春期的心理就是在各种矛盾中形成并慢慢趋于成熟的,是一个自然过程,这就要求父母要转变角色和教育观念,改变居高临下、命令式的单向教育为平等、探讨式的双向教育,从关心孩子的生活起居转变到指导孩子的发展和成长,努力成为孩子的良师益友;父母要注意尊重与信任孩子,多与孩子交流感情,了解他的心理,协助孩子把自己的生活安排得充实有意义,为他们创造一个安定和睦、融洽温暖、公正民主的环境。创造条件发挥他们的兴趣与爱好,教育他们慎重择友,对于他们的错误或早恋等问题,要正确引导,不能采取粗暴、压制及命令的方式解决。

(2)加强修养,接触社会:青少年的身体发育虽已接近成人,但对环境、生活的适应能力和对事物的处理能力较差,故应加强思想品德的锻炼和修养,力求养成独立自觉、坚强稳定、直爽开朗、亲切活泼的个性,能承受一定压力,能不断调节自我心理平衡,能面对现实,具有爱和被爱的能力。能在复杂的人际关系中,从容自若,应付自如,不亢不卑,不依赖于他人,办事理智,有独立见解,并能听取合理建议,必要时能做出重大决策,而且勇于承担责任。有自我控制能力,正确对待各种不良的社会现象。

(3)两性知识,教育须早:青春期性教育,包括性生理知识和性道德教育两个方面。性生理知识的教育,主要目的是通过传授性生理知识,以解除青少年对性的好奇、困惑和羞涩心理。性道德教育包括传授性的价值观念、性的社会行为规范与道德责任,性的法律界限与防止性暴力等知识;帮助青少年学习关于两性之间的友情、爱情、择偶、婚姻等人生课程,了解性别社会化、两性尊重与平等、性别差异与性别角色等内容。

2. 饮食调摄 青春期是人体生长发育的关键时期,此时生长速度快,新陈代谢旺盛,对饮食营养需要量大,依赖性强。如若饮食不合理,不能满足其生长需要,则会影响其正常发育。所以青春期的饮食营养非常重要。饮食调养的主要的内容有两个方面:

(1)饮食有节:饮食有节主要是指饮食量适宜,进食时间要有规律,对青少年而言,重点要保证充足的食物量,以适应其快速发育的需要。

（2）五味调和:五味调和一方面指食味调和,不偏嗜某种味,另一方面指食物种类多,搭配合理,在此主要指后者。食物种类齐全、比例适宜,才能保证青少年的均衡营养、全面膳食。

3. 起居调养　青少年身心发育迅速,科学合理地安排作息时间,做到起居有常,睡眠充足,对学习、生活的正常进行至关重要。这个时期骨骼生长迅速,骨骼加长、变粗,但骨关节的结构柔软,因此,读书、写字、站立应保持正确姿势。还要养成良好的卫生习惯,注意口腔卫生,避免沾染吸烟、酗酒等恶习。女青年不可束胸紧腰,男女青年不要穿紧身衣裤,以免引发疾病。

4. 运动保健　青少年参加体育锻炼,要根据自己的体质选择项目,重点放在耐力的训练上,同时兼顾力量、速度、灵敏度,并注意循序渐进。

### （四）中老年人养生

目前,我国中老年人年龄划分标准一般是:45～59岁为中年,60岁开始进入老年前期。中年时期生命活动开始由盛转衰,进入了生理衰老过程。正如《素问·阴阳应象大论》曰:"年四十,而阴气自半也,起居衰矣。"中年养生至关重要,如果调理得当,可以防止早衰,预防老年病,延缓老化的来临。而老年人养生,则在于减少疾病,延年益寿。

1. 心理调摄　中年人是社会的栋梁,因受到事业、生活、人际关系等方面的压力,易出现抑郁、焦虑、紧张等情绪变化。中年人要充分认识自己与所处的社会环境与自然环境的关系,摆正自己在外界环境中的位置,保持乐观、积极向上的价值观,培养自己的兴趣、爱好,保持心胸豁达,面对现实,积极进取。老年人心理调摄的关键在于培养乐观的情绪,保持神志安定,通过习字作画、栽花养鸟、旅游、摄影等陶冶情操,尽可能避免各种不良环境、精神因素的刺激。

2. 饮食养生　进入中老年,人体生理功能逐渐衰退,新陈代谢变慢,消化功能减弱。因此,饮食调养既要满足中老年人基本的营养需要,同时要照顾中老年人日渐退化的消化能力。中老年饮食要全面、清淡、有节,多吃果菜,少食多餐,且饭菜宜软烂、温度要适宜、食物要新鲜、水分要充足。

3. 起居养生　清代名医张隐庵说:"起居有常,养其神气,不妄作劳,养其精也。夫神气去,形独居,人得死。能调养神气,故能与形俱存,而尽终其天年也。"这说明"起居有常"是调养神气的重要法则。在日常生活中要保持起卧有时,早晨起床坚持"三个半分钟",即醒后在床上躺半分钟;坐起来再坐半分钟;两腿垂下床沿半分钟后再着地。一天坚持"三个半小时",即早晨起床后运动半小时,午睡半小时,晚上6～7点到室外散步半小时。保持良好的卫生习惯,面宜常洗,发宜常梳,早晚刷牙漱口,养成定时排便的习惯。临睡前,宜用热水洗泡双足,按摩涌泉穴,有助于入眠和提高睡眠质量。

4. 运动养生　运动养生强调适度,不宜过量。孙思邈在《备急千金要方》中指出:"养性之道,常欲小劳,但莫大疲及强所不能堪耳。"所以,运动健身要循序渐进,不可急于求成。锻炼身体并非一朝一夕的事,要持之以恒。"流水不腐,户枢不蠹"这句话一方面说明了"动则不衰"的道理,另一方面也强调了经常、不间断的重要性。适合中老年人的运动项目有太极拳、八段锦、慢跑、散步等。

## 二、不同性别养生

男女性别不同,其在生理、心理上也有很大的区别,故养生应分别采取不同的措施与方法。

### (一)男性养生

中医学认为,男性禀赋了自然界的阳气,因此在生理情况下,男性具有阳刚之质,一般处事果断,敢作敢当,心胸较为开阔,坦诚大度,感情粗犷,性格豪放。男子以精为基础,正如明代医家万全在《广嗣纪要》所云:"男子以精为本。"肾精对于男性健康具有十分重要的作用,因此,男性日常保健重在顾护阴精。

1. 节欲保精 诚如《寿世保元》引褚澄语云:"精未通而御女以通其精,则五体有不满之处,异日有难状之疾",因此,节欲保精至关重要。男性肾精亏耗,多由房事不节所致,已婚男子,应节制房事,合理安排性生活,切忌纵欲,以免精液屡泄而致精亏气竭,神疲形损。

2. 调神养精 自古以来,中医学非常重视精与神的关系,认为精是神产生的物质基础,而神对精又有支配作用,二者相互为用,维持正常的生命活动,精可养神,神可御精,因此,男子应注重自身的道德修养,增强心神的安定性,只有思想清净,少思寡欲,戒除杂念,情绪安宁,精气才能内守,不易外泄。若心神不宁,神驰于外,或思虑过度,所欲不得,则精易走失或暗耗,如《格致余论》所说:"圣贤只是教人收心养心,其旨深矣……心动则相火亦动,动则精自走,相火翕然而起,虽不交会,亦暗流而疏泄露矣。"

3. 药食补精 肾所藏的先天之精,须赖后天饮食水谷精微不断化生以补充,才能泉源不竭,行使其正常的生理功能。所以饮食上应做到饥饱适度,荤素结合,膳食平衡,不可过饥过饱,更忌醉酒入房,以伤精耗气,戕伐肾元。

药物补精为历代养生家所倡导,如明代张景岳认为熟地"以至静之性,以至甘至厚之味,实精血形质中第一品纯厚之药",乃补精填精之佳品。清代名医叶天士主张用血肉有情之品补精,如鹿角胶、龟板胶、鱼鳔胶、牛骨髓、紫河车之类,具有较好的补益肾精的作用。

4. 适度运动 不同年龄阶段的男性,应根据自己的身体素质,结合个人的兴趣爱好,选择适宜的运动项目。一般而言,青壮年体格壮实、活泼爱动,运动量宜大些,运动形式丰富多样;中老年人身体较弱,宜选择运动量适中、作用和缓的运动方式。

5. 起居调养 起居作息应遵循生活规律,不能随心所欲,要做到"四戒":戒久视、戒久卧、戒久坐、戒久立。

### (二)女性养生

女性在脏器上有胞宫,在生理上有月经、胎孕、产育和哺乳等特殊的生理时期,冲、任、督、带四脉及脾、肝、肾三脏与女性生殖功能关系密切。刘完素在《素问病机气宜保命集》中说:"妇人童幼天癸未行之间,皆属少阴;天癸既行,皆属厥阴;天癸已绝,乃属太阴。"故女性养生要从四脉、三脏着手。

1. 月经期养护 月经期经血如期而至,此时保健以维持经血畅行为目的,同时要注重护养正气。

(1)保持清洁:月经期血室正开,易感外邪,须保持外阴清洁,以防病邪侵入。同时要禁止房事、盆浴及游泳。

（2）调适寒温：经期应避免过寒或过热，寒凝则血脉拘急不畅，血热妄行或煎熬阴血而成瘀。《女科经纶》云："寒温乖适，经脉则虚，如有冷风，虚则乘之。邪搏于血，或寒或温，寒则血结，温则血消，故月经乍多乍少，为不调也。"故经期尤其要防寒保暖，切勿涉水、淋雨、冷水浴、水中作业或坐卧湿地。

（3）饮食有节：经期过食辛热香燥之品，每易耗损阴津，致血分蕴热，迫血妄行；过食寒凉生冷，可致经脉凝滞，血行受阻。戴思恭曰："年十四而经行，至四十九而经断，可见阴血难成易亏如此。"素体气虚、血虚、阳虚之人，在月经过后可适当进食熟地、当归、阿胶、红枣、龙眼肉、红糖等为主的药膳。

（4）调畅情志：女子以肝为先天，肝主疏泄，又为藏血之脏。月经期阴血偏虚而肝气偏旺，若伤于七情，可致月经失调，故应保持心情舒畅，尤其要避免恼怒、抑郁、忧伤、紧张的情绪，保持肝之疏泄功能正常。

（5）劳逸结合：月经期间气血相对虚弱，抵抗力低下，劳倦过度，则耗气动血，可致月经过多或经期延长，故行经期间应避免剧烈运动和重体力劳动。

2. 产褥期养护　由于分娩耗气伤血，以致阴血骤减，营卫不固，故产褥期的调摄尤为重要。

（1）谨慎起居：产妇应充分休息，不宜过早及过度操劳，以免引发产后血崩、阴挺下脱，但亦不应久卧不起。居室应温暖，空气流通，衣着适当。产褥期尤其恶露未净之时，要避免房事，以防邪气乘虚而入。

（2）清洁卫生：产后汗出较多，应经常擦浴，勤换内衣。产后血室正开，易感外邪，故需注意外阴清洁。

（3）调畅情志：产后阴血亏虚，肝血不足，易生情志变化，故应保持精神和悦，切不可忧思、暴怒，以免气结血滞，影响恶露与乳汁的排出。

3. 哺乳期养护　母乳为婴儿最佳食品，产后鼓励母乳喂养。

（1）清洁乳房：每次哺乳前用温开水清洗乳头，以保持乳房清洁。乳头出现皲裂应及时处理，注意不要挤压乳房，以免乳汁壅积成痈。

（2）定期哺乳：哺乳可采取卧式或坐式，注意不能堵塞婴儿鼻孔，按需哺乳。哺乳期应保持心情舒畅，加强营养，睡眠充足，劳逸适度，以保证乳汁正常分泌。

（3）饮食营养：产后乳汁充足与否、质量如何，与饮食及脾胃功能盛衰密切相关。故应加强饮食营养，多喝鱼汤、鸡汤、猪蹄汤等，以保证乳汁的质量。

如产后缺乳，适当的精神心理辅导和营养休息，可以改善症状，亦可应用下列食疗方催乳。①猪蹄通草粥：猪蹄两只、通草5g、漏芦15g、大米100g。将猪蹄洗净切块，通草、漏芦煎汤代水，与猪蹄、大米煮粥，粥成加葱白两根，油盐少许调味，分次服食，乳多为止。本方具有疏肝理气、通乳作用，适用于肝气郁滞型产后缺乳。②黄芪通草鸡：炙黄芪50g、通草10g、母鸡一只，将净膛鸡切块，再将黄芪、通草洗净放入，撒上细盐，淋入黄酒一匙，旺火隔水蒸3~4小时，空腹吃，有补气养血、健脾和胃、通乳利尿之功。产后体虚乳汁不足者，食之甚佳。

（4）调节情绪：乳汁分泌与情绪变化关系密切。产后情绪舒畅、心情愉悦，气机条达，肝脾调和，气血化生运行正常，乳汁分泌充足顺畅，否则，情志不舒，则肝气郁滞，肝脾不调，使乳汁的化生不足或排泌不畅。因此，产后一定要保持稳定的情绪、愉快的心情。

笔记

4. 绝经期养护 绝经期前后肾气渐衰,冲任二脉虚惫,每致阴阳不相协调而产生诸证,为使妇女顺利度过这一时期,应注意以下几点:

(1)精神愉快:了解绝经期前后的生理卫生知识,解除不必要的思想顾虑,应尽可能避免精神刺激,保持心情愉快,少怒勿忧,以免诱发各种疾病的发生。

(2)适当运动:绝经期前后应适当参加体育运动,以增强体质,顺利度过绝经期。

(3)饮食保健:饮食全面,食味平和,切勿过咸、过辣,也不宜饮浓茶、咖啡等饮品。

绝经期前后也是女性多种疾病好发时期,应定期体检,早发现,早治疗。

## 三、不同体质养生

体质是指人体生命过程中,在先天禀赋和后天获得的基础上所形成的形态结构、生理功能和心理状态方面综合的、相对稳定的固有特质,是人类在生长、发育过程中所形成的与自然、社会环境相适应的人体个性特征。

体质的形成是机体内外环境多种因素综合作用的结果,受先天禀赋、性别、年龄、精神状态、饮食习惯、自然环境、体育锻炼和社会等诸多因素的影响。不同的体质有着不同的生理、心理特点、症候特征及不同的发病倾向等,体质决定人的健康,是人体的健康之本,先天禀赋虽然决定了体质的相对稳定性,但通过后天调养可以使体质改善。体质养生就是通过中医体质辨识的方法,辨别不同的体质类型,针对不同的体质特征采取相应的措施,以调整机体体质状态,使偏颇体质逐渐得到改善,达到减少疾病发生,增强体质的目的。

中医对体质的研究从《黄帝内经》开始,由来已久,分类方法较多,目前主要根据人体脏腑气血阴阳、津液盛衰和气化的强弱等,把体质大体分为平和质、气虚质、阳虚质、阴虚质、痰湿质、湿热质、瘀血质、气郁质和特禀质九种基本类型。

### (一)平和质

平和质是理想的体质状态,是指体内阴阳平和、脏腑气血功能正常,属先天禀赋良好,后天调养得当之体质类型。

1. 体质特点 体形匀称,面色红润,毛发润泽,目光有神,食欲、睡眠良好,大小便正常,舌淡红,苔薄白,脉象从容和缓,节律一致。精力充沛,对环境的适应性较强,耐寒耐热,精神愉悦,乐观开朗。

2. 形成原因 先天禀赋良好,饮食结构合理,具有良好的生活习惯。

3. 调养原则 调养气血,燮理阴阳。

4. 养生方法

(1)精神调摄:保持豁达乐观的生活态度,及时调整不良情绪,保持心情愉快。

(2)饮食调养:膳食要平衡,不宜有偏嗜。《黄帝内经》明确指出:"五谷为养,五果为助,五畜为益,五菜为充,气味和而服之,以补精益气。"即五味调和,不可偏嗜。春季阳气初生,不过用辛热升散之品。宜多食蔬菜,如菠菜、春笋、荠菜等。夏季阳气隆盛,气候炎热,宜选用清热解暑,清淡之品,不可过食寒凉。初秋进补应"平补",秋季阳气收敛,阴气滋长,宜食用濡润类食物,如芝麻、甘蔗、梨、百合、葡萄等。冬季天寒地冻,阳气深藏,食宜养阴潜阳,宜食用鳝鱼、龟、鳖等。

(3)起居调养:《黄帝内经》曰:"起居无节,故半百而衰也。"阴阳调和之人要根据季节变化和个人的具体情况制定出符合自己的起居作息制度,使身体的生理功能保持稳定平衡的状态,以适应生活、社会和自然环境等的变化。

(4)运动调养:遵循的基本原则是:积极主动,兴趣广泛;运动适度,不宜过量;循序渐进,适可而止;经常锻炼,持之以恒;全面锻炼,因时制宜。体育锻炼应使身体各部位、各系统功能尽可能均得到锻炼,全面提高身体素质和活动能力,使身体协调、均衡发展。

**(二)气虚质**

1. 体质特点　形体消瘦或虚胖,体倦乏力,语声低怯,气短懒言,易感冒,常自汗出,动则尤甚,舌淡苔白,脉弱。

2. 形成原因　由于先天禀赋不足,或大病、久病之后,失于调养或饮食劳倦所伤。

3. 调养原则　健脾益气,培补元气。

4. 养生方法

(1)精神调摄:气虚者多性格内向,精神萎靡。过思伤脾,悲忧伤肺,故气虚质者不可过度劳神或过思过悲,以免耗伤元气,加重病情。

(2)饮食调养:脾主运化,为气血生化之源,饮食调养可选择健脾益气作用的食物,如小米、糯米、山药、扁豆、红薯、牛肉、兔肉、鸡肉、鸡蛋、鲢鱼、胡萝卜、香菇等。不宜多食生冷苦寒、辛辣燥热食物,忌峻补、滥补。

(3)起居调养:日常生活要规律,避免不必要的繁劳。气虚质者表卫不固,易为外邪所袭,故气虚者应适时添加衣物,不要劳汗当风,以护正避邪。

(4)运动调养:气虚质者运动时,应循序渐进,持之以恒,一次运动的量不宜过大,运动时间不宜过长,可逐渐增加运动量、延长运动时间,宜选择一些比较柔缓的健身功法,如太极拳、太极剑、八段锦等,亦可选择散步、慢跑。不宜进行强体力运动,不宜做大负荷和出汗多的运动,忌用力过猛和长久憋气的动作,以免耗损元气。

(5)药物调养:常用的补气类中药有人参、黄芪、党参、白术、山药、莲子、龙眼肉、大枣等。亦可服用玉屏风散、薯蓣丸、补中益气丸、八珍丸、归脾丸等补气类中成药。

**(三)阳虚质**

1. 体质特点　面色淡白,平素喜暖畏寒,喜食热食,手足欠温,性格多沉静、内向,大便溏薄,小便清长或夜尿,舌体淡而胖嫩,苔白水滑,脉沉细。

2. 形成原因　由于先天禀赋不足或大病、久病之后或房劳太过或过食生冷寒凉之品或常服苦寒清热之药而导致。

3. 调养原则　壮阳助火,温补脾肾。

4. 养生方法

(1)精神调摄:阳虚者性格多沉静内向,情绪低落,故必须加强精神调养,要善于调节自己的情感,去悲忧、防惊恐、消除不良情绪的影响,应选听一些欢快诙谐的乐曲,多参加社会活动,或通过户外活动多接触自然美景,以调节自己的精神情绪。要注意自我调整或与人倾诉,宽宏大量,以愉悦改变心情。

(2)饮食调养:阳虚体质者适当多吃甘温之品以温补脾肾之阳。可选用牛肉、羊肉、鸡肉、鹿肉、鳝、虾、龙眼、胡桃、韭菜等。忌食生冷、苦寒的食物,如绿茶、冷饮、西瓜、苦瓜、绿豆、田螺、蟹肉等。

(3)起居调养:遵照"春夏养阳"的原则,春夏之季应常晒太阳,借自然阳气之助培补阳气,其中尤以晒脊背为佳,能起到壮人阳气、温通经脉的作用。阳虚之人夏季不可

笔记

在室外露宿,室内外温差不宜过大,寒冷的冬季更应注意防寒保暖。

(4)运动调养:坚持体育锻炼,可选择散步、慢跑、太极拳、五禽戏、八段锦以及其他较缓和的运动项目,运动量以微微出汗,不感劳累为度。亦可做日光浴、空气浴以强壮卫阳。运动时间一年中以春夏为佳,一日之内以阳光充足的上午为好,但要注意避免大量出汗。

(5)药物养生:常用补阳中药有肉苁蓉、巴戟天、紫河车、补骨脂、杜仲、续断、菟丝子、狗脊、胡芦巴等。亦可选用中药膏方进行体质调补。

### (四)阴虚质

1. 体质特点 形体消瘦,午后面色潮红,手足心热,失眠多梦,咽喉干燥,眩晕耳鸣,双目干涩,视物昏花,大便秘结,舌红少苔,脉细数。

2. 形成原因 素体阴虚,或热病之后或过食辛辣燥热、温补食物或思虑太过,或吸烟致日久化火伤阴,或长期服用利尿药、清热利湿药等所致。

3. 调养原则 滋补阴液。

4. 养生方法

(1)精神调摄:阴虚之人情绪大多急躁,故精神调养的关键是静养心神,舒缓情绪。应遵循《黄帝内经》中"恬惔虚无"、"精神内守"之养神大法,可以通过读书、抚琴、弈棋、书法等方式,在提高个人素养的同时,使精神得到修炼,心神渐复宁静。同时波动的情绪可使阴虚加重,故应节制自己的情绪,保持稳定的心态,安神定志,以舒缓情志。

(2)饮食调养:选择性味甘寒或甘凉质润多汁之品,如芝麻、糯米、绿豆、龟、鳖、海参、鲍鱼、牛奶、牡蛎、蛤蜊、海蜇、鸭肉、猪皮、豆腐、甘蔗、桃子、银耳等育阴潜阳。少食或不食辛辣燥烈、煎炸炙烤等伤阴之品。

(3)起居调养:起居规律,不妄作劳,尤其要节制房事,以免耗伤阴精。

(4)运动调养:避免高强度、大运动量的锻炼形式,以免出汗过多,损伤阴液,加重阴虚,太极拳、八段锦等较为适合。

(5)药物调养:常用的补阴药物有:百合、枸杞子、桑椹、沙参、麦冬、黄精、玉竹、天花粉、冬虫夏草、白木耳等。还可选择适合阴虚体质的药膳食用。

### (五)痰湿质

1. 体质特点 形体肥胖,或腹部肥满松软,肢体沉重倦怠,胸脘痞闷,口中黏腻,或平素痰多,大便溏薄,舌体胖大,苔腻,脉滑。

2. 形成原因 先天禀赋不足,或嗜食肥甘厚腻之品,或过度安逸,缺乏运动或久居湿地。

3. 调养原则 调理脏腑,化痰除湿。

4. 养生方法

(1)精神调摄:痰湿体质者性格偏温和,可多参加社交活动,广交朋友,培养广泛的兴趣爱好,情绪舒畅,肝脾调和,水湿运化正常,痰湿易于去除。

(2)饮食调养:饮食宜清淡,少食肥甘厚味。宜进食一些具有宣肺健脾补肾除湿、化痰作用的食物,如白萝卜、冬瓜、荸荠、紫菜、海蜇、洋葱、白果、大枣、扁豆、薏苡仁、红小豆、冬瓜仁、杏仁、白豆蔻等。体形肥胖的痰湿之人,应限制食盐的摄入,少吃寒冷、油腻、滋补、酸涩的饮食。少饮酒,以免助生痰湿。

（3）起居调养:合理安排作息时间,生活有规律,不宜居住在潮湿的环境里,避免湿邪外侵。

（4）运动调养:痰湿体质者要多进行户外活动,多参加体育锻炼,以舒展阳气、通达气机,有益于脾的运化,促进水湿代谢。

（5）药物调养:合理选用芳香化浊、健脾化湿的药物,如茯苓、白果、半夏、薏苡仁、白术、藿香、佩兰、泽泻等。

### （六）湿热质

1. 体质特点　面垢如油,易生粉刺、疮疖,心烦倦怠,身体困重,口干口苦或口臭、口有异味,大便燥结或黏滞不爽,小便短赤,男性阴囊潮湿,女性带下色黄,舌质红,苔黄腻,脉滑数。

2. 形成原因　嗜食烟酒辛辣,恣食肥甘厚味。

3. 调养原则　清热利湿。

4. 养生方法

（1）精神调摄:保持心态稳定,切忌郁怒,以免化火助热。

（2）饮食调养:改变不良的饮食习惯,戒除烟酒嗜好,多食具有清热利湿作用的食物,如薏苡仁、莲子心、茯苓、紫菜、绿豆、红小豆、鸭肉、鲫鱼、冬瓜、苦瓜、丝瓜、黄瓜、西瓜、芹菜。忌用辛辣燥烈、大热大补的食品,少食辣椒、生姜、大葱、大蒜等。

（3）起居调养:养成良好的生活习惯,不要长期熬夜,或过度疲劳,保持二便通畅,以利湿热排泄。

（4）运动调养:湿热体质者多体格强壮,应选择运动量偏大或剧烈的运动,如中长跑、游泳、爬山、各种球类、武术等活动,以增强代谢,祛除湿热。运动时应避开暑热环境。六字诀中的"呼"、"嘻"字诀,有健脾清热利湿之效,可经常练习。

（5）药物调养:常用药物如车前草、荷叶、金钱草、生甘草、杏仁、薏苡仁、白蔻仁、苏梗、金银花、蒲公英、野菊花、紫花地丁、黄芩等。

### （七）气郁质

1. 体质特点　忧郁面容,烦闷不乐,胸胁胀满,走窜疼痛,或乳房胀痛,时欲太息、嗳气,咽中如有异物梗阻,大便或干或溏,舌淡红,苔白,脉弦。

2. 形成原因　先天遗传,或后天所欲不遂,忧郁思虑过度。

3. 调养原则　疏肝理气,愉悦情志。

4. 养生方法

（1）精神调摄:气郁质之人性格内向,敏感多疑,忧郁脆弱,应主动参加社会活动,多听轻松的音乐,培养积极进取的竞争意识,以培养开朗豁达的性格。

（2）饮食调养:多食具有理气解郁、调理脾胃的食物,如小麦、高粱、橙子、陈皮、橘子、柚子、玫瑰花、茉莉花、绿萼梅、莲子、龙眼、红枣、萝卜等;不可多食乌梅、石榴、青梅、杨梅、杨桃、酸枣、李子、柠檬等酸涩收敛之物及寒凉之品。

（3）起居调养:起居有常,生活规律,防寒保暖,衣着宽松舒适。

（4）运动调养:运动能促进气血的运行,也可调畅情志,因此,气郁体质者应多参加户外活动或各种形式的运动。

（5）药物调养:常用的理气药物有柴胡、川楝子、郁金、佛手、青皮、陈皮、枳壳、香附、香橼等。

### （八）瘀血质

1. **体质特点**  面色晦暗，或色素沉着，皮肤紫斑或干燥、粗糙，口唇黯淡或紫，舌质紫黯或有瘀点或瘀斑，脉细涩或结代。

2. **形成原因**  先天禀赋不足，或后天外伤，或久病入络，或忧思太过。

3. **调养原则**  活血化瘀，疏通经络。

4. **养生方法**

（1）精神调摄：血瘀的形成多与气郁有关，因此此类体质的人，应培养乐观、豁达的精神，精神愉悦则气血和畅，营卫流通，有益于瘀血质的改善。

（2）饮食调养：选用具有活血化瘀、疏肝理气功效的食物，如山楂、韭菜、黑豆、玫瑰花、黄酒、葡萄酒等。不宜多食寒凉、收涩的食物。

（3）起居调养：生活要有规律，注意劳逸结合、动静结合，避免寒冷刺激。

（4）运动调养：多做户外活动，坚持运动，以促进气血运行。

（5）药物调养：常用活血化瘀中药有当归、山楂、桃仁、红花、田七、川芎、丹参、益母草等。

### （九）特禀质

1. **体质特点**  特禀质与现代医学 "过敏体质" 相类似。通常表现为经常鼻塞、流涕、打喷嚏等，易患哮喘，容易对药物、花粉、食物等过敏，皮肤易出现荨麻疹等。

2. **形成原因**  先天禀赋不足、后天调养失当，或环境、药物等因素所致。

3. **调养原则**  益气固表，养血祛风。

4. **养生方法**

（1）饮食调养：应避免食用各种致敏食物，减少发作机会。饮食宜清淡，少食生冷、辛辣、肥甘油腻及各种"发物"，如：鱼、虾、蟹、牛肉、羊肉、狗肉、韭菜、茴香、芒果、桃子、杏等，以免引动伏痰宿疾，引起过敏。

（2）起居调护：要做好日常预防和保养工作。根据个体情况调护起居，由于过敏体质者容易出现水土不服，在陌生的环境中要注意日常保健，减少户外的活动，避免接触各种动植物，减少发病机会。季节更替之时，要及时增减衣被，增强机体对环境的适应能力。养成良好的睡眠习惯，顺应四时变化，以适寒温。

（3）运动调养：特禀质者要加强锻炼，以增强体质，提高身体对致敏物质的抵抗能力。

（4）药物调养：平时可适当服用具有益气固表的中药：如黄芪、灵芝、人参、红枣等以调节机体免疫功能。

## 第二节  因 时 而 养

因时而养是养生的重要环节。《素问·四气调神大论》指出："夫四时阴阳者，万物之根本也。所以圣人春夏养阳，秋冬养阴，以从其根，故与万物沉浮于生长之门。逆其根，则伐其本，坏其真矣。故阴阳四时者，万物之终始也，死生之本也，逆之则灾害生，从之则苛疾不起，是谓得道。"换言之"春夏养阳，秋冬养阴"是顺应四时养生的基本原则，只有顺应四时阴阳的规律，人体才能健康长寿。

## 一、春季养生

春季包括立春、雨水、惊蛰、春分、清明、谷雨六个节气,起于立春,止于立夏。春季阳气升发,万象更新,自然界生机勃勃,欣欣向荣。《素问·四气调神大论》云:"春三月,此谓发陈。天地俱生,万物以荣。"因此,春季养生应顺应春令之气升发舒畅的特点,注意保护体内的阳气,使之不断充沛,逐渐旺盛,避免耗伤、阻碍阳气。

### (一)精神调摄

春宜养肝。春属木,与肝相应,肝主疏泄,在志为怒,恶抑郁而喜条达。春季要让自己的意志生发舒展,做到心胸开阔、乐观愉快,不要使情绪抑郁。《素问·四气调神大论》云:"以使志生,生而勿杀、予而勿夺、赏而勿罚",所以春季养神的关键是"使志生"。要学会运用疏泄法、转移法,把不良情绪疏导或转移到另外事物上去。可通过踏青赏花、登山旅游,陶冶性情,使自己的精神情志与春季的大自然相适应,充满勃勃生机。

### (二)饮食调养

春季宜多食温补阳气之品,如葱、大蒜、韭菜等。葱有利五脏、消水肿之用;葱白可通阳发汗、解毒消肿;葱根能治便血及消痔。韭菜性温,正如《本草拾遗》所说:"在菜中,此物最温而益人,宜常食之。"大蒜具有很强的杀菌能力,还有促进新陈代谢、增进食欲、预防动脉硬化和高血压的功效。上述之物皆不可空腹食用,对于阴虚有火者不宜食用。

春季食养应"省酸增甘",酸味入肝,其性收敛,不利于肝气的升发和疏泄,过食酸则肝木旺而克伐脾土,影响脾胃的运化功能。春易肝亢,故用甘味食物补脾培中。《素问·脏气法时论》云:"肝主春……肝苦急,急食甘以缓之。"常用甘缓补脾的食物有大枣、山药等。漫长的冬季常食用温热的食物,胃肠道积热偏盛,可多食用一些新鲜蔬菜如菠菜、荠菜、莴笋、芹菜、油菜等以平肝清热通肠。

### (三)起居调养

春季阴寒未尽,阳气渐生,衣物不可顿减,应遵循"春捂"的原则,以助人体阳气生发,抵御外邪侵袭。《寿亲养老新书》中指出:"早春宜保暖,衣服宜渐减;不可顿减,使人受寒。"春天过早地减少衣物易感风寒之邪,导致流感、上呼吸道感染等呼吸系统疾患,应注意保暖御寒,做到随气温变化而增减衣服,使身体适应天气的变化。《素问·生气通天论》曰:"春三月……夜卧早起,广步于庭,披发缓形,以使志生……此春气之应,养生之道也。"春季应晚睡早起,在庭院中散步,披散头发,舒缓形体,以顺应春季生发之气。

### (四)运动调养

为了适应春季阳气升发的特点,可结合自己的身体条件,选择合适的运动方式,如散步、郊游、打太极拳、做操、放风筝等。运动锻炼最好到空气清新的地方进行。自古以来,人们最喜踏青春游,阳春三月,风和日丽,春光明媚,万物更新。春季踏青既锻炼了身体,又陶冶了情操。

### (五)防病保健

春天天气转暖,致病的微生物、细菌、病毒易于繁殖,流感、肺炎、麻疹、流脑等传染病多有发生。因此,应尽量避免到公共场所活动。患有宿疾者,应避免过度劳累,防止外邪入侵,谨防旧病复发。春天是精神疾病好发的季节,要注意患者的药物治疗、精神调节和心理疏导。春天也是花粉过敏的好发季节,表现为支气管哮喘、鼻炎、各种皮肤病、紫癜等各种病变,对于花粉过敏的人,尽可能避开鲜花开放的地方。

## 二、夏季养生

夏季包括立夏、小满、芒种、夏至、小暑、大暑六个节气,起于立夏,止于立秋。《素问·四气调神大论》云:"夏三月,此谓蕃秀,天地气交,万物华实。"夏季是一年中气温最高的季节,自然界阳气升发,人体新陈代谢旺盛,人们应顺应自然保养阳气。

### (一)精神调摄

夏季火热,内应于心,火热炎上,易扰心神,因此,夏季精神调摄,重在调畅情志、静心宁神。《素问·四气调神大论》云:"使志无怒,使华英成秀,使气得泄,此夏气之应,养长之道也。"夏季养神的关键是"使志无怒"。就是说,夏季情绪要有节制,以利于气机的宣畅,遇事戒怒,以免伤及心神。

### (二)饮食调养

夏季食养应以清解暑热、补充阴津为原则。应食用清心泻火消暑之品,如西瓜、苦瓜、黄瓜、赤小豆等。夏季天热汗出较多,可多饮水补充水分。夏季人体阳气在外,阴气内伏,胃液分泌相对减少,消化功能低下,若暑热夹湿更易伤脾胃。如果食用脂肪含量高的食物易使胃液分泌减少,胃排空减慢,故饮食应清淡少油、易消化。夏季可多食用粥,如荷叶粥、绿豆粥、冬瓜粥等以清热滋阴,固护阳气,切忌因贪凉而暴食冷饮。

### (三)起居调养

夏季气候炎热应注意防暑降温。夏季汗出较多,腠理开泄,易致风寒湿邪侵袭,忌汗出当风,有空调的房间,室内外温差不宜过大。夏季睡觉宜晚睡早起,忌室外露宿、忌袒胸露腹、忌彻夜不停扇。夏季应选择颜色浅、轻、薄、柔软的着装,要勤洗勤换。外出应防晒,应合理配戴太阳镜、戴凉帽、打遮阳伞,以避免过量的紫外线照射。酷暑盛夏,每天应洗温水澡,不仅能洗掉汗水污垢,使皮肤清爽,消暑防病,还可以消除疲劳,改善睡眠。

### (四)运动调养

夏季天气炎热,运动锻炼应避免在烈日下,最好在清晨或傍晚天气较凉爽的时候进行。运动量不宜过大,可选择散步、慢跑、打太极拳、做广播操等项目。游泳能提高人的呼吸系统功能,增强心脏功能,既锻炼了身体,又可祛暑消夏。运动后出汗较多,切勿用冷水冲头洗澡。剧烈运动后感到口渴时,不宜过量、过快地进食冷饮,以防胃肠血管急骤收缩,引起消化功能紊乱而出现腹痛、腹泻。

### (五)防病保健

由于夏季阳气旺盛,人体阳气也达到高峰,尤其是三伏天,腠理开泄,选取穴位敷贴,药物最容易由皮肤渗入穴位经络,通过经络气血直达病灶,所以在夏季治疗"冬病",如哮喘或过敏性鼻炎等疾患,往往可以收到较好的疗效。

疰夏,又叫苦夏,临床可见胸闷、食欲不振、四肢无力、大便稀薄等症状,可服用"藿香正气水"、"六一散"芳香悦脾、辟秽化湿。

夏季气温高、空气湿度大,在强烈的阳光下照射过久,容易发生中暑。若出现头晕、头痛、恶心、呕吐等症状时,应将患者立即移至阴凉处,解开衣服,头部冷敷或冷水擦澡,多饮淡盐水,或服用人丹或十滴水。有高热者,给予物理降温;对症处理未见好转,血压下降者,应立即送医院抢救。

急性胃肠炎是夏季常见病之一,做到饭前便后要洗手,不喝生水,不吃腐烂变质的食物。对于呕吐、腹泻的患者,应及时补液,以纠正电解质紊乱。

### 三、秋季养生

秋季包括立秋、处暑、白露、秋分、寒露、霜降六个节气,起于立秋,止于立冬。《素问·四气调神大论》说:"秋三月,此为容平,天气以急,地气以明。"秋季自然界阳气渐收,阴气渐长,气候由热转凉,由凉转寒。人体的阴阳也由"夏长"到"秋收"发生相应变化,秋季养生必须遵循"养收"的原则。

#### (一)精神调摄

深秋花木凋零、草枯叶落,万物萧条,往往使人触景生情,引起凄凉、垂暮之感,产生忧郁、烦躁等情绪变化。秋季精神调养,要尽可能避免或消除季节变化带来的不良影响。《素问·四气调神大论》云:"使志安宁,以缓秋刑;收敛神气,使秋气平;无外其志,使肺气清,此秋气之应,养收之道也。"秋季养神的关键是"使志安宁"。秋季人的精神不要受到外界的干扰,以应自然界收敛之气,保持精神上的安宁。在秋高气爽之日,登高远眺,或远足郊游,置身于大自然中,感受秋收的喜悦,心情豁然开朗,悲忧之情荡然无存。

#### (二)饮食调养

秋季应适当多吃养阴润燥的食物,以防秋燥伤阴。秋季风干物燥,燥气当令,易耗伤人体阴津,故应多吃梨、芝麻、甘蔗、藕、菠菜、蜂蜜、百合、莲子、银耳、木耳等具有滋阴生津润燥功效的食物。应多喝水,多饮淡茶、果汁等补充水分。

秋季食养应多吃酸味的食物,少吃辛味的食物。《素问·脏气法时论》云:"肺主秋……秋欲收,急食酸以收之,用酸补之,辛泻之。"故秋季应多食苹果、石榴、葡萄、芒果、柚子、山楂等酸味之品以敛肺补肺,应少吃葱、姜、蒜、韭菜、辣椒等辛味之品以免发散泻肺。

#### (三)起居调养

秋季处于自然界阳消阴长、热去寒来的转折期,衣物不可顿增,应遵循"秋冻"的原则。衣物顿增会使人体汗出过多,易伤津耗液。《素问·四气调神大论》云:"秋三月……早卧早起,与鸡俱兴。"秋季应早卧早起,早卧以顺应阴精之收藏,使肺气得以收敛;早起以顺应阳气的舒长,使肺气得以舒展。

#### (四)运动调养

秋天是运动锻炼的好时期。由于自然环境处于"收"的阶段,阴精阳气需要收敛内养,故运动养生也应顺应这一原则,可选择慢跑、散步、游泳、体操及太极拳等运动。秋高气爽,景色宜人,登山畅游,既可健身,又可观赏美景,不失为一种好的运动方式。登山前先了解好游览路线,带好必备的衣物以早晚御寒,对于中老年人,要了解自身的健康状况,避免登山过程中发生意外。

#### (五)防病保健

深秋之后,天气转凉,心脑血管患者的症状开始加重,除按时服药外,还应注意防寒保暖,饮食有节,避免情志刺激。进入秋季,婴幼儿易患秋季腹泻。一旦发病,要早期隔离,积极治疗,防止传染。

## 四、冬季养生

冬季包括立冬、小雪、大雪、冬至、小寒、大寒六个节气,起于立冬,止于立春。冬季自然界草木凋零、昆虫蛰伏、天寒地冻、万物闭藏,阳气潜伏,阴气盛极。冬季养生应顺应自然界闭藏之规律以敛阴护阳为根本,遵循"养藏"的原则。

### (一)精神调摄

《素问·四气调神大论》提出"冬三月……使志若伏若匿,若有私意,若已有得。"冬季养神的关键是"使志若伏若匿。"要求人们在冬季要精神内守,安静自如,含而不露,避免烦恼,使体内阳气得以潜藏。主要是指人们在冬季对自己的意识思维活动及心理状态进行自我控制、自我调节,使之与机体、环境保持平衡协调。

### (二)饮食调养

冬季是饮食补养的最好季节,因为冬季万物潜藏,人体的阴精、阳气也趋于潜藏,此时补益阴精阳气,易于吸收而藏于体内,使体质增强,起到扶正固本的作用。应根据不同的体质,辨证施食。阳虚者应多食温阳食品,如韭菜、羊肉、狗肉等;阴虚者应多滋阴之品,如银耳、藕、鸭肉等;气虚者应多食人参、莲肉、山药、大枣等补气之物。

冬季食养,应该多食辛味食物,以补肾脏。根据五味与五脏的关系,辛(金)生咸(水),肺气宣达则肾气坚实。此外冬季天气寒冷,食用辛味之品可行气、发散、活血,可抵驱寒冷。

### (三)起居调养

冬季天气寒冷,故应注意防寒保暖,要适时增添衣服,天气严寒可戴围巾、帽子、手套,对于好生冻疮的人应及早穿棉鞋。此外,老年人冬季出行也要注意避免受凉而生病,或因不小心而跌伤致残。冬季三月,这时人们应注意"养藏",早睡晚起,内守神气。

### (四)运动调养

适度运动可增加身体的抗寒能力,增强对疾病的抵抗力。冬季气候严寒,运动健身应注意防寒保暖,衣着要根据天气情况而定,避免在大风、大雪和雾露天气中锻炼身体。

### (五)防病保健

入冬以后,天气寒冷,气温变化大,稍有不慎,极易受寒,所以冬季要适时添加衣被,防止寒冷侵袭。

## 五、二十四节气养生

### (一)立春养生

1. 节气特点　每年公历2月5日前后为立春,立春是春天的开始。立春之后,草木萌芽,生机勃勃,农人开始忙着播种,白天渐长,气温上升,降雨增多。

2. 养生指导

(1)饮食养生:立春阳气初生,可吃辛散的食物助阳气升发,如香菜、韭菜、葱、油菜、芥菜、白萝卜等辛味之品,还可吃一些甘缓的食物补益脾胃,如大枣、百合、荸荠、梨、桂圆、银耳等甘味之品。酸味的食物具有收敛之性不利于阳气的生发和肝气的疏泄,宜少吃。

(2)起居养生:春季病菌活跃,是传染病多发的季节,应注意环境的卫生,居室要保持通风。顺应自然界的变化晚睡早起,披发缓形,多参加室外活动。根据自己的情况选择合适的锻炼方式,不宜强度过大,以免消耗过大伤津耗气,不利于养阳。

### (二)雨水养生

1. 节气特点 每年公历2月20日左右为雨水,表示降雨的开始,雨量逐渐增多。

2. 养生指导

(1)饮食养生:雨水节气空气湿润而不燥热,正是养生的好时机,应调养脾胃。可食用大枣、山药、蜂蜜等甘味补脾的食物。可多吃一些新鲜蔬菜和水果,如韭菜、荠菜、菠菜、芹菜、茼蒿、山药、香椿、芋头、荸荠、萝卜、柑橘、苹果、香蕉、雪梨、菠萝等。

(2)起居养生:雨水是全年寒潮出现最多的时节之一,天气变化不定,忽冷忽热,应按照"春捂"的原则防寒保暖。变化无常的天气还易引起情绪的波动,应采取积极的精神调摄养生法。还应顺应自然,遵循自然变化的规律,使生命过程的节奏随着气候的改变而进行调整,要做到"起居有常,劳逸结合,顺应自然,以养元气"。

### (三)惊蛰养生

1. 节气特点 每年公历3月5日前后为惊蛰。天气渐渐转暖,春雷开始震响,蛰伏在泥土里的昆虫和冬眠的动物感受到春天的温暖都开始出外活动。惊蛰时节,我国大部分地区都已进入春耕季节。

2. 养生指导

(1)饮食养生:民间素有惊蛰吃梨的习俗,梨有润肺止咳、滋阴清热的功效。梨的吃法很多,比如生食、蒸、榨汁、烤或煮水。惊蛰后,荠菜、香椿、蒲公英等野菜陆续上市,具有丰富的营养,多食对健康有益。

(2)起居养生:惊蛰后,随着天气转暖,人们会出现"春困"的现象,感到困倦无力、昏昏欲睡,每天应保证充足的睡眠。惊蛰的后几天有些地方会出现"倒春寒"的现象。气温变化幅度大,应预防上呼吸道感染、流感和心脑血管等疾病的发生,避免受凉感冒以及冷空气刺激而诱发哮喘。

### (四)春分养生

1. 节气特点 每年公历3月20日前后为春分。古人说:"春分者,阴阳相半也,故昼夜均而寒暑平。"春分过后,我国白昼时间越来越长,黑夜越来越短,寒冬已经逝去,气温回升较快。

2. 养生指导

(1)饮食养生:春分节气应顺应自然保持人体阴阳平衡的状态,饮食禁忌偏热、偏寒之品,如在烹调鱼、虾、蟹等寒性食物时,佐以葱、姜、酒等温性调料,以达到阴阳互补之目的。

(2)起居养生:春天阳光明媚,百花盛开,万物更新,最宜出门踏青以调节情志,振奋精神。可根据个人情况,有选择地活动。老人、小孩与体质虚弱者最好不要到人多的地方,以免传染疾病。

### (五)清明养生

1. 节气特点 每年公历4月5日前后为清明。清明节气冰雪消融,草木萌发,天气清新明朗。清明前后,降雨较多,气温逐渐升高。

2. 养生指导

（1）饮食养生：春天肝阳上亢者易头痛眩晕，"春气者，诸病在头"，饮食须定时定量，不应暴饮暴食。应多食蔬菜、水果。此时，多种慢性病如关节炎、哮喘、消化道溃疡容易加重，应少吃刺激性食物，以免旧疾复发。

（2）起居养生：清明时节参加植树、放风筝、扫墓等风俗活动可调畅情志，增强体质。随着天气逐渐转暖，人们户外活动的增多，自然界中花粉、柳絮等物质易引发过敏，因此过敏体质的人，外出时要戴上口罩、墨镜，穿长衣、长裤，应使用空气清洁器或过滤器去除室内花粉、粉尘等室内过敏原，必要时服用抗过敏的药物。

### （六）谷雨养生

1. 节气特点　每年公历 4 月 20 日前后为谷雨。谷雨为雨生百谷的意思，意味着春将尽，夏将至，降雨开始增多，作物得以灌溉滋润，五谷得以很好的生长。

2. 养生指导

（1）饮食养生：谷雨虽属暮春，仍应"省酸增甘"以养脾。因降雨增多，湿度增大，宜多食健脾祛湿之品，如山药、赤小豆、薏苡仁、扁豆、鲫鱼等。谷雨虽然气温已升高，但不宜过早食用冷饮，以免损伤脾胃，不利于养阳。

（2）起居养生：谷雨时气温升高较快，但昼夜温差较大，中午气温高、早晚气温低，因此早晚还应添加衣服。谷雨后雨水增多，空气湿度加大，风湿病易复发，应小心防范。在日常生活中要注意关节部位的保暖，不要久居潮湿之地，不要穿潮湿的衣服，少吹风，避免淋雨。

### （七）立夏养生

1. 节气特点　每年公历 5 月 5 日前后为立夏，立夏为夏天的开始。立夏之后，气温明显升高，阳光普照，雨水充沛，万物繁茂。

2. 养生指导

（1）饮食养生：立夏之后，天气逐渐转热，饮食应清淡，以易消化、富含维生素的食物为主，油腻辛辣的食物要少吃，应多吃新鲜蔬菜和水果。将绿豆、莲子、荷叶、芦根、扁豆等加入粳米中一并煮粥，放凉后食用，可起到运脾健胃之功效。

（2）起居养生：立夏以后日长夜短，人们要顺应自然界阴阳的变化晚睡早起。应适当午睡，以保证饱满的精神状态和充足的体力。立夏以后，人体新陈代谢旺盛，容易疲劳，情绪易于波动，要格外重视精神的调养，尤其是老年人应保持愉快的情绪。

### （八）小满养生

1. 节气特点　每年公历 5 月 21 日前后为小满。从小满开始，夏收作物已经结果，籽粒渐见饱满，但尚未成熟。

2. 养生指导

（1）饮食养生：小满时节，饮食调养上宜以清淡饮食为主，常吃具有清热利湿功效的食物，如薏苡仁、赤小豆、绿豆、冬瓜、丝瓜、黄瓜、西瓜等，忌食肥甘厚味之品。苦菜（败酱草）具有清热解毒、凉血的功效。小满前后正是吃苦菜的时节。《本草纲目》记载："苦菜，久服，安心益气，轻身耐老。"

（2）起居养生：小满时节气候闷热潮湿，是皮肤病的高发季节，故应加以预防和治疗。小满过后气温升高雨量增多，应避免被雨水淋湿，以免外感湿邪，下雨后气温降低,应及时添加衣服,不要着凉受风而感冒。

### (九)芒种养生

1. 节气特点　每年公历6月5日前后为芒种。意为有芒的作物(麦类等农作物)即将成熟收割,也是夏播作物播种的季节。我国中部的长江中下游地区进入梅雨季节,空气潮湿,天气闷热。

2. 养生指导

(1)饮食养生:芒种时节气候潮湿闷热,饮食宜清淡少油腻,辅以清暑解热之品。多食苦瓜、绿豆、红小豆等。天气炎热汗出较多,应多喝水以补充丢失的水分,大量出汗时,不要马上喝水,可喝些果汁或糖盐水。

(2)起居养生:芒种节气湿热之气较盛,会感到四肢困倦,萎靡不振。因此,要注意防潮除湿,精神调养上使自己的精神保持轻松愉快,气机才得以宣畅自如。天热人易出汗,应穿透气性好,吸湿性强的衣服。应常洗澡,可发泄"阳热"。芒种时节蚊虫很多,要注意环境卫生,预防蚊虫致病。

### (十)夏至养生

1. 节气特点　每年公历6月22日前后为夏至,从夏至这天起,气温开始进入炎热阶段,雷雨天气较多。夏至是阳气最旺的时节,应注意保养阳气。

2. 养生指导

(1)饮食养生:夏季饮食宜清淡,不宜肥甘厚味。夏月伏阴在内,饮食不可过寒,多食会伤及脾胃,令人吐泻,西瓜、绿豆汤、乌梅汤等虽为解渴消暑之佳品,但不宜冰镇食之。《颐身集》载:"夏季心旺肾衰,虽大热不宜吃冷淘冰雪、蜜水、凉粉、冷粥。饱腹受寒,必起霍乱。"

(2)起居养生:夏至应顺应自然界阴阳的盛衰变化,晚睡早起,由于气候炎热,人体腠理开泄,易受风寒湿邪侵袭,故睡觉时不宜久吹风扇、空调,使用空调时,室内外温差不宜过大。夏至时光照强烈,紫外线容易损伤皮肤,要注意防晒,可使用防晒霜、遮阳伞、遮阳帽,以及合适的衣服进行防晒。天气炎热,保持平和的心态很重要,应精神饱满、心胸开阔。

### (十一)小暑养生

1. 节气特点　每年公历7月7日前后为小暑,此时天气炎热,雨量较多。

2. 养生指导

(1)饮食养生:小暑时节,应多食清热祛暑之品,可以用荷叶、绿豆、薏苡仁、茯苓、扁豆等清暑利湿之品煮粥或煲汤,可多食西瓜、黄瓜、苦瓜、西红柿、杨梅、草莓、葡萄等清热生津的蔬菜和水果。夏季是消化道疾病的多发季节,要注意饮食卫生,不吃隔夜、久放被污染的食物。

(2)起居养生:"热在三伏",小暑节气,在初伏前后,此时气候炎热,人易心烦不安,疲倦乏力,应顾护阳气,以养心神。起居应有规律,避免熬夜,保持充足的睡眠时间。"夏练三伏",应进行体育锻炼,保养阳气,体育锻炼最好选择在清晨或傍晚,运动强度避免过大,可选择散步、太极拳、游泳等运动。

### (十二)大暑养生

1. 节气特点　每年公历7月23日前后为大暑。大暑是一年里最热的时候,在我国很多地区,经常会出现40℃左右的高温天气。

2. 养生指导

（1）饮食养生：大暑时天气炎热，易伤津耗气，除补充足够的水分外，还应多食益气养阴之品，如山药、蜂蜜、鸡蛋、牛奶、豆浆、莲藕、木耳等。大暑节气暑湿较重，宜食用燥湿健脾之品，如薏苡仁小豆粥、绿豆百合粥、橘皮茶等。"大暑老鸭胜补药"，鸭肉性凉味甘，有滋阴补血、清热生津的功效。

（2）起居养生：此节气中，天气炎热，要预防中暑。体育锻炼应避开高温，外出避免阳光暴晒，宜穿宽松、浅色衣服。大暑是全年温度最高，阳气最盛的时节，对于冬季的慢性疾病，如慢性支气管炎、肺气肿、支气管哮喘、痹证等疾病，可采取"冬病夏治"的治疗方法防病治病。

### （十三）立秋养生

1. 节气特点　每年公历 8 月 7 日前后为立秋。立秋预示着夏天即将过去，秋天即将来临。立秋后虽然暑气一时难消，但总的趋势是天气逐渐变得凉爽起来。

2. 养生指导

（1）饮食养生：立秋节气应多食酸味食物以收敛肺气，少食辛味的食物以防发散泻肺，故应少吃葱、姜等辛味之品。《素问·脏气法时论》说："肺主秋……肺收敛，急食酸以收之，用酸补之，辛泻之。"秋季燥气当令，易伤津液，故饮食应以滋阴润肺为宜。《遵生八笺》指出："秋气燥，易食麻以润其燥。"秋天食用芝麻可以养肺润燥。

（2）起居养生：立秋之季天高气爽，应"早卧早起，与鸡具兴"，早卧以顺应阳气之收敛，早起可使肺气得以舒展，且防收敛太过。秋季是细菌性痢疾高发季节，细菌性痢疾传染性很强，应注意环境卫生及饮食卫生，要防止腹部着凉。

### （十四）处暑养生

1. 节气特点　每年公历 8 月 23 日前后为处暑。处暑表示炎热的夏季即将过去，但晴天下午的炎热亦不亚于夏季，俗称"秋老虎"。

2. 养生指导

（1）饮食养生：处暑时节有秋燥之气兼蕴湿邪，固应养肺润燥、健脾利湿。可常吃既滋阴又祛湿的水产品，如墨鱼、鲫鱼、鲤鱼、带鱼、泥鳅、牡蛎、蛤蜊等。处暑时还可多吃含钾及富含维生素的蔬菜、水果以防"秋乏"。

（2）起居养生：处暑时节正值初秋，天气由热转凉，暑热尚未退尽，不宜过多过早地添加衣服，以自身感觉不过寒为宜，以提高机体对低温环境的适应能力，也不宜过早更换厚被褥，以免睡觉时出汗伤津耗液。

### （十五）白露养生

1. 节气特点　每年公历 9 月 7 日前后为白露。白露表示天气已凉，空气中的水蒸气到了夜晚会在花草树木上凝成白色的露珠。

2. 养生指导

（1）饮食养生：秋主燥，气候肃杀，燥邪伤人，容易耗人津液，人们常常会觉得口、鼻、咽部干燥。饮食方面应以润燥益气、清肺健脾为主，如百合、蜂蜜、莲藕、杏仁等。平时多饮水，多吃蔬菜水果。过敏体质的人不宜食用鱼虾或辛辣酸咸肥甘的食物。

（2）起居养生：白露时节气温变化较大，支气管哮喘病和过敏性疾病发病率较高。应加强身体锻炼，注意早晚不要受凉，避开过敏原。"白露身不露，着凉易泻肚"。白露时天气已转凉，肢体不宜暴露在外，宜穿着长衣长裤并注意腹部保暖。秋主肃杀，白露过后日照减少、天气转凉,叶落风起易引发消沉的心绪,应收敛神气,保持心境平和。

### (十六)秋分养生

1. 节气特点　每年公历 9 月 22 日前后为秋分。这一天 24 小时昼夜均分,秋分作为夏季的结束和秋季的开始。

2. 养生指导

(1)饮食养生:秋季燥邪当令,肺为娇脏,易受秋燥侵袭,苦味的食物伤津耗气,应忌食,如苦瓜、苦丁菜、苦荞麦、苦咖啡等。《素问·五脏生成》说:"多食苦,则皮槁而毛拔。"秋分时节蟹肉鲜美滋补,但性寒宜少吃,应与姜、紫苏、黄酒等温热之品搭配。

(2)起居养生:"一场秋雨一场寒,十场秋雨好穿棉",秋分过后应注意防寒保暖,天冷加衣。秋分节气作为昼夜时间相等的节气,人们在养生中也应本着阴阳平衡的规律。精神调养最主要的是培养乐观情绪,保持神志安宁。秋高气爽,可结伴远游,登高远眺,可锻炼身体、舒畅情志。

### (十七)寒露养生

1. 节气特点　每年公历 10 月 8 日前后为寒露。寒露气温比白露时更低,地面的露水更冷,将凝结成霜。

2. 养生指导

(1)饮食养生:秋季进补在平衡饮食的基础上,以滋阴润燥为宜。适当多食甘淡滋润的食品,既可补脾胃,又能养肺润肠,具体包括燕窝、银耳、蜂蜜、芝麻、乌骨鸡、猪肺、龟肉、豆浆、藕、核桃、薏苡仁、花生、鸭蛋、菠菜、梨等,这些食物与其他有益食物或中药配伍,功效更佳。应少食辛辣、刺激之物。

(2)起居养生:寒露时节天气由凉转寒,应警惕呼吸系统疾病、心脑血管系统疾病的发生。寒露时节,菊花盛开,而且恰逢重阳,此时最宜赏菊,可陶冶情志。秋季坚持锻炼,可调养肺气,增强机体免疫力,提高对外部寒冷刺激的抵御能力,但运动要适可而止,以防出汗过多,阳气耗损。

### (十八)霜降养生

1. 节气特点　每年公历 10 月 23 日前后为霜降。霜降表示天气渐凉,露水凝结成霜。霜降是秋季的最后一个节气,也是秋冬季的过渡时期。

2. 养生指导

(1)饮食养生:霜降之后,气温降低,饮食调理上应强调平补,宜食全麦面、小麦仁、豆芽、豆浆、芝麻、红薯、山药、南瓜、萝卜、白菜、百合、木耳、梨、苹果、葡萄等食物。

(2)起居养生:　霜降后应根据天气变化及时增添衣服,应重视腰腿部的保暖及呼吸道疾病的预防,避免去人多、空气不流通的地方。患有慢性胃炎或消化道溃疡的人,要特别注意胃部的保暖,以防腹部受凉而加重旧疾。

### (十九)立冬养生

1. 节气特点　每年公历 11 月 7 日前后为立冬。立冬为冬季的开始,《月令七十二候整解》说:"冬,终也,万物收藏也。"

2. 养生指导

(1)饮食养生:立冬是人们进补的最佳时期,应根据个人实际情况,有针对性地选择,切不可盲目进补。立冬时天气寒冷,应少食生冷,宜多食一些温热补益的食物来御寒,可多食羊肉、牛肉、鸡肉、狗肉、虾、鹌鹑等食物。

笔记

(2)起居养生:立冬时养生应顺应自然界闭藏之规律,以敛阴护阳为根本,早睡晚起。早睡可养人体阳气,晚起能养人体阴气,但晚起并非赖床不起,而应以太阳升起的时间为度。立冬后天气寒冷,在阳光充足的时候宜多到户外晒太阳,可壮阳气、温通经脉。

### (二十)小雪养生

1. 节气特点　每年公历 11 月 23 日前后为小雪。小雪表示天气逐渐变冷,我国北方地区会出现初雪,雪量较小。

2. 养生指导

(1)饮食养生:此时应多吃温补益肾食品。温补食物有羊肉、牛肉、鸡肉、狗肉、鹿茸等;益肾食品有腰果、芡实、山药、栗子、白果、核桃等。

(2)起居养生:冬季室内空气污染程度比室外严重,应注意常开门窗通风换气,有助于醒脑提神。寒冷的天气会诱发心肌梗死、中风等疾病的发生,使消化道溃疡、风湿病等病情加剧,故应注意防寒保暖。在情志上应静神少虑,畅达乐观,避免抑郁、失落、焦躁等情绪。

### (二十一)大雪养生

1. 节气特点　每年公历 12 月 7 日前后为大雪。大雪表示天气更加寒冷,下雪的可能性比小雪时更大。

2. 养生指导

(1)饮食养生:冬天人体阳气闭藏,阴精固守,人体对能量营养需求较高。宜吃温补性食物和益肾食品。还可多吃炖食和黑色食物,如黑木耳、黑芝麻、黑豆等,以补肾益肾。

(2)起居养生:大雪节气后,出现大幅度降温、降雪天气,老年人在雪天应减少户外活动,预防摔伤。大雪时节,在静养的同时也需走出户外进行体育锻炼,呼吸新鲜空气,以强身健体。

### (二十二)冬至养生

1. 节气特点　每年公历 12 月 22 日前后为冬至。冬至过后,全国各地气候都进入一个最寒冷的阶段,也就是人们常说的"进九"。

2. 养生指导

(1)饮食养生:应多吃羊肉、鸡肉、猪肝、猪肚等高能量食品,以补充因天气寒冷而消耗的热量,增强机体的御寒能力。"冬天食根",可多吃根茎类的蔬菜,如芋头、红薯、山药、土豆等,冬天植物的根茎蕴藏能量,含有丰富的淀粉和多种维生素。

(2)起居养生:从冬至到大寒结束是一年中最寒冷的时期,因此应采取措施防寒保暖,及时添加衣服和被褥,"寒从足生"应重视脚部的保暖,应穿厚的鞋袜,晚上睡觉前可用热水泡脚。也应重视头部保暖,外出时宜戴帽子、围巾以防头部受寒,"头为诸阳之会",风寒之邪侵袭头部,血管收缩,肌肉紧张,易引起头痛。

### (二十三)小寒养生

1. 节气特点　每年公历 1 月 6 日前后为小寒,《历书》记载:"斗指戊,为小寒,时天气渐寒,尚未大冷,故为小寒。"

2. 养生指导

(1)饮食养生:人们在经过了春、夏、秋、冬近一年的消耗,脏腑的阴阳气血会有所偏衰,合理进补可及时补充气血,抵御严寒侵袭。"三九补一冬,来年无病痛",冬令进补应食补、药补相结合,以温补为宜。常用药物有人参、黄芪、阿胶、冬虫夏草、当归等。食补一般选择羊肉、狗肉、鸭肉、鳝鱼、甲鱼等,其他食物如核桃仁、大枣、龙眼肉、芝麻等也可酌情选用。

(2)起居养生:小寒节气应注意养精蓄锐,为来春生机勃发做准备。"冬练三九",可根据个人的身体情况选择合适的运动方法,运动前要做一些准备活动以防发生运动损伤。

### (二十四)大寒养生

1. 节气特点　每年公历 1 月 20 日前后为大寒。大寒是我国大部地区一年中最冷时期之一,空气干燥,雨雪较少,常有寒潮、大风天气。

2. 养生指导

(1)饮食养生:大寒时节阴气渐衰,阳气即将萌生。可多食用一些滋阴潜阳且热量较高的食物,如大枣、黑豆、核桃、黑芝麻、桂圆、木耳、银耳等。在补益的同时应适量食用辛散之品如香菜、葱、白萝卜、辣椒、生姜等以助阳气的升发。

(2)起居养生:"大寒大寒,防风御寒",大寒时节天气严寒刺骨,应格外注意防寒防风。由于室内外温差较大,从室内到室外时可在门廊里适应一下冷空气。冬季空气比较干燥,会加重呼吸系统疾病的症状,在保持室内温度的同时还应注意保持居室的湿度。

## 第三节　因 地 而 养

"人与天地相参"是中医整体观的核心内容,即人和自然界是一个有机的整体。中医对待生命、健康、疾病不仅立足生命体本身,也着眼外部环境,以天、地、人三才一体的宏观整体思维来解决具体的问题。中医养生在这种整体观指导下,一直倡导要遵循人体自身生命活动规律,也要遵循自然规律和考虑到社会因素。人类不可能凌空踏虚生存,地理环境是万物之母。因此,在中医学探索与思考的诸多问题中一直都包含人地关系问题,人地关系问题一直是中医学研究的重要内容,中医养生也一直都注重因地而养。人类要想健康长寿,就必须建立和保持同自然环境协调一致的关系,只有遵循自然规律,才能维持人体阴阳平衡,保证生命活动正常有序进行;否则可能引起疾病影响生命质量,甚至危害生命。在养生活动中,除要因时而养外,也必须考虑地理环境对人体的影响,结合不同的地域特点实施养生。

🌐 **知识链接**

#### 人地关系思想演进

地理环境,又称自然环境,是人类赖以生存、社会存在与发展的自然基础和必要条件。它能促进或制约社会发展,由人群构成的社会也影响和改变地理环境。在远古时期,由于生产力水平低下,人们以崇拜之心对待自然环境,表现在行动上则是依附与顺应。步入农耕时期,随着生产力水平的有所提高,开始出现人地互动的思想,后来又向以人改造为主偏移。进入工业时期,征服论的人地观逐渐盛行,人们掠夺性地开发资源,环境不断恶化。当今,面对征服论给生态环境带来的大气污染、淡水资源枯竭与污染、海洋污染、土壤荒漠化、森林锐减、生物多样性减少、臭氧层破坏、酸雨蔓延、全球变暖等极化负效应,人们不得不重新审视人地关系,不得不重新重视地对人的作用,不得不改变人的主宰性行为,于是人地关系进入了新高度,开启了新篇章——人地和谐发展。

笔记

## 一、地理环境与养生

### （一）地理环境与健康

1. 地理环境对人体生理的影响　人类依托自然地理环境而生存,在其长期繁衍生息的过程中,逐渐建立起和自然地理环境密不可分的关系。自然地理环境,包括土壤、地形、海拔、降水、气候等要素,有高山、流水、沙漠、湖泊、森林、海洋、丘陵、盆地等之别。不同地域,自然地理环境不同,而且由于人类活动使其人文地理环境亦不相同。因此,不同地域的人,不论在出生性别比、体形特征、体质特点、身体素质,还是性格、生活饮食起居习惯等都有不同的地域特点,即所谓"一方水土养一方人"。《黄帝内经》对此早有论述,如《素问·异法方宜论》曰:东方之域其民皆黑色疏理,西方之域其民华食而脂肥,北方者其民乐野处而乳食,南方者其民嗜酸而食胕,中央者其民食杂而不劳。明代医学家龚廷贤在《寿世宝元》中曰:"山林逸兴,可以延年。"

近年来,我国有人对地理环境与出生人口性别比进行研究,在希腊、北美洲、欧洲、伊朗等国家与地区也有人对此进行探讨,发现城镇与农村、不同海拔、不同经纬度确实存在规律性差异,有学者认为可能是环境温度的差异导致父母激素水平的差异而影响了出生人口性别比的自然选择,但确切的原因机理尚不清楚。我国也有人对不同区域7～18岁学生进行50m、立定跳跃、耐力跑、肌力等项目测试,统计发现不同海拔地域环境学生的身体素质存在差异性。不同地域居民的性格、生活方式、风俗习惯、思想认识也都有明显的区域特征。如我国北方人普遍体魄强健、性格粗犷豪放、为人义气,南方人多细腻温和,黄河流域则朴实憨厚,临海一带常表现勇敢包容、富有团队精神、思想开放、乐于接受外来新鲜事物。

2. 地理环境对人体病理的影响　《素问·异法方宜论》曰:"东方之域其病皆为痈疡","西方者其病生于内","北方者藏寒生满病","南方者其病挛痹","中央者其病多痿厥寒热"。说明疾病发生有明显的地域性规律。早在两千多年前,《吕氏春秋·尽数》也有类似的记载:"轻水所,多秃与瘿人;重水所,多尰与躄人;甘水所,多好与人;辛水所,多疽与痤人;苦水所,多尪与伛人。"意思是说,久居雨露之地,人多易脱发及长瘿瘤;久居井水之地,人多易患脚肿及瘸腿;久居山溪清泉之地,人多容貌美好;久居温泉辛食之地,人易患疮疔之疾;久居盐碱清贫之地,人多易患鸡胸、驼背。中医对山区多瘿瘤,岭南多瘴气等地方病的发生早有认识。中医学的这种医学地理学的思想已被现代的科学研究所证实。因为随着地形的变化,地球的化学环境也发生变化。一般来说,高山地区和山顶易发生碘、氟、碳等元素的缺乏,而河谷、平原、洼地,易发生氟中毒。有些地区蕴藏的矿物对人体也是有害的。

现代流行病学研究表明,许多疾病与地理环境有关,不同地区有不同的多发病,如血吸虫病、疟疾多发生在我国南方,布鲁菌病多见于畜牧养殖从业人员。我国地方性甲状腺肿病人多居住在山区或远离海洋的地方。再如克山病,是1935年在我国黑龙江省克山县首次被发现的一种原因不明的心肌病,因地得名,后又在黑、吉、辽、蒙等15个省、自治区发现,这些地区全部为低硒地区、卫生环境差。另外,同一种疾病在不同地区的发病率高低和类型也有区别,如胃癌的高发区在青海、甘肃、宁夏等火山岩及变质岩地区,而石灰岩地带的广东、广西、云南则发生率低;胆结石症在我国地下水为碱性硬水的内蒙古、新疆等北方地区以胆固醇结石类型居多,而在地下水为酸性软水的福建、广东等沿海地区主要以胆色素结石类型居多。

### (二)地理环境与养生

地理环境直接或间接地影响着人类的健康。我国地理环境复杂,不同地域,人的体质不同,流行和好发的疾病会不同,治疗和保健的措施也就不同,所以居住在不同地区的人,应分析本地区的地形特点、气候特点,做出相应的防治措施,以保证健康和长寿。

1. 高原山地　地区高处海拔 500m 以上者称为山地。高原指海拔高度在 500m 以上,顶部平缓、起伏较小、面积比较辽阔的地区。我国的高原山地面积极为广泛,约占全国总面积的 2/3,如四川山地、新疆山地、青藏高原。

(1)环境特点:地形十分复杂、气候十分复杂、有独特的气候现象。海拔越高,空气越稀薄,大气中的含氧量和氧分压降低,可造成人体的供氧不足。高原山地具有气温较低、冷暖无常、昼夜温差大的气温特点。这种气温急剧变化的情况,易发生上呼吸道感染、肺炎、肺气肿、冻伤、高血压、脑中风、冠心病、心肌梗死等疾患。太阳辐射强烈,过大剂量的紫外线则对人体有害,可引起皮肤、眼及全身性损害。同时高原山地降水少、气候干燥。某些地球化学元素的匮乏,使人体必需的化学元素不能悉获,进而影响人体的某些生理代谢,引发某些地方病。高原山地极易出现极端恶劣天气,会严重影响人体健康。

(2)利用有利因素进行养生保健:中低部高原山区,峰峦起伏,树林葱郁,风景秀丽,置身其中,使人心旷神怡,有助于调节紧张的情绪。山间潺潺泉水汇集成壮观的瀑布,飞溅的水滴使局部区域阴离子富集,清新的空气有助于改善肺的换气功能,可利用"空气浴"、"日光浴"防病治病;高原山地气温低而空气干燥,蚊虫细菌的繁殖受到抑制,不利于以蚊虫为媒介的传染病的发生,加之人口密度低,也不利于传染病的流行,因此传染病较少;由于高原地区居民以自然饮食为主,摄入纤维素、维生素较多而脂肪较少,故心脑血管的发病率大大降低;空气新鲜、环境清洁,受现代工业污染和噪音危害小,因此居民心境平和、精神生活宁静,这些都有利于延年益寿。

(3)针对不良因素进行预防保健:高原山地危害健康的不利因素,主要表现为多种地方病和高山病。

1)低压缺氧和高山病:由于空气中的氧含量不能满足人体生理需要而导致低氧血症,称为高山病。轻者出现头晕头痛、心慌气短、呼吸困难、恶心呕吐、腹胀腹痛、食欲不振、失眠或嗜睡、鼻衄、手足麻木或抽搐等,一般会逐渐减轻几天后消失;严重者还可出现高原肺水肿和高山脑病而危及生命。患者多为初入高原或重返高原者,也有从高原登入更高高原者。对高山反应应有正确的认识,克服恐惧紧张心理。进入高原高山前,应进行相应体检以了解自身机体状况,并进行体质与心理的适应性锻炼,掌握有关的防治知识。初次进入高原者,应循序渐进,逐步适应,同时可辅以呼吸体操及气功锻炼,以加快适应过程。对低氧易感者,走台阶式地徐缓进入高原,是预防高原病最可行、最稳妥、最安全的方法。在高原工作者,应加强营养,保证足够的糖类、脂肪、蛋白质和新鲜蔬菜,体力负荷不宜过重,要有充足的休息。

2)山区缺碘和地方性甲状腺肿:地方性甲状腺肿是以甲状腺增生肥大为主要表现的地方病,俗称"大脖子病"。主要是碘缺乏造成的,我国有 1762 个县的地壳缺碘属于碘缺乏病区,受威胁的人口达 4 亿多,是世界上碘缺乏比较严重的国家之一。在流行地区以碘化食盐作为预防,是地方性甲状腺肿流行区应用最广泛、最简便、最有效的措施,并应提倡自觉地食用碘盐及各种海产品,如海带、紫菜、海藻等。通过食盐加碘可得到有效控制,但需掌握好标准,不同区域碘缺乏状况不同要区别对待,并要定期监测尿碘,避免服碘过多而引起自身免疫性甲状腺炎和甲状腺功能减退症。世界卫生组织(WHO)推荐的碘摄入量为成人每日 $150\mu g$,WHO 与国际控制碘缺乏病理事会(ICCIDD)提出尿碘(MUI)$100\sim200\mu g/L$ 是理想的碘营养状态、超过 $300\mu g/L$ 为碘过量。

2. 平原盆地　平原,是指陆地上海拔在 $200m$ 以下,地面宽广、平坦或有轻微波状起伏的地区,如华北平原、长江中下游平原。盆地,是指四周高(山地或高原)、中部低(平原或丘陵)的地区,如四川盆地。

(1)环境特点:平原和盆地因地势坦荡,地上水位较高,加之丰沛的雨量,水源十分充足,这种环境特点在给当地的生产及生活带来便利的同时也容易发生灾难。平原盆地气候温暖,四季分明。平原盆地皆由来自高原山区河流泥沙的长期沉积,使该地区某些元素富集,成为某些地方病,如地方性氟中毒的发病条件。

(2)利用有利因素进行养生保健:平原盆地有较丰富的矿泉水资源。饮用含镁的天然矿泉水,有降低动脉血压、降低胆固醇、缓解脑充血的作用;重碳酸盐矿泉水能增进食欲,改善胃肠道消化功能,促进胆汁分泌和胆结石排出,通便利尿,并对糖尿病患者降低血糖有良好效果。平原盆地气候宜人,既不潮湿也不干燥,对神经、心血管、消化系统都有良好的养生保健效果。

(3)针对不良因素进行预防保健

1)地方性氟中毒:氟中毒是一种与地理环境密切相关的地方病,危害严重。由于地区岩石、土壤、空气中氟元素过多,居民通过饮水、食物、呼吸等而摄入过多氟。体内氟含量超标则会出现氟中毒症状,早期可有头痛、头晕、困倦、乏力等,时间长可致氟斑牙、氟骨症等。生活在高氟区的居民,应改善水源、饮低氟水,减少食品中的含氟量,不吃或少吃含氟量高的食物饮料,还应注意加强营养,多食富含维生素 A、C 的食物蔬菜、水果等,并适当地补钙。

2)血吸虫病:主要分布在长江中下游平原及川西平原等雨量充足、水网稠密、水流缓慢、气候温和、地势低洼、易孳生钉螺的地区。注意不要在疫区的江河湖塘中洗澡、游泳、洗衣、洗菜等。与疫水接触者,应采取各种防护措施,如在皮肤上涂搽邻苯二甲酸丁酯乳剂等,以驱避尾蚴,用消毒杀虫剂如氯硝柳胺液浸渍衣裤;在疫区改用井水,或加漂白粉,不饮生水,以避免感染血吸虫。

3. 海滨海岛　我国有漫长的海岸线,众多的海湾和星罗棋布的岛屿,为人们提供了一个不同于内陆高山和平原地区的生活环境。

(1)环境特点:气候温和,昼夜、冬夏的温差比内陆小。海滨海岛面临海洋,环境开阔,空气清新,日照充足,雨量充沛。

(2)利用有利因素进行养生保健:由于海滨海岛特殊的地理环境,海洋性气候比大陆气候的冷暖变化大为缓和,有利于养生保健。海滨海岛空气洁净、负离子含量高、尘埃及有害化学气体极少,阳光充足,是"空气浴"、"日光浴"的良好地方。沿海海滩是进行海水浴的良好场所,在海滨平坦的沙滩上,还可进行"沙疗"防病治病。

(3)针对不良因素进行预防保健

1)台风、海啸:台风和海啸是海滨海岛地区影响极大的灾害性气象变化,严重威胁沿海居民的生命财产安全。民宅建筑应在高埠背风处选址,材料要坚固;日常应注意收听气象台的天气海浪预报,做好抗灾准备。

2)高碘与地方性甲状腺肿:缺碘引起的地方性甲状腺肿,人们已经很熟悉,但近年来时有报道因高碘引起的地方性甲状腺肿。海滨地区水质及地壳中含碘量高,海滨高碘地区的甲状腺肿与长期饮用高碘水、食用高碘食物有密切的关系。生活于海滨海岛高碘地区的居民,应限制或减少碘的摄入量,以预防高碘地方性甲状腺肿。对于已经出现地方性甲状腺肿的人们,要查明携带高碘的媒介,采取有针对性的除碘措施,以防疾病发展和使疾病向愈。

综上所述,我们可以看出,地形是自然环境中一个重要因素。它影响着人类生存的土壤、水源、阳光、温度、植被和各种元素分布和变化,从而直接或间接地影响着人体的健康。所以选择居住地应避开不利于健康的水源、矿藏,避开高压线强电场、强磁场和有超声波、放射线的地方,而应选择自然环境优越的地方。

## 二、区域气候环境与养生

### (一)区域气候环境与健康

1. 区域气候环境对人体生理的影响　我国幅员辽阔,各地气候差异很大,不同地方人们的体质状态也随之有不同的区域特点。如南方湿热,人体体型多清瘦、腠理多稀疏、皮肤多润泽;而北方燥寒,人体体型多壮实、腠理多致密、皮肤多干燥。正如近代医家谢观(谢利恒)曰:"吾国地大物博,跨有寒温热三带,面积之广,等于欧洲,是以水土气候,人民体质各地不同"(《中国医学源流论》)。

气候环境与人类健康寿命亦有着极为密切的关系。《素问·五常政大论》指出:"一州之气,生化寿夭不同,其故何也? 岐伯曰:'高下之理,地势使然也。崇高则阴气治之,污下则阳气治之。阳胜则先天,阴胜则后天,此地理之常,生化之道也。……高者其气寿,下者其气夭,地之小大异也,小者小异,大者大异'。"意思是说,居住在空气清新、气候寒冷的高山地区之人多长寿,居住在空气污浊、气候炎热的低洼地区之人多短寿。1991年11月,国际自然医学会以每10万人有7.5位百岁老人,且60岁以上老人占人口比例10%的区域人口长寿指数,确认五个长寿地区,分别是欧洲欧亚交界处前苏联的高加索地区、南美洲厄瓜多尔的比尔卡班村、巴基斯坦克什米尔地区的罕萨、中国新疆的南疆及广西巴马瑶族自治县。中国以每10万人有3位百岁老人的区域人口长寿指数衡量,广西巴马瑶族自治县、新疆的克拉玛依地区、四川乐山市、辽宁兴隆村、湖北钟祥市和江苏如皋市六个地区都符合这个标准。据调查,这些地区的多数长寿老人自幼就居住在本土,地理气候环境对他们发生着长期持久性的作用,他们也因此形成了与本土相适应的生活作息习惯。这些地区大多位于山区、丘陵、高原,林木葱郁、植被良好、山泉清澈、湖泊明镜、空气清新、阳光充足、气温气湿适宜、景色宜人、环境清幽。地理位置相对封闭、环境宁静是这些地区的特点。得益于相对封闭的地理位置,无土壤、空气、水源的污染,也较少受到噪音、电磁辐射等因素的干扰。环境宁静可使人情绪安和、气机条达、血流通畅、免疫力提高。从气温角度来说,有的属于温暖型地带,有的属于寒冷型地带。温暖型地带空气中负离子含量高,能提高人体神经系统、心血管系统、呼吸系统的功能,增强人体免疫力,改善心情、睡眠、食欲等,可抑制、缓解多种疾病。寒冷型地带的适度低温环境,可使人体新陈代谢速度减慢,性成熟期和生长期得到延长,寿命得到提高。可见,居住地方的气候环境、水土对人体的健康长寿是

167

有影响的。所以,我国古人很重视居处的选择。

2. 区域气候环境对人体病理的影响  气候环境是人类生存的必要自然条件之一,可有时也是致病的因素,因其具有区域性特点而使所致疾病具有区域性特征。早在《淮南子·地形训》中就总结了地形地貌与气候环境、人体疾病的相关性,如"谷气多痹,丘气多狂"。在公元前 400 多年问世的著名古希腊医学著作《希波克拉底文集》,也含有气候与健康的内容,书中记述了人类体质对寒风和热风的反应、气候对人体疾病的影响。《素问·五常政大论》指出:"天不足西北,左寒而右凉;地不满东南,右热而左温。……故适寒凉者胀,之温热者疮。"意思是说由于地势高低不同而使西北的温煦天气不足,故北方寒而西方凉;东南没有升腾很多寒凉地气,故南方热而东方温。西北寒凉的地方多胀病,而东南温热的地方多疮疡。清代温病学家叶天士亦谓:"吾吴地处卑湿",所以他对温热病、湿热病的治疗有独到之处。

现代临床研究发现,地域气候与疾病发病类别、发病率、发病证型、好发时间、疾病传变等有着密切的相关性,甚至还是某些疾病发生与复发的关键因素。如我国南方之人易得风、热、暑、湿之病,北方之人易罹风、寒、燥之患;慢性支气管炎发病率从祖国南方到北方呈规律性上升,中暑发生率则恰恰相反。以冠心病为例,有学者调查统计发现,东北地区多为气虚血瘀证,华北地区多为痰瘀互结证,华东、华中、华南、西南、西北地区也都有各自高发证型及高发时期。再如同为外感咳嗽,南方多热性咳,北方以风寒犯肺者居多。

### (二)区域气候环境与养生

气候是气温、气湿、气压、气流(风)等因素综合交织的气象情况。气候条件及其变化不仅关系到人类的生产和生活,也同人的健康息息相关。适宜的气候能够维持人的健康,而不良的天气会对人体构成危害,如何趋利除弊是人类共同关心的问题,研究、揭示气候对人类健康的影响具有十分重要的意义。

1. 气温与健康  由于外界气温的变化,人体需要通过散热或产热才能维持体温恒定和正常生命活动。高温环境人体通过大量汗出而散热,会造成盐分丢失,加重心脏负担、肾脏的某种功能不全。低温环境人体周围毛细血管收缩以降低热量散失,肌肉活动如战栗抖动以产热。因此,当环境温度过高时常易出现心烦、注意力不集中、肌肉痉挛、中暑及引发心、脑、呼吸系统等病变甚至死亡,过低时易患呼吸系统病、关节痛、冻伤、诱发心脑病等,变化急剧常出现感冒、高血压、脑卒中、冠心病等。据研究,慢性支气管炎死亡率在我国从深秋至冬季呈规律性上升、进入春季缓慢回落、每遇寒潮急剧增高,说明寒冷可以诱发、加剧多种疾病。环境气温在 18～28℃时,人体感觉舒适,是理想的气温状态。

2. 气湿与健康  空气中的水分对人体影响很大。当空气中湿度过高时,易出现胸闷、头晕、复视、自控力降低等,关节炎、冠心病、结核病、肾病、慢性腰肌劳损等病就会增多;过低时,会出现皮肤、口唇干燥皲裂,诱发支气管炎、支气管哮喘、肺心病等肺系疾病。环境湿度在 40～60℃时,人体感觉适宜,最有利于人体各种功能活动。

3. 气压与健康  人体对气压敏感的不是数值高低,而是较难适应其快速变化。气压一般随海拔的增高而有规律地下降,海拔越高,空气越稀薄、气压越低。在海拔约 3000m 位置,空气中含氧量减少约 30%。对初入高山、高原之人,很难马上适应随海拔增高空气中含氧量的快速减少、气压的快速下降,常会在 3000～5500m 位置时出现高原高山反应。由于高山、高原低气压低氧的自然环境,有利于锻炼人体心肺功能、血液输氧能力和代偿能力,故高山高原不乏长寿之人,也是运动员到此训练的因由。

4. 气流(风)与健康　空气以水平方向流动时称为风。风能够净化空气、调节温度,和煦微风吹拂,可使人心情舒畅,头脑清爽。总的来说,风对人体健康是利多于弊。风对人的影响,不仅是风力、风速、风向相合作用的结果,通常与气温、气湿关系密切。据研究,冷风易使呼吸道毛细血管收缩,通气与排出细菌功能降低而诱发肺系疾患、冠心病,热浪热风易发生牙龈炎,干燥暖风常致慢性咽炎复发或加重,干热风常使脑卒中发病率上升,湿热风时心脏病、关节炎发病增多。冷热风急剧交替,可诱发加重多种疾病。

气候与地区的地形、海拔、纬度等有着密切的关系,不同地理区域有着不同的区域气候特征,即所谓"十里不同天"。气候养生,既要考虑气温、气湿、气压、气流(风)等单一因素,更要着眼多因素相互作用的整体气候状况,尤其是区域气候环境特点。对于区域气候环境养生,首先,要根据不同地区的气候特点来调节身体,从而达到养生的目的。南方天气炎热,稍运动就会出汗,易引起烦躁和疲劳。因此,南方人应以静养生。北方地区气候寒冷,身体容易冷而僵硬,气血不通,所以北方人可以采取活动肢体、打通体内气血的运动。中原地区气候四季分明,适宜动静结合的运动方法。其次,人体还要适应四时阴阳的变化规律才能发育成长。明代大医学家张景岳阐述道:"春应肝而养生,夏应心而养长,夏应脾而养化,秋应肺而养收,冬应肾而养藏",说明人体五脏的生理活动必须顺应四时阴阳的变化,才能保持健康。

我国近10年来的气候资料表明,全国年度平均气温已连续十几年高于常年,并且频繁出现各种极端天气气候事件。极端天气气候事件发生频率增加,除了直接导致死亡率,伤残率上升外,还会使人群各种疾病发生率升高。如暖冬导致流行性感冒、流脑等传染病的发病率增加,沙尘、雾霾天气增加了一些传染性疾病传播流行的危险。故应提高预测能力,加强对疾病预防控制工作的领导。加强健康教育,提高人群自我保护意识。

空气清新、水源充足、阳光充足、地质资源丰富良好、污染少应该是很理想的定居之地。污染重、自然地理环境不良的地区就明显不利于人们的身心健康。为了健康长寿,参照长寿地区的自然地理气候环境状况,努力保护拥有的良好生态环境,修复改进被破环的生态环境,充分发挥地域自然优势主动避开劣势,应是最积极的养生措施。

### 知识拓展

#### 气候与天气

气候是指某一地区多年的天气特征,由太阳辐射、大气环流、地面性质等因素相互作用所决定。地区不同呈现的气候不同。综合温度、湿度、降雨、四季等情况,全球气候大致有热带雨林气候、热带草原气候、热带季风气候、热带沙漠气候、地中海气候、亚热带季风气候、温带季风气候、温带海洋气候、亚寒带气候、寒带气候、高原高山气候等。我国幅员辽阔,地形多种多样,因此气候也复杂多样,有温带季风气候、亚热带季风气候、热带季风气候、温带大陆气候、亚寒带气候、高原高山气候等。我国地理位置优越,大部分地区处于亚热带和温带,季风气候是显著的气候特点,因此,非常适宜人类居住。天气是指在一定区域和一定时间内大气中发生的各种气象变化。气候与天气相比而言,气候具有长期性、稳定性,天气具有即时性、多变性。一般来说,一个地区的气候规律可限制本地区天气的变化范围。气候与健康,关注的是气候因素对人体的长期影响,天气与健康强调的是气候因素对人体短期或者说是每日的影响。

笔记

## 学习小结

### 1. 学习内容

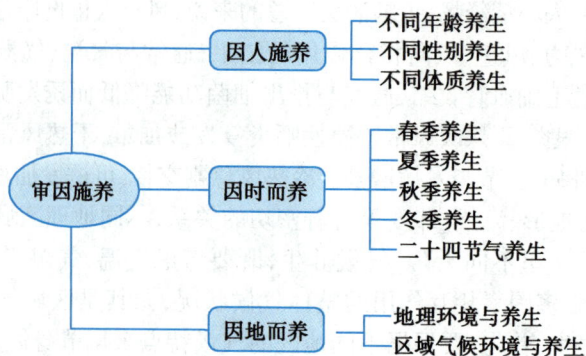

审因施养
- 因人施养
  - 不同年龄养生
  - 不同性别养生
  - 不同体质养生
- 因时而养
  - 春季养生
  - 夏季养生
  - 秋季养生
  - 冬季养生
  - 二十四节气养生
- 因地而养
  - 地理环境与养生
  - 区域气候环境与养生

### 2. 学习方法

要了解有关的物候知识、地理知识、气象知识，才能更好地理解、掌握本节内容。

（曹永芬　钱凤娥　刘晓艳）

## 复习思考题

1. 因人施养的内容有哪些？
2. 因时而养包括哪些方面？
3. 因地而养的内容包括哪些？

笔记

# 第六章

# 常见病症的康复

📋 **学习目标**

通过学习,了解康复病证的病因病机及其康复原理,熟悉康复病证康复辨治要点,明确康复治疗的原则和目标,掌握病证常用的康复治疗方法。

**学习要点**

本章节的学习重点有两个方面,一是病证的康复辨治要点,二是各病证常用的康复治疗方法。

## 第一节 脑 卒 中

脑卒中为脑血管疾病的主要临床类型,包括缺血性卒中和出血性卒中,以发病突然,迅速出现局限性或弥漫性脑功能缺损为共同临床特征,为一组器质性脑损伤导致的脑血管疾病,亦称脑血管意外,中医古称"中风"。其症候群主要包括运动障碍所致的偏瘫,脑神经麻痹引起的口眼歪斜,以及感觉障碍、语言障碍、失认症、精神异常等。本节从中医康复学角度以讨论偏瘫为主。偏瘫,是指一侧肢体瘫痪不用,又称"半身不遂"、"偏枯"、"偏废"。常伴口舌歪斜、言语謇涩、吞咽困难等。肢体偏瘫不仅影响患者的生活质量,而且给社会和家庭带来沉重的负担。为最大限度地改善患者的肢体功能,提高其生存质量,适时介入康复治疗,具有十分重要的意义。

### 一、病因病机

正气不足是本病发生的根本原因,饮食不节、情志刺激、外邪侵袭是本病发生发展的诱因或促发因素。脑卒中病机变化复杂,但归纳起来,不外风、火、痰、气、瘀、虚六端,且六者在一定条件下相互作用、相互影响,其中以肝肾阴虚为主,肝肾阴虚,风火或风痰上扰,气血逆乱,脑脉痹阻或血溢脉外而发为本病。

#### (一)积损正衰

年老体弱或久病体虚,肝肾阴虚,肝阳偏亢;或思虑烦劳,阴精亏耗,致使阴亏于下,阳亢于上,肝阳化风,气血上逆,上蒙元神,突发本病。

#### (二)饮食不节

嗜食肥甘或饮酒过度,或饥饱失宜,使脾运失健,痰浊内生,壅滞经脉,蒙蔽清窍而发病。

笔记

171

## （三）情志刺激

七情所伤,肝失条达,气机不畅,气滞血瘀,蒙蔽脑窍;或暴怒伤肝,肝阳暴动,或心火暴盛,风火相煽,气血逆乱,上冲清窍而发病。

## （四）外风侵袭

气血不足,脉络空虚,风邪乘虚而入,肌肉筋脉失于濡养;或痰湿素盛,外风引动痰浊,脉络闭阻,而致喝僻不遂。

## 二、康复辨证

脑卒中在不同阶段其证候表现各异,病理变化多端,故临床辨证应分期进行,脑卒中早期,重在辨明病变所在,在经络抑或在脏腑;恢复期则侧重辨病之虚实,虚又有气虚、肝肾不足和脾运失健之分,实则在于痰浊、瘀血之轻重。

### （一）脑卒中早期

本病的发生,轻者仅限于血脉经络,重者常波及相关脏腑,临床上常将其分为中经络和中脏腑两大类。

1. 中经络 病情较轻,病邪较浅。主要表现为半身不遂,舌强语謇,口舌歪斜,可伴头昏耳鸣,腰膝酸软等,脉弦或浮数。一般无神志改变。

2. 中脏腑 病情较重,邪入脏腑。主要表现为突然昏仆,不省人事,或伴牙关紧闭,口噤不开,两手握固,肢体强直和痉挛,大小便闭结;或肢体瘫软,口张目合,手撒肢冷,多汗,大小便自遗等。

### （二）脑卒中恢复期

1. 气虚血瘀 半身不遂,言语謇涩或不语,口舌歪斜,兼见形体虚羸,气短乏力,偏身麻木,肌肤甲错,或自汗出等,舌黯或有瘀斑,脉细涩。

2. 肝肾阴虚 半身不遂,言语謇涩或不语,口舌歪斜,兼见头晕头痛,耳鸣盗汗,手足心热等,舌红绛或黯红,少苔或无苔,脉弦细数。

3. 脾虚痰湿 半身不遂,言语謇涩或不语,口舌歪斜,兼见形体肥胖,头重如裹,倦怠乏力,脘痞纳呆,四肢不温,舌胖大或有齿痕,苔腻,脉弦滑。

## 三、康复治疗

脑卒中治疗当分清标本缓急,病之早期,急者治标,以醒脑开窍为要;恢复期则标本兼治,以扶助正气、通调经络为主要法则。其康复治疗以改善脏腑功能、促进肢体功能恢复、防治并发症、充分发挥残余功能,使患者回归家庭和社会为目标。脑卒中常用康复方法有针灸、推拿、中药、食物疗法、运动疗法及娱乐康复法等,其中运动疗法及针灸治疗对中风康复是最常用的康复方法。

### （一）急性期康复

脑卒中急性期(通常指发病后的1~2周左右)治宜祛邪为主,常用平肝息风、活血化瘀、化痰通腑及醒脑开窍等治疗方法。闭证当醒脑开闭为主,脱证当益气固脱为主。

**体位摆放影响脑卒中患者的康复**

体位摆放是脑卒中康复治疗的第一步,患者病情稳定48小时后开始进行,通过肢体正确摆放和体位转换以防止痉挛模式的发生、压疮等。保持正确体位可以最大限度地保持各关节的正常活动范围,预防和减轻上肢屈肌、下肢伸肌的痉挛模式,是防止出现异常运动模式方法之一。临床上为增加偏瘫侧的感觉刺激,多主张患者患侧卧位,并特别注意下肢各关节,腕关节、手指关节及肩关节等肢位的摆放。任何体位若持续时间过长,都可能造成血液循环障碍,导致压疮等发生。因此,在不造成病情进一步发展的前提下,应经常变换体位,至少每2小时翻一次身。

1. 针灸康复法　针灸选穴以阳明经为主,配以太阳、少阳经穴,也可以阳经为主,辅以阴经腧穴,同时可予醒脑开窍法,在针刺基础上可用电针治疗,硬瘫电针用连续波,软瘫用疏密波。

(1)头针:选颞顶前斜线、顶旁1线及顶旁2线。毫针平刺入头皮下,快速捻转2~3分钟,每次留针30分钟,留针期间反复捻转2~3次。

(2)体针:①中经络:治宜调神通络,行气活血,以针刺为主,平补平泻。本证常用的针灸穴位有百会、内关、水沟、极泉、尺泽、委中、足三里、三阴交等。口角㖞斜者,加合谷、颊车、地仓、阳白、风池、太阳、迎香;上肢瘫痪者,加肩髃、曲池、手三里、合谷、外关;下肢瘫痪者,加环跳、阳陵泉、阴陵泉、风市、足三里、解溪、昆仑等;便秘者,加丰隆、支沟;尿失禁、尿潴留者,加中极、曲骨、关元。也可配合头针治疗,如言语謇涩或不语者,选语言一区、二区、三区配风池、哑门、廉泉等;吞咽困难者,取头针的运动区、感觉区的下部及廉泉穴。留针20~30分钟,每次取3~5穴,交替使用;②中脏腑:治宜醒脑开窍,闭证兼开窍启闭,只针不灸,宜泻法;脱证兼回阳固脱,重用灸法,宜补法。本证常用的穴位有百会、内关、水沟、素髎。闭证先开窍醒神志,可取十二井穴放血,人中穴大幅度捻转提插,或加刺十宣、太冲、合谷;脱证加灸关元、气海、神阙。神志清醒后针刺足三里、太溪、中脘、内关,留针20分钟。每次取3~5穴,交替使用。

为避免诱发或加重痉挛模式,临床上取穴宜上肢选穴以手三阳经穴为主,如曲池、手三里、合谷等,下肢选穴以足三阴经穴为主,如三阴交、照海、阴陵泉等;软瘫期则以"巨刺法"为主,即左病治右,右病治左。中风偏瘫的针灸治疗应在充分辨证的基础上取穴,并按"虚则补之,实则泻之"施以补泻手法,调整机体的阴阳平衡,促进全身机体的平衡协调。

2. 中药康复法

(1)中经络:治宜平肝潜阳,息风通络。镇肝熄风汤加减,药用牛膝、代赭石、龙骨、牡蛎、龟板、芍药、天冬、川楝子。风动甚者,加天麻、钩藤、菊花等以增强平肝息风之力。兼有痰热者,加胆南星、竹沥、川贝母以清热化痰;心烦失眠者,加栀子、黄芩、珍珠母、夜交藤、远志以清心除烦、镇心安神。

(2)中脏腑:治宜开窍息风。先灌服或鼻饲安宫牛黄丸或至宝丹,继而用羚角钩藤汤和天麻钩藤饮加减,药用羚角片、菊花、生地黄、白芍、天麻、钩藤、石决明、牛膝、栀子、桑寄生、夜交藤等。

**(二)恢复期及后遗症期康复**

恢复期(一般指发病后2周至半年以内)及后遗症期(发病半年以上),治宜扶正祛邪,常用养阴息风,益气活血的方法。

1. 针灸康复法

(1)头针:可取顶颞后斜线,取患肢对侧。头皮针,选健侧头部运动区、感觉区配双侧足运感区。有舌强语謇者加语言区。用1.5～2寸毫针沿皮分段快速刺入,进针1～1.5寸。以每分钟200次的速度捻转5分钟,休息10分钟后,再捻转5分钟,重复3次后起针。每日1次,10次为1个疗程。亦可用头针通脉冲电取代手捻转刺激。

(2)体针:以疏通经络、调和气血为治疗大法,取手足阳明经穴为主,辅以太阳、少阳经穴。初病可单刺患侧,久病则刺灸双侧。初病宜泻,久病宜补。常用的针灸穴位:肩髃、曲池、合谷、外关、环跳、阳陵泉、足三里、解溪、昆仑。气虚血瘀,加气海、关元、血海、肾俞,用补法,起针后艾条熏灸各穴10～15分钟;肝肾阴虚,加太冲、太溪、肾俞、命门等。太溪、肾俞用补法,太冲用泻法;脾虚痰湿,加丰隆、中脘、阴陵泉,起针后艾灸各穴10～15分钟。

2. 推拿康复法　推拿康复治疗以平肝息风、行气活血、舒筋通络、滑利关节为原则。运用传统的推、拿、捏、按、摩等手法,主要是穴位推拿,以达到疏通经脉,缓解肢体痉挛,预防压疮,促进肢体运动功能恢复的目的。软瘫期,以兴奋肌肉收缩能力的推拿手法为主,防止肌肉萎缩和关节脱位,通常可选择用深而有力的手法,时间宜短。痉挛期,旨在缓解患者肌张力,使痉挛肌群松弛,通常采用用力均匀、柔和的手法,并根据患者对手法的反应缓慢操作,治疗时间适当延长。

常用穴位:大椎、肩井、肩髃、肩贞、臂臑、曲池、尺泽、大陵、手三里、合谷、环跳、居髎、委中、承山、太溪、昆仑、解溪、肾俞、大肠俞、梁丘、足三里、阳陵泉、涌泉、血海、命门、天柱、哑门、风池、百会、囟会、印堂、太阳等穴。

具体手法宜选用㨰法、一指禅推法、揉法、指摩法、拿捏法、按法,每穴5分钟左右,以逐渐得气为宜。每日1次。手法要平稳,由轻而重,以不引起肌肉痉挛为宜。

3. 中药康复法

(1)中药内服

1)气虚血瘀证:治宜补气活血,通经活络。补阳还五汤加减,药用黄芪、当归、川芎、桃仁、红花、赤芍、地龙。可配全蝎、地鳖虫等以增强通经活络之力。如上肢偏废者,可加桂枝、桑枝以通络;如下肢瘫软甚者,可加牛膝、杜仲、川断、桑寄生以补肾壮骨;大便秘结者,可加火麻仁、决明子以润肠通便;小便失禁者,可加桑螵蛸、益智仁、五味子、覆盆子以补肾固涩。

2)肝肾阴虚证:治宜滋补肝肾。杞菊地黄汤加减,药用枸杞、菊花、地黄、山萸肉、山药、泽泻、丹皮、茯苓。心悸失眠者,可加枣仁、五味子、夜交藤等以养心安神。

3)脾虚痰湿证:治宜健脾化痰祛湿。半夏白术天麻汤加减,药用半夏、白术、天麻、橘红。脾虚重者可合香砂六君子汤加减,药用木香、砂仁、陈皮、半夏、人参、茯苓、白术等。舌强语謇者,可加石菖蒲、郁金、远志以宣窍通络。

(2)外用:中药熏蒸、烫、洗能温经通络,活血化瘀,对中风后手足挛缩效果较佳。常用中药有苏木、川椒、川乌、透骨草、伸筋草、威灵仙、荆芥、防风、桂枝、红花、当归、川芎、乳香、没药、木瓜、牛膝、桑枝等。每次30分钟左右,每日1～2次。因偏瘫患者感觉功能减退,对热刺激不敏感,且耐受力亦差,故应注意温度调节,避免烫伤。药液冷却后需及时加热。

### 现代康复疗法在脑卒中康复中占有重要地位

通过徒手手法、借助器械和患者自身力量,进行主动或被动运动,避免肌肉萎缩,防止压疮、肺部感染、尿路感染等并发症。

1. 弛缓阶段　主要进行良肢位摆放和体位变换、偏瘫肢体被动运动(保持关节活动度训练)、床上活动(双手叉握上举活动、翻身、桥式运动),以预防和减轻上肢屈肌、下肢伸肌的痉挛模式。

2. 痉挛阶段　上肢主要进行伸展上肢、肩向前伸活动,可进行滚筒训练、木钉板训练、沙磨板训练、摸肩训练;患侧下肢进行负重训练、桥式运动训练、坐位及坐位平衡训练、上下楼梯训练等,以预防痉挛模式和控制异常的运动模式,促进分离运动出现,逐渐强化患者肢体控制能力。

3. 部分分离运动阶段及分离运动阶段　主要进行上肢分离运动强化训练、下肢步行训练,争取患者最大限度生活自理。

## 四、康复护理

康复护理对促进脑卒中患者的预后有着重要的作用,护理质量可直接影响到治疗的效果及病情的恢复。中医护理应依疾病发展的不同阶段,予以不同的心理干预及饮食调护。

### (一)精神护理

精神护理是通过护理工作使患者的精神活动得到安慰与满足,消除其恶性的精神刺激,引导患者变悲观失望为主动努力。应注意患者不同时期的心理变化,有针对性地做好心理护理,对于发病初期的患者,要给予及时的疏导和安慰,使其正视病情,消除急躁情绪。恢复期病程相对较长,面对长时间的治疗,肢体功能障碍仍未得到完全恢复,此期患者常易感到悲观、失望,对预后缺乏信心,甚至不愿进行训练等,对此期患者要因势利导,并让康复成功者现身说教,帮助患者树立战胜疾病的信心和勇气。

### (二)饮食调护

脑卒中患者宜多食蔬菜瓜果及粗杂粮类,宜食清淡,少吃或不吃肥甘厚味之品,忌烟酒,既有利于病体的康复,也能防止病情的进一步发展。可予小米粥、莲子粥等配用藕粉、豆浆、鲜果汁等,并辅以鱼、肉等"血肉有情之品"来调补,若阴虚或阳虚偏向不明显者,应该选用平补食物如牛肉、牛奶、黑鱼、扁豆、芝麻、大枣、山药、芡实、木耳等甘平为主的食物。

### 如何进行辨证施食

任何一种疾病,都是阴阳失调的结果,不仅药物,有其偏寒偏热的属性,食物也是如此。许多食物本身就是药物,对于不同的疾病均有利弊,故病人的饮食应依其疾病的证候表现和食物的属性来进行辨证施食。如寒证应食温性食物,忌寒凉、生冷之品;热证宜食温性食物,忌温热、辛辣之品;虚证宜食补养类食物,忌活血、泻下之品;实证宜食消导之品,如能配合得当,食物可起到治疗和"辅助中药"的作用。

笔记

**（三）起居护理**

脑卒中患者要特别注意避寒保暖;应保证充分的休息,忌劳心、劳力和房劳;运动不可太过,以无明显疲劳感为佳;对于长期卧床的脑卒中患者,应定时翻身,注意保持皮肤的清洁、干燥,防止压疮等的发生。

# 第二节　小儿脑瘫

小儿脑性瘫痪,简称脑瘫。是指出生前、出生时或出生后的 1 个月内,由于大脑尚未发育成熟,而受到损害或损伤所引起的以中枢性运动障碍和姿势障碍为主要表现的综合征,还常常并发癫痫发作、智力低下、语言障碍等。主要由围产期和出生前各种原因引起的颅内缺氧、出血等导致,如母孕期感染、胎儿窘迫、新生儿窒息、早产、脑血管疾病或全身出血性疾病等。脑瘫患病率为 0.15% ~0.5%,约占出生人口的 0.4%,该病给患者本人及家庭、社会带来诸多影响,康复治疗对小儿脑瘫极其重要。小儿脑瘫属中医"五迟"、"五软"、"痿证"等范畴。

## 一、病因病机

小儿脑瘫多因胎儿先天禀赋不足或产时脑伤,加之后天失养,精血亏损,不能充养脑髓所致,其病机主要是脑髓空虚,神失所主,筋脉失养,肢体不用。本病以虚证为主,久病夹瘀。病变主要在肾、脾二脏,与心、肝亦有关联。

**（一）先天因素**

父母体弱多病,肝肾不足;或母体孕期感受毒邪,损伤脑络,致胎儿先天禀赋不足,精血亏损,不能充养脑髓。

**（二）后天因素**

初生小儿脏气怯弱;或治疗、护理不当,致气血亏损,伤精耗神,脑髓及四肢百骸、筋肉脉失养。

**（三）外伤因素**

难产、外伤或感染热毒等原因引起脑部损伤。

## 二、康复辨证

小儿脑瘫多见虚证,以肝肾不足或脾胃虚弱为主,久病则瘀阻脑络。临证应辨别虚之所在,并察瘀血有无。

**（一）肾精不足**

肢体萎软不用,颈软无力,站立、步行困难,发育迟缓,囟门迟闭;毛发枯槁,智能低下,言语不清,精神萎靡,面色无华,舌淡,脉沉细弱。

**（二）肝肾阴虚**

肢体瘫痪不用,筋脉拘急,肌肉萎缩,或手足拘挛,时有抽搐,耳目不聪,潮热盗汗,手足心热,舌红少苔,脉弦细数。

**（三）脾胃虚弱**

四肢萎废不用,或智力低下,形体消瘦,面色萎黄或苍白,纳呆食少,腹胀便溏,神疲懒言,咀嚼无力,涎出不禁,舌淡,脉细弱无力。若脾虚生痰,上蒙清窍,可见喉中痰鸣,抽搐发作。

### （四）瘀阻脑络

肢体瘫痪不用,神情呆钝,筋脉拘急,或有四肢刺痛、麻木,肌肤甲错,面色紫暗,毛发枯槁,舌紫黯或有瘀斑瘀点,脉细涩。

## 三、康复治疗

脑瘫的康复治疗以扶正补虚为基本原则,根据具体证候,或以补肝肾为主,或以益脾肾为要。病变入络,则增入活血化瘀之品。康复目标在于改善患者的症状,提高其生活能力和生存质量。针灸、推拿康复法对于本病有较好的疗效。

### （一）针灸康复法

1. 头针 主穴为顶中线、顶颞前斜线、顶颞后斜线、顶旁一线、顶旁二线、颞后线。语言障碍者加颞前线;智力低下者加额中线;癫痫发作加枕下旁线。皮肤常规消毒,选26号或30号针快速进针,持续捻转针柄2～3分钟,留针10分钟,重复以上手法,共捻针3次,每日1次,3个月为1个疗程。

2. 体针 主穴百会、大椎、肾俞、涌泉、心俞、脾俞、胃俞、合谷、足三里。上肢瘫痪者,加臂臑、肩髃、曲池、极泉、外关、后溪、合谷、手三里等;下肢瘫痪者,取环跳、秩边、阳陵泉、伏兔、髀关、委中、风市、昆仑、足三里、三阴交、解溪等;颈项软瘫者,取天柱、扶突、巨骨、大椎;足内翻者,取悬钟、申脉、绝骨、昆仑;足外翻者,取阴陵泉、三阴交、血海、太溪、照海;语言功能障碍者,取哑门、通里、廉泉、金津、玉液等;智力低下者,取神门、风池、四神聪、印堂、神庭等;针用补法,不留针。每日1次,10次为1个疗程。微波针、激光针、皮肤针、灸法也可酌情选用。

### （二）推拿康复法

推拿疗法以缓解痉挛、提高肌力、活动关节、恢复肢体正常运动为主。手法宜平稳、有力、轻快、柔和,较常用的手法是点、按、揉、拿、捏、拍、叩、振。痉挛型多用揉法、摩法;迟缓型用拿、提及按、叩打法;僵直、震颤、共济失调等用揉摩法。

1. 项背部 患儿俯卧位,用推、拿、揉、捏各法,按揉风池、大椎穴;循督脉点、按命门、肾俞等督脉诸穴;按揉膀胱经诸俞穴。循行所过,由下而上,施行捏脊法。每日1～2次,3个月为1个疗程。

2. 面颈部 循六阳经走向,施一指禅推、揉、叩、振,按揉百会、睛明、地仓等穴。

3. 四肢部 循手足之三阳三阴经走向做一指禅推揉法,点按阳明经各穴,弹拨肌腱,拔伸牵引各关节,最后施搓、抖各法。伴癫痫者,重按耳后、枕部、肝俞;失语重按哑门、天柱;斜视重按太阳、睛明。

### （三）中药康复法

1. 中药内服

(1)肾精不足证:治宜益肾健脑,填精壮骨。左归丸加减,药用熟地、山茱萸、山药、枸杞、龟板胶、茯苓、紫河车、牛膝。萎软甚者加杜仲、木瓜等;兼肾阳虚者加肉苁蓉、补骨脂等。

(2)肝肾阴虚证:治宜滋补肝肾,息风解痉。大定风珠汤加减,药用生地黄、麦冬、阿胶(烊化)、生白芍、五味子、生龟板、生牡蛎、生鳖甲、珍珠母。虚烦少寐者加五味子、酸枣仁、远志等;伴抽搐者加天麻、全蝎、僵蚕等。

（3）脾胃虚弱证：治宜健脾益智，补气养血。十全大补汤加减，药用熟地黄、当归、川芎、白芍、党参、白术、茯苓、黄芪。肢体麻木者，加鸡血藤、木瓜等；纳呆者，加砂仁、鸡内金、焦三仙等；肢体萎软者，加牛膝、木瓜、五加皮等；智力低下者，加熟地、益智仁、山药、枸杞子等。

（4）瘀阻脑络证：治宜活血通络，开窍醒脑。通窍活血汤加减，药用川芎、桃仁、红花、赤芍、黄芪、木香、石菖蒲、熟地、山药。筋脉拘急者，加穿山甲、全蝎、地龙。

2. 中药外用　中药药浴能够起到舒筋活络、行气活血、调整阴阳等功效，能有效地改善肢体功能，促进躯体康复。药物多选疏经通络、活血化瘀、芳香开窍类，如红花、当归、丹参、赤芍、鸡血藤、羌活、防风、桂枝、独活、续断、杜仲、牛膝、桑寄生、木瓜、五加皮、千年健、伸筋草、透骨草、艾叶等。

### （四）饮食康复法

小儿生机旺盛，应保证充足的营养，婴儿尽量以母乳喂养为主，幼儿应耐心喂养，可喂食山药粥、猪骨汤、核桃仁粥等补益健脑之品，由于其脏腑娇嫩，肥甘厚腻之品当少吃。食欲极差的患儿，注意精心调制饮食，少食多餐。禁忌一切刺激性及带骨带刺食物。

### （五）娱乐康复法

通过各种娱乐活动，如唱歌、弹琴、听音乐、益智玩具、画报读物、看电视、电影等，可开发智力，促进运动发育，增进身心健康。

### （六）心理康复法

脑瘫患儿由于其身体缺陷常常会有一定程度的心理障碍，可表现为缺乏自信、沉默少言，甚至自闭、抑郁等，因此心理康复对脑瘫患儿十分重要，应及时了解患儿的心理状况，在精神上给予鼓励和安慰，帮助其树立自信，避免产生消极心理。

## 四、康复护理

小儿出生之后，应密切观察其有无异常症状的出现，做到"早发现、早治疗"。在患儿的起居方面，应做到定时起居，保证充足睡眠及适度的运动。长期卧床的患儿应注意保持皮肤的干燥、清洁，防止压疮、湿疹的发生。对于语言障碍者，应进行语言训练。对于运动功能有障碍的患儿，要及时进行肢体功能训练。对于智力不全的患儿，应适时进行思维、作业及记忆训练等。

## 五、其他

### （一）教育问题

脑瘫患儿多数合并智力低下、语言障碍，应根据不同年龄段的特点，为其提供个体化与生活化相结合的教育，为今后能达到独立生活或工作的能力创造条件。

### （二）社会服务

社会应提供物质、精神及政策等方面的支持，为未来患儿重返社会提供可靠的帮助。

笔记

## 第三节 慢性阻塞性肺疾病

**知识链接**

### 吸烟与慢性阻塞性肺疾病

慢性阻塞性肺病,简称"慢阻肺",是目前世界疾病死亡原因第3位的疾病。在我国是主要的慢性呼吸系统疾病,我国目前"慢阻肺"患病率占40岁以上人群的8.2%,患者已超过3800万。"慢阻肺"的病因主要包括吸烟、空气污染、职业暴露、反复呼吸道感染以及可能的遗传因素,在诸多危险因素中,吸烟是"慢阻肺"最重要的危险因素,至少95%的"慢阻肺"患者是吸烟者,吸烟者中大约10%~15%会患上"慢阻肺",而且这些比例还在逐年升高。

慢性阻塞性肺疾病(chronic obstructive pulmonary diseases,COPD),简称慢阻肺,是具有气流阻塞特征的一类疾病的统称,包括慢性支气管炎、肺气肿等。本病起病缓慢,病程较长,以慢性咳嗽为首发症状,初起时咳嗽呈间歇性,继之出现劳力后气短或呼吸困难,并逐渐加重,亦有部分患者有喘息、胸闷及食欲减退、体重下降、外周肌肉萎缩、焦虑等全身症状。肺功能障碍导致患者活动能力下降,生活质量低,存在着一定的致残危险。若不及时治疗会出现自发性气胸、慢性呼吸衰竭、慢性肺源性心脏病等急、危重症,甚至引起死亡。康复治疗能减轻患者症状,延缓病程发展,提高生活质量。本病属于中医"肺胀"、"喘证"范畴。

### 一、病因病机

本病的发生多因久病或年老体虚,卫外不固,或饮食不节,痰浊潴留,复感外邪,致气道壅滞不利,肺不敛降,肺气胀满所致。病属本虚标实,急性发作期以痰浊阻滞、肺失宣降为主,缓解期则以肺、脾、肾虚为主。其病变在肺,损伤脾、肾,累及于心,日久不愈,痰浊水饮血瘀互结,兼见同病。

#### (一)久病或年老体虚

久病肺气不足或年老肺肾之气渐衰,肺失去主气、司呼吸的功能,而致咳嗽、气短、喘息。

#### (二)饮食不节

喜食或嗜食肥甘厚味,伤及脾胃,精微不从正化,反为痰浊,痰阻气逆而致胸部憋闷、咳嗽咯痰。

#### (三)外邪侵袭

肺气不足,卫外不固,外邪乘虚而入,引动伏痰停饮,致使肺气壅滞而发为本病。

### 二、康复辨证

本病反复发作,虚实夹杂,辨证重在辨别标本缓急、虚实主次。

#### (一)痰浊阻肺证

咳嗽痰多,色白黏腻或呈泡沫,胸中满闷,气短喘息,劳则加重,畏风易汗,胃脘痞闷,纳少,倦怠乏力。舌质偏淡或黯,苔薄腻或浊腻,脉滑。

### （二）痰热壅肺证

咳逆喘息气粗,烦躁,胸中满闷,痰黄或白,黏稠难咯。或兼有身热微恶风寒,汗出不多,尿黄,便干,口干渴。舌质红,苔黄或黄腻,脉数或滑数。

### （三）痰蒙神窍证

神志恍惚,谵妄,烦躁,撮空理线,或表情淡漠,嗜睡,昏迷,或肢体抽搐,咳逆喘促,咳痰不爽。舌质黯红或淡紫,苔白腻或黄腻,脉细滑数。

### （四）阳虚水泛证

心悸,喘咳,咳痰清稀,面浮,下肢肿,甚则一身悉肿,腹部胀满有水,脘痞,纳差,尿少,畏寒喜暖,面唇青紫。舌胖质黯,苔白滑,脉沉细。

### （五）肺肾气虚证

咳嗽,痰白如沫,咯吐不利,呼吸浅短难续,声低气怯,甚则张口抬肩,倚息不能平卧,胸闷,心慌,形寒汗出。或兼有腰膝酸软,小便清长,夜尿多,或尿有余沥。舌质淡或黯紫,脉沉细无力,或有结代。

## 三、康复治疗

本病的病理性质属本虚标实,故总的康复治疗原则为补虚泻实。发作时以标实为主,治宜化痰宣肺降气;缓解期以正虚为主,治宜补益肺脾肾三脏。其康复目标为改善呼吸功能,提高患者的生存质量。针灸、穴位贴敷、推拿、中药康复方法对于本病的康复有较好的效果。

### （一）针灸康复法

1. 头针　取额旁 1 线,即在头前部,眉冲穴向前引一直线,长 1 寸。可将毫针由后向前平刺 1 寸,快速小幅度捻转,留针 10～15 分钟。

2. 体针　常用穴如肺俞、脾俞、肾俞、膏肓、膻中、气海、关元、命门、血海、足三里、太渊、太溪等,每次取穴 3～5 穴。以补法行针,留针 20～30 分钟,可隔日 1 次。

3. 灸法　可从上述穴位取 3～5 穴,以麦粒灸每次每穴灸 3～5 壮,10 天灸 1 次,3 次为 1 个疗程。尤其肺肾气虚证、阳虚水泛证患者在三伏天施灸更为适宜。

### （二）穴位贴敷法

一般选用炒白芥子、元胡、甘遂、细辛、干姜(或生姜汁)为基本方,共研为细末,用新鲜姜汁调匀,点少许麝香粉,以胶布贴敷于穴位之上。常用的穴位:肺俞、心俞、膻中、膈俞、膏肓、定喘、中府(均为双侧),一般多选用前三个腧穴,根据患者的体质、病情辨证,可选加风门、脾俞、肾俞、足三里、大椎、天突、神阙、关元、中脘、内关等穴。贴敷时间为农历三伏的初伏、中伏、末伏的第一天,共贴敷 3 次。如果出现闰伏(20 天),可间隔 10 天加贴 1 次。

### （三）推拿康复法

1. 背脊提拿　沿背后两侧膀胱经,用拿法由上自下提捏肌肉,各 3～5 次。

2. 斜擦两肋　两手掌分别于两肋间隙,沿肋骨向前下方斜擦,约 30 次。

3. 横擦前胸部　用横擦的方法,沿锁骨下缘开始到 12 肋,往返两三遍。

4. 胸穴按压　可选胸部正中线旁开 2 寸足少阴肾经的穴位,如彧中、神藏、灵墟、神封、步廊;以及旁开 4 寸足阳明胃经的穴位,如气户、库房、屋翳、膺窗、乳中等穴,配合胸部其他压痛点,每次选取 2～3 对穴位,每穴按压 5 分钟左右,1 日 3 次,10 天为 1

个疗程。

5. 自我保健按摩

（1）摩膻中穴：以手掌置于膻中穴，顺、逆时针方向，各摩 30 次。

（2）摩气海、关元：将掌心置于下腹部，顺时针方向摩 30 次左右。

（3）按揉风池、血海、足三里、丰隆等穴位：选取上述穴位，依次以拇指指腹，顺、逆时针方向各按揉 30 次。

每次按摩约 20～30 分钟，以推拿按摩后皮肤发热微红为宜，手法力度为中等程度。每周 3～5 次，10 次为 1 个疗程。

### （四）中药康复法

中药内服

（1）痰浊阻肺证：治宜健脾益肺，化痰降气。苏子降气汤合三子养亲汤加减，药用紫苏子、白芥子、莱菔子、半夏、厚朴、肉桂、当归、甘草、前胡等。若痰多、胸满不可平卧者，加葶苈子以祛痰平喘；若外感风寒，痰从寒化为饮，喘咳，痰多，黏腻有泡沫，见表寒里饮者，以小青龙汤加减；若饮郁而化热，烦躁不安而喘咳，脉浮，可用小青龙汤加石膏汤。

（2）痰热壅肺证：治宜清肺化痰，降逆平喘。越婢加半夏汤或桑白皮汤加减，药用麻黄、石膏、半夏、桑白皮、苏子、杏仁、浙贝、黄芩、山栀等。若痰热内盛，黏稠难咯，加鱼腥草、金荞麦、海蛤壳、瓜蒌、射干；若痰热伤津，口干咽燥，加麦冬、天花粉；若大便燥结，加大黄、芒硝。

（3）痰蒙神窍证：治宜涤痰开窍，息风。涤痰汤加减，另可配服安宫牛黄丸或至宝丹，药用半夏、竹茹、枳实、菖蒲、橘红、制南星、茯苓等。若痰热内盛，身热，烦躁，神昏，谵语，舌红绛者，可加黄连、天竺黄、竹沥等，兼服安宫牛黄丸；若有肝风内动，抽搐等，可加天麻、钩藤、全蝎，另服羚羊角粉。

（4）阳虚水泛证：治宜温肾健脾，化饮利水。真武汤合五苓散加减，药用茯苓、猪苓、附子、桂枝、白术、泽泻、芍药、生姜等。若畏寒肢冷，加鹿角片、淫羊藿；若喘促心悸，加人参、蛤蚧、五味子；若水肿势重，加沉香、黑白丑、川椒目；若血瘀重，紫绀明显，加红花、丹参、泽兰。

（5）肺肾气虚证：治宜补肺纳肾，降气平喘。平喘固本汤合补肺汤加减，药用人参、虫草、熟地、核桃仁、山萸肉、山药、五味子、肉桂、附子、紫河车等。若气虚血瘀，面唇紫绀，加当归、丹参；若喘甚欲脱，急用参附汤送服蛤蚧粉。平素可常服紫河车以固肾填精。

### （五）饮食康复法

饮食以清淡而富有营养为原则，不宜用辛辣刺激和肥甘滋腻之品。可多食有宣肺化痰、健脾益肾作用的食物，如白萝卜、扁豆、怀山药、薏苡仁等，也可选用食疗药膳方。

1. 痰浊阻肺　苦杏仁（去皮尖）15g，粳米 100g，猪肺 100g，盐少许，煮粥食用。

2. 痰热壅肺　瓜蒌瓢（去子）250g 切碎，加少许盐等调味品调为馅，与发酵面粉做饼食用。

3. 肺肾气虚　人参 6g，胡桃肉 30g，生姜 5 片，大枣 7 枚，加水炖服。

### （六）传统运动康复法

在慢阻肺的缓解期，根据自己的身体条件，选择相应的传统运动项目，能增强体质，提高机体对外界的适应性和抵抗力，防止本病的复发和加重，对改善呼吸功能也有一定的作用。建议选择作用柔和、体力消耗较小的运动方式,如太极拳、八段锦、六字诀等。

### (七)娱乐康复法

娱乐康复的方法很多,可以结合个人平日的兴趣和身体的状态酌情选择,如欣赏音乐、观赏或习练书画、种花养鸟、游园钓鱼等,总之,以静态的娱乐方式为主。歌咏疗法也是一种愉悦身心的娱乐康复方法,它在调节心身的同时,还能够锻炼腹肌,增强心肺功能,改善呼吸困难等症状,是适宜于慢阻肺患者的康复方法。

## 四、康复护理

### (一)生活方式

首先要戒烟,因其对慢阻肺的危害程度远远大于大气污染和工业污染,且要尽量避免被动吸烟。居住环境要干净、整洁,避免刺激性气体。保持室内空气清新,每天定时通风。避免劳累、熬夜,定时休息,保证充足的睡眠,使受损的组织细胞得到及时修复,增强免疫力。

### (二)饮食护理

慢阻肺患者普遍存在营养不良,长期慢性缺氧、心功能不全又导致胃肠道消化吸收功能减退,因此,饮食应以清淡而富有营养为原则,以高蛋白、高热量、易消化、高维生素的无刺激性饮食为主。不宜用辛辣刺激和肥甘滋腻之品。

### 知识拓展

#### 冬 病 夏 治

冬病夏治是我国传统中医药疗法中的特色疗法,它是根据《素问·四气调神论》中"春夏养阳"、《素问·六节脏象论》中"长夏胜冬"的克制关系发展而来的中医养生治疗指导思想,是中医学"天人合一"的整体观和"未病先防"的疾病预防观的具体运用。"冬病"是指某些好发于冬季或在冬季易加重的虚寒性疾病,如:慢性咳嗽、哮喘、慢性支气管炎、慢性阻塞性肺病、反复感冒、过敏性鼻炎、慢性鼻窦炎、慢性咽喉炎、小儿哮喘、咳嗽、支气管炎、体虚易感冒、脾胃虚弱等,"夏治"是指在夏季三伏时令,自然界和机体阳气最旺之时,通过温补阳气,散寒祛邪,活血通络等治疗措施,一方面增强机体抵抗病邪能力,另一方面有助于祛除阴寒之病邪,从而达到治疗或预防上述冬季易发生或加重疾病的目的。冬病夏治的方法很多,如根据穴位的主治病证,在人体的特定穴位上进行药物贴敷、药物注射、艾灸、埋线、刮痧、拔罐,或内服药物等,其中最具有代表性的治疗措施为三伏天的药物穴位贴敷,即"三伏贴"。

穴位贴敷法是源自明代张璐《张氏医通》中记载的白芥子涂法,是将药物敷贴到人体一定穴位,治疗和预防疾病的一种综合干预外治方法。对于"肺胀"等多种慢性肺系疾病,在盛夏"三伏"全年气温最高,人体阳气最旺盛的时候,此时借天、人阳盛之时,疾病缓解之期,采用温热助阳的药物进行穴位贴敷,对阳虚之体进行治疗,可激发人体的阳气,增强抗病御寒能力、祛除体内沉寒痼冷之宿疾,达到减少发病或不发病的目的,此即中医"冬病夏治"之"三伏贴"。

# 第四节　高　血　压

高血压是最常见的心血管疾病之一,是一种以体循环动脉压持续升高为主的综合征,是全身性慢性血管疾病。主要表现为头痛、头晕、乏力等,病变日久因心、肾、脑等脏器出现不同程度的器质性损害,还可有相应的临床表现。高血压属中医"眩晕"、

"头痛"范畴,并与"心悸"、"胸痹"、"中风"有一定联系。

## 一、病因病机

本病是在情志、饮食、年老体衰等综合因素作用下,体内阴阳平衡失调所致。病位主要在肝、肾,但可涉及心、脾等脏。病属本虚标实之证,肝肾亏虚为病之本,阳亢痰瘀为病之标。

### (一)情志刺激

长期情志不舒,肝气郁滞,郁久化火伤阴,阴不制阳,肝阳偏亢,上扰头目,而致头晕、头痛等症。

### (二)饮食不节

过食肥甘滋腻厚味,损伤脾胃,致痰湿内生,阻滞经脉,清阳不升,浊气不降而发病。

### (三)禀赋不足或年老体衰

素体肾阴不足或年老肾虚,肾阴不足,致使阳气偏亢,虚风内动发为本病。

## 二、康复辨证

高血压本虚标实,其本在肝、肾亏虚,其标是风、火、痰、瘀之实,临床应辨明标本缓急、分清孰轻孰重。

### (一)肝火上炎证

头晕胀痛,眩晕,面红目赤,急躁易怒,耳鸣耳聋,口苦咽干,喜冷饮,尿赤便秘。舌红苔黄或黄糙,脉弦数或弦劲有力。

### (二)阴虚阳亢证

头痛眩晕,两目干涩,腰酸耳鸣,头重脚轻,心悸少寐,咽干口燥。舌红少津或薄黄苔,脉弦细数;或眩晕甚,如坐舟车,行走飘浮,肢体麻木或震颤,或偏侧肢体无力。舌红或嫩红,苔薄黄,脉弦劲而数,或浮滑重按无力。或肢麻肉瞤,视物模糊,舌红少苔,脉细弦数。

### (三)痰热内盛证

头重而胀痛,眩晕或昏蒙,耳鸣,心烦不寐,胸闷泛恶多痰。舌红苔黄腻,脉弦滑数。

### (四)阴阳两虚证

头晕目眩,心悸健忘,头脑空虚,腰酸腿软,耳聋耳鸣,动则气促,肢冷,夜尿频数,或见阳痿。舌淡嫩,苔净,脉细弱或沉。

## 三、康复治疗

### 知识链接

#### 防治心血疾病的四大基石

1995 年,世界高血压联盟的"维多利亚宣言"提出:合理膳食、适量运动、戒烟限酒、心理健康,是人类心脏健康的"四大基石"。将非药物措施列为预防和控制高血压等心血管病的主要方式。非药物治疗对于高血压而言,首先能控制血压,是轻型高血压前 3~6 个月的首选或基础治疗;第二,作为中、重度高血压的辅助治疗手段,可减少降压药物的剂量和服药次数,明显增强降压效果;第三,预防或减少心血管并发症。

高血病基本病理变化是肝肾阴虚、肝阳上亢,治疗原则以滋补肝肾、平潜亢阳为主,在此基础上,根据病变的情况灵活变通,可佐入调气血、化痰浊、泻肝火之类。康复治疗以缓解头晕、头痛等不适感,防止心脑血管病等并发症,提高患者的生存质量为目标。饮食、运动、情志等非药物康复法是其康复治疗的基础疗法,为临床治疗时首选。

## （一）饮食康复法

高血压患者在饮食上以清淡少盐为主,切忌肥甘厚味,可多食有降压作用的食物,如芹菜、海带、洋葱之类,还可据情制成食疗方或药膳辅助治疗。兹介绍数种于下,可依据病情选服:

1. 肝肾亏虚　炖海参:用水发海参30g,加水适量,文火炖烂,加入适量冰糖融化,即可食用。双耳汤:也可选用银耳、黑木耳各9～12g,以温水浸泡,洗净后放入碗中,加适量水和冰糖,置锅中蒸1小时后取出,吃银耳、黑木耳,饮汤。玉米须龟汤:还可选用龟1只,放入盆中,倒入热水,待排尽尿,洗净,去头足,除内脏,放入砂锅内,将洗净的玉米须120g,也放入砂锅,加水适量,先用武火煮开,再文火煮至熟透。食龟肉,饮汤。

2. 肝阳上亢　菊花醪:选用甘菊花10g,糯米酒适量。放入锅内煮沸,顿食,每日2次。芹菜红枣汤:还可选用鲜芹菜下部茎段60g,大枣30g,加水煎汤服。

## （二）传统运动康复法

传统运动疗法是高血压患者康复医疗的有效手段,它主要是通过从整体上调整脏腑功能而发挥作用的。本病患者适宜选练太极拳、太极剑、放松功等运动方式,每次30～40分钟,每日1～2次。

1. 气功　一般以静功为主,适当结合动功。静功宜练松静功和放松功,开始可取坐、卧式,以后过渡到站式。意念部位宜集中于下半身。

2. 太极拳　动作柔和,姿势放松,动中有静,对高血压患者颇为合适。体质较好的病人,可打全套简化太极拳,体力较差者可打半套,或选练几个招式。

### 知识链接

**高血压运动康复的注意事项**

1. 不要做过分低头弯腰动作;
2. 不要做大幅度的快速动作;
3. 对于有并发症、失代偿等情况,只能做一些运动量小、安全性大、特异性强的运动;
4. 在运动中若出现任何不适,均应中止,以免发生或加重不良反应;
5. 不要轻易撤除药物,在很多情况下,运动治疗只是辅助方法;
6. 运动训练的降压效果具有可逆性,如果停止锻炼,训练效果可以在2周内完全消失,因此要持之以恒。

## （三）情志康复法

情志因素与本病关系密切,通过心理咨询和综合心理治疗,可使病人正确认识不良情绪变化对血压的影响,减轻或消除焦虑、恐惧等紧张情绪和不必要的精神压力,增强战胜疾病的信心,建立健康的生活方式和行为习惯,保持良好的心理状态,从而达到控制各种危险因素和降压、稳压的目的。

笔记

### （四）娱乐康复法

鼓励病人多参加有利于调养情志的娱乐活动,如园艺、钓鱼、书画、弹琴赏乐等,以移情易性,保持心情舒畅,精神愉快,消除影响血压波动的有关因素。如音乐疗法,可交替选听舒展轻松和宁静安详的乐曲。认真欣赏一首旋律优雅,曲调柔和的小提琴协奏曲,可使血压下降 10 ~ 20mmHg。

### （五）针灸康复法

1. 体针　主穴选曲池、合谷、内关、足三里、三阴交。肝火上炎、肝阳上亢,加太阳、风府、风池、行间、阳陵泉;阴虚阳亢,加阳陵泉、悬钟、通里、神门、百会、太冲、人迎;阴阳两虚,加太溪、复溜、阴陵泉、血海、关元;痰盛者,加丰隆、中脘、解溪。用提插捻转之泻法或平补平泻法,每日 1 次或隔日 1 次,留针 20 ~ 30 分钟,10 次为 1 个疗程。人迎穴避开动脉直刺,轻度捻入约 1 寸深,以见针柄随动脉跳动为佳,针 5 分钟。

2. 芒针　天窗透人迎。肝火上炎,加上脘、中脘、三阴交、大椎;阴虚阳亢,加大赫、风池、阴陵泉、三阴交;肾精不足,加完骨、阴陵泉透阳陵泉、太冲透涌泉。方法:天窗透人迎须捻转缓进,待头部轻爽感产生后即可缓缓退针。风池、完骨针感沿头顶上部至额部,以有头脑清爽感为佳,其他穴均用泻法,使针感下行。

3. 耳针　常用穴位有皮质下、降压沟、脑干、内分泌、神门、心等。每日或隔日 1 次,每次选用 1 ~ 2 穴,留针 30 分钟。亦可用埋针法,或用王不留行籽外贴耳穴代替埋针。

4. 梅花针　以颈部及腰骶部的脊椎两侧为主,结合三阴交、足三里、内关、曲池、乳突区、人迎、风池和前臂掌面正中线,轻刺激。先从腿足、腰骶部脊椎两侧,自上而下,先内后外,再叩后颈部、乳突区及前臂掌面正中线。每日或隔日 1 次,每次 15 分钟。对早期患者疗效较好。

5. 水针　取足三里、内关,或三阴交、合谷;或太冲、曲池。三组穴位交替使用,每穴注射 0.25% 盐酸普鲁卡因 1ml,每日 1 次,7 次为 1 个疗程。

### （六）推拿康复法

一般以自我推拿为主,常用方法有揉攒竹、擦鼻、鸣天鼓、手梳头、揉太阳、抹额、按揉脑后、搓手浴面、揉腰眼、擦涌泉等,并在有关部位加以拳掌拍打。

### （七）中药康复法

1. 中药内服

(1)肝火上炎证:治宜清肝泻火,佐以柔肝。龙胆泻肝汤加减,药用龙胆草、栀子、黄芩、柴胡、当归、生地、车前子、生龙骨等。

(2)阴虚阳亢证:治宜滋水涵木,育阴潜阳。天麻钩藤饮加减,药用天麻、钩藤、石决明、黄芩、栀子、牛膝、杜仲、夜交藤、生代赭石、生龙骨等。

(3)痰热内盛证:治宜涤痰清热平肝。黄连温胆汤合半夏天麻白术汤、清气化痰丸加减,药用陈皮、半夏、白术、天麻、钩藤等。

(4)阴阳两虚证:治宜益阴助阳,兼以平肝。金匮肾气丸加减,药用熟地黄、山茱萸、山药、枸杞、鹿角胶、制附子、肉桂等。

2. 中药外用

(1)敷贴:吴茱萸末适量,醋调贴一侧脚心涌泉穴处,每日调换 1 次。或选用桃仁、杏仁、栀子、胡椒、糯米,共捣烂与鸡蛋清调成糊状,每晚睡前敷贴一足的涌泉穴。

左右交替。一般 3 天后血压开始下降。或选用吴茱萸、川芎各半,研末。每用 10g,神阙穴消毒后,将药末纳入其中,用麝香止痛膏固定。

(2)药枕:药枕治病古已有之。人体睡卧时,药物通过头颈部皮肤穴位和呼吸道进入体内而起到治疗作用。①阴虚阳亢者,可用桑叶、菊花、薄荷、苦丁茶、青木香、川芎、蚕砂、生石膏、紫草、丹皮、草决明、桑枝、夏枯草,制成药枕。每昼夜使用时间不少于 6 小时。亦可用绿豆壳作枕。②肝火上炎,可用野菊花、淡竹叶、冬桑叶、生石膏、白芍、川芎、磁石、蔓荆子、青木香、晚蚕砂,制成药枕,每昼夜使用不少于 6 小时。

(3)药物足浴:用磁石、石决明、党参、黄芪、当归、桑枝、枳壳、乌药、蔓荆子、白蒺藜、白芍、炒杜仲、牛膝各 6g,独活 18g,煎汤浴足。或用芫蔚子、桑枝、桑叶各 10～15g,煎汤约 1500ml,泡脚 30 分钟。亦可用磁石、石决明、党参、黄芪、当归、桑枝、枳壳、乌药、蔓荆子、白蒺藜、白芍、炒杜仲、牛膝各 6g,独活 18g。水煎取汁泡双足 1 小时,每日 1 次。

> **知识拓展**
>
> ### 高血压的物理疗法
>
> 1. 沐浴疗法  此法有促进血液循环、加速代谢产物清除的作用,还有镇静、增加食欲的作用。
>
> (1)氡矿泉浴:氡是镭蜕变过程中产生的一种放射性气体。氡矿泉水中除氡外尚含有其他元素,比人工氡水好。水温为 38～40℃,每日或隔日 1 次,每次 30 分钟,15～20 次为 1 个疗程。
>
> (2)升温性水浴:分为手浴或足浴,亦可手足同时应用。水温由不感温逐步增加到 42℃ 左右。每次 15 分钟,每日 1 次。睡前用更好。12～15 次为 1 个疗程。
>
> (3)腐殖酸浴:37～39℃ 的温开水约 100kg,放入浴盆后加腐殖酸 300mg 搅拌均匀,全身浸浴。每次 30 分钟,每天 1 次,10～14 次为 1 个疗程。
>
> 2. 磁疗  磁疗对自主神经有调节作用,能使毛细血管扩张,外周阻力降低,改善微循环。磁片直径约 1cm,磁感应强度 0.08～0.15T。常用穴位有曲池、风池、足三里、内关、降压点、百会穴。每次选用 3～4 个穴位,交替使用。30 天为 1 个疗程,可持续 2～3 疗程。
>
> 3. 激光  用低功率(1～6mW)氦氖激光照射曲池、足三里及耳穴降压沟、颈交感神经节等部位,每次 2～4 处,每处 5～8 分钟,每天 1 次,12 次为 1 疗程。

## 四、康复护理

高血压不仅累及某个器官,而是整个机体受累,而且或迟或早地都会侵犯到心、脑、肾等重要脏器,所以做好康复护理有助于改善高血压病人的生活质量。

### (一)情志护理

保持良好的心情,避免情绪急躁、紧张等引起血压升高的因素。

### (二)饮食护理

低盐、低脂、低热量饮食,不吃零食,避免油腻厚味,限制食入高胆固醇和动物脂肪的食品。多食薯类、水果、蔬菜、奶类和豆类制品,戒烟酒,限盐、咸菜、腌制食品、烧烤食物等。

### (三)起居护理

生活规律化,劳逸结合,适当体育锻炼,医护人员及家属要密切观察患者生命体征的变化。

### （四）保健护理

积极控制血压,定时服用降压药,不得随意停服。观察患者情绪变化,定期测量血压。

## 第五节　冠状动脉粥样硬化性心脏病

冠状动脉粥样硬化性心脏病指冠状动脉壁形成粥样硬化,导致血管腔狭窄或阻塞,使心肌缺血、缺氧而引起的心脏病,简称冠心病,亦称缺血性心脏病。因冠状动脉病变程度的不同,临床有不同表现,轻者表现为心悸、胸闷、气短,活动则加剧;重者可见阵发性心前区绞痛,向左侧肩、臂、背部放射,称为心绞痛;严重者可导致急性心肌缺血坏死,往往在剧烈胸痛的同时,伴见严重的心律失常和急性循环衰竭,称为心肌梗死。本病在欧美多见,近年来国内的发病率也有上升趋势。冠心病与中医学"心痛"、"胸痹""厥心痛""真心痛""怔忡""心悸"病证相关。

### 一、病因病机

本病多由年老体虚、饮食不当、情志失调、寒邪内侵等致使心脉痹阻而成,病位在心,与肝、脾、肾三脏功能失调有关。主要病机为本虚标实,本虚为心脾肝肾亏虚,功能失调;标实为寒凝、气滞、血瘀、痰饮痹阻胸阳,阻滞心脉。其发作时以标实为主,尤以血瘀最为突出;缓解期有心、脾、肾气血阴阳之亏虚,以心气虚为主。

#### （一）年老体虚

年老以后,肾气渐衰。肾阳虚衰则不能鼓动五脏之阳,引起心气不足或心阳不振,血脉失于温煦,鼓动无力而痹阻不通;肾阴亏虚,则不能滋养五脏之阴,可使心阴内耗,心阴亏虚,脉道失润。

#### （二）饮食不当

恣食肥甘厚味,日久损伤脾胃,运化失司,聚湿成痰,上犯心胸,气机不畅,心脉痹阻;或痰浊久留,痰瘀交阻;或饱餐伤气,推动无力,气血运行不畅。

#### （三）情志失调

忧思伤脾,脾虚气结,运化失司,津液不能输布,聚而为痰,痰瘀交阻,气血不畅,心脉痹阻;或郁怒伤肝,肝失疏泄,肝郁气滞,郁久化火,灼津成痰,气滞痰浊痹阻心脉。

#### （四）寒邪内侵

素体阳虚,胸阳不振,阴寒之邪乘虚而入,寒凝气滞,胸阳不展,血行不畅。

### 二、康复辨证

康复阶段的辨证当把握标本,分清虚实,本虚应区分阴阳气血亏虚的不同,标实又应区别血瘀或是否兼夹有气郁和痰浊。

#### （一）气虚血瘀证

胸部隐痛阵作,气短乏力,神疲自汗,面色少华。舌质淡或黯,舌边及舌下络脉瘀紫,苔薄白,脉沉细或结代。

187

## （二）心肾阳虚证

胸闷、心痛阵作,气短,心悸,自汗,动则更甚,面色苍白,畏寒喜暖,四肢欠温。舌质淡胖,苔滑,脉沉迟。

## （三）心阴亏损证

胸部灼痛时作,心悸怔忡,五心烦热,失眠盗汗。舌质红绛,脉沉细或细数,或结代。

## （四）痰浊闭阻证

胸部闷痛痞满,口黏乏味,纳呆脘胀,头重身困,恶心呕吐,痰多体胖。舌苔白腻或白滑,脉沉或滑数。

## （五）气滞血瘀证

气滞明显者见心胸隐痛或胀闷憋气,可伴两胁胀痛,常因情志因素而加重,苔白,脉弦;血瘀明显者见胸中刺痛或痛彻肩背,痛处固定,多伴有气短,面色晦暗。舌质青紫,或有瘀点瘀斑,脉弦涩或结代。

# 三、康复治疗

中医康复适应证为心梗恢复期或冠心病心绞痛患者。病人在度过急性期之后,病机仍为本虚标实,但以本虚为主。本病的康复医疗当以扶助正气为主,兼以祛逐余邪。康复治疗以减轻症状、控制易发因素、防止病情复发和加重为目标。

## （一）饮食康复法

冠心病在饮食选择上,以清淡素食为主,少食或不食肥甘滋腻之类。也可根据病情,结合病人的口味,制成食疗药膳服食。兹介绍数种于下,可依据病情选服:

1. 胸阳痹阻　薤白粥:薤白 10 ~ 15g,鲜者 30 ~ 35g,粳米 100g,煮粥,早晚温热分服。

2. 血瘀阻滞　山楂糖水:山楂片 15 ~ 30g,水煎去渣,或与荷叶同煎水,加糖适量,代茶饮;丹参酒:丹参 30g,白酒 500g,浸泡,每次饭前饮服 10ml,每日 2 ~ 3 次;红花酒:红花 100g,白酒 500g,浸泡,用法同丹参酒。

3. 阳虚有寒　干姜粥:干姜、高良姜各 3g,粳米 250g,煮粥。早晚温热服食。

## （二）传统运动康复法

冠心病患者在缓解期,采用传统体育康复法有利于扶助正气,通调血脉,怡养精神,进而促使形神的康复。

1. 气功　适用的气功种类较多。开始以静功为主,可选择松静气功,每天练 1 ~ 2 次,每次 15 ~ 20 分钟,并可逐渐增加练功时间。随后,可选动静结合的功法,如导引养生功中的舒心平血功,每天练 1 ~ 3 次。练气功能减轻心脏负担,增加冠状动脉的血液供应,缓解心肌缺氧,因而有利于心肌梗死患者的康复。

2. 太极拳　可选练简化太极拳。开始可先练习云手、搂膝拗步、野马分鬃、倒卷肱等单式,随后根据体力情况练半套或全套。若仍感运动量不够者,则可重复练两遍,或学练四十八式太极拳。

3. 散步　每天平地上散步 500 ~ 2000m。病情较轻,心脏功能较好的患者,可上斜坡和楼梯。待有一定体力后,再进行慢跑、登山等运动。

冠心病患者在运用传统运动康复法时,要注意运动量是否合适。其原则主要是看病人运动后的主观感觉。一般而言,出现以下情况,说明运动量是合适的:运动后稍出汗,轻度呼吸加快,但不影响对话;全天感觉舒适,无持续的疲劳感;对原有疾病的症状无加重或出现,饮食、睡眠良好。

（三）情志康复法

本病患者大多存在不同程度的焦虑或抑郁。其中有部分病人症状较重,时间持续较久,最终造成心理上的残疾。临床针对这些不良情绪,以说理开导的方式使患者消除顾虑,振作精神,树立信心。亦可用色彩疗法,使患者处于冷色环境中。抑郁者则可在室内放置具有解郁作用的鲜花。必要时也可结合暗示及行为疗法。

（四）娱乐康复法

以欣赏音乐、观赏书画、种花养鸟、游园钓鱼等静态娱乐活动为主,可以增加生活乐趣,消除不良情志反应。在选择音乐曲目时,如病人以精神焦虑为主,可选"安神定志"类乐曲;若病人以抑郁为主,则可选"开胸解郁"类乐曲。

（五）针灸康复法

1. 体针　主穴取内关、心俞、膻中、鸠尾。痰湿,加丰隆、足三里;血瘀,加心俞、神门;气滞,加肝俞、间使;寒凝,加通里、郄门;阴虚,加脾俞、三阴交;阳虚,加肾俞、足三里;气虚,加心俞、神门;阳脱,加百会、关元、气海、神阙（灸）。留针 30 分钟,隔日 1次,10～15 次为 1 个疗程。两疗程间隔 3～5 天。

2. 水针　心俞、厥阴俞、内关。用丹参注射液或毛冬青注射液,每次选 1～2 穴,每穴注射 0.5～1ml。两药交替使用。每日或隔日 1 次,10 次为 1 个疗程。

3. 耳针　针心、皮质下、交感、神门、肾、内分泌区;王不留行籽敷贴心、小肠区。

（六）推拿康复法

取膻中、心俞、厥阴俞、足三里、内关、膈俞、心前区阿是穴。医生以右手拇指或食指依次按揉以上穴位各 3～5 分钟,每日 1 次,15 次为 1 个疗程,休息 2～3 日后,继续下一疗程。

（七）中药康复法

1. 中药内服

（1）气虚血瘀证:治宜益气活血,化瘀通络。补阳还五汤加减,药用黄芪、当归、赤芍、川芎、桃仁、红花、地龙等。

（2）心肾阳虚证:补益阳气,温振心阳。参附汤合桂枝甘草汤加减,药用人参、制附子、桂枝、炙甘草等。

（3）心阴亏损证:治宜滋阴养心,活血清热。天王补心丹加减,药用麦冬、生地、天冬、玄参、柏子仁、五味子等。

（4）痰浊闭阻证:治宜宣痹通阳,祛痰化浊。瓜蒌薤白半夏汤合桃红四物汤加减,药用瓜蒌、薤白、半夏、枳实、陈皮、石菖蒲、桃仁、红花、川芎等。

（5）气滞血瘀证:治宜疏肝理气,活血化瘀。血府逐瘀汤、冠心Ⅱ号方加减,药用柴胡、桔梗、枳壳、当归、生地、赤芍、川芎、桃仁、红花等。

2. 中药外用　姜黄 10 份、乌头 5 份、血竭 5 份、胡椒 1 份、三七 3 份、桂枝 5 份、麝香 0.1 份、川芎 5 份、薤白 10 份,按以上比例制成每张重 1.5g 的小膏药,敷贴心俞和膻中穴。隔日 1 次,15 次为 1 个疗程。

## 四、康复护理

对于冠心病病人,护理工作的好坏直接影响到疾病的康复,甚至直接关系到疾病的发展和预后,正所谓"三分医疗,七分护理"。为了改善冠心病病人的生活质量,医护人员有必要做好以下四个方面的护理:

### (一)情志护理

在平时生活中,要设身处地为病人着想,关心体贴病人。与其说话,应采用温和开导性的语言,而不是生硬不当的言语;要加以选择地观看书刊、电视和电影等,以避免患者情绪波动而生意外。总之,避免一切不良的精神刺激,切勿大怒、大喜、大恐。

### (二)饮食护理

严禁暴饮暴食,提倡少食多餐,低盐饮食;多饮水,保持大便通畅,大便时忌用力;饮食宜清淡而富有营养、易消化,忌肥甘厚味、辛辣刺激食品,多吃新鲜时令水果和蔬菜以及富含维生素、纤维素的食物。

### (三)起居护理

生活环境要保持安静、清洁,空气要清新,温度要适宜;生活要有规律,午间适当休息,忌过劳;注意防寒保暖,特别是严寒季节;心肌梗死多于睡眠中骤然发生,故忌独宿。

### (四)保健护理

冠心病人应随身携带保健药物以应急。如绞痛发生时,可立即平卧,舌下含服硝酸甘油片或麝香保心丸;如经用药仍不缓解,疼痛时间超过 15 分钟者,应紧急就医。

# 第六节　血脂异常

血脂异常是一类较常见的疾病,是人体内脂蛋白的代谢异常,主要包括总胆固醇和低密度脂蛋白胆固醇、甘油三酯升高,和(或)高密度脂蛋白胆固醇降低等。血脂异常是导致动脉粥样硬化的重要因素之一,是冠心病和缺血性脑卒中的独立危险因素。在我国血脂异常的发生率高,还有逐渐上升的趋势,这与我国人民的生活水平明显提高、饮食习惯发生改变等原因有密切关系。因此,控制血脂在合理的水平,对预防心脑血管疾病,降低死亡率具有非常重要的现实意义。通常情况下,多数患者并无明显症状和异常体征。多在体检时才发现有血浆脂蛋白水平升高。本病与中医学胸痹、眩晕、头痛、中风等病症有密切的关联。

## 一、病因病机

由于先天不足或年老体衰,加之平素嗜食肥甘或好静少动,致使脏腑功能失常,水液代谢和血液循环受到影响,痰湿或瘀血内生,浊脂停滞而发为血脂异常。证属本虚标实,虚主要为脾肾阳气虚损,或肝肾阴血不足;实则主要为痰湿内蕴,气滞血瘀,痰瘀互结。

### (一)饮食不节

嗜食肥甘滋腻之品或饮食不节,损伤脾胃,致脾失健运,痰湿内生,痰从浊化,酿成浊脂。

## （二）运动不及

久坐不动或好静少动，使气机运行不畅，气机郁滞，精微无以输布，转化为痰为浊；或气滞血行障碍，产生瘀血。

## （三）先天不足或年老体衰

先天禀赋不足或年老体衰，脾肾亏虚，水液代谢失常，水湿痰浊膏脂生成。

## 二、康复辨证

本病临床证候有虚实之分，虚证以脾虚失运或肝肾不足为主；实证以痰湿阻络或肝胆湿热为主。当分别虚实，厘清病变脏腑之所在，辨明湿热、痰浊、瘀血之不同。

### （一）脾虚痰湿证

形体肥胖，倦怠乏力，胸脘痞满，头晕目眩，肢重或肿，纳差，或伴便溏。舌胖，苔白厚，脉濡。

### （二）湿热郁结证

身形丰腴，脘腹胀满，呕恶，烦渴燥热，便溏不爽。舌红，苔黄腻，脉滑数。

### （三）气滞血瘀证

面色晦暗，肌肤甲错，胸胁刺痛，肢体易麻。舌黯或有瘀斑，苔白，脉涩或结代。

### （四）痰瘀阻滞证

眼睑处或有黄色瘤，头晕头胀，胸胁胀痛，肢体麻木。舌黯或有瘀斑，苔腻，脉濡或滑。

### （五）肝肾阴虚证

形体偏瘦，头晕目眩，失眠健忘，腰酸膝软，五心烦热。舌红，苔薄或少，脉细或细数。

## 三、康复治疗

本病多为正伤邪留，所留之邪又多为痰浊、瘀血、膏脂，其治疗原则不外扶正祛邪，治法离不开消、通、补三法。中医康复治疗以调整体质、改善症状、控制病情发展为目标。中医针灸、饮食、传统运动等非药物康复方法，在血脂异常的康复治疗乃至预防方面有着重要的作用。

### （一）饮食康复法

食物疗法为防治血脂异常的基础疗法，某些病患者，经过合理的饮食调节，可使病情得到控制，甚至血脂降至正常范围之内。在使用药物治疗的同时，若能配合科学的饮食调配，也可显著提高疗效。食物康复法的关键在于饮食行为的改变，饮食结构的改变，因此，必须长期坚持，方能取得应有的疗效。

1. 一般饮食原则　饮食以清淡为宜，多食粗杂粮、蔬菜、水果类，猪肝、肾、脑、奶油、肥肉、猪油、墨鱼、鱿鱼、蛋黄等中的胆固醇和饱和脂肪酸含量较多，应限量进食。食用油应以植物油为主，每人每天用量以 25～30g 为宜。家族性高胆固醇血症患者应严格限制食物中的胆固醇和脂肪酸摄入。并选用有降脂作用的食物，如菌类：灵芝、香菇及木耳；水果蔬菜：洋葱、大蒜、茄子、大豆、西蓝花、山楂、苹果、香蕉；肉类：三文鱼、海参等。

2. 食疗药膳方

（1）脾虚痰湿：扁豆薏米粥（《食鉴本草》）：取薏米 30 克，炒扁豆 15 克，粳米若干，将三者一起放入砂锅内加水煮粥，粥成后加红糖调味。

（2）湿热郁结：三豆饮《世医得效方》：将绿豆、黑豆和红小豆倒入锅中，用大火烧开，开锅之后再加入甘草，改成小火继续煮成粥。

（3）气滞血瘀：佛手玫瑰山楂饮（民间验方）：玫瑰花 10g，佛手 10g 与鲜山楂 30g 水煎取汁饮用。

（4）痰瘀阻滞：山楂陈皮饮（民间验方）：可用鲜山楂 50g、白萝卜 50g、鲜橘皮 50g，水煎取汁饮用。

（5）肝肾阴虚：枸荷粥（民间验方）：用鲜枸杞叶 100g，荷叶 80g，洗净，加水 300g，煮至 200g 时去叶取汁，加入糯米，再加水 500g 煮成稀粥，以葱白调和。

### （二）传统运动康复法

中国传统的运动疗法如太极拳、五禽戏、八段锦等，作用和缓，运动量适中，较适宜于中老年人；青壮年患者运动方式选择范围宽泛，如长距离远足、骑自行车、游泳、爬山、各种球类活动、利用健身器械运动等，可结合个人的兴趣爱好灵活选择。

**知识拓展**

**运动对血脂的影响**

运动不但可以增强心肺功能、还对血脂异常具有良好防治作用。尤其力量练习可以增加肌肉组织的力量和细胞数量，提升肌肉组织对胰岛素的敏感性，并且增加肌肉组织吸收热量的能力，减少葡萄糖和脂肪酸积累到脂肪组织和肝脏，达到降低血脂、降低血糖与减肥的效果。有关研究表明，长期进行太极拳等有氧运动能够影响与脂代谢相关的酶的含量及活性，从而调节脂代谢，达到降血脂、降胆固醇的目的。

### （三）针灸康复法

1. 体针　常用穴位有内关、郄门、神门、合谷、曲池、足三里、丰隆、太冲、三阴交、中脘、心俞等，实证宜泻，虚证宜补，每次取 3～5 穴，每日针 1 次，留针 20～30 分钟，12 次为 1 个疗程，休息 2～3 天后可进行第 2 个疗程。特别是内关穴和足三里穴，有很好的降血脂作用，每次只取一侧穴，左右交替，隔日 1 次，12 次为 1 个疗程，间隔 3～5 天，再作第二疗程，一般治疗 2～3 个疗程。

2. 艾灸　足三里穴、绝骨穴有健脾益肾、调节脂质代谢的作用，经常用艾温灸，对本病有一定的疗效。

3. 耳针　取内分泌、口、肺、肾、直肠下段等穴，或选敏感点。用短毫针或王不留行籽压穴。

### （四）推拿康复法

推拿疗法可以调畅气机、调理脾肾，对本病有一定的康复疗效。如双手掌摩腹逆时针方向 36 次或指按膻中穴、内关穴各 3 分钟。亦可根据不同的证候表现选择相应的穴位进行按摩，如脾肾两虚，可横擦肾俞、命门，或按揉大椎，或擦督脉（自下而上，单方向）或按揉百会；肝肾阴虚者，按揉太溪、三阴交、阴陵泉等穴；胃肠有热者，摩腹，或振小腹，或按揉三阴交、阴陵泉等穴位；肝郁气滞，按揉太冲、期门、太阳等穴，或擦胁肋。

### （五）中药康复法

一般情况下,通过调节饮食、合理运动,或针灸、推拿等非药物疗法,能够使血脂控制在正常范围内,则不需要药物的介入,如若血脂仍居高不下,症状未得到缓解,则需应用中药康复治疗。

1. 脾虚痰湿证　治宜健脾和胃,化湿祛痰。二陈汤合四君子汤加减,药用法半夏、陈皮、茯苓、甘草、人参等。若脾肾阳虚者加淫羊藿、肉苁蓉;肝肾不足者加首乌、黄精等。

2. 湿热郁结证　治宜清利湿热。温胆汤加减,药用决明子、陈皮、竹茹、半夏、枳实,茯苓等。若腹胀胸闷者加半夏、厚朴、瓜蒌;大便秘结者加大黄、火麻仁;呕恶者加竹茹等。

3. 气滞血瘀证　治宜行气活血。血府逐瘀汤加减,药用柴胡、白芍、枳实、桃仁、红花等。若气滞重加延胡、郁金、香附;大便秘结者加决明子、火麻仁。

4. 痰瘀阻滞证　治宜行气活血,化痰消积。四逆散合二陈汤加减,药用枳实、柴胡、芍药、甘草、半夏、橘红、茯苓等。若气滞重加延胡、郁金、香附;血瘀重加丹参、红花、三七粉(3g,分冲)等;若痰湿重者,加瓜蒌皮、苍术等。

5. 肝肾阴虚证　治宜益肾滋阴,泻浊柔络。六味地黄丸合一贯煎加减,药用熟地、山萸肉、山药、茯苓、泽泻、丹皮、川楝子、枸杞、麦冬等。若失眠多梦、健忘者可加酸枣仁、柏子仁、首乌藤等。

## 四、康复护理

### （一）总的干预理念

对其以往的生活方式以及饮食习惯做分析,调节摄入食物的脂肪总量、食物的色彩搭配。荤素搭配要合理,对于油炸食品、肥肉等脂肪含量高的食物建议不吃。加强日常运动。

### （二）饮食干预护理

饮食提倡清淡,限制高脂肪、高胆固醇类饮食,如动物脑髓、蛋黄、鸡肝、黄油等,不吃甜食和零食,多吃蔬菜和水果以及谷类,宜低盐饮食,食油宜用豆油、花生油、菜油、麻油等。戒烟、酒以及夜宵。适量饮茶。

### （三）运动护理

每日晚餐一小时后可慢走 30 分钟继而转为快走 40 分钟,速度可以根据情况掌握。运动切记强度过大,以呼吸流畅为原则。日常可以选择打羽毛球、晨跑等缓和性运动。运动方式见效较为缓慢需要持久进行。

# 第七节　痛　风

痛风是嘌呤代谢紊乱、尿酸排泄减少所引起的一种尿酸盐沉积所致的晶体相关性关节炎。痛风分为原发性和继发性两类。原发性痛风除少数由酶缺陷引起外,大多原因尚未阐明,常有家族遗传史;继发性痛风由肾脏病、血液病、药物等多种原因引起。痛风不仅侵犯骨和关节,而且常累及肾脏,且与肥胖症、高脂血症、高血压、糖尿病、动

脉粥样硬化等疾病密切相关。在中医典籍记载中,痛风属于"痹证"的范畴。中医康复能够显著减轻痛风患者的症状,减少复发,预防并发病的发生,提高其生存质量。

## 一、病因病机

中医学认为,痛风病因多与饮食不节、劳逸失度,导致湿热蕴结证、瘀热阻滞、湿热阻络、蕴遏化热,表现为痛甚、漫肿甚、热重等症状。外感风、寒、湿易阻滞于关节筋骨,不及时祛散,气血运行不畅,痹阻关节,导致关节疼痛、麻木、屈伸不利等症状,形成痹证。病变在关节,与脾肾有关。

### (一)饮食不节

饮食失节、嗜食肥甘厚味,酿生湿热,或损伤脾胃,脾失健运,化生痰浊,阻滞于关节筋脉,而发为痛风。

### (二)劳逸失度

平时劳倦过度,损伤脾肾,脾失健运,升清降浊无权;肾失气化,分清别浊失司,湿热痰浊内生而发为痛风。或久卧久坐伤脾,气机不畅,痰湿内生而发。

### (三)风寒湿热

居处潮湿、涉水冒雨、气候剧变致使风寒湿热外邪侵袭人体,流注关节而成痛风。

### (四)痰瘀痹阻

久病失治,脏腑功能失调,津、血输布无权,致使痰浊、血瘀内生,痰瘀交结,经络痹阻,而成痛风。

## 二、康复辨证

痛风临床证型不外虚实两端,急性发作期,中医认为是由于嗜食肥甘厚味伤脾碍胃滋生湿热,蕴积日久而酿毒外窜,所以急性发作期多表现为正盛邪实,发作急骤,病变关节红肿热痛甚剧,此期治疗应以清热利湿为主,佐以疏散通泄郁毒,使内外通和,邪气郁毒得以排泄。慢性期由于病情迁延不愈,反复发作,日久则耗伤气血,使筋骨失养周围组织破坏,关节僵硬畸形,活动受限,此期宜益气养血,活血通络,祛邪宣痹。间歇期病情虽然相对稳定,但邪气潜伏,伺机发作,此期当继续调养脾胃及气血,兼以化湿通络,固本澄源,以求巩固康复。因此,本病临床辨证重在辨别虚实、标本缓急。

### (一)湿热痹阻证

突发关节剧痛,每于夜间痛醒,得冷则舒,活动困难。或伴发热,心烦,关节红肿灼热,触痛拒按。舌红苔黄腻,脉弦滑数。

### (二)痰瘀痹阻证

关节持续疼痛,活动受限,夜间为甚,反复发作,迁延日久,或伴倦怠纳减,关节肿胀、黯红,甚或僵硬畸形。舌黯红苔白腻,脉弦缓。

### (三)脾虚痰瘀证

关节肿痛缓解后,血尿酸仍高,关节僵硬不灵,或有浮肿麻痹,痛风石沉积,或痛风石结节破溃流溢白浊浆末,或伴倦怠乏力,心悸气短,纳呆呕恶。舌淡红或胖嫩,苔白滑,脉沉缓细涩。

### (四)肾虚痰瘀证

关节肿痛缓解后,血尿酸持续高,骨关节僵硬畸形,或伴痛风性肾炎,尿酸石形成,或伴头晕头痛,腰痛尿少,心悸浮肿。舌黯红苔少,或舌淡胖苔白滑,脉沉弦细涩。

### 三、康复治疗

痛风的基本病机是风寒湿热之邪侵袭人体,关节、经络痹阻,气血运行不畅,不通而痛。故而祛邪活络、缓急止痛是痛风的总体康复治疗原则,后期还应适当补益正气。痛风康复的目标主要是控制患者高尿酸血症和急性关节炎的发作,并防止尿酸结石形成和肾功能损害。饮食、运动等非药物康复法为痛风康复治疗的基础疗法。

#### (一)食物康复法

饮食不节是痛风发生的主要原因,因此合理控制饮食是本病康复治疗的基本疗法和首要疗法。研究表明,痛风患者如能严格控制高嘌呤食物摄入,限制高热量饮食及蛋白质的摄入量,适当增加不饱和脂肪酸的摄入量,从而可增加胰岛素的敏感性和降低高胰岛素血症,以减少体内尿酸生成,促进尿酸的排泄。

1. 一般饮食要求

(1)严格限制高嘌呤食物的摄入,减少急性发作:饮食以清淡饮食为主,慎食或不食肥甘厚味滋腻之类,尤其是动物性食品要严格控制,熟悉常用食物的嘌呤含量,根据病变的情况,酌情选择食物。

(2)控制饮食总量,保持理想体重:严禁酗酒,尤其禁大量饮啤酒或暴食,以防血尿酸骤升所致痛风急性发作或加重。

(3)多饮水,每天保证饮水 2000ml 以上,可增加排尿量,有利于尿酸盐排出,防止尿酸盐结晶形成和沉积。

2. 药膳食疗方

(1)茄子 250g,蒸熟切条,用麻油、盐、味精拌食;慈菇 250g,植物油 20g,煸炒熟,加盐、味精,服食;萝卜 250g(切丝),加植物油、盐煸炒、一起与大米 50g,煮粥服食;鲜葡萄 30g,大米 50g,煮粥。以上有促进尿酸排泄的作用,用于痛风急性发作时湿热偏盛者。

(2)栗子粉 30g,糯米 50g,煮粥服食。适用于痛风缓解期脾肾亏虚者。

#### (二)传统运动康复法

痛风急性发作缓解期和慢性痛风患者坚持适量运动,对改善症状,防止超重和肥胖,减轻胰岛素抵抗,预防和减少急性发作等均有良好作用。运动形式选择步行、慢跑、踏车、游泳、健身操等低、中强度有氧运动;运动时心率控制在 100 ~ 110/min 或运动后心率增加不超过运动前的 50% 为宜;每次运动持续 45 ~ 60 分钟,每日 1 次或每周 3 ~ 5 次。注意避免剧烈运动,以防关节损伤或诱发急性发作。冬季注意防寒保暖,增加准备活动时间。运动康复的目的是调和气血,疏通经络,促进代谢,消耗脂肪,减少痛风易患因素。

#### (三)针灸康复法

主穴:足三里、三阴交、丰隆。病变在第一跖趾关节加大都、太白、太冲。病位在掌指或指间关节加外关、阿是穴。多取夹持进针法,急性期取提插捻转泻法;恢复期多取平补平泻法。每日或隔日 1 次,每次留针半小时到 1 小时,并加用电针,10 次为 1 个疗程。

### （四）中药康复法

近年来,中医药治疗痛风已取得较好的效果,且副作用较少。目前常用治疗痛风的中药可归纳为4类:①降低血尿酸药:土茯苓、晚蚕砂等;②溶解尿酸并解除尿酸性疼痛药:威灵仙、秦艽等;③排泄尿酸药:薏苡仁、泽泻、车前子、茯苓、地龙等;④抑制尿酸合成药:泽兰、桃仁、当归、地龙等。

**1. 中药内服**

（1）湿热痹阻证:治宜清热利湿、通络止痛。宣痹汤合二妙散加减。药用防己、杏仁、滑石、连翘、山栀子、半夏、薏苡仁、赤小豆、蚕砂为主。热重于湿者加生石膏、知母;湿重于热者加苍术;湿热并重者合用二妙散,湿热甚者再加片姜黄、海桐皮;风甚者加羌活、防风、秦艽;关节肿甚者加木通、牛膝。

（2）痰瘀痹阻证:治宜化瘀通络,舒筋蠲痹。涤痰汤加减。药用皂刺、白芥子、半夏、陈皮、茯苓、穿山甲、鳖甲、生姜、甘草为主,郁久化热者加海蛤壳、浙贝母、丹皮;郁久痰毒者加连翘、蒲公英、忍冬藤;关节痛麻,部位不定,属风痰者,加天麻、白附子、僵蚕;寒象明显者加麻黄、干姜;脾虚者加白术、党参、薏苡仁。

（3）脾虚痰瘀证:治宜健脾泄浊,祛瘀通络。防己黄芪汤加减,药用黄芪、防己、白术、炙甘草、薏苡仁、草薢、土茯苓、蚕沙、赤芍、毛冬青等。关节僵硬麻痹加鸡血藤、透骨消、乌梢蛇之类;痛风石结节或破溃加法半夏、猫爪草、穿破石、海藻、山慈菇之类祛痰软坚,散结通络。

（4）肾虚痰瘀证:治宜补肾泄浊,祛瘀通络。六味地黄丸加减,药用熟地黄、山药、山茱萸、茯苓、泽泻、牡丹皮、益母草、车前草、杜仲、黄芪。头晕头痛加天麻、刺蒺藜;尿酸结石加金钱草、石韦、威灵仙、三棱;浊毒内藏,心悸呕恶,浮肿尿少可合真武汤。

临床上本病辨证应与辨病有机结合,在辨证用药的基础上,适当伍入现代药理研究发现有降尿酸作用的中药,能提高治疗效果。常用降尿酸中药如土茯苓、蚕沙、薏苡仁、车前子、金钱草、秦皮、秦艽、威灵仙、地龙、山慈菇等。

**2. 中药外治**

慢性痛风性关节炎,关节黯红肿痛,或僵硬、畸形。可用活血清热,消肿止痛类药物组成的复方,熏洗或外敷,有一定的辅助治疗效果。

（1）双柏散:由大黄、薄荷、黄柏、侧柏叶、泽兰组成,共为细末,用冷开水调成膏状,或水蜜各半调膏,冷敷患处,每天一贴。

（2）将中成药紫金锭用冷水溶化外涂患处。

## 四、康复护理

### （一）体位护理

急性期患者疼痛剧烈,嘱患者卧床休息,患肢抬高制动,予支起盖被勿压患处,以减轻疼痛,72小时关节疼痛缓解后方可下床活动,注意防跌倒。

### （二）服药护理

指导患者饭后正确服用药物,并注意观察药物的不良反应,如有无恶心、腹痛、大便秘结等,用药后症状是否好转。

### （三）运动疗法

疼痛缓解后指导患者进行四肢关节的主动屈伸运动及各种有氧运动,如散步、打太极拳等,以保持肌肉的强度,减轻或控制体重,预防关节痛风石的形成。

### （四）生活起居

患者因疼痛行动不便,护理人员应主动关心患者,在生活上给予帮助,如送饭、水、药、便器等,把患者的日常用品放在便于取用之处;如不习惯床上解二便者,可用轮椅推送患者,尽量满足患者的合理需求。叮嘱患者鞋袜勿过紧、过小或过硬,避免足部损伤。床单及衣被要保持整洁无皱褶。生活中注意避免受冷、过度劳累、进餐过饱等诱发因素。

### （五）饮食护理

既要节制饮食,又要保证营养,避免大量进食高嘌呤食物,坚持低脂肪、低蛋白的清淡饮食,多吃素、少吃荤。严格戒酒,防止过胖。要多饮水以助尿酸排出。

食物控制的三大原则:不喝酒(尤其是啤酒最容易引起痛风的发作);不吃内脏(如肝、肾、脑等);少吃海产品,并且饮用足量的水分。

# 第八节　糖　尿　病

糖尿病属中医"消渴"症范畴,又有消瘅、鬲消、肺消、消中等称谓。糖尿病是一种以慢性血糖水平增高为特征的代谢性疾病,是由于胰岛素分泌缺陷和(或)其生物作用受损所引起。临床典型表现为"三多一少",即多尿、多饮、多食和体重减轻。其病理改变包括机体长期处于碳水化合物、脂肪和蛋白质代谢紊乱,导致心脏、肾脏、眼、血管、神经等多部位的慢性损害和功能障碍;病情严重或应激状态时可发生糖尿病酮症酸中毒、高血糖高渗状态等严重并发症。

当前,糖尿病患病率正随人民生活水平提高、人口老龄化、生活方式改变而迅速增加。根据国际最新临床诊断标准,我国 18 岁及以上人群中,糖尿病估测患病率为 11.6%,约 1.139 亿,糖尿病等慢性非传染性疾病已逐渐成为我国重要的社会卫生问题。中医康复疗法对减轻糖尿病症状,减少并发症的发生,提高患者生活质量具有重要作用。

## 一、病因病机

中医认为,本病多因先天禀赋不足或年老体弱,加之后天饮食不节、情志失调等,致使火热内生,阴津渐耗而成。阴虚是病变的实质,气虚是糖尿病不愈之症结,血瘀是糖尿病合并症的关键,阴阳两虚是糖尿病发展的趋势。

### （一）饮食不节

久嗜醇酒厚味,损伤脾胃,脾失健运,酿成内热,消谷耗津,发生消渴。

### （二）情志不调

五志过极,郁而化火,消烁津液,引发消渴。

### （三）房事不节

恣情纵欲,肾虚精耗,肾虚固摄无权,精耗则气不化津,故小便多而消渴。

### （四）禀赋不足或年老肾亏

素体阴虚,或年老肾阴渐亏,阴虚内热,或热病燥热伤阴,均可发为消渴。

笔记

### （五）瘀血阻络

热灼阴伤,或情志不遂,气滞血瘀,或病久入络,瘀血内停,变生他症。

## 二、康复辨证

糖尿病病初阴虚燥热,阴虚为本,燥热为标;病久气虚、气阴两虚,甚至阴阳两虚;抑或热毒内生、瘀血停滞,或浊脂形成,变症丛生。糖尿病病变部位与五脏均有关,但主要在肺、胃、肾,尤以肾为重。辨证时当别新久、辨虚实、察脏腑、识变症。

### （一）肺胃燥热证

烦渴引饮,消谷善饥,身体渐瘦,小便频数量多,尿色混浊而黄。舌红少苔,脉滑数。

### （二）脾胃气虚证

口渴引饮,易饥与便溏并见,或饮食减少,面色萎黄,精神不振,体乏无力。舌淡苔白而干,脉细弱无力。

### （三）肾阴亏损证

尿频量多,浊如脂膏,味甜,口干舌燥,或渴而多饮,五心烦热,头晕乏力,腰膝酸软,遗精失眠。舌红,脉细或细数。

### （四）阴阳两虚证

乏力自汗,形寒肢冷,面色黧黑,腰膝酸软,耳轮焦干,多饮甚则饮一溲一,混浊如膏。或浮肿少尿,或五更泄泻,阳痿早泄。舌淡,苔白而干,脉沉细无力。

## 三、康复治疗

糖尿病的基本病机是阴虚燥热,故而总体康复治疗原则是养阴生津,清热润燥。在此基础上,根据病位不同和虚损性质不同,配合清热生津、益气养阴及润肺、养胃、健脾、滋肾等。病变复杂者,则多脏并调,气血同治,虚实兼顾,酌情选用补肺健脾、滋养肝肾、益气养血、清热解毒、化瘀祛湿等法。其康复治疗目标为减轻症状、防治并发症,改善生存质量。饮食、运动、情志等非药物疗法为糖尿病康复治疗的基础疗法。

### （一）饮食康复法

1. 一般饮食要求　饮食治疗是糖尿病最重要和首选的一种基础康复疗法。总体来说,糖尿病患者饮食宜清淡,慎食或忌食肥甘厚味,少用辛辣燥烈助热伤阴之物。并根据患者具体病情,进行个体化的膳食计划和安排。

2. 中医饮食原则　糖尿病中医饮食疗法的基本原则包括:①比例平衡。诚如《素问·脏气法时论》所言:"五谷为养、五果为助、五畜为益、五菜为充。"②性味辨证。中医将食物分为寒凉温热四性,认为寒凉食物可以清热,但易伤阳;温热食物可以去寒,但易伤阴,强调寒凉温热阴阳平衡。③食量有度。应做到"善养性者,先饥而食,食勿令饱,先渴而饮,饮勿令过,食欲数而少,不欲顿而多,盖饱中饥,饥中饱"(《饮膳正要》)。

3. 食疗药膳方

（1）上消证,主要表现为消渴多饮,口干舌燥。《本草纲目》:"瓜蒌根,味苦、酸,能止渴润枯,微苦降火,甘不伤胃。"可选瓜蒌根125g,研末,每日15～20g,冲泡、代茶饮。

（2）中消证,主要表现为多食易饥、形体消瘦。可选玉竹乌梅茶(《中国药膳学》）：玉竹 9g，大乌梅 5 颗，配以北沙参、石斛、麦门冬各 9g，研末，冰糖少许，水煎，代茶饮。

（3）下消证，主要表现为小便频数量多，混浊如脂膏。《景岳全书》中用黑豆、熟地黄、山萸等炮制后食用，可补肾益精、强筋壮骨。

（4）肺胃燥热型，煮兔方（《太平圣惠方》）：兔 1 只，去皮和内脏，切块后加桑白皮 100g，一同煮至烂熟，盐少许，食肉饮汤。可补虚清热止渴、清肺热。

（5）脾胃气虚型，五汁饮（《温病条辨》）：藕、梨、荸荠、芦根各 200g 以上，麦冬 60g，捣烂，榨汁，凉服或热服。可养阴生津、清热解毒。

（6）肾阴亏损型，地黄粥（《饮馔服食笺》）：白蜜 125g，生地汁 500g 熬成膏，粳米 100g 煮粥，加入地黄膏 2 匙，酥油少许。可润燥生津、清热养阴、滋阴固肾。

（7）阴阳两虚型，滋补饮（《医学衷中参西录》）：生地、山茱萸各 15g，黄芪、山药各 30g，水煎去渣留汁，加猪胰 50g，煮熟，食肉饮汤。可滋阴固肾、甘温益气、润燥补脏。

### （二）传统运动康复法

研究表明，运动锻炼能起到降血糖、提高胰岛素敏感性的作用。患者适度运动，能够增强心肺功能，促进机体代谢，有助于疾病的治疗和康复。因此，运动锻炼是糖尿病患者控制血糖的一个重要环节。同时，通过适当的体育锻炼，还可以使人思想开朗，心情愉悦，有利于增强对抗疾病的自信心。运动疗法以循序渐进，持之以恒为原则。运动时当因人而宜，选择适合个人的运动方式，一般主张选作用较柔和、运动量适中的运动，如太极拳、八段锦、易筋经等。

气功以意引气，导气和血，宣导津液，长期坚持锻炼，可平衡阴阳，减少糖尿病并发症的发生。糖尿病患者应根据个体情况选择适合的气功功法。如中老年、体质弱者可采用仰卧式松静功；多饮、多食、多尿的阴虚燥热者可采用生津止渴内养功等。

若合并白内障、雀目等，可加练五轮转动法。即随吸气上举两手，食指按于眼睑下承泣穴，经瞳子髎、丝竹空、阳白穴上推按至头临泣穴，随呼气两手指向下经曲差、眉中、攒竹等穴按摩至睛明穴为一次。随调息之呼吸气，重复上述动作，时间少可揉按 8 次，时间充足则揉按 64 次，以眼部发热，感觉舒适为度。

### 知识拓展

#### 糖尿病运动指南

原则一，安全性。禁忌证：糖尿病酮症酸中毒，FPG 大于 16.7mmol/L 或小于 4.0mmol/L，增殖性视网膜病，肾衰竭。合并严重心血管疾病，合并感染的患者。

原则二，科学性、有效性。中等强度或以下运动（150 分钟/周），每周 3～5 次；以有氧运动（40%～70% 最大心率）为主，阻抗（3 次/周）为辅；运动间隔时间不超过 3 天；时间为餐后的 1～3 小时为宜。

原则三，个体化。血糖情况（大于 16.7 或小于 4.0 不宜运动）；血压（超过 180/120mmHg 不宜运动）；各种并发症的严重情况。

原则四，专业人员指导。在康复医师、糖尿病专科医师、运动治疗师等指导下运动。

### （三）心理康复法

情绪因素在糖尿病康复治疗过程中所起的作用非常重要。紧张、激动、恐惧等不良情绪,使生长激素、去甲肾上腺素、胰高血糖素和肾上腺皮质激素的分泌大量增加。这些激素不仅升高血糖,更能与胰岛素对抗。因此,改善病人的情绪状态,是糖尿病康复的重点之一。

1. 心理支持　通过解释、说理、疏导、安慰等,进行支持性心理治疗,以帮助病人消除各种消极情绪。

2. 认知疗法　帮助病人对糖尿病知识有所了解,消除不适当的预测、误解和错误,提高治疗的信心。

3. 行为疗法　某些行为疗法技术可帮助病人遵从药物治疗和饮食控制计划,包括血糖自我检测,行为强化,行为塑造疗法。

### (四)针灸康复法

1. 体针　以脾俞、膈俞、胰俞、足三里、三阴交为主穴,多饮烦渴加肺俞、意舍、承浆;多食易饥加胃俞、丰隆;多尿、腰痛、耳鸣加肾俞、关元、复溜;神倦乏力、少气懒言、腹泻加胃俞、三阴交、阴陵泉。用缓慢捻转,中度刺激,平补平泻法,隔日1次,每次留针15分钟,出针前重复运针一次再指压。10次为1个疗程。疗程间隔3~5日。

并发目疾者,取承泣、四白、巨髎、三阴交、足三里、内庭,留针10分钟,隔日1次。并发痈疽者,取曲池、尺泽、足三里、三阴交等穴,留针15分钟左右,隔日1次。

2. 水针　取肺俞、脾俞、胰俞、三焦俞、曲池、足三里、三阴交等穴位,每次选2~4穴,每穴注入红花(或当归、黄芪、丹参)注射液0.5~2ml,隔日1次,5次为1个疗程。

3. 耳针　主穴为胰、内分泌,辅穴为肾、三焦、耳迷根、神门、心肝等。用毫针法隔日1次,或用压丸法,3~7天复诊一次,每次选3~4穴。并发白内障则选眼区,留针15~30分钟,隔日1次,20天为1个疗程。或在眼、肝、肾、肾上腺、心、交感诸穴中找敏感点贴王不留行籽,每次选2~3穴,3~5天换一次,两耳交替进行。

4. 梅花针　取胸6~12夹脊,腰1~6夹脊部,用梅花针轻叩或中等强度叩刺,每次5~10分钟,隔日1次,10次为1个疗程。

5. 艾灸　①承浆、意舍、关冲、然谷;②水沟、承浆、玉液、曲池、劳宫、太冲、行间、商丘、然谷、隐白;承浆、太溪、支正、阳池、照海、肾俞、小肠俞、手足小指(趾)间。以上两组穴位每次选一组施灸,交替使用。但妊娠糖尿病患者及糖尿病患者合并皮肤感染、溃疡忌用灸法。

### (五)推拿康复法

一般可推脊两侧,并由上而下摩擦背部,揉背部俞穴,揉捻脚趾,可有通经络,调气血,滋阴健脾,益肾补虚之功效。可配合穴位按摩,承浆、中脘、关元、期门及肾俞穴等,每穴按摩18~36次;并发眼疾者,则可按、推、摩印堂部,点按双眼内眦部,轻揉上下眼睑。

### (六)中药康复法

1. 中药内服

(1)方药加减

1)肺胃燥热:治宜清热生津止渴。白虎加人参汤(《伤寒论》)合益胃汤(《温病条辨》)加减,药用石膏、知母、甘草、党参、沙参、麦冬、生地、玉竹、天花粉、芦根等。口渴甚,加重天花粉用量;便秘,加大黄;口舌生疮,加黄连。

2)脾胃气虚证:治宜益气健脾、生津止渴。七味白术散(《小儿药证直诀》)加减,药用党参、茯苓、白术、葛根、木香、甘草、藿香、山药、扁豆等。食欲不振,加鸡内金、砂仁;体虚无力甚者,加黄芪;便溏,加苍术、薏苡仁。

3)肾阴亏损证:治宜滋阴补肾。六味地黄丸(《小儿药证直诀》)加减,药用熟地、山药、丹皮、泽泻、茯苓、山萸肉、女贞子、玉竹等。虚火甚者,加知母、黄柏;烦渴多饮,加天花粉;视力减退,加枸杞子、菊花;气短乏力者,加人参、黄芪。

4)阴阳两虚证:治宜滋肾温阳。金匮肾气丸(《金匮要略》)加减,药用熟地、怀山药、丹皮、泽泻、茯苓、山萸肉、肉桂、附子、淫羊藿、枸杞子、覆盆子、锁阳等。多尿或尿液浑浊,加益智仁、菟丝子、白果;少尿浮肿加黄芪、白术、防己;五更泄泻,加补骨脂、五味子、吴茱萸、肉豆蔻;阳痿、早泄,加鹿角胶、仙茅。

(2)中成药:临床治疗糖尿病的中成药品种繁多,可根据辨证适当选用。

1)降糖舒:由人参、熟地、黄芪、黄精、丹参等22种中药组成。能益气养阴,生津止渴。适用于气阴不足的患者。

2)玉泉丸:据清代名医叶天士治消渴病的处方制成。益气生津、清热除烦、滋肾养阴。主治2型糖尿病轻、中度患者及老年糖尿病。部分患者长期服用有胃肠道反应。

3)地黄丸系列:六味地黄丸、麦味地黄丸滋阴补肾,适用于肝肾阴虚者;金匮肾气丸适用于阴阳两虚者。

4)石斛夜光丸:由石斛、人参、枸杞子、青葙子等25味组成。能滋补肝肾、养肝明目。对糖尿病视网膜病变及糖尿病性白内障早期有一定疗效。

2. 中药外治

(1)药物敷脐:取石膏5g,知母2g,生地0.6g,玄参0.6g,天花粉0.2g,黄连0.3g,粳米少许,制成粉剂,放阴凉处保存备用。每次取粉250mg,加盐酸二甲双胍40mg,混合敷脐,上盖以药棉,外用胶布固定。每5~7天换一次,6次为1个疗程。

(2)药膏贴穴:取太子参、生地黄、枸杞子、天花粉、玄参各30g,荔枝核40g,黄连18g,白芥子、干姜各8g,盐酸二甲双胍,共研细末备用。取穴神阙、肺俞、脾俞、肾俞、关元、膈俞,每次选3~4穴,取药末每穴3g,加生姜汁调膏,24小时换药1次,半个月为1个疗程,间隔5天实施下一疗程。肺热者加曲池,胃热甚者加中脘。适用于糖尿病气阴两虚肥胖者。

(3)中医泡浴:取透骨草、川椒、木瓜、赤芍各30g。苏木50g,桂枝18g,红花、白芷12g,艾叶、川乌、草乌、麻黄各10g,川芎18g,加水5000ml煮沸,先熏患处30分钟,再入药浴中浸泡,每日2次。适用于糖尿病合并周围神经病变所致手足疼痛、麻木,以及下肢血管病早期疼痛、怕冷。

## 四、康复护理

随着医疗水平的提高,糖尿病的诊断与治疗已相当完善,但因其治疗不是"药到病除"的简单过程,要想达到控制好血糖,使其寿命和正常人一样,康复护理显得尤为重要。为了实现糖尿病康复治疗的目的:控制血糖,预防各种并发症,提高和巩固患者饮食治疗和药物治疗的效果,糖尿病康复护理主要包括以下三个方面:心理护理、健康教育、控制并发症。

### （一）心理护理

糖尿病患者确诊后,因对疾病认识还不清楚,易产生紧张、恐惧、焦急等情绪,加之疾病增加患者和家庭许多经济负担,易产生抑郁、绝望等负面情绪。研究表明,当患者处于情绪应激状态时可使交感神经兴奋,导致血糖大幅度波动,不利于治疗和康复,甚至加重病情。

针对患者心理,应给予积极指导:

1. 实行因势利导,让患者深入了解糖尿病的基本知识,指导其正确对待疾病,增强战胜疾病的信心。

2. 增强患者的自控能力,告知患者饮食、运动、药物治疗和定期检查长期坚持的重要性,鼓励其持之以恒。

3. 鼓励患者向亲人、朋友倾诉,保持乐观心情。当有不良情绪时及时学会自我调解,从而有效控制病情。

### （二）健康教育

糖尿病是一种慢性、终身性疾病,患者的生活方式和对疾病的认识程度与糖尿病的控制密切相关。可通过讲座、对话等多种形式进行健康教育,加强患者的自我防护意识,建立健康的生活习惯,具体包括:

1. 生活指导,重视个人卫生,保持皮肤清洁,勤洗澡、勤换衣裤,加强口腔和外阴护理。皮肤避免接触尖、硬或烫的物体,防治受伤或出现感染,若出现破损或溃烂,应及时进行治疗。鼓励患者通过饮食控制(食用高纤维素、低脂肪等)和增加运动(每天至少 30 分钟中等强度)使体重持续降低 5% ~7%。

2. 用药指导,指导患者严格遵医嘱用药。根据疾病的类型和药物的种类,帮助患者掌握用药时间、剂量、方式等,并告之其注意事项和自我预防并发症等知识。

3. 自我监测指导,学会定时自我检测血糖,体重;平时注意食欲、口渴情况;定期检查血脂、尿、心电图、肝肾功能等,控制病情,及时发现并发症。教育患者掌握糖尿病酮症酸中毒、低血糖的诱因、临床表现和自救方法。

### （三）控制并发症

1. 足部护理,嘱患者穿柔软、透气袜子,宽松鞋子,勿光脚走路。每天检查足部皮肤颜色、温度、感知觉状况,若发现水疱、溃疡、破损时及时告知医师处理。

2. 保护肾功能,积极控制高血压,限制蛋白质摄入,多食油脂低、优质蛋白食物。药物方面可遵医嘱口服降脂、抗凝药,改善肾小球内循环。

3. 保护周围神经,周围神经病变主要表现为指端感觉异常,是糖尿病患者致残的主要原因。做好肢体的保暖防护工作,注意休息和调整好心理状态,局部配合中医理疗和按摩,可减少发作次数。

4. 视网膜防护,视网膜病变是糖尿病患者失明的主要原因。患者应保持大便通畅,防用力排便导致视网膜脱落。若患者视物模糊,应加强生活护理,减少活动,注意安全,预防意外的发生。

## 第九节　　功能性便秘

便秘是常见的消化道疾病,指粪便在肠道内滞留过久,排便周期延长,或粪质坚硬,或经常排便不畅的病证。它既可是一个独立的病证,也可是多种疾病的一个症状。临床表现为两天以上无大便,或超过个人排便习惯一天以上,且大便干结、排出费力,伴有不适或痛苦感。

功能性便秘是非器质性的便秘,即排除肠道器质性病变的便秘,与年龄、气候、精神心理等因素相关,常由不良的生活习惯、饮食习惯、排便习惯,或神经、精神性疾病以及年老、肥胖、妊娠、药物影响等引起。功能性便秘在中医学中有很多名称,如"脾约"、"肠结"、"大便难"等。

## 一、病因病机

本病起病缓慢,主要病因是感受外邪、饮食失节、情志失调、禀赋不足等,引起津液耗伤,气机郁滞,终致大肠传导失司,大便秘结。病位在大肠,与肺、脾、肝、肾有关。本病分虚实两大类,病久虚实转化,虚实兼见。

### (一)饮食不当

久食或偏嗜辛辣厚味,或饮酒过度,致使肠中积热,热灼津伤便干。

### (二)情志失和

情志郁结不舒,或忧愁思虑,使肝脾气机郁滞,肠腑传导失常,大便涩滞不畅。

### (三)正气不足

病后、产后或年老体虚,阴阳气血不足,大肠失于濡润或无力传送,便结难下。

此外,久坐或久卧,运动不及,亦可使大肠气机运行不畅发为便秘。

## 二、康复辨证

形成便秘原因很多,其表现形式也多种多样,但其证候表现不外虚实两端,因此便秘的辨证以分清虚实为要。

1. 实证便秘

(1)热结肠燥:大便干结,腹满胀痛,口干口臭,面红心烦,或伴身热,小便短赤。舌红,苔黄燥,脉滑数或弦数。

(2)气机郁滞:大便干结,欲便不出,或便而不爽,腹中胀满,肠鸣矢气,嗳气频作,胸胁痞满。舌苔薄白或薄黄,脉弦。

(3)寒凝肠腑:大便艰涩,腹痛拘急,胀满拒按,胁下偏痛,手足不温,呃逆呕吐。苔白腻,脉弦紧。

2. 虚证便秘

(1)气虚:大便不干硬,虽有便意,临厕努挣乏力,汗出短气,面白神疲,肢倦懒言。舌淡苔白,脉细弱。

(2)血虚:大便干结,努挣难下,面色无华,头晕目眩,心悸气短,健忘,口唇色淡,舌淡苔白,脉细。

(3)阴虚:大便干结,如羊屎状,形体消瘦,头晕耳鸣,颧红面赤,心烦少眠,潮热盗汗,腰膝酸软。舌红少苔,脉细数。

(4)阳虚:大便艰涩,排出困难,小便清长,面色苍白,四肢不温,腹中冷痛,或腰膝酸冷。舌淡苔白,脉沉迟。

## 三、康复治疗

本病的康复治疗原则是补虚泻实。补虚在于补益阴阳气血,泻实则重在清肠腑、调气机。康复目标是尽可能增加肠蠕动,促进糟粕的排出,恢复肠道的通降功能。

### (一)针灸康复法

1. 毫针　常用主穴为大肠俞、天枢、上巨虚、支沟、照海。热结肠燥便秘加合谷、曲池;气质便秘加中脘、太冲;正气虚所致的便秘加脾俞、气海;实证便秘,只针不灸,用泻法;虚证便秘,针、灸并用,用补法。

2. 刺络拔罐法　主穴脾俞、胃俞、大肠俞、中脘、天枢、大横、关元、足三里。常规消毒后,在大肠俞(或反应点)用三棱针垂直点刺0.5寸,另取大号火罐1个,在出血部位行拔罐放血治疗。5分钟后可吸出血2~3ml,除去火罐,每周治疗1~2次。

3. 穴位埋线法　取大肠俞、天枢、上巨虚等穴。用9号腰穿针将2cm 0号医用羊肠线垂直植入穴位。每隔15~30天埋1次,一般治疗1~8次。

4. 灸法

(1)取天枢、支沟、大肠俞、神阙等穴。每穴施灸10~20分钟,每日或隔日1次,6~12次为1个疗程。热秘加灸曲池、合谷;气秘加阳陵泉、太冲;虚秘加气海、胃俞;冷秘加关元。

(2)选神阙、关元穴,患者取仰卧位,暴露腹部,将做好的药饼放在待灸穴位,点燃艾段上部后置药饼上施灸,每次每穴各灸2壮,每壮约燃15分钟,感觉较烫时适当移动药饼。每日1次,12次为1个疗程,疗程间休息3天,共治疗6个疗程。

5. 耳针　大肠、直肠下段、三焦、腹、肝、脾、肾,每次选3~5穴,毫针刺,或用王不留行籽穴位贴压。

### (二)推拿康复法

1. 推拿　常用穴位天枢、阳池、足三里、肾俞等,患者取仰卧位,腹部放松,意静心清。在中脘、天枢、大横穴用轻快的一指禅推法治疗,每穴约1分钟。然后以顺时针方向摩腹10分钟。患者俯卧位,术者用滚法沿脊柱两旁从脾俞到大肠俞治疗,约3分钟。然后按揉脾俞、长强2~3遍。

2. 腹部按摩　仰卧,屈曲双膝,双掌搓热后,左手平放在右下腹部,右手放在左手背上,向上推至右肋下部,顺着脐上方横过腹部,至左下腹,在该处作深而慢的揉按,然后推到原处为一圈。反复按摩10~15分钟。

按摩腹部气海、中脘、关元、天枢等穴位,然后在腹部顺时针按、推、揉,可以有效改善胃肠功能、增强排泄能力。

### (三)中药康复法

1. 中药内服

(1)热结肠燥:治宜清热导滞,润肠通便。麻子仁丸加减,药用大黄、枳实、厚朴、麻子仁、杏仁、白蜜、芍药。

(2)气机郁滞:治宜顺气导滞。六磨汤加减,药用木香、乌药、沉香、大黄、槟榔、枳实。

(3)寒凝肠腑:治宜温里散寒,通便止痛。温脾汤加减,药用附子、大黄、党参、干姜、甘草、当归、肉苁蓉、乌药。

（4）气虚便秘:治宜益气润肠。黄芪汤加减,药用黄芪、麻仁、白蜜、陈皮。排便困难,腹部坠胀者,可合用补中益气汤;气息低微,懒言少动者,可加用生脉散;肢倦腰酸者,可用大补元煎。

（5）血虚便秘:治宜养血润燥。润肠丸加减,药用当归、生地、麻仁、桃仁、枳壳。腰酸肢冷较甚者,加附子、肉桂;腹泻甚者,加扁豆、山药、诃子等。

（6）阴虚便秘:治宜滋阴通便。增液汤加减,药用玄参、麦冬、生地、油当归、石斛、沙参。

（7）阳虚便秘:治宜温阳通便。济川煎加减,药用肉苁蓉、牛膝、附子、火麻仁、当归、升麻、泽泻、枳壳。

2. 中药外用

（1）敷脐疗法:①皮硝9g,皂角末1.5g,皮硝加水溶解后加入皂角末,调敷脐部,每日1次,适于热性便秘。②附子、苦丁香15g,炮川乌、香白芷、牙皂6g,胡椒3g,麝香少许,同大蒜捣敷脐部,适用于冷秘。③当归60g,大黄30g,芒硝、甘草15g,研末调水熬成浓稠膏状贴脐上,或煎汤摩腹,可养血润肠,治血虚便秘。④皂角、大黄同研为散,置于脐部,适用于热结便秘。

（2）灌肠疗法:大黄20g,芒硝10g,大黄放入保温杯内,加沸水250ml盖盖浸泡10分钟,再加入芒硝搅拌溶解完全,去渣,取药液200ml备用。患者取侧卧位,暴露臀部,将肛管插入肛门内10~15cm,将温热药液徐徐灌入肠内,保留30分钟。若无效,间隔3~4小时再灌1次。大黄为刺激性排便药,不宜长期使用。

### （四）饮食康复法

1. 一般饮食原则　良好的饮食习惯对防治便秘非常重要,所以要尽可能做到饮食有节制,每日食物种类齐全,提倡多吃粗粮素食淡食,不宜辛辣煎炸之类,多饮汤、羹类以濡润肠腑,促进排便。

2. 食疗药膳方

（1）热结肠燥:炒西瓜子仁、蜂蜜各1匙,糯米适量。糯米淘净,加水适量煮粥,待熟加入西瓜子仁和蜂蜜。早餐食用。

（2）气机郁滞:陈皮10g,蜂蜜15~20ml,大米100g。槟榔片煎汁,去渣取汁,加入洗净的大米煮粥,熟后加蜂蜜调味。每日分2次食用。

（3）气虚便秘:①核桃仁30g,薏米50g,冰糖适量。武火烧沸,再文火熬煮,加冰糖调味。②甘薯200g,大米150g,白糖适量。甘薯洗净连皮切小块,加水与大米同煮粥,加适量白糖。随意适量食用。

（4）血虚便秘:黑芝麻粉30g,大米30g,大米淘净加水适量如常法煮粥,粥成调入芝麻粉。早、晚食用。

（5）阴虚便秘:玉竹10g、大米50g、白糖少许。玉竹洗净,加水用砂锅煎汁,去渣加大米煮粥,最后入白糖适量调匀。每日早、晚各食1次。

（6）阳虚便秘:精羊肉、大米各100g,肉苁蓉10g,葱白2根、生姜3片、精盐少许。精羊肉、肉苁蓉洗净切碎;肉苁蓉煎煮去渣取汁,加羊肉、大米同煮,待煮沸后,入生姜、葱白、精盐熬粥。

### （五）运动康复法

功能性便秘与运动的关系非常密切,适当运动锻炼可以增强腹肌收缩力,促进胃肠蠕动,增加排便动力。运动的方式很多,可以酌情选择,如散步、跑步、游泳、跳绳、骑车等。中国传统的运动疗法太极拳、五禽戏、易筋经等功法,如若能长期坚持习练,对调节脏腑功能、提高身体的代谢有较好的效果。

此外肛门、会阴运动也有助于排便,站立位,深吸气时收腹缩肛,呼气时放松,反复10～30遍,每天2～3次。

### 四、康复护理

#### (一)日常起居

老年性便秘患者应适度运动,切忌久坐久卧;保持定时排便;可配合下腹部热敷,或施行腹部按摩,以增强肠道蠕动,促使排便。

#### (二)饮食护理

平时多饮水,或晨起空腹饮温水或淡盐水;多食蔬菜、水果,以补充水分和纤维素,从而增加肠容量和刺激肠蠕动,并保持一定的进食量。饮食定时定量,粗细结合,荤素搭配。

## 第十节 慢性非特异性溃疡性结肠炎

溃疡性结肠炎是一种慢性非特异性结肠炎症,重者发生溃疡病变。病变主要累及结肠黏膜和黏膜下层。临床主要表现为腹泻、腹痛和黏液脓血便。病情轻重不一,多呈反复发作过程。本病可发生于任何年龄,多见于20～40岁。根据该病的症状特征,属于中医学"泄泻"、"痢疾"的范畴。

### 一、病因病机

本病的发生,常因先天禀赋不足、素体脾胃虚弱、饮食不节(洁)、情志失调、感受外邪等导致脾胃功能失常,湿热内蕴,气机不利,肠络受损而致。久而气滞血瘀,寒热错杂。病变初起病位在脾、胃、肠,后期常常累及肾。病理性质属本虚标实,本虚以脾胃虚弱为主,标实以湿热蕴结、瘀血阻滞、痰湿停滞为主。

### 二、康复辨证

本病反复发作,病程较长,属于虚实夹杂之证。临证应辨新久,察虚实,识寒热,别气血。

#### (一)湿热内蕴证

腹痛、腹泻或里急后重,粪便夹有脓血、黏冻,肛门灼热,尿黄赤。舌红苔黄腻,脉滑数。

#### (二)寒湿下注证

腹痛拘急,痢下赤白黏冻,白多赤少,或为纯白冻,里急后重,口淡乏味,脘腹痞闷,小便清长。舌淡苔白腻,脉濡缓。

#### (三)脾虚肝旺证

腹泻多于情绪紧张或激动后发生,腹痛即泻,泻后痛不减,伴胸胁胀痛,脘闷纳呆。苔薄白,脉弦细。

### （四）脾胃虚弱证

常见于病情反复发作患者,肠鸣腹泻,粪便中夹有不消化食物,纳呆胸闷,疲乏无力。舌淡苔白,脉濡缓。

### （五）肾阳虚衰证

久泻不愈,形寒肢冷,腰膝酸软,腹痛喜暖,大便稀薄,或痢下白色黏冻。舌质淡,脉沉细。

### （六）瘀血内阻证

病程日久不愈,左下腹疼痛,可扪及肿物,疼痛固定,按之加剧,大便时下脓血。舌质紫黯有瘀点,脉涩。

## 三、康复治疗

本病的康复治疗原则是补虚泻实,攻补兼施。对迁延不愈之久痢,宜于温补之中,佐以清肠导下祛积,扶正祛邪,权衡运用。康复的目标是有效地控制症状,减轻结肠的炎性病变,控制急性发作,防止复发,提高患者的生存质量。康复治疗方法以药物康复和针灸康复为主。

### （一）中药康复法

1. 中药内服

(1)湿热内蕴证:治宜清热利湿。白头翁汤(《伤寒论》)加减,药用白头翁、白芍、炒槐花、秦皮、黄芩、木香、生甘草、红藤等。热毒重,可加马齿苋、败酱草;便血重,加丹皮、地榆;腹痛、里急后重明显,可加木香、槟榔。

(2)寒湿下注证:治宜温化寒湿,行气和血。胃苓汤(《丹溪心法》)加减,药用当归、木香、炮姜、枳实、苍术、白术、厚朴、猪苓、茯苓、泽泻等。

(3)脾虚肝旺证:治宜疏肝解郁,缓急止痛。痛泻要方(《景岳全书》)加减,药用柴胡、白芍、防风、木瓜、白术、陈皮、苡仁、焦山楂等。兼湿热者,加白头翁、黄连、马齿苋;肝郁气滞,胸胁脘腹胀痛者,加柴胡、枳壳、香附;兼瘀滞者,加蒲黄、丹参;若久泻不止,可加酸收之品,如乌梅、诃子等。

(4)脾胃虚弱证:治宜补脾健胃。参苓白术散(《太平惠民和剂局方》)加减,药用党参、白术、山药、莲子、茯苓、车前子、马齿苋、炒谷麦芽、黄芪、扁豆、砂仁、姜炭等。久泻不止,中气下陷者,可合用补中益气汤;黏液多者,加法半夏;夹瘀滞者,加蒲黄、丹参、川芎。

(5)肾阳虚衰证:治宜温肾固涩。桃花汤(《伤寒论》)合真人养脏汤(《太平惠民和剂局方》)加减,药用赤石脂、肉豆蔻、诃子、干姜、肉桂、人参、白术、当归、白芍、木香、甘草等。腰酸肢冷较甚者,加附子、肉桂。

(6)瘀血内阻证:治宜活血化瘀。少腹逐瘀汤(《医林改错》)加减,药用当归、赤芍、没药、小茴香、干姜、肉桂、蒲黄、五灵脂、白芷、白及、三七等。兼湿热者,加白头翁、黄连、马齿苋;兼脾虚湿困者,加党参、苍术、厚朴;兼肝郁气滞者,加柴胡、香附、郁金。

2. 中药外用

(1)中药保留灌肠

1)湿热内蕴证:用马齿苋、白头翁、黄柏、川芎各50g,丹参、儿茶各30g,水煎成100ml,加入2%普鲁卡因20ml,每晚睡前保留灌肠,15日为1个疗程。

2）寒湿下注证:用白及、地榆炭、炮姜炭、石榴皮各适量,煎成 100ml,高位保留灌肠,每晚 1 次,14 天为 1 个疗程。亦可用制附子、白术各 80g,黄芪、丹参、苡仁、仙鹤草各 30g,煎成 100~150ml,加云南白药半支混匀,高位保留灌肠,每晚 1 次,15 天为 1 个疗程。

3）脾虚肝旺证:用木香、白芍、地榆炭、五倍子、白及适量,煎成 100ml,高位保留灌肠,每晚 1 次,15 天为 1 个疗程。

4）脾胃虚弱证:用白术、罂粟壳、白及、五倍子、枣树皮适量,煎成 100ml,高位保留灌肠,每晚 1 次。

5）肾阳虚衰证:用干姜炭、赤石脂、地榆炭、乌梅、附子、白及适量,煎成 100ml,高位保留灌肠。

6）瘀血内阻证:用麝香、牛黄、红花、珍珠、血竭、枯矾、白及、青黛、地榆炭、参三七、乌梅炭适量,共为细末,用时取 12g,加开水 100ml 调匀,每晚 1 次,20 天为 1 个疗程。

（2）敷脐疗法

1）吴茱萸粉 3g,米醋 5ml 调和,加温 40℃ 左右,外敷脐部。每 12 小时更换 1 次。适于寒湿偏盛者。此型亦可用车前子、肉桂各 9g,研末纳脐。

2）猪苓、地龙、生姜汁各适量。前 3 味共为细末,以生姜汁调成膏状,敷于脐部,每日换药 1 次,适于湿热重者。此型还可选用滑石粉 30g,甘草末 6g,鲜车前草汁适量,共调和如泥,敷脐,每日换药 1~2 次。

3）乳香、没药、米粉各适量,共为细末,陈醋调如膏状,敷脐,每日换药 1 次。适于脾胃虚弱者。

（3）足浴疗法:葛根 50g,白扁豆 100g,车前草 150g,水煎 20~30 分钟去渣取液,放入浴盆内,兑适量温开水,水温 30℃ 左右,浸泡脚 30~60 分钟,每日 2~3 次。

（二）针灸康复法

1. 体针  主穴为天枢、下脘、气海、阴陵泉、丰隆。腹痛甚者加太白、梁丘;恶心呕吐者加内关、膻中。毫针刺用泻法,寒湿痢、休息痢可配合灸法。

2. 艾灸  取穴为天枢、足三里、脾俞、章门、命门。取艾绒适量,加少量人工合成麝香,做成 0.7cm×0.7cm 艾炷直接灸,每穴 3~5 壮,灸后用小膏药贴灸疮,使化脓直至灸疮愈合为止。

3. 隔药灸  选天枢(双),气海,关元等穴位。患者取仰卧位,暴露腹部,将做好的药饼放在待灸穴位,点燃艾段上部后置药饼上施灸,每次每穴各灸 2 壮,每壮约燃 15 分钟,感觉较烫时适当移动药饼。每日 1 次,12 次为 1 个疗程,疗程间休息 3 天,共治疗 6 个疗程。

4. 刺络拔罐  取大椎、肝俞、脾俞、三焦俞、大肠俞穴。前 3 穴为一组,后 2 穴为一组,两组交替。穴区常规消毒,用三棱针快速散刺,使之微出血,然后在叩刺部位拔罐 3~5 分钟。隔日 1 次,6 次为 1 个疗程。

5. 穴位埋线  取穴为天枢、大肠俞、上巨虚。穴位严格消毒后,用 9 号腰椎穿刺针分别在上述穴位中埋入 2cm 长羊肠线。天枢穴斜向神阙穴平刺进针埋线,大肠俞直刺进针约 5cm,有针感传导至下肢时埋线;上巨虚直刺进针 2cm,有酸胀感后埋线。隔 30 日埋线 1 次,3 次为 1 个疗程。

### （三）传统运动康复法

运动可改善胃肠道的血液循环,增强消化与吸收功能,促进溃疡愈合。运动还可调节患者的情绪,对于疾病的康复有益。常用的运动方式如太极拳、八段锦、五禽戏等。

### （四）推拿康复法

取穴:中脘、天枢、关元、膀胱经背部俞穴、足三里、上巨虚、下巨虚。

患者取仰卧位,术者位于右侧,用沉着缓慢的一指禅推法推中脘、天枢、关元,每穴约 1 分钟。然后以脐为中心作逆时针方向摩腹,时间约 5~8 分钟。

患者取俯卧位,术者用擦法沿脊柱两旁从脾俞到大肠俞治疗,约 3 分钟。然后按揉脾俞、胃俞、大肠俞,约 3 分钟。再横擦腰骶部,以透热为度,时间约 5 分钟。按揉足三里、上巨虚、下巨虚,每穴约 1 分钟。

### （五）饮食康复法

1. 一般饮食原则　由于本病病程较长且易反复,以致消化吸收功能较差,故饮食以柔软、易消化、富于营养为原则,且应少食多餐,病情严重时还需禁食,使肠道得以休息。避免过冷过热的饮食,对烟、酒和其他刺激性食品也应禁忌。

2. 食疗药膳方

（1）脾胃虚弱:补虚正气粥(《圣济总录》):黄芪 30g,人参 10g,粳米 90g,白糖适量。将黄芪、人参切片,用冷水浸泡半小时,入砂锅煎沸,煎出浓汁后去渣取汁,再把渣加入冷水如上法再煎,并取汁。将一、二煎药汁合并后分两等份,早晚备用一份,同粳米加水煮粥,粥成后入白糖,早晚空腹服用。

（2）脾肾阳虚:莲子猪肚(《医学发明》):莲子 40 粒,大猪肚 1 具,黄酒、葱白、生姜、食盐适量。莲子去皮,用黄酒浸泡一昼夜,装入猪肚内,用针线缝合。猪肚放入砂锅内,加清水、葱、姜、慢火炖烂,进餐前加盐少许。可供早晚餐,温热食用。

（3）脾虚肝郁:三花防风茶(《中国药膳辨证治疗学》):茉莉花 12g,玫瑰花 12g,扁豆花 24g,防风 12g,红糖适量,前四味水煎取汁,加糖。适量代茶频饮。

（4）大肠湿热:马齿苋粥(《食疗本草》):新鲜马齿苋 60g(干品 30g),粳米 100g。将鲜马齿苋洗净切碎,同粳米煮粥。可供早晚餐,温热食用。

## 四、康复护理

加强溃疡性结肠炎患者的康复护理,能减少并发症的发生和降低复发率,提高患者的生活质量。

### （一）心理护理

由于溃疡性结肠炎病程较长,有反复发作的特点,使患者有焦虑紧张心理。因此,对患者进行相关知识宣教,指导患者正确掌握发病规律,消除紧张情绪,调动主观能动性,防止疾病复发。

### （二）饮食护理

指导患者养成合理的饮食习惯,饮食以易消化食物为主,忌辛辣、油腻、生冷、坚硬食物,戒烟酒,节饮食。

### （三）健康教育

为了有效地根治溃疡性结肠炎,并预防或减少复发,还要向患者介绍该病的诱发因素及其预防措施。除了调节情志,戒烟酒,养成良好的饮食习惯外,还要注意正确用药,避免自行用药等,增强自我保健意识,认识到预防和保健的重要性。轻症患者可以在治疗过程中继续工作。重症和急性期患者要卧床休息,以减轻肠蠕动和症状。

# 第十一节　骨性关节炎

骨性关节炎,也称退行性关节病、骨质增生、骨关节病,是由于关节软骨完整性破坏以及关节边缘软骨下骨板病变,导致关节症状和体征的一组异质性疾病。本病以关节软骨损伤和继发骨质增生为特点,常发生于活动过多的关节和负重的关节,如手指关节、脊柱、髋膝关节、足的跖趾关节。典型症状是关节疼痛,过度活动后加剧。随着人口老龄化,发病率显著增高,是中老年人的常见病。患者关节疼痛、活动度下降,可发展为关节畸形、运动功能下降,严重影响其生存质量,是康复医学研究的重要内容。

根据该病的症状特征,属于中医学"骨痹"、"肾痹"和"骨痿"的范畴。

## 一、病因病机

本病多由于老年人肝肾亏虚,精血不足,导致脉络空虚,腠理不固,加以在劳损外伤的基础上感受外邪,合而为病,久则痰浊瘀血凝滞骨节所致。临床证候多见正虚邪实,正虚以肾虚、气血不足为主,邪实以风寒、痰瘀为主。

### (一)肝肾亏虚

年老以后,肝肾精血渐亏,气血不足,无以濡养筋骨筋脉,则筋疲骨弱而发病。

### (二)劳损过度

因长期过度负重用力,或闪挫跌扑,劳损日久,引起气血不畅,筋骨失养。

### (三)外邪侵袭

外邪侵袭是本病发生或加重的常见诱因,邪气入侵经络,致经络气血运动行不畅,筋骨、关节痹阻不通,引起关节疼痛而发病。

## 二、康复辨证

本病是老年慢性关节病,反复发作,病程长久,多属虚实夹杂,应辨明虚实之主次。劳损为主者,以肝肾亏虚、气血虚弱为主,在本虚的基础上又夹有风寒痰瘀等邪气致病。

### (一)肝肾亏虚证

骨节隐隐疼痛,尤以腰膝多见,不耐劳作,劳累后尤甚,腰膝酸软,肢节屈伸不利,活动无力,形体瘦弱,爪甲枯脆,面色无华。舌淡苔薄白,脉弦细无力或虚弱。

### (二)气血不足证

病程日久,反复发作,骨节疼痛,劳累后加剧,肌肉瘦削,面色苍白,唇甲淡白无华,少气懒言,神疲倦怠,眩晕,畏风自汗。舌淡苔薄,脉细弱。

### (三)寒湿阻络证

关节僵硬,活动受限,疼痛剧烈,得寒加重,得热则减,畏冷,四肢不温,遇阴雨天为甚。苔白,脉弦紧。

### （四）痰瘀痹阻证

关节疼痛日久，患处肿大，刺痛，痛有定处，骨节屈伸不利，甚则僵硬变形。舌质紫，舌苔白或腻，脉细涩。

## 三、康复治疗

本病的康复治疗原则是补虚泻实、解痉止痛、滑利关节。补益肝肾以治本，化痰祛瘀通络以治标。康复目标是有效地控制症状，减轻疼痛，消除肿胀，保持关节活动功能，预防畸形发生，提高患者的生活自理能力。康复治疗方法以药物康复和针灸康复为主。

### （一）中药康复法

**1. 中药内服**

（1）肝肾亏虚证：治宜补益肝肾，祛风通络。独活寄生汤加减，药用独活、桑寄生、杜仲、牛膝、秦艽、细辛、茯苓、桂心、防风、川芎、人参、当归、熟地黄、甘草。

（2）气血不足证：治宜益气养血，佐以通络。十全大补汤加减，药用人参、白术、当归、川芎、熟地黄、茯苓、黄芪、桂皮、炙甘草、生姜、大枣。

（3）寒湿阻络证：治宜散寒除湿，祛瘀散结。阳和汤加减，药用熟地黄、白芥子、麻黄、炮姜炭、制川乌、制草乌、鸡血藤、细辛、蜈蚣、威灵仙、制乳香、制没药、甘草。

（4）痰瘀痹阻证：治宜活血祛瘀，化痰通络。身痛逐瘀汤加减，药用当归、川芎、红花、桃仁、羌活、没药、五灵脂、牛膝、全蝎、蜈蚣、乳香、乌梢蛇、炙甘草。

**2. 中药外用**

（1）熏洗：用祛风除湿、通经活络的中药，如桂枝、海桐皮、防己、白芷、海风藤、桑寄生、细辛、艾叶、威灵仙、透骨草、红花、骨碎补等药，水煎取汁，温热时外洗关节。

（2）贴敷：用祛风除湿止痛的膏药贴敷患处。

（3）热熨：用祛风除湿、通经活络的中药打碎、炒热，装入布袋中热熨患处关节。

### （二）针灸康复法

**1. 体针**　根据不同部位和痛点选穴，并要结合辨证配穴。每次 3～5 穴，用毫针刺法，平补平泻，留针 20 分钟，每日 1 次。

（1）部位选穴：颈椎选用颈百劳、风池、肩中俞、肩井、风门；肩关节选用肩髃、肩髎、肩贞、曲池、肩井；肘关节选用曲池、少海、肩髃、手三里、外关；腕关节选用外关、大陵、阳溪、阳池；手指关节选用八邪、中渚、合谷、后溪、支沟；腰椎选用肾俞、气海俞、夹脊、命门、腰阳关；髋关节选用肾俞、腰阳关、环跳；膝关节选用足三里、血海、阳陵泉、阴陵泉、膝阳关、委中、照海；踝关节选用太溪、昆仑、悬钟、三阴交、解溪；跟骨选用太溪、昆仑、照海、申脉；趾关节选用太冲、公孙、八风、地五会。

（2）辨证配穴：肾气虚选用太溪、关元、肾俞、神阙、涌泉；气血虚选用膈俞、脾俞、足三里、血海、公孙；寒湿重选用命门、至阳、关元、神阙、大椎、足三里、脾俞、丰隆、曲池，还可选用温针，加艾条灸。

**2. 艾灸**　直接将艾条套在针柄上点燃，或隔姜片灸，以局部有舒适的热感为度，每穴 20～30 分钟。

**3. 耳针**　选穴为相应区压痛点、肾上腺、内分泌、交感、神门。多用胶布将王不留行籽贴于上述耳穴上，轻轻按压，每日数次。

### （三）传统运动康复法

运动康复法能增加关节活动度,增强关节周围肌群的最大肌力,防止关节粘连、僵硬,保持适当的体重,并能改善患者的精神状态。应鼓励患者在避免过度负重的情况下,进行适度的关节活动,有效地保持关节的活动度。太极拳等各种传统功法、上肢肩背功和下肢的腿功适用于本病患者。运动时应注意运动强度不宜过大,运动时间不宜过长,并应注意保护受累关节,防止再度损伤。

1. 太极拳　宜从练习单个动作开始,如揽雀尾、单鞭等,逐步过渡到练习全套。练习时间以自己体力能胜任为度。

2. 五禽戏　根据病情和功能选择练习整套或选练某些动作。如训练肢体关节活动,以练习虎戏和鹿戏为宜;训练肢体灵活性可练习猿戏。

3. 八段锦　左右开弓似射雕、五劳七伤往后瞧等几节动作,对训练肢体各关节的活动度有较好的作用。

**知识链接**

#### 骨性关节炎的其他运动方式

温水中游泳是适宜本病的运动项目。因为水的浮力能减少体重对承重关节的压力,且温水有利于关节的松解和缓解疼痛。

### （四）娱乐康复法

患者常因疼痛、关节活动受限而焦虑烦躁,或抑郁、悲观失望。宜采用娱乐康复法改善不良情绪,促进关节功能康复。

1. 音乐疗法　以适合老年人的节奏明快、旋律优美的乐曲为宜,有助于老年人心情舒畅,缓解疼痛。如疼痛明显者选择减轻疼痛方;情绪忧郁者选择开郁方。每次15～30分钟,每日1次。

2. 其他娱乐法　如动作轻快的舞蹈、下棋、书法、绘画等方式,都可以达到舒缓情绪的作用。

### （五）饮食康复法

根据患者的证候表现,有针对性运用食疗药膳,对本病的康复有一定的辅助作用。

1. 肝肾亏虚证　可选用骨碎补炖狗肉:骨碎补60g,狗肉250g。将骨碎补放入锅中,加适量清水,武火烧开后,用温火煮20分钟,去渣取汁;将狗肉洗净,切块,放入骨碎补汤汁中,炖煮1小时即可。佐餐食用,每日1次。还可选用巨胜酒等。

2. 气血不足证　可选用参枣汤:党参15g,大枣20枚。将党参和大枣放入锅中,加适量清水,武火烧开后,用温火煮20分钟,去渣取汁。每日分两次食用。还可选用桂圆参蜜膏、归参鳝鱼羹等。

3. 寒湿阻络证　可选用川乌粥:生川乌3～5g,粳米30g,姜汁约10滴,蜂蜜适量。先将生川乌捣碎,碾成极细粉末;另将粳米煮粥,待粥沸,加入川乌粉,并改文火缓慢熬煮30分钟,粥熟后加入生姜汁,调入蜂蜜,搅匀,再煮沸,即可。早、晚各温服1次。还可选用薏苡仁酒、胡椒根炖蛇肉等。

4. 痰瘀阻络证　可选用红花酒:红花100g,白酒500g。将红花浸泡酒中,装入细口瓶,封住瓶口,每日振摇1次。一周后饮用,每次10ml。还可选用桃仁粥等。

### （六）推拿康复法

本病患者的推拿治疗以舒筋通络止痛为基本原则,重在恢复关节活动。不主张用强手法刺激,尤其不提倡活动关节的手法。在关节炎缓解期可采用摩擦病变关节、按揉穴位等缓解关节周围肌肉、韧带及关节囊的痉挛,改善关节周围的血液循环。

> **知识链接**
>
> #### 骨性关节炎的现代康复疗法
>
> 理疗方法如超短波、经皮神经电刺激、蜡疗等有镇痛消炎、缓解肌肉痉挛和改善血液循环的作用。
>
> 佩戴合适的矫形器,使用杖、轮椅以及日常生活辅助用具能减轻关节负荷,减少过度的活动,有效地预防和延缓关节畸形。
>
> 患者在日常生活中应避免关节外伤,避免剧烈的运动及长期屈膝下蹲动作,减少长时间的步行与过量负重。
>
> 肥胖者应减轻体重,减少身体对负重关节的过大压力。

## 四、康复护理

对于骨性关节炎患者,应从以下三个方面加强护理。

### （一）饮食营养护理

良好的饮食营养对本病康复非常重要,要及时补充的各种营养素和微量元素来营养关节,尤其是增加蛋白质、钙、维生素 D、维生素 C 的摄入。

### （二）日常生活护理

肥胖、运动损伤、炎症等因素都与本病的发生有密切关系,因此要向患者宣教正确保护关节的方法。肥胖者应适当减轻体重;同时避免关节的剧烈运动,减少长时间的关节活动与过量负重;注意关节部位防寒保暖;患者关节损伤影响其日常生活活动时,应使用杖等辅助用具,以减轻关节的负荷。

### （三）心理护理

骨性关节炎患者出现关节疼痛、肿胀、活动度减少,继而导致其日常生活活动能力下降,患者容易出现恐惧、焦虑、抑郁等不良情绪,严重者可发展为精神疾病。因此,要从心理上劝慰患者,使其树立战胜疾病的信心和勇气,保持良好的情绪,积极主动配合康复治疗。

## 第十二节　骨质疏松症

骨质疏松症是以骨量减少和骨微结构破坏为特征,导致骨脆性增加和易于骨折的一种代谢性骨病。根据骨质疏松症发生的病因不同,分为原发性和继发性两类。其中,随着人口老龄化和人类平均寿命的延长,原发性骨质疏松症的患病率在逐年升高。疼痛、骨折、脊柱畸形是本病最常见的临床症状和体征。

根据本病的症状特征,原发性骨质疏松症属于中医"腰痛"、"骨痹"、"骨痿"、"骨折"的范畴。

## 一、病因病机

本病多因老年人肾精亏虚,筋骨失养,骨之形质损伤所致,与先天不足、饮食所伤、劳欲过度等有关。病位在骨,病性是本虚标实,以肾虚髓减为本,风寒湿邪、瘀血闭阻为标,骨之形质损伤是其病理基础。

### (一)肾精不足

肾藏精,主骨生髓。若先天不足,后天失养,或年老肾虚、肾精不足,不能充骨生髓,骨髓空虚,骨疏不固,发为本病。肾精不足,日久不复,累及阴阳,致使肾阴不足或肾阳不足。

### (二)气血亏虚

年老体衰,脾胃虚弱,或饮食不节、或久病卧床,均伤及脾胃,气血生化乏源,致筋骨失养发为本病。

### (三)风寒湿邪痹阻

肾精不足,气血亏虚,营卫不和,则卫外不固,风寒湿邪乘虚而入,阻滞筋脉气血,使全身或腰背疼痛。

### (四)瘀血阻滞

久病入络、寒凝血滞、外伤骨折,均可产生瘀血,瘀血阻滞,瘀血不去,新血不生,则筋骨失养。

## 二、康复辨证

本病为本虚标实之证,辨证首辨虚实,虚以肾精不足、气血两虚为主,肾虚又当区别阴虚与阳虚,偏于阴虚为肝肾阴虚,偏于阳虚为脾肾阳虚;实为瘀血、风寒湿邪阻络。

### (一)肾精不足证

全身骨痛隐隐或腰背疼痛,腰膝酸软,遇劳则甚,神疲乏力,头晕耳鸣,齿摇发脱。舌质淡,苔薄白,脉沉弱。

偏于肝肾阴虚者,见五心烦热,两目干涩,潮热盗汗,咽干颧红,形体消瘦。舌红少苔,脉细数无力。偏于脾肾阳虚者,见患部无力,畏寒肢冷,尤以下肢为甚,面目虚浮,食少纳差,尿频便溏,舌淡胖嫩,苔白,脉沉弱。

### (二)气血两虚证

腰背酸痛,四肢乏力或肢体麻木,食少心悸,少气懒言,头晕眼花,面色无华。舌质淡,苔薄白,脉细弱。

### (三)寒湿凝滞证

腰背冷痛,肢体重着,活动不利,筋脉拘急,遇寒或阴雨天后加重,纳呆腹胀。舌质淡,苔白腻,脉沉紧。

### (四)瘀血阻滞证

骨折,局部疼痛剧烈,青紫肿胀。舌紫黯,脉细涩。

## 三、康复治疗

本病的康复治疗原则是补肾填精、益气补血、强筋壮骨。若瘀血、风寒湿邪表现明显者,宜先祛邪治标,并予以扶正,扶正祛邪兼顾。康复目标是有效地控制症状,减轻疼痛,延缓病程发展,预防骨折、胸廓畸形等并发症发生,提高患者的生活自理能力。康复治疗方法以药物康复、饮食康复和运动康复为主。

（一）中药康复法

（1）肾精不足证:治宜补肾填精。河车大造丸加减,药用紫河车、熟地黄、杜仲、天门冬、麦门冬、龟板、黄柏、牛膝。

（2）肾阴亏虚证:治宜滋阴益肾。左归丸加减,药用熟地黄、山药、山茱萸、枸杞子、鹿角胶、龟板胶、菟丝子、牛膝、知母、黄柏。

（3）肾阳虚损证:治宜温肾助阳。右归丸加减,药用熟地黄、制附子、肉桂、山药、菟丝子、鹿角胶(烊化)、枸杞子、杜仲、山茱萸、当归。

（4）气血亏虚证:治宜补气养血。十全大补汤加减,药用熟地黄、白芍、当归、白术、炙甘草、党参、黄芪、肉桂、骨碎补、牛膝。

（5）寒湿凝滞证:治宜散寒除湿。蠲痹汤加减,药用羌活、独活、桂枝、秦艽、当归、川芎、乳香、防风、苍术、薏苡仁。

（6）气滞血瘀证:治宜行气活血化瘀。身痛逐瘀汤加减,药用秦艽、川芎、桃仁、红花、甘草、羌活、没药、香附、五灵脂、牛膝、地龙、当归。

（二）饮食康复法

本病以阴阳气血不足、肾之精髓亏虚为主,故平时饮食宜多食畜、禽等血肉有情之品,以补益虚损;奶和奶制品均有补虚损、益脾胃、长肌肉的作用,也应经常服食。结合证候表现,予以适合的食疗药膳,对本病的治疗也有裨益。

1. 肾精不足证　可选用生地黄鸡:生地黄100g,乌骨鸡1500g,饴糖50g。将鸡去毛及内脏,洗净;再将生地黄洗净切成细条与饴糖混合,放入鸡腹中,用棉线扎紧。把鸡放入锅中,隔水蒸熟。佐餐食用。

2. 肾阴亏虚证　可选用龟鳖膏:活乌龟1只(约1000g),活鳖1只(约1000g),猪脊髓150g。将龟、鳖活杀,去内脏洗净,与猪脊髓同入锅,加适量水,用文火烧烂,除去龟板、鳖甲后稍加盐等调料,再炖煮,收成稠厚膏状。开水烊化,早晚空腹各1匙。

3. 肾阳虚损证　可选用枣栗焖鸡:栗子200g,红枣10枚,胡桃肉20g,公鸡1只(约1000g)。将胡桃肉放入沸水中浸泡,去皮、沥干,炸至金黄色;栗子去皮,切成两半;鸡切块状,加入黄酒、姜丝、葱段、酱油等煸炒至黄色,再加入胡桃肉、红枣、栗子和适量清水,用文火煨至鸡肉熟烂即可。佐餐食用。

4. 气血亏虚证　用参归鳝鱼汤:鳝鱼500g,牛蹄筋50g,党参15g,当归15g,葱、姜、食盐各适量。将鳝鱼除内脏,剁去头,切成片;牛蹄筋用温水泡发后煮至八成熟备用;当归、党参洗净后切片,用纱布袋包好,扎紧袋口。把鳝鱼、牛蹄筋、药袋、葱、姜一起放入砂锅中,加水适量。先用大火烧沸,改用文火煨炖至蹄筋熟烂时,拣去药袋,加入适量食盐调味,稍煮即成。佐餐食用。

5. 气滞血瘀证　用三花参麦茶:佛手花、厚朴花、红花、红茶各3g,党参、炒麦芽各6g。上药捣成粗末,装入细纱布袋中,扎紧袋口,放入杯中,用沸水冲泡。代茶徐徐饮之。

> **知识链接**
>
> ### 骨质疏松症的现代营养防治
>
> 高钙、低盐和适量蛋白质的均衡饮食是防治骨质疏松症的营养基础。
>
> 避免高磷、高钠和过多的膳食纤维饮食。
>
> 戒烟,限制饮酒,限制摄入咖啡因含量高的饮料。
>
> 必要时服用维生素 D 制剂。

### （三）传统运动康复法

适当增加活动促使血脉流通,气血化生,有利于本病的康复。现代研究也认为,体力活动能刺激成骨细胞活性,有利于骨质形成,并保持和增加骨量。运动还能加强平衡能力,避免摔倒。各种运动方式应从小强度开始,缓慢地增加负荷。必须避免一开始就伴有急剧肌肉收缩负荷的运动,以防骨折。

1. 五禽戏　当以外功型为主,即模仿"五禽"动作,着重练"外"形。根据体质可练整套,亦可选练某一式,运动量的掌握以身体微微出汗为宜。每天练 2 ~ 3 次,每次约 20 分钟。

2. 太极拳　练习太极拳能增强关节的灵活性和韧带的坚韧性,增强机体的骨矿含量,刺激骨形成。可以从练单个动作开始,逐步过渡到练全套。练习的次数不限,可因人因病情不同灵活掌握。

3. 易筋经　根据各人情况不同,可练整套十二式,或选练某几式,运动量通过逐渐增加每式动作的重复次数来调节。其中以倒拖九牛尾、摘星换斗、三盘落地、九鬼拔马刀、饿虎扑食、打躬等式作用较明显。

### （四）针灸康复法

1. 体针　常用穴为肾俞、肝俞、脾俞、梁丘、足三里、悬钟、阳陵泉、环跳、承扶、太溪等。偏阴虚者,加照海、三阴交;偏阳虚者,加命门、腰阳关,刺灸并用以扶助肾中真阳;气血瘀滞取血海、膈俞、三阴交;腰背酸痛重者,取夹脊、大椎、身柱、关元、中极、志室,疏通局部筋脉之气血。

本病主要责之肾虚,除活血化瘀用泻法外,针刺手法均施以补法,温补肾阳可加灸。每次选 4 ~ 5 穴,留针 20 ~ 30 分钟,每日或隔日 1 次,10 次为 1 个疗程。

2. 耳针　取肾、膝、脊椎、交感、神门、卵巢、内分泌等穴及相应敏感点。每次选 2 ~ 3 穴,留针 1 小时,隔日 1 次,或用胶布将王不留行籽贴于耳穴上,每日轻轻揉压数次。

### （五）推拿康复法

针对病人腰背酸痛、两膝酸软的情况,可行推背揉膝法。让病人俯卧,医生在脊椎两侧用拇指平推或用指揉法,由上及下反复数次,然后在同部位行拍法多遍,直至病人感到酸胀,再对膝部行揉、搓等方法,局部发热后再缓慢活动膝关节。还可推按命门、肾俞、身柱、筋缩、脊中、悬枢、腰阳关、志室、膝眼、犊鼻、阴陵泉、阳陵泉、委中等穴。用一指禅推法,并着重推肾俞、志室、命门、委中等穴。持久腰痛者,亦可让患者以两手经常按摩肾俞、命门穴。

必须指出,推拿时手法宜轻柔,以免伤筋损骨,引起骨折。

## 四、康复护理

对于骨质疏松症患者,应从以下两个方面加强护理。

### (一)饮食营养护理

均衡的膳食对延缓本病病程发展具有重要作用。推荐患者摄入高蛋白、高钙、富含维生素 C 的饮食,如牛奶、虾皮、海带、豆制品等,多食水果和新鲜蔬菜;指导患者辨证选择药膳。

### (二)日常生活护理

鼓励患者多进行户外活动,适当参加体育锻炼。运动中要注意安全,避免或减少外伤,预防发生骨折。如果患者骨折,需指导其参加功能康复锻炼,预防发生失用性肌萎缩、关节挛缩等制动引起的并发症,避免进一步加重骨质疏松症。

# 第十三节　恶性肿瘤

恶性肿瘤俗称癌症,是机体在多种内、外致病因素作用下,局部组织细胞在基因水平上失去对其生长的正常调控,细胞异常分裂的结果,是严重危害人类健康和生命的常见病、多发病。近年来我国肿瘤的发病率呈不同程度的增长,已成为人类重要的死亡原因之一。现代医学对本病的治疗多采用手术、放疗、化疗等方法,对生存率有所提高,配合扶正固本中药、饮食、气功、心理康复等措施,能增强疗效,减轻药物的毒副作用,调节其身心状态,提高患者的生存质量。

恶性肿瘤因其发病部位及组织来源不同,临床表现也不尽一致。它与中医学中的癥瘕、积聚、瘤、岩等相关。

## 一、病因病机

癌瘤的发生,与多种因素有关,但主要因长期精神刺激、饮食不洁或不节,致使脏腑功能失常,气滞血瘀、痰湿积聚,痰瘀互结,终致癌瘤渐成。病变性质属正虚邪实,正虚以脏气亏损、脏腑功能失调为主,邪实为痰浊、瘀血或痰瘀阻滞。

### (一)情志失调

长期的情志不畅,致使肝气郁结,气滞则血瘀,气滞则津聚成痰。气滞、痰滞、血瘀,三者互相影响,互为因果,终致癌瘤形成。

### (二)饮食不节或不洁

饮食饥饱无常,或食入霉变不洁之物,使脾失健运,精微不从正化,反而化饮化痰。痰湿凝聚,留于体内。痰随气升降,无处不到,或流窜经络,或停于脏腑,阻遏气机,结为痰核,形成肿块。

### (三)毒邪内蕴

风、寒、暑、湿、燥入里均可化火,火热之邪伤津动血,易致肿疡,热毒内蕴可形成肿瘤。心烦恼怒,劳欲过度,思虑伤脾致气机不畅,郁而化火,火毒夹瘀,凝结而成。血遇热则凝,津液遇火则灼液成痰,痰瘀交阻,遂结成肿瘤。

### (四)脏腑失调

肿瘤发病与正气虚弱、脏腑功能失调有关。先天禀赋不足或脏腑功能失调则引起气、血、阴、阳的不足,致使对内、外环境致病因素产生易感性而发生肿瘤。

## 二、康复辨证

肿瘤的发生发展是内、外因多种致病因素综合作用的结果,当正气不足时,内外合邪,导致机体脏腑功能失调而发病,其主要与气、血、痰、毒、虚密切相关。气血不和、痰湿不化、毒邪内蕴、脏腑亏损是肿瘤发生、发展过程中主要的病理机制。肿瘤的病机错综复杂,往往虚实夹杂、寒热错杂、多脏腑兼病,辨证时必须分清病机主次,明察虚实多少,辨识脏腑病位。

### （一）气滞血瘀

情志不遂,两胁胀痛,局部刺痛,痛有定处,或触及包块,肌肤甲错。舌质紫黯,或见瘀点或瘀斑,脉弦涩。

### （二）脾虚痰湿

脘腹痞满,或触及包块,食欲不振,四肢乏力,恶心呕吐,腹胀泄泻。舌体胖大,舌苔白腻,脉滑。

### （三）瘀毒内阻

发热,口干咽燥,喜冷饮,大便干,小便黄赤,或触及包块,痛有定处,或肌肤甲错,面色黧黑。舌质红而黯,可见瘀斑,舌苔黄而干,脉多弦数或滑数。

### （四）气血两虚

形体消瘦,气短乏力,面色苍白,心悸失眠,或自汗,食欲不佳,头昏目花。舌淡,脉沉细弱。

### （五）阴虚津亏

形体消瘦,潮热盗汗,虚烦不寐,五心烦热,咽干舌燥,或见出血,腰酸腿软,便干溲赤。舌红少苔,脉细数。

## 三、康复治疗

恶性肿瘤中医康复治疗以扶正祛邪为基本治疗原则。但在临床治疗时,当根据患者的全身阴阳、气血、虚实及肿瘤的部位等具体情况,分别予以调和阴阳、益气养血、健脾益气、滋补肝肾、疏肝解郁、活血化瘀、清热解毒等治法,而且中医康复注重整体治疗,常多种疗法结合应用。本病的康复治疗目标为调整患者的心理状态,调节其生理功能,改善生活质量,提高生存率,延长生存期。

### （一）中药康复法

1. 气滞血瘀证　治宜活血化瘀,理气散结。逍遥散合桃红四物汤加减,药用丹参、桃仁、红花、赤芍、生蒲黄、五灵脂、虎杖、水蛭、当归尾、王不留行、乳香、没药、元胡、柴胡、木香、青皮、枳壳、川楝子等。

2. 脾虚痰湿证　治宜健脾燥湿,化痰散结。参苓白术散合二陈汤加减,药用党参、黄芪、白术、茯苓、山药、太子参、苍术、厚朴、半夏、猪苓、车前草、杏仁、薏仁、蔻仁等。若需要化痰散结,可加浙贝母、皂角、全瓜蒌、山慈菇、白芥子、生牡蛎、海藻等。

3. 瘀毒内阻证　治宜清热解毒、活血化瘀。五味消毒饮、黄连解毒汤加减,药用金银花、连翘、败酱草、蒲公英、野菊花、大青叶、板蓝根、半枝莲、鱼腥草、龙葵、白花蛇舌草、藤梨根、黄连、黄柏、黄芩、山栀、山慈菇、黄药子、胆汁、桔梗、紫花地丁、土茯苓等。

4. 气血两虚证 治宜补益气血。八珍汤或十全大补汤加减,药用人参、黄芪、党参、白术、茯苓、山药、太子参、当归、熟地、白芍、大枣、黄精、何首乌、阿胶等。

5. 阴虚津亏证 治宜养阴清热、生津润燥。沙参麦冬汤、六味地黄汤加减,常用药物:西洋参、天冬、旱莲草、山茱萸、黄精、女贞子、龟板、鳖甲、生地、玄参、麦冬、石斛、玉竹、沙参、绿豆衣、西瓜翠衣等。

### （二）饮食康复法

肿瘤的发生与饮食行为有着密切的关系,平时饮食是否合理,关乎着肿瘤康复的疗效和进程。

1. 一般饮食原则 癌症患者的饮食应有营养而易消化,食物种类齐全,搭配合理。并应根据个体的差异及病证属性而择食,如寒证宜温阳助热的食物,忌生冷、寒凉之品;热证宜寒凉养阴的食物,忌辛辣、温热之品;虚证宜进补养食物,忌活血、利尿等攻削之品;实证宜进消导类食物,忌滋腻之品。此外,还可选用有抗癌防癌作用的食物,如甘薯、魔芋、海带、猕猴桃等。

2. 食疗药膳方

（1）脾虚痰湿:薏苡仁粥:薏苡仁 30g,黄芪 30g,粳米 30g,加水如常法煮粥,经常食用。也可单用薏苡仁加水煎取汁液,或加菱角一起煎水,对于消化道肿瘤有较好的疗效。

（2）湿热聚毒:藤梨根煲猪尾汤:藤梨根 50g,猪尾巴约 250g,加水煎汤服食。本方具有清热祛湿、和胃止呕之功,适用于癌症湿热偏盛者。

（3）瘀毒内阻:槐米煲猪肠:槐花 20g,大枣 30g,猪大肠 200g,加水煮炖,至大肠熟烂为止,坚持食服,对于热毒内盛的癌瘤,尤其是大肠癌有一定辅助治疗作用。

（4）气血两虚:金针木耳乌鸡汤:金针菜、黑木耳各 30g,乌鸡 1 只。如常法炖汤,食肉吃菜饮汤。此食疗方有补益气血、调理肠胃、抗癌防癌之功,适用于癌症气血不足者,尤宜于消化道肿瘤。

（5）阴虚毒热:半枝莲甲鱼汤:半枝莲 50g,甲鱼 1 只(约 500g),加水煮炖,至甲鱼熟烂,可酌情佐入调味品。本方滋阴清热、解毒散瘀,可用于瘀毒内结、阴液受伤者。

#### 🔵 知识链接

**饮食与肿瘤**

多数恶性肿瘤都并不会因一次或几次偶然接触致癌物质而发病,而是由于长期的不良生活习惯及不合理、不科学的饮食卫生习惯导致的。目前公认的合理饮食习惯宜每天合理多样化饮食,以植物性食物为主,如谷类、豆类、蔬菜、水果等,适量进食鱼、家禽类;限制高脂饮食;不食腐烂、变质食物,少食烧烤类食物;以食用粗加工的食物为宜,限制精糖的摄入;建议戒烟、戒酒或少量饮酒;适当运动,维持适宜体重。营养补品对减少恶性肿瘤的发生,目前没有确切的依据。

### （三）针灸康复法

针灸疗法在肿瘤康复方面的主要作用在于缓解症状,增强放、化疗效果,减轻放、

笔记

化疗副作用,提高免疫功能。

针灸疗法用于肿瘤康复,常用手法的原则:迎随补泻,调理为主;常用取穴的原则:循经取穴,远端为先;针与灸的选择:实证多用针刺,虚证多用灸法。身体虚弱严重或有出血倾向者慎用针灸疗法。

1. 气滞血瘀证　常用穴位有阿是穴、合谷、百会、血海、曲池、尺泽、太冲、大椎、足三里、阳陵泉、膈俞、太溪、委中、脾俞、三阴交、内关等。每次酌情选 4～5 个穴位,留针20～30 分钟,每日 1 次,10 次为 1 个疗程。

2. 痰湿凝聚证　常用的穴位有内关、足三里、丰隆、脾俞、胃俞、肺俞、公孙、中脘、三阴交、阴陵泉、合谷、间使等。每次酌情选 4～5 个穴位,留针 20～30 分钟,每日 1 次,10 次为 1 个疗程。

3. 热毒内炽证　常用的穴位有合谷、太冲、内关、足三里、阳陵泉、曲泽、委中、大椎、手足十二井等。施泻法或放血,每次酌情选 4～5 个穴位,每日 1 次,10 次为 1 个疗程。

4. 气血两虚证　常用的针灸穴位有大椎、膈俞、关元、血海、气海、足三里、内关、肝俞、胃俞、三阴交、阳陵泉等。以灸为主,每次灸 10～20 分钟,隔日 1 次。

5. 阴虚火旺证　常用的针灸穴位有三阴交、太冲、合谷、太溪、肺俞、肝俞、肾俞、足三里等。每日 1 次,每次留针 10～15 分钟,每 5～7 天为 1 个疗程。

此外,针灸疗法常用于肿瘤康复患者某些症状的缓解,如呕吐患者,取穴中脘、胃俞、内关、足三里;失眠患者,取穴百会、四神聪、神门、三阴交等。每日 1～2 次。

### (四)推拿康复法

推拿疗法具有调节胃肠蠕动、缓解痉挛、镇静止痛等作用,肿瘤病人康复依其病情需要可适当选用。消化系统肿瘤,多选胃俞、大肠俞、中脘、天枢、足三里、肝俞、胆俞、阳陵泉、丘墟、太冲等部位;呼吸系统肿瘤,多选身柱、肺俞、中府、曲池等部位;泌尿系统肿瘤,多选肾俞、中极、次髎等穴位;神经系统肿瘤,多选身柱、肝俞、肾俞、百会、神门等部位。

必须指出,推拿手法,要多柔少刚。肿瘤局部不宜推拿按摩;局部感染、破溃等为推拿禁忌证。

### (五)传统运动康复法

恶性肿瘤患者康复期运动疗法的应用,要依其病情、年龄等选择适宜的运动项目,确定运动强度和运动时间。如体弱长期卧床患者要进行关节的被动活动、呼吸体操等以防止关节挛缩、肌肉萎缩、静脉血栓形成、坠积性肺炎等。能自由活动者可进行较低强度的耐力运动如慢跑、步行、骑自行车等以逐步增强心肺功能、增强体力。运动中注意监护,防止跌倒。

中国传统体育疗法通过调心、调息、调身,从而达到增强体质、调理气血、平衡阴阳及改善脏腑功能、提高患者生存质量的目的。常选择太极拳、五禽戏、八段锦等。如病情较重或术后卧床患者,可选练"坐式"或"卧式"的静功,随着病情平稳,再适当增加运动量。

太极拳,对体力较差的癌症病人更为适宜。选择柔和、轻灵、内外结合的太极拳运动,通过"以意导气"的意识体操,增强体质,以达到强身健体,促进身心康复的目的。

五禽戏,通过模仿虎、鹿、熊、猿和鸟的动作,达到全身放松,形神合一,有益于癌症康复期四肢功能的恢复。

八段锦,是由八节动作编集而成的医疗保健操,又分武八段与文八段两种。癌症患者更适宜选用文八段。该功法调心调息相结合,以达到行气活血、调和脏腑的功效。

### (六)情志康复法

对许多癌症患者来说,精神紧张、恐惧焦虑成为康复的最大障碍。因此,情志调摄对本病的治疗至关重要。

首先要让患者了解情志因素与肿瘤的发生、发展之间的密切关系,进行必要的心理疏导,让患者逐渐从癌症带来的不良心态中解脱出来,树立战胜疾病的信心;让患者主动参与多种丰富多彩的娱乐活动,如欣赏音乐、歌舞,抚琴棋弈、书法作画、栽花养草、游山玩水等,使患者情感转移。此外,癌症患者若能多参加有益的社会活动,或癌友俱乐部等群体活动,则对其身心康复极为有利。

### 知识拓展

#### 现代医学治疗肿瘤的手段

随着现代医学的发展,越来越多的技术被应用到肿瘤的治疗中,多种治疗方式的综合应用,较大幅度地提高了肿瘤的治愈率。下面介绍几种目前常用的肿瘤治疗手段:

1. 外科手术 手术治疗是治疗恶性肿瘤最重要的手段,对于某些局限性肿瘤,单用手术方法即可治愈。晚期病例亦可姑息切除,为以后的治疗创造条件。

2. 化学治疗 指用化学药物(主要是抗癌药物)来治疗肿瘤的方法,与手术、放疗一起被称为肿瘤的三大治疗手段。

3. 放射治疗 指用各种不同能量的射线照射肿瘤,来破坏癌细胞的染色体使癌细胞失去繁殖能力的一种疗法。

4. 分子靶向治疗 又被称为"生物导弹",是在细胞分子水平上,针对已经明确的致癌点,运用相应的治疗药物使肿瘤细胞特异性死亡,而不会波及肿瘤周围的正常组织细胞的一种治疗方法。

5. 生物治疗 是运用生物技术和生物制剂对从病人体内采集的免疫细胞进行体外培养和扩增后回输到病人体内,来激发、增强机体自身免疫功能的方法。

6. 内分泌治疗 针对一些肿瘤对内分泌存在依赖性改变,通过体内内分泌环境的平衡来控制和治疗肿瘤的方法。

7. 介入治疗和粒子植入治疗 是将化疗药物或者放射性粒子直接注入肿瘤组织的治疗手段的总称。属于肿瘤的局部治疗方法。

临床上应依据患者具体情况,针对不同性质的肿瘤和发展的不同阶段,有计划和合理地利用有效治疗手段,取得最佳的治疗效果。

## 四、康复护理

### (一)精神护理

精神创伤可以诱发癌症,悲观恐惧等消极情绪也会加速癌症的恶化。因此,要做好肿瘤患者的心理康复指导工作,加强早期的心理康复教育,用不同的方法,为病人解决各种各样的思想问题和精神负担,使患者树立战胜癌症的信心和决心。

### (二)饮食护理

癌症病人的饮食,应按照中医理论疾病有寒、热、虚、实之分,各种食物有寒、热、

温、凉之别,予以辨证施食。对于热盛阴虚证的患者,宜选清热养阴之品,如水果、冬瓜、银耳、白萝卜等,忌热性食物。对脾胃虚寒证的患者应用温热助阳之品,如大枣、桂圆、牛肉等,忌寒凉之食物。总之,饮食宜清淡,应注意保护肿瘤患者的脾胃功能,做到饮食有节、寒温适度、五味调和、荤素结合。

### (三)起居护理

肿瘤患者的起居宜做到起居有常、安卧有方、动静结合。居住处应保持空气新鲜、光线充足、通风、干净卫生等。对于长期卧床的患者应定时翻身,加强康复护理,保持皮肤的干燥、清洁,防止压疮等的发生。

# 第十四节 老年期痴呆

痴呆症是一种慢性或进行性综合征,通常是认知功能(即处理思想的能力)出现比正常年老过程更严重的衰退。它会影响记忆、思考、定向、理解、计算、学习、语言和判断能力,但不会影响意识。认知能力损伤通常伴有情感控制能力、社会行为和动机衰退,或晚于上述几种状况出现(WHO)。需要说明的是,痴呆症主要影响老年人,但它并不是年老的正常情况甚至也不是老年期才有的病证。

老年期痴呆至少包括4种类型,即阿尔茨海默病(Alzheimer disease,AD)、血管性痴呆(vascular dementia,VD)、混合性痴呆(AD + VD)和由全身性疾病引发者如帕金森病、艾滋病、糖尿病、药物滥用和酗酒等导致的痴呆。其中,阿尔茨海默病和血管性痴呆是老年期痴呆的主要类型,患病率占所有老年期痴呆的90%以上。

老年期痴呆在中医学中无直接论述,可能与"呆病"(《景岳全书》)、"神呆"(《临证指南医案》)以及健忘、癫狂等病症有一定联系。

### 知识链接

#### 血管性痴呆

血管性痴呆(vascular dementia, VD)是一种获得性高级认知功能障碍综合征,由各种病因引起的脑血管病变而致的痴呆的总称。其病名首次由 Marie 和 Binswanger 提出,后名称各异,为有利于临床应用与研究,WTO 在《ICD – 10 精神及行动障碍分类》中统一命名为血管性痴呆。其临床表现除局灶性神经系统症状和体征外,尚有一系列的神经心理症状和精神行为异常,已经成为仅次于阿尔茨海默病(AD)导致痴呆的第二大原因。

## 一、病因病机

### (一)年迈体虚,髓减脑消

脑为奇恒之腑,兼具藏精髓和主运化功能。人的记忆和判断力等与脑髓充盈与否关系密切:"灵机记性不在心在脑。小儿无记性者,脑髓未满;高年无记性者,脑髓渐空"(清·王清任《医林改错》)。随年龄增长,特别50岁后,心肾精气渐衰,记忆力和生活自理能力减退:"人五十以上,阳气日衰,损与日至,心力渐退,忘前失后,兴居怠惰"(唐·孙思邈《千金翼方》)。特别到耄耋之年,智力上的衰退更加明显:"八十岁,肺气衰,魄离,故言善误"(《灵枢·天年》)。年老肾虚精亏髓少,脑海失充,失其灵性记忆之功,发为痴呆的可能性增加。

### （二）痰湿内生,情志不舒

过食肥甘厚味导致痰湿内生,或情志不舒而血阻脑络亦可发病:"痴呆证,凡平素无痰而或以郁结,或以不遂,或以思虑,或以疑惑,或以惊恐而渐至痴呆。言辞颠倒,举动不经,或多汗,或善愁,其证千奇百怪,无所不至。……但查其形体强壮,饮食不减,别无虚脱等证"(《景岳全书·杂证谟》)。除认识到该病证的病机外,中医学还观察到,虽然其症状怪异但寿限不减。

### （三）气血逆乱,脑络失充

生理情况下,气为血帅,血为气母,气主煦之,血主濡之。"血气未病,五脏安定","血气不和,百病乃变化而生"(《素问·调经论》)。中风后血气逆乱,亦可致神呆善忘:"血并于上,气并于下,心烦惋善怒;血并于下,气并于上,乱而喜忘"(《素问·调经论》)。清代医家叶天士敏锐观察到长者中风后会出现神呆症状:"中风初起,神呆遗尿,长者厥中显然"(《临证指南医案》)。沈金鳌也有"中风后善忘"(《杂病源流犀烛》)之议。

总之,本病病位在脑,与心、肾、肝、脾等脏腑功能有关,多实虚夹杂。阿尔茨海默病与血管性痴呆的病变机制有一定的差异,前者以本虚为主,多为肾虚精亏,不能上充于脑,兼有标实之证;后者发生于多次中风之后,中风形成的痰浊瘀血尚停留于脑窍致神明失用,故以标实多见。

🌐 **知识链接**

**阿尔茨海默病（Alzheimer disease，AD）的高发人群**

任何人都有可能患上痴呆症,但有些人的患病概率可能更高一些,如:心脏病、高血压病、糖尿病患者;肥胖(血脂异常);高龄:年龄越大,患病率越高;性别:女 > 男(1.5:1)(缺少雌激素);遗传;教育程度低;脑外伤等。

## 二、康复辨证

本病的辨证分型标准目前尚不统一,根据"全国老年痴呆专题学术研讨会"(1990年)和"中药新药治疗痴呆的临床研究指导原则"(1995年),将本病分为虚、实两类。虚证责之于髓海不足、肝肾亏虚和脾肾两虚,实证之见于心肝火旺、痰浊阻窍和气滞血瘀。

### （一）髓海不足证

头晕耳鸣,怠惰思卧,毛发焦枯,骨软痿弱,舌淡苔白,脉沉细,两尺无力。

### （二）肝肾亏虚证

颧红盗汗,眩晕耳鸣,肌肤不荣,表情呆板,寡言少动,舌红少苔,脉弦细数。

### （三）脾肾两虚证

倦怠流涎,四肢不温,纳呆乏力,腹胀便溏,舌淡体胖,苔白滑,脉沉细无力。

### （四）心肝火旺证

眩晕头痛,心烦不寐,咽干舌燥,尿赤便结,舌红苔黄,脉弦数。

### （五）痰浊阻窍证

头痛如裹,呆钝少言,倦怠嗜睡,腹胀痞满,舌淡苔厚腻,脉濡滑。

### （六）气滞血瘀证

神情呆滞,智力减退,语言颠倒,善忘,口干不欲饮,久病反复加重,或肢体麻木不遂,舌质紫黯有瘀斑,苔薄白,脉弦细或涩。

**知识链接**

**阿尔茨海默病的早期十大临床表现**

（世界阿尔茨海默病及相关疾病协会提供）

①记忆力衰退:经常忘记近期得到的一些信息,否认自己存在记忆障碍;②不能完成熟悉的任务;③语言障碍:说话或用词别人难以理解,不能正确表达自己的愿望;④对时间、地点搞不清楚;⑤判断力下降,以至影响正常生活;⑥抽象思维能力障碍;⑦常把东西放错地方;⑧行为及情绪改变;⑨性格改变:如变得糊涂、多疑、害怕、过度依赖、暴躁、固执等;⑩缺乏主动性。

## 三、康复治疗

本病症的康复治疗主要包括行为康复、营养康复、康复护理和药物、针灸康复等方面。

### （一）行为康复

1. 理解与沟通　理解与沟通的背后是同理心:"老吾老以及人之老"(《孟子·梁惠王上》)。医护人员和亲属照料本病患者要坚持"三心二意",三心即爱心、耐心和信心;二意即诚意和敬意。对待长者要做到亲切胜于亲热,态度胜于技巧,多听胜于多说,理解胜于同情,开导胜于教训,启发胜于代劳。对待长者要像对待成年人一样,平等、尊重。

2. 与痴呆症患者沟通的技巧　包括照料者的言语表达技巧、帮助患者表达与理解技巧和非语言沟通技巧等4个方面。

(1)照料者言语表达的技巧:说话时语速要慢,声调要响亮、清晰,语气要温柔、友善;使用简短、熟悉的句子,每次只表达一个信息;可用选择题,或将答案放在问题中显示,使他们较易回答;尽量在他们面前说话,将周围的干扰减至最小;如患者说的事情是不正确或根本不存在的,且十分坚持,不应与他们在事实上争辩,而应针对他们的情绪、情感给予安慰,或找别人帮忙;或稍后再尝试;以成年人的语气、词汇和对话方式与他们沟通,不应用对小孩子说话的态度或语调。

(2)帮助患者表达的技巧:当照料者听不懂患者的话时,要保持耐性并让他们知道你在认真倾听;鼓励他们用手势、文字来表达,也可事后尝试询问其家属或亲友患者有关"话语"或"文字"的意思;给他们足够的时间去回应;当他们想不出要说的词语时,可帮助他们,如猜测他们想说的词语,然后逐一尝试说出来;如他们用错了字眼,可尝试纠正,但如果他们因此而难过,之后便不用去纠正;如他因无法说出想说的话而难过,可告诉他们"没关系",不要继续强迫他们表达;可转移话题或做其他事情去转移注意力,不必花太多时间去钻研某个题目。

(3)协助患者理解的技巧:照料者每次谈话时要直接叫他们的名字,说出自己是谁,将会和他们一起做什么;重复说话或发问时,要使用同样的语句或字眼;如患者仍不明白,可用别的重要字眼或做出示范;将工作分为细小的步骤,确保他们能接收到每个信息;与他们一起工作时,不应完全代劳,而应尽量协助他们维持一些独立活动能力;让他们知道哪些事情可以做而不是哪些事情不可以做。

(4)非语言沟通技巧:注重运用身体言语,如与患者保持眼神的接触和微笑、用心倾听并点头示意、与患者保持身体触摸如握手、拍肩膀,但对有妄想倾向的痴呆患者需小心处理,因其对别人的触摸可能会过于敏感;当他们对人有戒备心理时,应与之保持一定的身体距离;随时留意他们的声调、姿势和表情,借以推测他们的感觉。

3. 痴呆症患者行为康复类型　因患者病情进展而有所差异,如对早期患者偏重于记忆训练,以提高他们的记忆力并增加其社会交往机会;中期患者加强现实导向训练,增加其对周围环境和事物的认识,减少他们因记忆力渐衰而带来的焦虑;而对于晚期患者则多做一些能够维持感官功能的训练。

(1)早期患者的记忆训练:根据患者文化程度而异,如可让其阅读或朗读报纸大标题,讨论及与家人分享报纸内容,还可教他们记忆一些数字,如家庭及朋友的固定电话、手机号码、生日及传统节气时间等,从简单到复杂,反复进行训练;把一些事情编成顺口溜,让他们记忆背诵;用双语如方言/普通话或汉语/外国语背诵诗词、民谣、歌词等;还可利用玩扑克牌、练书法等,以帮助患者扩大思维和增强记忆。最好在患者精神较好的时间段如早上或午睡后进行;在无噪声、无杂物的环境或房间活动以减少干扰;每次活动30分钟左右。

(2)中期患者的现实导向训练:主要指针对不同长者的背景、需要和特征,针对其生活环境中的时间、地点和人物所用的训练。如尽可能保持其作息规律、定时,家具物件尽量避免转移;室内反复带患者辨认卧室和厕所,并在饭厅、浴室、厕所等患者常去的场所门上贴上名牌或图示;利用每次与长者接触的机会,不断地提醒正确的时间、地点和人物资料;与长者说话时,要清楚、简单、直接、专注,用字、态度要尽量一致;每个新活动要解释清楚步骤才叫长者去做,或陪同他去做;尽量鼓励长者说话,交谈时给予其足够的时间回应,同时,要让其看见你才说话,别在背后叫他,使他受惊或反感;每次谈话不要给予太多信息,以免长者理解或记忆不了而产生混乱;用物品、相片、图片等道具与患者交谈过去的经历,如季节、节日、衣食物、交通工具、工作等。方法和时间等注意事项同早期训练。

(3)晚期患者的感官功能训练:通过此类活动,增加晚期患者对周围环境及事物的适当反应;维持他们目前的五官感觉;增加语言及非语言的沟通机会。除前述简单的时、地、人现实导向外,还可带领或帮助长者做主动、半介助和被动的身体活动;借助物件、图画进行视觉、听觉、嗅觉、触觉和味觉等五官刺激训练,注意视觉时使用不反光的图片;图片的画面要清晰、突出和鲜明;多用真实的物件如水果、花草等;听觉训练可选用乐器、闹钟、音乐磁带、口哨;嗅觉训练可选用新鲜水果、香味干花、茶叶、香水、香味粉;触觉训练可选用沙、石、木、水果皮、米、豆类以及不同质地的布料、毛刷等;味觉训练可选用饮料如果汁、奶、茶、咖啡、软糖、面包、饼干等,让患者辨识并说明。方法和时间等注意事项同早期训练。

### （二）饮食康复

饮食康复的关键是营养摄入要平衡,常食大豆及其制品,多吃鱼和多吃新鲜蔬菜、水果,减少铝、铜的摄入,少吃肥肉、盐和糖。

减少铝的摄入,铝不是人体所需微量元素,1989 年,世界卫生组织(WHO)正式公布,铝是一种食品污染物,每日允许摄入量为 1mg/kg。据国内外文献报道,铝摄入过量可能引起神经系统的病变,表现为记忆减退、震颤与身体协调障碍等,甚至可能增加老年性痴呆的风险,但此结论尚缺乏充足的循证医学依据。自然界天然食物中并不含有过多的铝,但一些食品添加剂中常有铝。除了膨化食品外,饼干、蛋糕、各种面点、油条、蛋卷、酥点、粉丝等食品,都有可能发生铝超标的问题。

由于老年性痴呆患者多由精气不足、情志损伤所致,而从脏腑辨证来说,则与脾胃失调、肝肾亏虚、痰湿阻络和气血凝滞等有关,故饮食调养应根据病人的不同情况,给予健脾祛湿、滋养肝肾、补脑益髓、化痰宁心和益气活血的食物。兹介绍数种于下,可依据病情选服:

(1)髓海不足:可选用牛髓蜜膏(《瑞竹堂经验方》):牛髓 200g,核桃肉 200g,杏仁泥 200g,山药末 200g,蜂蜜适量。将牛髓、核桃肉、杏仁泥、山药末一同放入锅中,加水适量,先大火后小火熬制收膏,兑入蜂蜜,继续加热煮沸,停火,待冷,装瓶备用。每次取 1 汤勺,温开水送服,每日 1~2 次。

(2)肝肾亏虚:甘麦二枣粥(《老老恒言》):甘草 25g,小麦 50g,大枣 10 个,酸枣仁(炒)15g,粳米 100g。将甘草、小麦、大枣、酸枣仁煎沸 20 分钟,去渣留汁,放入粳米煮熟即可食用。

(3)脾肾两虚:莲子猪肚(《医学发明》):莲子 40 粒,大猪肚 1 具,黄酒、葱白、生姜、食盐适量。莲子去皮,用黄酒浸泡一昼夜,装入猪肚内,用针线缝合。猪肚放入砂锅内,加清水、葱、姜,慢火炖烂,进餐前加盐少许。

(4)心肝火旺:菊苗粥(《遵生八笺》):甘菊苗 30g,粳米 100g,冰糖适量。甘菊苗洗净切碎,煮粥如常法,米熟后调入冰糖适量作为食膳分次食用。

(5)痰浊阴窍:姜橘汤(《遵生八笺》):橘 500g,生姜、食盐少量。将橘皮切碎捣烂,加食盐入锅翻炒片刻,再加生姜末少许同炒片刻,起锅阴凉后,装瓶密封。每次取 1 汤勺,开水冲泡,代茶饮。

(6)气滞血瘀:三七蒸鸡(《中医营养学》):仔母鸡胸脯肉 250g,三七粉 9g,食盐、黄酒、葱、姜适量。将三七粉与鸡肉拌匀,加调味品适量,隔水密闭蒸熟。作为食膳分次食用。

### （三）药物康复

**1. 中药辨证**

(1)髓海不足证:治宜补肾填精。七福饮(《景岳全书》)加减,药用人参、熟地、当归、炒白术、酸枣仁、炙甘草、炙远志。加紫河车、鹿角胶、龟板胶、阿胶等血肉有情之品。

(2)肝肾亏虚证:治宜滋补肝肾。还少丹(《医方集解》)加减,药用熟地、山药、牛膝、枸杞、山茱萸、茯苓、杜仲、远志、五味子、楮实、小茴香、巴戟天、肉苁蓉、石菖蒲、大枣、炼蜜等。

(3)脾肾两虚证:治宜益气健脾,养心安神。孔圣枕中丹(《备急千金要方》)加减,药用龟板、龙骨、远志、石菖蒲。加山药、牛膝、枸杞、山茱萸、茯苓、杜仲、巴戟天、肉苁蓉等。

(4)心肝火盛证:治宜清心泻肝。黄连解毒汤(《外台秘要》)加减,药用黄连、黄芩、黄柏、山栀。加远志、石菖蒲、郁金、牛膝、枳实等。

(5)痰浊阻窍证:治宜健脾化痰,醒神开窍。温胆汤(《三因极一病证方论》)或转呆丹(《辨证录》)加减,药用柴胡、黄芩、竹茹、枳实、半夏、胆南星、青陈皮、山栀、远志、石菖蒲、郁金、牛膝、人参、白芍、当归、生枣仁、茯苓等。

(6)气滞血瘀证:治宜活血化瘀,醒神开窍。通窍活血汤(《医林改错》)加减,药用赤芍、川芎、桃仁、红花、老葱、红枣、麝香、黄酒。加远志、石菖蒲、郁金等。

2. 常用中成药

(1)春回胶囊:由人参、鹿茸、补骨脂、仙灵脾、玉竹、山楂等药物组成,具有温肾填精益气之功效。日服2次,每次3~4片。

(2)清宫长春丹:由生熟地、人参、五味子、枸杞子、山萸肉、石菖蒲、益智仁等药物组成,具有补肾健脾、益心开窍的功效。日服3次,每次3~4粒。

(3)健脑益智胶囊:由何首乌、黄芪、天麻、石菖蒲、益智仁等药物组成,具有补肾益气、醒脑开窍的功效。日服3次,每次1~3粒。

(4)通心络胶囊:由水蛭、地龙、土鳖虫、赤芍等药物组成,具有活血、化瘀、通络功效。日服3次,每次2~3粒。

### (四)针灸康复

1. 体针:取心俞、内关、神门、太溪、复溜。毫针刺,用补法。每日1次,留针10~15次为1个疗程。

2. 耳针:取神门、皮质下、枕、心、肾、脾、肝,每次选2~4个穴,中等刺激,留针15~20分钟,每日或隔日1次,10~15次为1个疗程。

3. 穴位注射:取穴肾俞(双)、足三里(双)。每次双侧各穴均注射当归注射液1ml,每日1次,20次为1个疗程。

## 四、康复护理

对于痴呆病人,目前的治疗手段十分有限,主要还是加强护理以改善病人的生活质量,使这些老年病人能在有生之年更好的享受生活。

### (一)护理场所

当痴呆还只是轻度,患者尚能照顾自己的日常简单生活时,应鼓励让患者住在自己家中,必要时才到医院门诊就医。这样既可减轻对其家庭的经济与精神压力,也有利于患者维持生活自理能力。由于患者记忆减退,智力下降,要对病人进行必要的认知训练,反复强化与日常生活有关的内容,也可让他做一些力所能及的家务和娱乐、社交活动,但不要超过他的能力范围,以免引起焦虑和愤怒,还要帮助解决一些使患者困惑的实际问题。当然,照顾痴呆患者理想的场所应根据病情需要而做弹性调整。

### (二)避免走失

病情发展到中度时,病人有明显的近期记忆障碍,外出往往会找不到回来的路,叫不出亲人和熟人的名字,忘记自己的姓名和年龄,需要在其衣服内订上写着姓名和地

227

址的布条,或在其手腕系上刻有其联系人姓名和手机号码的特殊黄手环,最好不要让病人独自外出。

### (三)防止意外

痴呆病人的自我保护能力较差,在情绪激惹、抑郁或意识模糊状态下,易发生跌伤、自杀、伤人、噎食等意外,必须更加精心看管,对煤气和电器等不安全因素也要严加关锁。痴呆长者常会睡眠倒错,夜间不睡,到处乱走或做些无目的的事,甚至骚扰别人或吵闹不安;白天则嗜睡、精神萎靡不振。要尽量保证病人有良好的睡眠环境,引导病人遵守作息时间,白天睡眠要少,午睡 1 小时已足够;晚餐不宜吃得过饱和多饮水,睡前不与病人谈论不愉快的事及看紧张的电视节目。

### (四)常见生活问题处理技巧

1. 不适当地如厕　如随处大小便,当众如厕。处理方法包括如厕训练(定时带去厕所,坐便器)和环境改造如安装文字或图画以及指示板。

2. 日落症候群　原因可能与体内化学物质的改变、过度疲劳导致思维混乱以及环境阴暗导致时间导向混乱等有关。处理方法包括避免让病人体验日落或阴暗如及时提供人工照明以及提供松弛的活动如看电视、听音乐、吃东西等以转移其注意力。

3. 游荡　原因可能与身体不适、药物副作用、五官功能退化等因素有关。表现为迷失方向,日夜不分,对梦境与现实有混乱以及想寻找亲友或逝世的亲人等。处理以安全第一为首要原则,可在家庭或院落内建立"游荡径",让病人在安全范围内行走;用图画和门帘遮蔽出口处;陪伴或跟随病人;加强时间、地点和人物现实导向训练;转移注意力;佩戴刻有病人名字的手链或名牌,以防走失;需要时请精神科医生会诊。

4. 幻觉、妄想　原因可能与疾病改变、记忆力退化、五官功能退化、头部受创、缺乏营养以及人物及环境陌生等有关。处理方法:认同他们的感觉是很真实的;让他们形容经历及表达感受;抚慰受惊吓的情绪;切忌与他们争执;尽量开启灯光;转移注意力;请精神科医生会诊。

### 知识拓展

#### 西医药物治疗

尚无肯定有效或治愈的方法。治疗 AD 药物主要分为两类;①增加脑内胆碱能神经系统功能,主要为胆碱酯酶抑制剂和 M-胆碱受体激动剂。②作用于神经传递系统的细胞保护剂,以延缓脑神经元变性过程,从理论上讲,阻断 β-淀粉样蛋白(abp)形成,抑制 abp 的神经毒性和保护或修复神经元,达到防治 AD 目的。③服用叶酸,可预防早老性痴呆,美国有研究人员发现,与每天摄入叶酸量 $<400\mu g$ 的人相比,摄入量 $\geqslant400\mu g$ 者的痴呆症发病危险降低55%。富含叶酸的食物包括全麦面包、橘子、绿花椰菜(绿菜花)、菠菜和香蕉。

## 学习小结

### 1. 学习内容

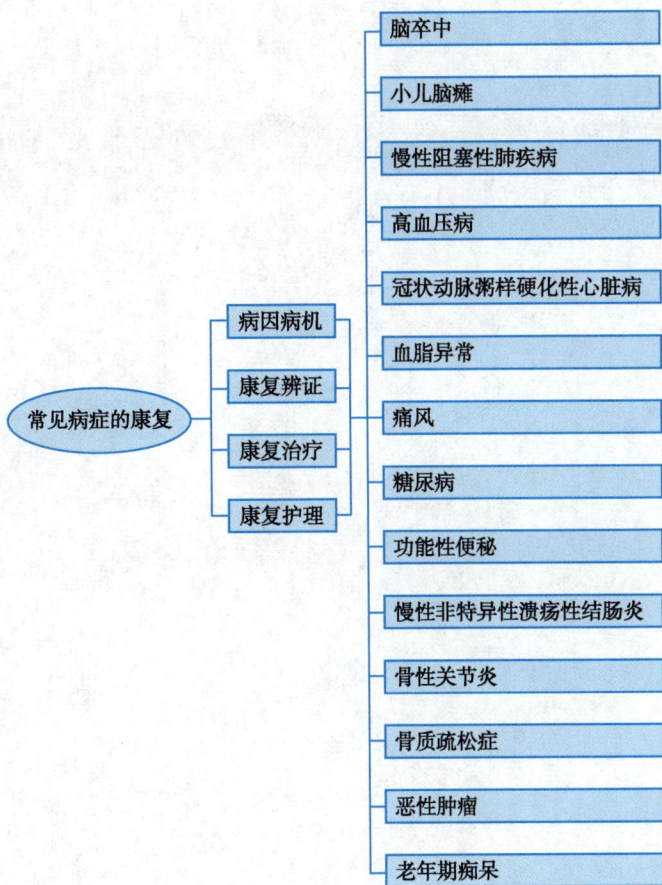

### 2. 学习方法

本章要结合临床各科病证的中西医相关病因病机,理解慢性病证康复的原理,明确康复病证的康复目标和康复治疗原则,并结合中医养生康复方法章节内容,重点掌握各病证常用的康复方法。

（张 红 曹永芬 熊常初 张晓天 郭海英 王 健 耿元卿 林 殷）

## 复习思考题

1. 中医康复治疗优势病证有哪些?

2. 本章介绍了脑卒中、小儿脑瘫、慢性阻塞性肺疾病、高血压、冠状动脉粥样硬化性心脏病、血脂异常、痛风、糖尿病、功能性便秘、慢性非特异性溃疡性结肠炎、骨性关节炎、骨质疏松症、恶性肿瘤、老年期痴呆,每种病症的康复辨证要点是什么?

3. 本章介绍的病症中,每种病症的康复治疗原则和目标是什么?

4. 本章介绍的病症中,每种病症的主要康复治疗方法有哪些?

# 主要参考书目

1. 王旭东. 中医养生康复学[M]. 北京:中国中医药出版社,2004.
2. 郭海英. 中医养生学[M]. 北京:中国中医药出版社,2009.
3. 刘占文. 黄帝内经养生全集[M]. 重庆:重庆出版社,2010.
4. 马烈光,李英华. 养生康复学[M]. 北京:中国中医药出版社,2005.
5. 王玉川. 中医养生学[M]. 上海:上海科学技术出版社,1992.
6. 刘占文. 中医养生学[M]. 北京:中国中医药出版社,2012.
7. 傅世桓. 中医康复学[M]. 上海:上海科学技术出版社,1992.
8. 刘昭纯,郭海英. 中医康复学[M]. 北京:中国中医药出版社,2009.
9. 李七一. 中医老年病学[M]. 北京:中国中医药出版社,2009.
10. 孟景春. 中医养生康复学概论[M]. 上海:上海科学技术出版社,2002.
11. 胡幼平. 中医康复学[M]. 上海:上海科学技术出版社,2008.
12. 叶任高,陆再英. 内科学[M]. 第6版. 北京:人民卫生出版社,2004.
13. 王永炎. 中医内科学[M]. 上海:上海科学技术出版社,1999.
14. 郭子光,张子游. 中医康复学[M]. 成都:四川科学技术出版社,1986.
15. 关骅. 临床康复学[M]. 北京:华夏出版社,2005.
16. 田金洲,李曰庆. 中医老年病学[M]. 北京:中国中医药出版社,2002.
17. 何成奇. 骨质疏松症的康复治疗技术[M]. 北京:人民卫生出版社,2008.
18. 叶祥明. 康复医学科管理及诊疗规范[M]. 杭州:浙江大学出版社,2014.
19. 福建中医学院. 实用中医康复学[M]. 福州:福建科学技术出版社,1994.
20. 卞瑶,赵勇. 基层实用中医理论与临床机能[M]. 北京:中国中医药出版社,2013.
21. 伦轼芳,雷龙鸣. 图解足部全息推拿法[M]. 北京:人民卫生出版社,2008.

# 全国中医药高等教育教学辅导用书推荐书目

## 一、中医经典白话解系列

黄帝内经素问白话解(第2版) 王洪图 贺娟
黄帝内经灵枢白话解(第2版) 王洪图 贺娟
汤头歌诀白话解(第6版) 李庆业 高琳等
药性歌括四百味白话解(第7版) 高学敏等
药性赋白话解(第4版) 高学敏等
长沙方歌括白话解(第3版) 聂惠民 傅延龄等
医学三字经白话解(第4版) 高学敏等
濒湖脉学白话解(第5版) 刘文龙等
金匮方歌括白话解(第3版) 尉中民等
针灸经络腧穴歌诀白话解(第3版) 谷世喆等
温病条辨白话解 浙江中医药大学
医宗金鉴·外科心法要诀白话解 陈培丰
医宗金鉴·杂病心法要诀白话解 史亦谦
医宗金鉴·妇科心法要诀白话解 钱俊华
医宗金鉴·四诊心法要诀白话解 何任等
医宗金鉴·幼科心法要诀白话解 刘弼臣
医宗金鉴·伤寒心法要诀白话解 郝万山

## 二、中医基础临床学科图表解丛书

中医基础理论图表解(第3版) 周学胜
中医诊断学图表解(第2版) 陈家旭
中药学图表解(第2版) 钟赣生
方剂学图表解(第2版) 李庆业等
针灸学图表解(第2版) 赵吉平
伤寒论图表解(第2版) 李心机
温病学图表解(第2版) 杨进
内经选读图表解(第2版) 孙桐等
中医儿科学图表解 郁晓微
中医伤科学图表解 周临东
中医妇科学图表解 谈勇
中医内科学图表解 汪悦

## 三、中医名家名师讲稿系列

张伯讷中医学基础讲稿 李其忠
印会河中医学基础讲稿 印会河
李德新中医基础理论讲稿 李德新
程士德中医基础学讲稿 郭霞珍
刘燕池中医基础理论讲稿 刘燕池
任应秋《内经》研习拓导讲稿 任廷革
王洪图内经讲稿 王洪图
凌耀星内经讲稿 凌耀星
孟景春内经讲稿 吴颢昕
王庆其内经讲稿 王庆其
刘渡舟伤寒论讲稿 王庆国
陈亦人伤寒论讲稿 王兴华等
李培生伤寒论讲稿 李家庚
郝万山伤寒论讲稿 郝万山
张家礼金匮要略讲稿 张家礼
连建伟金匮要略方论讲稿 连建伟

李今庸金匮要略讲稿 李今庸
金寿山温病学讲稿 李其忠
孟澍江温病学讲稿 杨进
张之文温病学讲稿 张之文
王灿晖温病学讲稿 王灿晖
刘景源温病学讲稿 刘景源
颜正华中药学讲稿 颜正华 张济中
张廷模临床中药学讲稿 张廷模
常章富临床中药学讲稿 常章富
邓中甲方剂学讲稿 邓中甲
费兆馥中医诊断学讲稿 费兆馥
杨长森针灸学讲稿 杨长森
罗元恺妇科学讲稿 罗颂平
任应秋中医各家学说讲稿 任廷革

## 四、中医药学高级丛书

中医药学高级丛书——中药学(上下)(第2版) 高学敏 钟赣生
中医药学高级丛书——中医急诊学 姜良铎
中医药学高级丛书——金匮要略(第2版) 陈纪藩
中医药学高级丛书——医古文(第2版) 段逸山
中医药学高级丛书——针灸治疗学(第2版) 石学敏
中医药学高级丛书——温病学(第2版) 彭胜权等
中医药学高级丛书——中医妇产科学(上下)(第2版) 刘敏如等
中医药学高级丛书——伤寒论(第2版) 熊曼琪
中医药学高级丛书——针灸学(第2版) 孙国杰
中医药学高级丛书——中医外科学(第2版) 谭新华
中医药学高级丛书——内经(第2版) 王洪图
中医药学高级丛书——方剂学(上下)(第2版) 李飞
中医药学高级丛书——中医基础理论(第2版) 李德新 刘燕池
中医药学高级丛书——中医眼科学(第2版) 李传课
中医药学高级丛书——中医诊断学(第2版) 朱文锋等
中医药学高级丛书——中医儿科学(第2版) 汪受传
中医药学高级丛书——中药炮制学(第2版) 叶定江等
中医药学高级丛书——中药药理学(第2版) 沈映君
中医药学高级丛书——中医耳鼻咽喉口腔科学(第2版) 王永钦
中医药学高级丛书——中医内科学(第2版) 王永炎等